权威·前沿·原创

皮书系列为

"十二五""十三五""十四五"时期国家重点出版物出版专项规划项目

BLUE BOOK

智库成果出版与传播平台

中东欧蓝皮书
BLUE BOOK OF CEEC

中东欧国家发展报告（2023）

ANNUAL REPORT ON THE DEVELOPMENT OF CENTRAL AND EASTERN EUROPEAN COUNTRIES (2023)

组织编写／北京外国语大学欧洲语言文化学院
北京外国语大学中东欧研究中心

主　　编／赵　刚
副 主 编／林温霜　董希骁

社会科学文献出版社
SOCIAL SCIENCES ACADEMIC PRESS (CHINA)

图书在版编目(CIP)数据

中东欧国家发展报告. 2023 / 赵刚主编；林温霜，董希骁副主编. -- 北京：社会科学文献出版社，2024. 11. -- (中东欧蓝皮书). -- ISBN 978-7-5228-3836-6

Ⅰ. D751.069

中国国家版本馆 CIP 数据核字第 2024GN1891 号

中东欧蓝皮书
中东欧国家发展报告（2023）

主　　编 / 赵　刚
副 主 编 / 林温霜　董希骁

出 版 人 / 冀祥德
组稿编辑 / 张晓莉
责任编辑 / 叶　娟
文稿编辑 / 邹丹妮
责任印制 / 王京美

出　　版 / 社会科学文献出版社 · 区域国别学分社（010）59367078
　　　　　地址：北京市北三环中路甲 29 号院华龙大厦　邮编：100029
　　　　　网址：www. ssap. com. cn
发　　行 / 社会科学文献出版社（010）59367028
印　　装 / 北京盛通印刷股份有限公司

规　　格 / 开 本：787mm × 1092mm　1/16
　　　　　印 张：26. 25　字 数：392 千字
版　　次 / 2024 年 11 月第 1 版　2024 年 11 月第 1 次印刷
书　　号 / ISBN 978-7-5228-3836-6
定　　价 / 198. 00 元

读者服务电话：4008918866

本书系北京外国语大学“双一流”重大（点）标志性
项目“国别区域研究发展报告（2022~2023）”
（项目编号：2023SYLZD012）研究成果

北京外国语大学区域与全球治理高等研究院
“区域和国别研究蓝皮书系列”

中东欧蓝皮书编委会

主要编撰者简介

赵　刚　北京外国语大学党委常委、副校长、教授、博士生导师，教育部国别和区域研究培育基地北京外国语大学中东欧研究中心主任、波兰研究中心主任。现任教育部高等学校外国语言文学类专业教学指导委员会委员、非通用语种类专业教学指导分委员会副主任委员、中国欧洲学会中东欧研究分会副会长等职务。主要研究领域为波兰语言、文学、文化以及中国–中东欧合作等。

林温霜　博士，北京外国语大学欧洲语言文化学院副院长、教授，教育部国别和区域研究培育基地北京外国语大学中东欧研究中心副主任、保加利亚研究中心主任。主要研究领域为保加利亚文学、跨文化交流、巴尔干民族史，长期从事保加利亚语言文学的教学与研究。2013 年获保加利亚议长颁发的“保加利亚议会奖章”，2019 年获保加利亚教育部“文化推广特殊贡献奖”。在国内外期刊上发表论文 40 余篇，出版专著、译著、教材等 6 部。

董希骁　博士，北京外国语大学欧洲语言文化学院副院长、教授，教育部国别和区域研究培育基地北京外国语大学中东欧研究中心副主任、罗马尼亚研究中心主任。发表学术论文 70 余篇，出版多部专著、教材、译著。主要研究领域为社会语言学、应用语言学、罗马尼亚历史与文化。

摘　要

《中东欧国家发展报告（2023）》是中东欧蓝皮书的第六部，由教育部国别和区域研究培育基地北京外国语大学中东欧研究中心和欧洲语言文化学院组织编写。作者团队以北京外国语大学欧洲语言文化学院的教师为主，同时吸纳外交部、中国社会科学院等单位相关领域的专家学者，努力发挥作者团队掌握中东欧各国语言的独特优势，力求搜集第一手资料，掌握最翔实的信息，以客观公正的立场，多角度呈现2022年中东欧国家在政治、经济、外交、社会与文化以及与中国关系等方面的全貌。

2022年，中东欧国家在政治、经济、外交、社会与文化方面既延续了之前的发展态势，又呈现一些新变化。与往年不同，年初爆发的俄乌冲突使世界经济和国际秩序遭到巨大冲击，中东欧国家也深受其影响。

政治方面。中东欧多国举行大选。匈牙利、塞尔维亚、拉脱维亚和波黑的执政党或执政联盟继续执政，但塞尔维亚前进党需与其他政党联合执政；黑山、爱沙尼亚、保加利亚、斯洛伐克政府因议会不信任投票下台，除爱沙尼亚成功组建新政府外，其他三国的组阁均以失败告终。此外，中东欧多国还发生规模不等的抗议和游行示威活动。

经济方面。新冠疫情结束，中东欧国家经济全面复苏。俄乌冲突爆发和欧盟对俄制裁使中东欧国家的供应链中断，推高能源和食品价格，能源危机和通货膨胀加剧。为此，各国政府出台多项有针对性的政策措施，初见成效：各国经济增速虽明显放缓，但几乎都保持正增长；预算平衡普遍改善，公共债务水平普遍下降，失业率普遍略有下降，进出口总额普遍增长。

外交方面。匈牙利和波兰与欧盟围绕欧盟基金拨付再现分歧。克罗地亚获批加入申根区和欧元区，这是继2015年立陶宛加入欧元区后的再度扩大。捷克再次担任欧盟轮值主席国，将应对难民危机和乌克兰战后重建、确保能源安全、增强欧洲防务能力和网络安全、增强欧洲经济的战略韧性以及增强民主制度的韧性作为其工作的五大优先领域。阿尔巴尼亚和北马其顿开启入盟谈判，波黑获得欧盟候选国地位。

中东欧国家在俄乌冲突中多持援乌反俄的立场，尤以波兰和波罗的海三国的表现最为突出：除外交声援、经济和军事援助外，还进一步加强了与美国和北约的军事合作。匈牙利、塞尔维亚和波黑在俄乌冲突中的立场则大为不同：或继续与俄罗斯保持往来；或坚持中立，拒绝对俄制裁；或内部无法达成统一立场。

社会与文化方面。中东欧国家出台各种政策措施，接收和安置乌克兰难民并向他们提供人道主义援助。难民问题给中东欧国家带来一些棘手的社会问题，对这些国家的财政、民生福利、劳动力市场、教育资源、基础设施建设、社会治安等方面造成冲击。放松和取消新冠疫情防控措施也是中东欧国家2022年值得关注的事件。2022年，中东欧多数国家的人口普遍维持负增长趋势，立陶宛例外——2021年首次出现正增长，2022年继续保持增长势头。

总之，2022年，中东欧国家各领域均不同程度地受到俄乌冲突的影响。经济领域首当其冲，但政治、外交和社会与文化领域受到的影响也不容忽视。波兰出台《保卫祖国法》、匈牙利宣布进入全国紧急状态均与俄乌冲突直接相关。匈牙利青民盟和塞尔维亚前进党获胜，欧盟委员会批准波兰疫后复苏计划并给予其援助但对匈牙利启动法治条件机制，这些在一定程度上均与政党或国家在俄乌冲突中的立场有关。由俄乌冲突和对俄制裁引发的能源危机和高通胀还使各国内部的政党分歧增大，政治斗争加剧，一些抗议活动得到具有不同政治倾向的组织和政党的支持。而中东欧国家的欧洲一体化进程取得新进展也与欧盟加强团结、提升吸引力以削弱俄罗斯的影响有关。接收和安置乌克兰难民带来的社会问题更是中东欧国家需要直面的难题。

关键词： 中东欧　欧盟　俄罗斯　俄乌冲突　欧洲一体化

目　录

Ⅰ　总报告

Ⅱ　专题报告

Ⅲ　国别报告

皮书数据库阅读**使用指南**

总报告

General Report

B.1
2022年中东欧国家发展概况

高　歌*

摘　要： 2022年，政治方面，中东欧多国举行大选，黑山、爱沙尼亚、保加利亚和斯洛伐克政府下台，阿尔巴尼亚、北马其顿和捷克等地发生抗议活动。经济方面，中东欧国家经济增速明显放缓，但失业率普遍略有下降，预算平衡普遍改善，公共债务水平普遍下降，进出口总额普遍增长。外交方面，中东欧国家的欧洲一体化进程继续在曲折中前行，多数国家在俄乌冲突中持援乌反俄立场并进一步加强与美国和北约的合作。社会与文化方面，中东欧国家采取措施，接收和安置乌克兰难民；放松和取消新冠疫情防控措施；人口普遍呈负增长趋势；教育改革和文体活动取得进展。2022年中东欧国家基本延续之前的态势，但也有一些新的变化，其发展在一定程度上受到俄乌冲突的影响。

* 高歌，法学博士，中国社会科学院俄罗斯东欧中亚研究所研究员、博士生导师，主要研究方向为中东欧国家政治与外交。本报告参考了国别报告的部分内容。

关键词： 中东欧　大选　经济增长　欧洲一体化　俄乌冲突

2022 年，延续与变化仍是中东欧国家发展的主线，各国在政治、经济、外交、社会与文化方面既延续之前的发展态势，又有一些新的变化。与往年不同的是，年初，俄乌冲突爆发，世界经济和国际秩序遭受巨大冲击，世界各国或多或少牵涉其中，中东欧国家也不例外。

一　政治

2022 年，匈牙利、塞尔维亚、斯洛文尼亚、阿尔巴尼亚、拉脱维亚、保加利亚和波黑举行大选，黑山、爱沙尼亚、保加利亚、斯洛伐克政府因议会不信任投票下台，阿尔巴尼亚、北马其顿、捷克等地发生抗议活动。

（一）中东欧多国举行大选

1. 匈牙利总统选举和议会选举

2022 年 3 月 10 日，匈牙利举行总统选举。青民盟领导的执政联盟候选人诺瓦克·卡塔琳在议会第一轮投票中成功当选。5 月 14 日，诺瓦克就职，成为匈牙利首位女性总统。

2022 年 4 月 3 日，议会选举举行。青民盟领导的执政联盟继 2010 年、2014 年和 2018 年议会选举后第四次获胜并赢得 2/3 多数席位。5 月 16 日，议会选举欧尔班·维克多为总理，这是欧尔班第五次也是连续四次当选总理。5 月 24 日，欧尔班领导的新政府宣誓就职。

2. 塞尔维亚总统选举和议会选举

2022 年 4 月 3 日，塞尔维亚同时举行总统、议会和地方选举。在总统选举中，阿莱克桑达尔·武契奇在第一轮投票中获胜。5 月 31 日，武契奇宣誓就职，开始第二个总统任期。在议会选举中，执政党前进党获胜，但自 2014 年以来第一次没有获得议会半数以上席位。8 月 27 日，武契奇继 2017

年和 2020 年后第三次提名阿娜・布尔纳比奇为总理。10 月 26 日，布尔纳比奇领导的新政府宣誓就职。

3. 斯洛文尼亚议会选举和总统选举

2022 年 4 月 24 日，斯洛文尼亚举行议会选举。2022 年 1 月成立的自由运动党战胜执政的民主党，在议会 90 个席位中占 41 席，创 1991 年斯洛文尼亚独立以来单一政党在议会中所获席位的最高纪录[①]。5 月 25 日，自由运动党领导人罗伯特・戈洛布就任总理。6 月 1 日，新政府宣誓就职。

10 月 23 日，总统选举举行。外交部前部长、民主党议员安热・洛加尔和独立候选人娜塔莎・皮尔茨・穆萨尔分列前两位，但无人获得半数以上选票。11 月 13 日，穆萨尔在第二轮投票中获胜。12 月 22 日，穆萨尔宣誓就职，成为斯洛文尼亚首位女性总统。

4. 阿尔巴尼亚总统选举

2022 年 5 月 16 日、23 日和 30 日，阿尔巴尼亚议会相继举行三轮投票，均未有候选人获得当选所需的议会 3/5 多数票。6 月 4 日，在第四轮投票中，武装部队前总参谋长、社会党候选人巴伊拉姆・贝加伊以简单多数当选总统。7 月 24 日，贝加伊宣誓就职。

5. 拉脱维亚议会选举

2022 年 10 月 1 日，拉脱维亚举行议会选举。执政党新团结党获胜。12 月 14 日，议会批准新政府成员名单，新团结党领导人克里什亚尼斯・卡林什连任总理。

6. 保加利亚议会选举

2022 年 10 月 2 日，保加利亚举行议会选举。这是自 2021 年 4 月以来的第四次议会选举。公民党所在政党联盟战胜执政党“我们继续变革”联盟，名列第一。12 月 5 日，总统鲁门・拉德夫将第一次组阁授权交给公民党所在政党联盟，但其组阁方案遭议会否决，第一次组阁以失败告终。

---

① 《斯洛文尼亚中左翼政党赢得议会选举》，新华网，2022 年 4 月 25 日，http：//www. news. cn/2022-04/25/c_ 1128593513. htm，检索日期：2022 年 4 月 27 日。

7. 波黑大选

2022 年 10 月 2 日，波黑举行大选，选举波黑主席团和国家议会议员、波黑两个实体波黑联邦和塞族共和国议会议员，以及塞族共和国总统和两名副总统。[①] 塞尔维亚族的热莉卡·茨维亚诺维奇、波什尼亚克族的丹尼斯·贝契罗维奇与克罗地亚族的热利科·科姆希奇当选波黑主席团成员。民主行动党、独立社会民主人士联盟、社会民主党和波黑克族民主共同体所获议席在波黑议会代表院中分列前四位。11 月 16 日，新一届主席团宣誓就职。

（二）黑山、爱沙尼亚、保加利亚和斯洛伐克政府下台

1. 黑山

2020 年上台的执政联盟是为把长期执政的社会主义者民主党赶下台拼凑而成的，内部分歧严重。2022 年 2 月 4 日，议会通过执政联盟成员——联合改革运动党领导人、副总理德里坦·阿巴佐维奇牵头提交的对政府不信任案，政府下台。3 月 3 日，总统米洛·久卡诺维奇提名阿巴佐维奇为新总理人选，并授权其组阁。4 月 28 日，议会通过以阿巴佐维奇为总理的少数派政府名单，政府由联合改革运动党与社会民主党、社会主义人民党以及多个少数民族政党联合组建。这届政府仍不稳定。8 月，最大的反对党社会主义者民主党以政府与塞尔维亚东正教会签署《黑山与塞尔维亚东正教会基本协议》、损害黑山国家利益，以及司法改革不力、欧洲一体化进程停滞为由，发起对政府的不信任动议，并得到执政联盟内一些政党的支持。议会讨论并投票表决通过对政府的不信任动议，政府在“技术授权”下留任。其后，议会多数派提出的组阁方案和总统提出的缩短议会任期、提前举行议会选举的提案未被议会通过，议会多数派还以总统违宪为由提出解除总统职务的提案，该提案只有在宪法法院判决总统违宪后方可由议会投票决定，而宪法法院未达法定人数，无法就此做出判决，黑山政治陷入僵局。

---

① 波黑联邦总统由其议会新议员选举产生。

2. 爱沙尼亚

2021 年 1 月，中间党、保守人民党和祖国联盟党联合政府解散，改革党与中间党组成执政联盟，14 个部长职位由两党均分。2022 年 6 月 1 日，中间党和反对党保守人民党在议会投票中反对改革党支持并以政府名义提出的幼儿园教育法案，致使法案未能通过。改革党则不同意中间党和所有反对党支持的家庭福利方案草案。6 月 3 日，总理、改革党主席卡娅・卡拉斯向总统阿拉尔・卡里斯提议解除 7 名中间党部长的职务，提议获得批准，联合政府解体。7 月 14 日，卡拉斯辞职并解散改革党少数派政府，总统卡里斯予以批准并提名卡拉斯为总理人选。7 月 15 日，议会通过卡拉斯提出的改革党与祖国联盟党和社会民主党组成新政府的方案，并授权其组阁。7 月 18 日，新政府就职，卡拉斯出任总理。

3. 保加利亚

2021 年，保加利亚因组阁困难连续举行了三次议会选举，直到 12 月才由“我们继续变革”联盟、社会党所在政党联盟、“有这样一个民族”党和“民主保加利亚”党组成四党联合政府。鉴于政党关系错综复杂，且执政联盟内除社会党外，其他三党都没有执政经验，政府的稳定性可想而知。2022 年 6 月 8 日，“有这样一个民族”党因在预算和北马其顿问题上与“我们继续变革”联盟不和而退出执政联盟。反对党公民党所在政党联盟随后提出对政府的不信任动议。6 月 22 日，议会通过对政府的不信任动议。6 月 27 日，总理基里尔・佩特科夫向议会提交政府辞呈。由于具备组阁资格的政党或政党联盟三次组阁均未成功，8 月 2 日，总统拉德夫解散议会，任命格勒布・多内夫为看守政府总理。同日，看守政府就职，直至 10 月 2 日举行议会选举。

4. 斯洛伐克

斯洛伐克执政联盟内部素有分歧。2021 年 3 月，普通公民和独立个人组织主席、总理伊戈尔・马托维奇订购未经欧洲药品管理局批准的俄罗斯疫苗，引起执政伙伴自由与团结党和惠民党的不满，两党要求马托维奇下台，自由与团结党更是威胁要退出政府。压力之下，总理马托维奇与财政部长爱德华・黑格尔互换职位。但自由与团结党与马托维奇的矛盾并未解决。2022

年，自由与团结党反对马托维奇提出的缓解通胀的一揽子计划，并再次用退出政府要挟马托维奇辞去财政部长的职务，遭到黑格尔和马托维奇的拒绝。8月底9月初，自由与团结党4名部长辞职，自由与团结党退出执政联盟，政府失去议会多数席位。12月15日，自由与团结党和另一反对党民声党发起的不信任投票被议会通过，政府下台。12月16日，总统苏珊娜·恰普托娃签署法令解散政府并授权黑格尔领导看守政府。

（三）阿尔巴尼亚、北马其顿和捷克等地发生抗议活动

1. 阿尔巴尼亚

2022年1月8日，反对党民主党前主席萨利·贝里沙发起抗议活动，抗议者闯入民主党总部，警察和特种部队用高压水枪和催泪瓦斯驱散人群，有几人被捕。3月，全国各地发生多起抗议活动，反对燃料和食品价格上涨，呼吁降低生活成本。7月7日，民主党主席贝里沙[①]在首都地拉那举行了自2021年议会选举以来规模最大的抗议集会，争取一体化社会运动党等反对党参加集会。集会指责政府治理不善导致人口减少，呼吁大力打击腐败和有组织犯罪，要求政府辞职。9月13日，自由党[②]举行示威游行，贝里沙呼吁其支持者加入。10月，公立高校教师在工会的组织下举行抗议活动，要求提高工资待遇。11月12日，民主党和自由党在地拉那举行抗议活动，抨击政府政策失误造成人口流失、经济下滑、生活贫困和腐败严重。12月6日，欧盟-西巴尔干国家峰会在地拉那举行之时，两党组织反政府集会，要求制止犯罪和消除贫困，要求提前选举。

2. 北马其顿

2022年1月、4月和6月，北马其顿连续发生要求提高工资的抗议和罢工。6月18日，反对党马其顿内部革命组织-民族统一民主党举行抗议集会，谴责政府严重腐败且处理公共卫生危机和经济危机不力，导致民众死亡、通货膨胀和公共债务高涨，要求提前举行议会选举。6月22日，工会联合会组

---

① 2022年5月22日，贝里沙当选民主党主席。

② 2022年7月25日，争取一体化社会运动党更名为自由党。

织大罢工，要求提高其会员和其他公共部门员工的工资以应对通货膨胀，保护他们的经济和社会权利。罢工持续 4 天，但未达到提高工资的目的。9 月 2 日，工会联合会提起对政府的诉讼。9 月 3 日，水资源管理部员工抗议政府拖欠工资和医疗保险费用。7 月 2~16 日，首都斯科普里发生自 2016 年以来最大规模的抗议活动，每天都有超过 5 万人参加。抗议者反对法国提出的旨在解决北马其顿与保加利亚争端的提案，认为该提案损害了北马其顿的国家利益，令北马其顿在入盟谈判中处于不平等地位。抗议活动并未阻止北马其顿议会通过该提案。11 月，学生针对减少学生补助的《学生标准法》修正案举行抗议活动。

3. 捷克

2022 年 9 月 3~4 日、9 月 28 日和 10 月 28 日，捷克首都布拉格三度爆发大规模反政府抗议，抗议者对能源危机和物价上涨表示强烈不满，呼吁捷克取消对俄罗斯的制裁并与俄罗斯就天然气供应问题进行谈判，要求政府下台并提前举行议会选举，反对欧盟和北约，主张“捷克共和国第一!”抗议活动得到具有不同政治倾向的组织和政党的支持。11 月 26 日，又有数百人在布拉格举行抗议活动，诉求仍是政府降低能源和食品价格、控制通货膨胀等。[①]

此外，2022 年 2~3 月，斯洛文尼亚教育、卫生和社会福利部门多次罢工，要求提高工资和福利待遇；6 月，拉脱维亚议会决定拆除境内的苏联纪念碑，道加瓦皮尔斯市纪念碑的拆除引发民众抗议和社会骚乱；6 月，斯洛文尼亚卡车司机举行抗议活动，反对油价上涨；12 月 8 日奥地利否决罗马尼亚加入申根区后，罗马尼亚民众发起网上请愿，要求收回奥地利公司对罗马尼亚石油公司的控股权，并在奥地利公司下属的加油站前举行抗议活动；11 ~ 12 月，黑山首都波德戈里察多次爆发抗议游行，反对限制总统权力的法律修正案；科索沃北部也不时爆发抗议活动，导致塞尔维亚与科索沃关系紧张；匈牙利全年教师罢工与非暴力反抗活动不断，旨在争取合法权益，提高工资；等等。

值得一提的是，为应对俄乌冲突，波兰加快了《保卫祖国法》的通过

① 捷克 iDNES. cz 网站，https：//www. idnes. cz/zpravy/domaci/letna - demonstrace - proti - vlade. A221126_144115_domaci_tty，检索日期：2023 年 8 月 24 日。

进程。2022 年 3 月 18 日，波兰总统安杰伊·杜达签署《保卫祖国法》。4 月 23 日，该法正式生效。匈牙利议会则在 5 月 24 日通过宪法修正案，规定政府有权在邻国发生武装冲突、战争或人道主义灾难的情况下宣布国家进入紧急状态，总理欧尔班据此宣布自当天午夜起全国进入紧急状态。①

二 经济

2022 年，正当中东欧国家经济从新冠疫情的打击中恢复之时，俄乌冲突爆发，欧盟对俄罗斯实施制裁，绝大多数中东欧国家与俄罗斯的关系恶化，以致供应链中断，能源和食品价格上涨，能源危机和通货膨胀加剧。

为缓解能源危机和通货膨胀及其对经济的不利影响，中东欧国家采取了一系列措施。在波兰，2022 年 3 月，政府提出“反普京之盾”政策，修改和补充“波兰新政”，缓解企业和个人的压力，带动波兰经济“去俄罗斯化”；7 月，“波兰新政”修正案生效；8 月，有关煤炭补贴的法案生效；此外，政府将 2021 年开始实施的“抗通胀之盾”措施延长到 2022 年底，国家银行货币政策委员会连续 11 次上调利率，总统杜达签署《天然气安全法》，议会通过限制电价的法律等。在北马其顿，2022 年第一季度，财政部出台总额为 7.5 亿欧元的一揽子反危机措施；7 月，议会通过《2022 年补充预算草案》，补充预算用于提高养老金、帮扶弱势群体、增加公共部门工资、给予私营企业工资补贴、为农民提供补助金以及实施新的反危机措施以减轻持续通货膨胀对经济状况和人民生活水平的影响；8 月，政府宣布自 9 月 1 日起进入为期一个月的电力供应危机状态，随后将危机状态延长到 2023 年 4 月 30 日；10 月，政府宣布一揽子反危机措施，投入 3.5 亿欧元，应对能源危机。在立陶宛，2022 年 4 月，政府推出“减轻通货膨胀与增强能源独立”一揽子计划；12 月，财政部、能源部联合提出“新一代立陶宛”补充计划草案。在罗马尼亚，2022 年 5 月，议会通过《离岸海洋能源开发法》草案，

① 《匈牙利宣布全国进入紧急状态应对俄乌冲突影响》，新华网，2022 年 5 月 25 日，http：//www.news.cn/2022-05/25/c_ 1128680822.htm，检索日期：2022 年 5 月 28 日。

罗马尼亚天然气公司与美国埃克森美孚公司签订协议，收购后者在罗马尼亚的子公司及其在黑海的深海海王星天然气项目中持有的所有股份；10 月，罗马尼亚与阿塞拜疆能源公司签署关于联合投资黑海液化天然气设施的备忘录；此外，罗马尼亚国家银行提高关键利率，以抵消通货膨胀水平攀升的负面影响。在拉脱维亚，2022 年 6 月，议会批准成立拉脱维亚风能园；7 月，议会通过《能源法》修正案；9 月，议会通过推进天然气接收站建设的决议；10 月，议会通过《劳动法》修正案，上调最低工资标准；政府还采取措施，抑制能源价格攀升。斯洛文尼亚、塞尔维亚、匈牙利、克罗地亚、阿尔巴尼亚等国也出台多项政策，应对能源和食品价格上涨。

上述措施取得一定的成效。中东欧国家的经济增速虽明显放缓，但几乎都保持正增长。同时，失业率普遍略有下降，预算平衡普遍改善，公共债务水平普遍下降，进出口总额普遍增长。不过，俄乌冲突的前景难以预见，地缘政治局势依然紧张，中东欧国家经济发展仍面临严峻挑战。

（一）经济增速明显放缓

2022 年，在俄乌冲突的冲击下，中东欧国家经济增速显著下降，爱沙尼亚经济增速下降幅度最大，以致出现负增长（见表 1）。爱沙尼亚经济下滑主要是由于能源密集型产业缩小生产规模，通货膨胀影响购买力、限制私人消费增长，外部需求减弱不利于出口增长，德国大众集团撤资导致投资下降。[①]

除爱沙尼亚外，其他中东欧国家经济均保持正增长。其中，克罗地亚和黑山继 2021 年后再次成为经济增速较快的国家。两国的经济增长主要得益于其支柱产业旅游业的强劲表现在一定程度上抵消了俄乌冲突的消极影响。在克罗地亚，2022 年 5 月，政府废除旅行限制措施，允许来自任何国家的旅客在没有“欧盟数字新冠通行证”或疫苗接种证明的情况下入境。[②] 7

① *Country Report Estonia*，*4th Quarter 2022*，Economist Intelligence Unit，2022.

② 《防疫措施放松和俄乌冲突对克罗地亚旅游季的影响》，中国社会科学院欧洲研究所，2022 年 5 月，http：//ies.cssn.cn/chinacee/zdo_cbw/zdo_zb/202206/P020220606505854447114.pdf，检索日期：2023 年 8 月 24 日。

月，游客总数超过 2019 年 7 月的水平，这支持了服务出口。[①] 2022 年第三季度，游客人数达到 2019 年水平的 96%，实际 GDP 同比平均增长 7.2%。[②] 2022 年下半年以来，在旅游业的支持下，消费者信心指数不断上升。[③] 此外，欧盟资金的流入有助于克罗地亚的经济增长，克罗地亚还是受俄罗斯切断对欧洲天然气供应影响最小的欧盟国家之一，它可通过克尔克岛上的液化天然气终端接收进口天然气。[④] 在黑山，2022 年 3 月，政府出台 2022~2025 年国家旅游发展战略和 2022 年行动计划，推动旅游业发展。尽管黑山历来是俄罗斯和乌克兰游客的热门目的地，受俄乌冲突影响，但旅游业的表现好于预期，7 月和 8 月，游客总数超过 2019 年水平。旅游业复苏支持下的强劲私人消费和出口成为主要的经济增长动力。[⑤] 此外，黑山政府实施“欧洲就在现在”计划，调整税收政策，还通过经济支持计划支持企业发展、改善营商环境。

表 1　2021 年和 2022 年中东欧国家的实际 GDP 增长率

单位：%

	2021 年	2022 年
阿尔巴尼亚	8.91	4.86
波黑	6.94	3.99
保加利亚	7.11	3.79
克罗地亚	13.09	6.22

① *Country Report Croatia*, *4th Quarter 2022*, Economist Intelligence Unit, 2022.

② “One-click Report: Croatia, January 1st, 2023”, EIU 网站, https://viewpoint-eiu-com-s.ra.cass.cn:8118/analysis/geography/XG/HR/reports/one-click-report/2023-01-01，检索日期：2023 年 4 月 4 日。

③ “One-click Report: Croatia, April 1st, 2023”, EIU 网站, https://viewpoint-eiu-com-s.ra.cass.cn:8118/analysis/geography/XG/HR/reports/one-click-report/2023-04-01，检索日期：2023 年 4 月 4 日。

④ “One-click Report: Croatia, April 1st, 2023”, EIU 网站, https://viewpoint-eiu-com-s.ra.cass.cn:8118/analysis/geography/XG/HR/reports/one-click-report/2023-04-01，检索日期：2023 年 4 月 4 日。

⑤ “One-click Report: Montenegro, December 12th, 2022”, EIU 网站, https://viewpoint-eiu-com-s.ra.cass.cn:8118/analysis/geography/XG/CS/reports/one-click-report/2022-12-12，检索日期：2023 年 2 月 14 日。

续表

	2021 年	2022 年
捷克	3.50	2.35
爱沙尼亚	8.05	-1.02
匈牙利	7.16	4.59
拉脱维亚	4.00	2.82
立陶宛	5.98	1.89
黑山	13.04	6.09
北马其顿	3.93	2.15
波兰	6.94	5.13
罗马尼亚	5.87	4.74
塞尔维亚	7.55	2.25
斯洛伐克	4.86	1.67
斯洛文尼亚	8.28	5.69

资料来源：EIU 网站，https：//viewpoint-eiu-com-s.ra.cass.cn：8118/data，检索日期：2023 年 8 月 4 日。

（二）失业率普遍略有下降

2022 年，除罗马尼亚的失业率轻微上升外，其他中东欧国家的失业率均有所下降，但降幅不大。各国的失业率基本上延续了 2021 年的态势，例如：捷克的失业率不仅在中东欧国家中最低，而且在欧盟中也长期处于低位；波黑仍是失业率最高的中东欧国家（见表 2）。总体来看，俄乌冲突并未对中东欧国家的劳动力市场造成严重影响，各国的劳动力市场对危机也尚有一定的抵御能力。不过，如果地缘政治局势持续紧张，能源价格居高不下，这就可能给相关行业带来巨大压力，导致大规模裁员和失业率上升。

表 2　2021 年和 2022 年中东欧国家的失业率

单位：%

	2021 年	2022 年
阿尔巴尼亚	6.7[a]	6.5[a]
波黑	32.43	30.14
保加利亚	5.73	4.62

续表

	2021 年	2022 年
克罗地亚	8.09	6.8[a]
捷克	2.83	2.33
爱沙尼亚	6.18	5.58
匈牙利	4.04	3.62
拉脱维亚	7.58	6.85
立陶宛	7.15	5.90
黑山	15.40	14.40
北马其顿	15.42	14.4[a]
波兰	6.41	5.39
罗马尼亚	5.61	5.63
塞尔维亚	11.01	9.4[a]
斯洛伐克	7.47	6.31
斯洛文尼亚	7.63	5.78

注：a 为估计值。

资料来源：EIU 网站，https：//viewpoint-eiu-com-s. ra. cass. cn：8118/data，检索日期：2023 年 8 月 4 日。

（三）预算平衡普遍改善，公共债务水平普遍下降

2022 年，绝大多数中东欧国家的预算平衡状况有不同程度的改善，波黑和克罗地亚更是获得了预算盈余，只有黑山和波兰的预算赤字占 GDP 的比例略有上升（见表 3）。黑山社会支出高涨、收入增长放缓，主要是由于受“欧洲就在现在”计划的影响。该计划于 2022 年初生效，包括取消雇员收入中的医疗保险费用等措施，此前这一费用约占 GDP 的 4%。黑山政府还将燃油消费税降低了 50%①。波兰预算赤字的扩大则是由于各种支持性措施②。在公共债务方面，除捷克和爱沙尼亚的公共债务占 GDP 的比例略有

① “One-click Report：Montenegro，December 12th，2022”，EIU 网站，https：//viewpoint-eiu-com-s. ra. cass. cn：8118/analysis/geography/XG/CS/reports/one-click-report/2022-12-12，检索日期：2023 年 2 月 14 日。

② “One-click Report：Poland，December 1st，2022”，EIU 网站，https：//viewpoint-eiu-com-s. ra. cass. cn：8118/analysis/geography/XG/PL/reports/one-click-report/2022-12-01，检索日期：2023 年 2 月 14 日。

增加外，其他中东欧国家均有下降，其中黑山的下降幅度最大。匈牙利、斯洛文尼亚、克罗地亚、阿尔巴尼亚的公共债务水平仍在高位徘徊。即便是下降幅度最大的黑山，公共债务仍占 GDP 的 67%。爱沙尼亚公共债务占 GDP 的比例虽有增加，但仍保持中东欧国家中的最低水平（见表 4）。

表 3　2021 年和 2022 年中东欧国家的预算平衡情况

单位：%

	2021 年	2022 年
阿尔巴尼亚	-4.60	-3.66
波黑	-0.30	0.9[a]
保加利亚	-2.81	-0.82
克罗地亚	-2.49	0.39
捷克	-5.09	-3.65
爱沙尼亚	-2.43	-0.93
匈牙利	-7.17	-6.26
拉脱维亚	-7.16	-4.43
立陶宛	-1.15	-0.64
黑山	-2.05	-4.30
北马其顿	-5.40	-4.47
波兰	-1.83	-3.74
罗马尼亚	-6.74	-5.75
塞尔维亚	-4.14	-3.12
斯洛伐克	-5.43	-2.04
斯洛文尼亚	-4.64	-3.02

注：a 为估计值。

资料来源：EIU 网站，https：//viewpoint-eiu-com-s.ra.cass.cn：8118/data，检索日期：2023 年 8 月 4 日。

表 4　2021 年和 2022 年中东欧国家的公共债务占 GDP 的比例

单位：%

	2021 年	2022 年
阿尔巴尼亚	74.49	64.46
波黑	33.37	29.2[a]
保加利亚	23.94	22.89

续表

	2021 年	2022 年
克罗地亚	78.34	68.84
捷克	42.03	44.18
爱沙尼亚	17.60	18.40
匈牙利	76.84	73.53
拉脱维亚	43.88	41.02
立陶宛	43.69	38.44
黑山	85	67
北马其顿	61.34	56.54
波兰	53.61	49.13
罗马尼亚	48.64	47.28
塞尔维亚	56.50	55.2[a]
斯洛伐克	61.04	57.80
斯洛文尼亚	74.89	69.98

注：a 为估计值。

资料来源：EIU 网站，https://viewpoint-eiu-com-s.ra.cass.cn:8118/data，检索日期：2023 年 8 月 4 日；黑山 2021 年数据见"One-click Report: Montenegro, December 12th, 2022"，EIU 网站，https://viewpoint-eiu-com-s.ra.cass.cn:8118/analysis/geography/XG/CS/reports/One-click-report/2022-12-12，检索日期：2023 年 2 月 14 日；黑山 2022 年数据见"One-click Report: Montenegro, June 1st, 2023"，EIU 网站，https://viewpoint-eiu-com-s.ra.cass.cn:8118/analysis/geography/XG/CS/reports/one-click-report/2023-06-01，检索日期：2023 年 7 月 4 日。

（四）进出口总额普遍增长

2022 年，除斯洛伐克外，其他中东欧国家的进出口总额均有增长，黑山和克罗地亚受益于作为重要出口部门的旅游业的恢复，升幅较大（见表 5）。斯洛伐克进出口总额的下降在一定程度上是因为与耐用消费品进口密切相关的国内消费萎缩，这影响了斯洛伐克的进口需求，而整个欧洲的消费萎缩又影响到斯洛伐克的出口需求。① 从进出口总额看，2022 年的各国排名

① *Country Report Slovakia*, *3rd Quarter 2022*, Economist Intelligence Unit, 2022.

与2021年一致，仍是波兰、捷克和匈牙利居前三位，北马其顿、阿尔巴尼亚和黑山居后三位（见表5）。

表5　2021年和2022年中东欧国家的进出口总额

单位：百万美元，%

	2021年	2022年	2022年增长率
阿尔巴尼亚	13631	16108	18.17
波黑	22719	26279	15.67
保加利亚	101688	121170	19.16
克罗地亚	71662	89427	24.79
捷克	401255	441163	9.95
爱沙尼亚	62193	63733	2.48
匈牙利	291731	330297	13.22
拉脱维亚	51776	60060	16.00
立陶宛	104033	124663	19.83
黑山	6157	7842	27.37
北马其顿	20528	23178	12.91
波兰	763758	848887	11.15
罗马尼亚	248235	279091	12.43
塞尔维亚	73656	85960	16.70
斯洛伐克	204465	188165	-7.97
斯洛文尼亚	98725	111117	12.55

资料来源：EIU网站，https：//viewpoint-eiu-com-s.ra.cass.cn：8118/data，检索日期：2023年8月4日。

三　外交

2022年，融入欧洲、推进欧洲一体化进程仍是中东欧国家外交的重中之重。同时，俄乌冲突作为2022年国际政治的最大热点，是中东欧国家必须面对的问题。

（一）中东欧国家的欧洲一体化进程在曲折中前行

1. 匈牙利和波兰与欧盟围绕欧盟基金拨付再现分歧

在匈牙利，2022 年 4 月 5 日，欧盟委员会依据法治条件机制[①]向匈牙利发出书面通知，指出匈牙利在公共采购制度、调查、起诉和反腐败框架等方面存在的问题，要求匈牙利在两个月内予以答复。7 月底，欧盟委员会致函匈牙利，表示由于匈牙利的答复中没有包含适当的补救措施，它将向欧盟理事会提出建议措施，并要求匈牙利在一个月内予以答复。匈牙利在答复中不同意欧盟委员会的调查结果，但还是提出了 17 项补救措施。9 月 18 日，欧盟委员会以匈牙利提出的补救措施不足以解决其 4 月书面通知中列举的问题为由，建议欧盟理事会就保护欧盟预算不受匈牙利违反法治原则行为的影响做出决定，要求匈牙利在 11 月 19 日前推出补救措施并在此后每 3 个月将其承诺的补救措施的执行情况告知欧盟委员会。[②] 11 月 19 日，匈牙利如期提交报告。11 月 30 日，欧盟委员会建议冻结给匈牙利的 75 亿欧元的凝聚力基金，但表示只要匈牙利实施包括 17 项补救措施在内的 27 项“超级里程碑”措施，便批准价值 58 亿欧元的匈牙利疫后复苏计划。[③] 12 月 12 日，匈牙利与欧盟达成协

① 2020 年 12 月 16 日，欧洲议会和欧盟理事会通过有关法治条件机制的条例。2021 年 1 月 1 日，条例生效。依据该条例，当成员国违反法治原则的行为足以直接影响或极有可能影响欧盟预算的健全财政管理或欧盟财政利益的保护时，欧盟委员会将启动法治条件机制，向欧盟理事会提出建议措施，由理事会做出最终决定，暂停向该国拨付基金或进行财政调整。参见“Regulation（EU，Euratom）2020/2092 of the European Parliament and of the Council of 16 December 2020 on A General Regime of Conditionality for the Protection of the Union Budget”，欧盟网站，https：//eur-lex. europa. eu/legal-content/EN/TXT/PDF/? uri=CELEX：32020R2092&from=EN，检索日期：2022 年 10 月 7 日。

② “Proposal for A Council Implementing Decision on Measures for the Protection of the Union Budget Against Breaches of the Principles of the Rule of Law in Hungary，Brussels，18. 9. 2022，COM（2022）485 Final，2022/0295（NLE）”，欧盟网站，https：//ec. europa. eu/info/sites/default/files/about_ the_ european_ commission/eu_ budget/com_ 2022_ 485_ f1_ proposal_ for_ a_ decision_ en_ v7_ p1_ 2236449. pdf，检索日期：2022 年 10 月 7 日。

③ “EU Commission Proposes Blocking Billions in Funds to Hungary”，ABC News，December 1，2022，https：//abcnews. go. com/International/wireStory/eu - commission - proposes - blocking - billions-funds-hungary-94200604，检索日期：2022 年 12 月 2 日。

议，匈牙利不否决欧盟向乌克兰提供180亿欧元的财政援助计划和15%的全球最低企业税率，欧盟成员国代表建议批准匈牙利疫后复苏计划，并将冻结基金的金额由75亿欧元降至63亿欧元。[①] 12月22日，欧盟委员会与匈牙利就2021~2027年总计近220亿欧元的欧盟基金的拨付达成协议，匈牙利为获得基金，必须在司法独立、《儿童保护法》、学术自由和庇护权利等方面满足欧盟的条件。[②]

在波兰，2021年10月波兰宪法法院裁决国内法律高于欧盟法律后，欧盟委员会决定推迟批准波兰疫后复苏计划，冻结分配给波兰的恢复基金。俄乌冲突爆发后，乌克兰难民安置给波兰带来额外的经济负担，促使欧盟委员会与波兰的谈判出现转机。2022年6月1日，欧盟委员会批准波兰疫后复苏计划，但这不等于拨付欧盟基金。波兰要获得欧盟基金还需满足三个条件：一是取消最高法院纪律检查庭；二是修改纪律检查制度，以确保法官不受其同行“钳制”；三是恢复被非法免职的法官的职务，建立独立纪律机构替代纪律检查庭。[③] 7月15日，波兰有关最高法院的法律修正案生效，取消纪律检查庭，代之以职业责任庭。9月17日，波兰总统杜达任命11名职业责任庭法官。[④] 但欧盟认为波兰没有满足它提出的全部条件，不予拨付基金。不过，欧盟委员会根据国家援助临时危机框架批准了若干对波兰的援助计划，包括4月19日批准的针对农业的8.36亿欧元援助计划、[⑤] 12月22

---

① 《匈牙利说就解冻恢复基金与欧盟达成协议》，新华网，2022年12月14日，http：//www. news. cn/2022-12/14/c_ 1129206410. htm，检索日期：2022年12月18日。

② “EU Cohesion Policy 2021 - 2027：Investing in A Fair Climate and Digital Transition While Strengthening Hungary's Administrative Capacity，Transparency and Prevention of Corruption”，欧盟网站，https：//ec. europa. eu/commission/presscorner/detail/en/ip_ 22_ 7801，检索日期：2022年12月28日。

③ *Country Report Poland*，*July 2022*，Economist Intelligence Unit，2022.

④ “Judges of New Supreme Court Chamber Appointed”，The Warsaw Voice，September 19，2022，https：//www. warsawvoice. pl/WVpage/pages/article. php/55201/news，检索日期：2022年12月24日。

⑤ “State Aid：Commission Approves € 836 Million Polish Scheme to Support Agricultural Sector in Context of Russia's Invasion of Ukraine，Brussels，April 19，2022”，欧盟网站，https：//ec. europa. eu/commission/presscorner/api/files/document/print/en/ip_ 22_ 2504/IP_ 22_ 2504_ EN. pdf#：~：text=The%20European%20Commission%20has%20approved%20a%20%E2%82%AC836%20million，thatthe%20EU%20economy%20is%20experiencing%20a%20serious%20disturbance，检索日期：2022年12月27日。

日批准的针对天然气企业的30亿欧元援助计划[①]和12月23日批准的针对能源密集型企业的11亿欧元的援助计划[②]等。

2. 克罗地亚获准加入申根区和欧元区

2022年5月24日，欧盟委员会发布第一个申根国家年度报告。报告称，鉴于克罗地亚、罗马尼亚和保加利亚已经满足加入申根区的所有标准，呼吁欧盟理事会通过决定，允许三国正式成为申根区的一部分。[③] 6月29日，欧盟理事会向欧洲议会建议，从2023年1月1日起取消对克罗地亚与申根国家的陆地和海上边境管控，从2023年3月26日起取消空中边境管控。[④] 11月10日，欧洲议会以534票对53票的多数支持取消申根区与克罗地亚之间的边境管制。[⑤] 12月8日，欧盟理事会一致同意克罗地亚在2023年1月1日加入申根区，罗马尼亚因奥地利反对、保加利亚因奥地利和荷兰反对止步于申根区外。[⑥]

2022年6月1日，欧盟委员会发布《2022年趋同报告》。报告称，经过评估，克罗地亚在保加利亚、捷克、匈牙利、波兰、罗马尼亚和瑞典等申请加入欧元区的欧盟成员国中，是唯一一个同时满足物价稳定、公共财政、汇

① “EC Approves State Aid to Support Firms Operating in Polish Gas Market”, Polish Press Agency, December 22, 2022, https: //www. pap. pl/en/news/news%2C1513329%2Cec-approves-state-aid-support-firms-operating-polish-gas-market. html，检索日期：2022年12月27日。

② “EU Approves Polish Aid Program for Energy-intensive Enterprises”, The Warsaw Voice, December 23, 2022, https: //www. warsawvoice. pl/WVpage/pages/article. php/55989/news，检索日期：2022年12月27日。

③ “State of Schengen: Commission Sets New Priorities and New Governance Model, 24 May 2022, Brussels”，欧盟网站，https: //ec. europa. eu/commission/presscorner/detail/en/ip_ 22_ 3213，检索日期：2022年9月4日。

④ “Proposals of the EU Council: Croatia Soon Schengen Member?”, Sea Help News, July 6, 2022, https: //www. sea-help. eu/en/news-general/eu-croatia-soon-to-member-schengen/，检索日期：2022年9月4日。

⑤ “Croatia Gets Green Light for Schengen Admission From European Parliament”, U. S. News, November 10, 2022, https: //www. usnews. com/news/world/articles/2022-11-10/croatia-gets-green-light-for-schengen-admission-from-european-parliament，检索日期：2022年12月14日。

⑥ 《克罗地亚将加入申根区》，新华网，2022年12月9日，http: //www. news. cn/2022-12/09/c_ 1129193696. htm，检索日期：2022年12月11日。

率和长期利率四项相关标准的国家，这意味着克罗地亚已做好准备自 2023 年 1 月 1 日起使用欧元。① 7 月 12 日，欧盟理事会正式批准克罗地亚于 2023 年 1 月 1 日加入欧元区。这是继 2015 年立陶宛加入欧元区后的再度扩大。

3. 捷克再次担任欧盟轮值主席国

2022 年下半年，捷克继 2009 年上半年之后再次担任欧盟轮值主席国。面对俄乌冲突给欧洲带来的严峻考验，捷克以“欧洲的任务：重思、重建、重振”为座右铭，指出：在目前的形势下，必须深入思考欧洲的任务，尽快找到正确的政策组合方案，以确保欧洲大陆的安全与和平，引导欧盟实现绿色和数字化转型的长期目标，同时有效应对当前的安全、能源和人道主义危机，以及部分由新冠疫情引起并因俄乌冲突加剧的严重的经济和社会挑战。②“捷克的总体目标是在自由、社会正义、民主、法治和环境责任等欧洲价值观的背景下，尽最大努力为欧盟的安全和繁荣创造条件。欧盟必须集中精力与北约一起确保安全并证实欧洲经济的战略韧性和竞争力。欧盟连同美国和欧盟以外的其他民主国家应成为捍卫基本价值观、人权、自由生活方式和自由民主的战略共同体的坚实基础。”③ 为实现这一目标，捷克确定了作为欧盟轮值主席国的五个优先领域：应对难民危机和乌克兰战后重建、确保能源安全、增强欧洲防务能力和网络安全、增强欧洲经济的战略韧性、增强民主制度的韧性。④

担任欧盟轮值主席国期间，捷克推动欧盟通过第七、第八和第九轮对俄罗斯制裁措施，中止与俄罗斯的签证便利化协议，批准在 2023 年以贷款形

---

① 《欧盟委员会：克罗地亚已准备好明年加入欧元区》，新华网，2022 年 6 月 2 日，http://m.news.cn/2022-06/02/c_1128709854.htm，检索日期：2022 年 6 月 5 日。

② “Programme of the Czech Presidency of the Council of the European Union”，欧盟网站，https://czech-presidency.consilium.europa.eu/media/ddjjq0zh/programme-cz-pres-english.pdf，检索日期：2022 年 9 月 5 日。

③ “Programme of the Czech Presidency of the Council of the European Union”，欧盟网站，https://czech-presidency.consilium.europa.eu/media/ddjjq0zh/programme-cz-pres-english.pdf，检索日期：2022 年 9 月 5 日。

④ “Programme of the Czech Presidency of the Council of the European Union”，欧盟网站，https://czech-presidency.consilium.europa.eu/media/ddjjq0zh/programme-cz-pres-english.pdf，检索日期：2022 年 9 月 5 日。

式向乌克兰提供180亿欧元的援助，批准“减碳55”（Fit for 55）一揽子计划中的所有气候部分并推动欧盟各国就天然气价格上限达成一致。[①] 捷克作为欧盟轮值主席国还代表欧盟理事会与欧洲议会就旨在摆脱对俄罗斯能源依赖的“重新赋能欧盟”（REPowerEU）计划财政部分的最终形式、《移民与难民庇护公约》中的有关重要文件等达成协议。[②] 2022年10月6日和7日，捷克作为欧盟轮值主席国在首都布拉格相继举行了首届欧洲政治共同体会议和欧盟领导人非正式会议，两个会议的主要议题都与俄乌冲突及其后果有关。[③]

4. 西巴尔干国家入盟进程向前推进

西巴尔干国家入盟进程的推进主要体现在两个方面。

一是阿尔巴尼亚和北马其顿开启入盟谈判。早在2020年3月，欧洲理事会就批准了欧盟理事会开启与两国入盟谈判的决定。[④] 2020年7月，欧盟委员会向欧盟理事会提交阿尔巴尼亚和北马其顿的谈判框架草案，谈判框架草案经欧盟成员国通过后，欧盟轮值主席国将在与其他成员国的第一次政府间会议上提出一致同意的欧盟总体立场，这标志着入盟谈判的

① “Results of the Czech Presidency of the Council of the EU”，欧盟网站，https：//czech-presidency. consilium. europa. eu/en/programme/results-of-the-czech-presidency-of-the-council-of-the-eu/，检索日期：2023年3月9日；“Achievements of the Czech Presidency-December”，欧盟网站，https：//czech-presidency. consilium. europa. eu/en/news/achievements-of-the-czech-presidency-december/，检索日期：2023年3月9日。

② “Achievements of the Czech Presidency-December”，欧盟网站，https：//czech-presidency. consilium. europa. eu/en/news/achievements-of-the-czech-presidency-december/，检索日期：2023年3月9日。

③ “The Czech Presidency Is Coming to An End. Sweden Is Taking over the Presidency of the Council of the EU”，欧盟网站，https：//czech-presidency. consilium. europa. eu/en/news/the-czech-presidency-is-coming-to-an-end-sweden-is-taking-over-the-presidency-of-the-council-of-the-eu/，检索日期：2023年3月9日。

④ “Commission Staff Working Document Albania 2022 Report, Brussels, 12. 10. 2022, SWD（2022）332 Final”，欧盟网站，https：//neighbourhood-enlargement. ec. europa. eu/system/files/2022-10/Albania%20Report%202022. pdf，检索日期：2022年12月14日；“Commission Staff Working Document North Macedonia 2022 Report, Brussels, 12. 10. 2022, SWD（2022）337 Final”，欧盟网站，https：//neighbourhood-enlargement. ec. europa. eu/system/files/2022-10/North%20Macedonia%20Report%202022. pdf，检索日期：2022年12月14日。

正式开启。[①] 2020 年 11 月，保加利亚外交部宣布不接受北马其顿谈判框架草案。2021 年 5 月 12 日，欧盟委员会告知欧盟理事会，鉴于 2020 年 12 月阿尔巴尼亚宪法法院恢复运转，阿尔巴尼亚已经满足举行有关入盟谈判的第一次政府间会议的所有条件。[②] 北马其顿入盟谈判的开启则因保加利亚的反对而受阻。2022 年 6 月，保加利亚的态度有所松动。2022 年 6 月 24 日，保加利亚议会通过时任欧盟轮值主席国法国提出的旨在为开启北马其顿入盟谈判清除障碍的提案。但北马其顿拒绝了该提案。2022 年 6 月 30 日，法国将修改后的提案送交北马其顿。尽管提案遭到北马其顿民众抗议，北马其顿议会还是于 2022 年 7 月 16 日通过了该提案。2022 年 7 月 19 日，欧盟与阿尔巴尼亚和北马其顿的入盟谈判正式开启。

二是波黑获得欧盟候选国地位。2022 年 6 月，欧洲理事会表达了给予波黑欧盟候选国地位的意愿，为此，它请欧盟委员会报告其为波黑确定的民主、法治、基本权利和公共行政改革等 14 个关键优先事项的执行情况，以便它最终做出决定。[③] 10 月 12 日，欧盟委员会建议欧盟理事会给予波黑欧盟候选国地位。12 月 13 日，欧盟理事会建议给予波黑欧盟候选国地位。12 月 15 日，欧洲理事会决定给予波黑欧盟候选国地位。

此外，2022 年 6 月 23 日，欧盟-西巴尔干国家峰会在比利时首都布鲁塞尔举行。峰会讨论了欧洲一体化的进展和俄乌冲突带来的挑战，指出由于存在重振西巴尔干国家入盟进程的非常强烈的政治意愿，这是一个发出非常

---

① "Commission Drafts Negotiating Frameworks for Albania and North Macedonia, 1 July 2020, Brussels"，欧盟网站，https://ec.europa.eu/commission/presscorner/detail/en/IP_20_1021，检索日期：2021 年 1 月 24 日。

② "Commission Staff Working Document Albania 2022 Report, Brussels, 12.10.2022, SWD (2022) 332 Final"，欧盟网站，https://ec.europa.eu/commission/presscorner/detail/en/IP_20_1021，检索日期：2022 年 12 月 14 日。

③ "Commission Staff Working Document Bosnia and Herzegovina 2022 Report, Brussels, 12.10.2022, SWD (2022) 336 Final"，欧盟网站，https://neighbourhood-enlargement.ec.europa.eu/system/files/2022-10/Bosnia%20and%20Herzegovina%20Report%202022.pdf，检索日期：2022 年 12 月 14 日。

明确和强烈信息的重要时刻。[①] 11 月 3 日，2022 年西巴尔干柏林进程峰会在德国首都柏林举行。峰会由德国总理奥拉夫·朔尔茨主持，西巴尔干国家领导人，以及与会欧盟国家、英国、国际金融机构和地区组织的代表出席。峰会特别关注能源安全和绿色转型以及加快实施西巴尔干绿色议程、加强区域共同市场发展等问题。[②] 西巴尔干国家领导人还签署了关于相互承认身份证件的协议，该协议在自由流动、承认大学文凭和专业资格方面做出规定。[③] 12 月 6 日，欧盟-西巴尔干国家峰会在阿尔巴尼亚首都地拉那举行，这是欧盟首次在非欧盟国家举行峰会。峰会重申欧盟对西巴尔干国家加入欧盟的承诺，呼吁这些国家深化改革以加快入盟进程。欧盟与西巴尔干国家电信公司签署了降低双方之间手机漫游费用的协议，并宣布将向西巴尔干国家提供 10 亿欧元用于能源和基础设施建设。峰会期间，与会者还讨论了移民管理、网络安全以及有关教育和青年的政策。[④]

（二）中东欧国家应对俄乌冲突

中东欧国家大多支持欧盟和北约在俄乌冲突中的立场，即援助乌克兰，反对俄罗斯。其中，波兰和波罗的海三国的表现最为突出。俄乌冲突爆发前，波兰和立陶宛就通过一些外交活动声援乌克兰。2022 年 2 月 24 日，俄乌冲突爆发当天，波罗的海三国外长便访问乌克兰首都基辅，就波罗的海国家对乌克兰的支持展开讨论。2 月 25 日，波兰、波罗的海三国与保加利亚、

---

① "EU-Western Balkans Leaders' Meeting, 23 June 2022"，欧盟网站，https：//www. consilium. europa. eu/en/meetings/international-summit/2022/06/23/，检索日期：2023 年 4 月 16 日。

② "Berlin Process Summit for the Western Balkans"，European Investment Bank，November 3，2022，https：//www. eib. org/en/events/eu-western-balkans-summit-2022，检索日期：2023 年 8 月 8 日。

③ "Berlin Process：Western Balkans Leaders Sign Agreements on Increased Mobility"，European Western Balkans，November 3，2022，https：//europeanwesternbalkans. com/2022/11/03/berlin-process-western-balkans-leaders-sign-agreements-on-increased-mobility/，检索日期：2023 年 8 月 8 日。

④《欧盟领导人重申对西巴尔干国家加入欧盟的承诺》，新华网，2022 年 12 月 7 日，http：//m. news. cn/2022-12/07/c_ 1129189005. htm，检索日期：2022 年 12 月 10 日。

匈牙利、罗马尼亚、斯洛伐克、捷克组成的“布加勒斯特9国”在波兰首都华沙举行峰会，支持乌克兰。2月28日，拉脱维亚议会紧急通过国家安全法修正案，允许拉脱维亚公民作为志愿者赴乌克兰参战。① 3月15日，波兰与捷克和斯洛文尼亚三国总理作为欧盟代表到访基辅，这是俄乌冲突爆发以来欧盟国家领导人也是外国领导人首次访问乌克兰，显示了欧盟对乌克兰的支持。3月29日，波兰宣布禁止从俄罗斯进口煤炭，成为首个禁止进口俄罗斯能源的欧盟国家。② 4月2日，立陶宛表示停止从俄罗斯购买天然气，成为首个拒绝进口俄罗斯天然气的欧盟国家。③ 4月4日，立陶宛要求俄罗斯大使离境，并召回其驻莫斯科的外交代表，成为首个驱逐俄罗斯大使的欧盟国家。④ 4月13日，波兰与波罗的海三国总统访问基辅，表达对乌克兰的支持。5月5日，波兰与欧洲理事会主席米歇尔和欧盟委员会主席冯德莱恩在华沙联合主办捐助乌克兰的国际会议，为人道主义援助提供资金。5月22日，波兰总统杜达再访基辅，并在乌克兰议会发表演讲，他是俄乌冲突爆发以来首位在乌克兰议会发表演讲的外国元首。9月9日，拉脱维亚总统埃吉尔斯·莱维茨抵达基辅进行为期两天的访问，成为俄乌冲突以来第一位在乌克兰首都过夜的西方国家领导人。⑤ 据2022年底的统计，按国内生产总值占比计算，爱沙尼亚在援乌排行榜上名列第一，是世界上唯一一个援乌规模占本国国内生产总值比重超过1%的国家。其后是拉脱维亚、波兰和立陶宛。⑥

在援乌反俄的同时，多数中东欧国家进一步加强与美国和北约的合作，

---

① 《拉脱维亚议会通过法律允许本国公民赴乌克兰参战》，新华网，2022年2月28日，http://m.news.cn/2022-02/28/c_1128424537.htm，检索日期：2023年3月31日。

② 《欧盟首个禁止进口俄能源的国家出现：66%的进口煤炭来自俄罗斯》，搜狐网，2022年3月30日，https://www.sohu.com/a/533837386_746146，检索日期：2023年3月30日。

③ 《拒绝使用卢布结算，立陶宛成欧盟首个停止购买俄天然气的国家》，环球网，2022年4月3日，https://3w.huanqiu.com/a/9eda3d/47SIXGrUKRb，检索日期：2023年3月30日。

④ “First EU Member Expels Russian Ambassador”，今日俄罗斯网站，2022年4月4日，https://www.rt.com/russia/553273-lithuania-expels-russian-ambassador/，检索日期：2023年3月30日。

⑤ 详见国别报告《拉脱维亚》。

⑥ 《美英往后站，援乌“最卖力”的国家是它》，新华网，2022年12月20日，http://www.news.cn/mil/2022-12/20/c_1211710880.htm，检索日期：2023年3月31日。

尤其是军事合作[①]。例如，美国欧洲特种作战司令部在阿尔巴尼亚设立前沿总部，捷克、波兰和立陶宛等国寻求美国在其境内永久驻军，美国总统拜登承诺将在波兰永久驻军，捷克与美国启动《部队地位协定》的谈判，以便美国军队能够在捷克部署；波兰、爱沙尼亚、立陶宛等国扩大与美国的武器交易，斯洛伐克则以向乌克兰提供 S-300 防空导弹系统，换取美国的“爱国者”导弹防御系统；阿尔巴尼亚担任联合国安理会非常任理事国期间在联合国配合美国挑战俄罗斯，捷克担任欧盟轮值主席国期间定期向北约代表介绍欧盟的共同安全与防务政策，促进欧盟与美国的军事联系，阿尔巴尼亚和爱沙尼亚还借与美国建交 100 周年之机进一步密切与美国的关系；捷克派遣 400 多名士兵加入北约在斯洛伐克的多国战斗群并在战斗群中担任领导角色，拉脱维亚与加拿大决定扩大北约在拉脱维亚的战斗群，阿尔巴尼亚与北约协商共建海军基地；等等。

匈牙利、塞尔维亚和波黑在俄乌冲突中的立场与多数中东欧国家不同。

匈牙利奉行“既符合欧盟和北约成员国要求又保持与俄罗斯密切的双边关系的平行政策”[②]，虽然支持欧盟制裁俄罗斯，但指责制裁导致匈牙利通货膨胀率飙升，并以从俄罗斯进口石油和天然气对匈牙利能源安全至关重要为由，为继续保持与俄罗斯的友好关系辩护。[③] 2022 年 5 月 4 日，欧盟委员会提交包括 2022 年底前全面禁止进口俄罗斯石油在内的第六轮对俄制裁措施提案，匈牙利认为该提案将破坏其能源供应安全，使其无法获得保证经济正常运行所需的石油，鉴于管道是石油进入匈牙利的唯一途径，如果想让匈牙利支持该提案，就必须把通过管道运输石油排除在禁令之外。[④] 5 月 16

① 本部分内容详见相关国别报告。

② “One-click Report：Hungary，April 3rd，2023”，EIU 网站，https：//viewpoint-eiu-com-s. ra. cass. cn：8118/analysis/geography/XG/HU/reports/one-click-report/2023-04-03，检索日期：2023 年 4 月 11 日。

③ “One-click Report：Hungary，April 3rd，2023”，EIU 网站，https：//viewpoint-eiu-com-s. ra. cass. cn：8118/analysis/geography/XG/HU/reports/one-click-report/2023-04-03，检索日期：2023 年 4 月 11 日。

④ 《匈牙利不支持欧盟新一轮对俄制裁方案》，新华网，2022 年 5 月 5 日，http：//www.news. cn/2022-05/05/c_ 1128620757. htm，检索日期：2023 年 4 月 5 日。

日，欧盟成员国外长会议因匈牙利反对未通过该提案。直到 5 月 30 日，欧盟成员国领导人才在欧盟特别峰会上就第六轮对俄制裁措施达成一致，将立即禁止进口 75%的俄罗斯石油，但通过管道供应的石油暂时例外，大部分石油通过“友谊”输油管道从俄罗斯进口的匈牙利、斯洛伐克和捷克因此获得豁免。[①] 此外，匈牙利不向乌克兰提供武器，禁止第三国通过其领土向乌克兰运送武器，不参与欧盟针对乌克兰士兵的培训项目。12 月 6 日，匈牙利否决欧盟以贷款形式在 2023 年内向乌克兰提供 180 亿欧元的财政援助计划，后以解冻欧盟基金为条件才放弃否决，该计划因此获得通过。

塞尔维亚谴责俄罗斯在乌克兰的行动，投票赞成联合国要求俄罗斯撤军的决议和将俄罗斯逐出联合国人权理事会，但坚持中立立场，拒绝制裁俄罗斯。俄乌冲突爆发之初，塞尔维亚航空公司飞往俄罗斯的航班数量增加了一倍，随后减少到冲突前的频率。塞尔维亚保持与俄罗斯频繁的高层交往，包括定期的双边互访。2022 年 2 月和 4 月，俄罗斯杜马国际事务委员会主席列昂尼德·斯卢茨基访问塞尔维亚首都贝尔格莱德。6 月，俄罗斯外交部长谢尔盖·拉夫罗夫对贝尔格莱德的访问因几个欧洲国家不许其专机过境领空而取消。8 月，塞尔维亚内政部长访问莫斯科。9 月联合国大会期间，塞尔维亚总统会见俄罗斯外交部长拉夫罗夫，两国外长签署了 2023~2024 年的磋商计划。[②]

波黑因内部意见分歧没有统一的立场。波黑联邦基本与欧盟的立场相同，塞族共和国则主张采取中立立场，反对波黑与欧盟保持一致，阻碍全面实施对俄罗斯的限制性措施。[③] 2022 年 6 月，波黑主席团塞族成员米洛拉

---

① 《欧尔班：匈牙利在欧盟对俄石油禁运中获得豁免》，新华网，2022 年 6 月 1 日，http://www.news.cn/2022-06/01/c_ 1128703684.htm，检索日期：2023 年 4 月 5 日。

② “Commission Staff Working Document Serbia 2022 Report, Brussels, 12.10.2022, SWD (2022) 338 Final”，欧盟网站，https://neighbourhood-enlargement.ec.europa.eu/system/files/2022-10/Serbia%20Report%202022.pdf，检索日期：2022 年 12 月 14 日。

③ “Commission Staff Working Document Bosnia and Herzegovina 2022 Report, Brussels, 12.10.2022, SWD (2022) 336 Final”，欧盟网站，https://neighbourhood-enlargement.ec.europa.eu/system/files/2022-10/Bosnia%20 and%20Herzegovina%20Report%202022.pdf，检索日期：2022 年 12 月 14 日。

德·多迪克在参加圣彼得堡国际经济论坛期间会见了俄罗斯总统普京，与俄罗斯达成协议，俄罗斯将在塞族共和国新建两座燃气发电站。[①]

四　社会与文化

2022 年，在社会与文化领域，至少应关注以下事件。

（一）接收和安置乌克兰难民[②]

中东欧国家采取措施，接收和安置乌克兰难民并向他们提供人道主义援助。波兰出台《波兰共和国境内外国人保护法》，规定所有在波兰境内申请庇护的乌克兰难民都可以获得波兰的居民身份证（PESEL）号码，在就业安置、职业咨询和培训等方面享有和波兰公民同样的权利，还可以申请每人 300 兹罗提的一次性补贴。保加利亚宣布为接待难民的酒店补贴食宿费，并帮助难民获取经济收入。立陶宛宣布持有生物识别护照的乌克兰难民无须签证即可入境立陶宛并停留 90 天，停留期间可向立陶宛移民局递交申请，获得立陶宛居留、工作许可证后，可在立陶宛享受子女教育、医疗保险等方面的服务。罗马尼亚允许乌克兰难民在 2022 年内自由进入其劳动力市场，在罗马尼亚签署全职合同的受雇乌克兰公民，可延长在罗马尼亚的临时居住期，在罗马尼亚工作的乌克兰人可申请难民身份，获得某些与罗马尼亚公民相同的权利；罗马尼亚儿童之家基金会提供资金，安置和照顾乌克兰儿童。捷克向乌克兰难民发放临时保护签证，给予他们免费医疗与教育等国民待遇，允许他们进入捷克劳动力市场，还为他们提供免费住宿或房租补贴。爱沙尼亚也为乌克兰难民提供临时保护。

乌克兰难民的涌入给中东欧国家带来一些社会问题。比如，波兰作为为乌克兰难民花销最大的欧盟国家，在社会福利方面面临压力，以致民众对难

---

① *Country Report Bosnia and Herzegovina*, *3rd Quarter 2022*, Economist Intelligence Unit, 2022.

② 本部分内容详见相关国别报告。

民的态度转为负面。保加利亚民众认为政府应优先考虑提高本国公民生活质量和福利的政策，而不应该将有限的资源大量投入难民援助。立陶宛的基础设施建设和社会治理等也因难民涌入面临考验。为解决这些问题，波兰先是削减了给难民的补贴，后又宣布从 2023 年 2 月 1 日起，在波兰集体住宿中心居住且停留超过 120 天的乌克兰难民需缴纳一半的援助费用，自 2023 年 5 月 1 日起，在波兰集体住宿中心居住且停留超过 180 天的乌克兰难民需缴纳 3/4 的援助费用。保加利亚大幅缩减难民援助费用，减少给接待难民的酒店的补贴。立陶宛则因国内住房紧缺，考虑将更多的医院、学校、体育馆作为安置难民的场所。

（二）放松和取消新冠疫情防控措施[①]

一些中东欧国家放松乃至取消新冠疫情防控措施。克罗地亚在 2022 年 2 月底放宽室内外聚集性活动措施，取消出入公共机构时必须出示新冠检测报告或新冠疫苗接种数字证书的要求；4 月 1 日起，来自欧盟成员国的旅客在入境时不再需要出示新冠疫苗接种数字证书；4 月 8 日晚 12 点起，取消包括佩戴口罩在内的几乎所有防疫措施；5 月 2 日，所有入境克罗地亚的旅客都无须出示新冠检测报告或新冠疫苗接种数字证书。塞尔维亚于 2022 年 3 月取消在封闭空间逗留所需的新冠通行证，并不再强制要求民众佩戴口罩；10 月底和 11 月底，尼什和贝尔格莱德的新冠诊所相继关闭，医疗机构逐渐恢复正常的运营方式，疫情管理岗位也逐步被取消。波兰在 2022 年 3 月决定取消几乎所有的疫情防控措施，包括不再强制要求民众在公共场所佩戴口罩，取消对新冠病毒感染者以及密接者的强制隔离要求，入境人员无须隔离等[②]；5 月 16 日起，结束自 2020 年 3 月 20 日以来实施的“流行病状态”，改为“流行病威胁状态”，减少限制措

① 本部分内容除特别注明外，详见相关国别报告。

② 《波兰取消绝大多数新冠疫情防控措施》，中国经济网，2022 年 3 月 25 日，http://intl.ce.cn/qqss/202203/25/t20220325_37433651.shtml，检索日期：2023 年 8 月 10 日。

施，防疫政策更为温和[①]。保加利亚于 2022 年 4 月 1 日宣布解除国家紧急状态并取消大部分限制性社会措施；4 月 12 日起，取消来自保加利亚周边国家旅客的防疫入境限制和对世界各国的疫情分级；5 月 1 日起，取消来自其他国家旅客的防疫入境限制。

（三）人口普遍呈负增长趋势

保加利亚、捷克、北马其顿、克罗地亚和罗马尼亚公布 2021 年人口普查数据。保加利亚人口估计为 6520314 人，是 2011 年至 2021 年期间人口普查数据减少最多的一次，减少了 844000 人。[②] 捷克全国人口为 10524167 人，比 10 年前增加了 87607 人，但增加是由移民造成的，总体而言，人口发展呈负增长趋势。[③] 北马其顿常住人口为 1836713 人，相较于 2002 年减少 185834 人。[④] 克罗地亚总人口为 3871833 人，比 2011 年减少了 413056 人，10 年间人口下降了 9.64%，且 1991 年后人口一直呈下降趋势。[⑤] 罗马尼亚常住人口为 19053815 人，比 2011 年相比减少了 1067826 人。[⑥] 2022 年 3 月，黑山公布 2022 年 1 月的人口趋势数据，有 21 个城市出现月度人口负增长，创下历史新纪录，首都波德戈里察首次出现人口负增长。[⑦] 2022 年塞尔维亚

---

① 《波兰将从 5 月 16 日起结束“流行病状态”改为“流行病威胁状态”》，网易网，2022 年 5 月 6 日，https：//www.163.com/dy/article/H6NBAS1005198CJN.html，检索日期：2023 年 8 月 10 日。

② 《保加利亚 2021 年人口普查：初步结果显示人口大幅下降》，中国驻保加利亚大使馆经济商务处，2022 年 1 月 7 日，http：//bg.mofcom.gov.cn/article/ddgk/zwrenkou/202201/20220103235622.shtml，检索日期：2023 年 8 月 11 日。

③ 《2021 年人口普查：社会视角下的基本特征》，中国社会科学院欧洲研究所，2022 年 1 月，http：//ies.cssn.cn/chinacee/zdo_ cbw/zdo_ zb/202203/P0202203 16591411958986.pdf，检索日期：2022 年 6 月 16 日。

④ 《2021 年人口普查结果造成新的政治分歧》，中国社会科学院欧洲研究所，2022 年 4 月，http：//ies.cssn.cn/chinacee/zdo_ cbw/zdo_ zb/202206/P0202206064 94159384070.pdf，检索日期：2023 年 8 月 11 日。

⑤ 详见国别报告《克罗地亚》。

⑥ 罗马尼亚国家统计局网站，https：//insse.ro/cms/sites/default/files/com_ presa/com_ pdf/cp-date-provizorii-rpl2021_ 0.pdf，检索日期：2023 年 8 月 11 日。

⑦ 《黑山共和国应对人口危机的民粹主义做法》，中国社会科学院欧洲研究所，2022 年 3 月，http：//ies.cssn.cn/chinacee/zdo_ cbw/zdo_ zb/202205/P020220505 420704944117.pdf，检索日期：2023 年 8 月 11 日。

和匈牙利人口普查的初步结果显示，塞尔维亚有居民 6690000 人，比上次人口普查减少了 6.9%，约 496000 人[①]；匈牙利人口下降到 9604000 人，在 11 年内减少了近 500000 人[②]。阿尔巴尼亚人口流失加速，青年移民人数增多，人口下降约 20000 人。[③] 波黑也在经历严重的人口流失。值得注意的是，与大多数中东欧国家的人口负增长不同，2021 年立陶宛人口在过去 30 年间首次出现增长，2022 年人口涨势继续向好。[④]

（四）教育改革和文体活动取得进展[⑤]

教育方面，2022 年夏，匈牙利宣布“语言考试豁免”的决定，高等教育机构在学术事务上将获得更多的自由，可以决定是否提高对中学毕业考成绩的要求、在招生时是否给予额外加分、本科生是否必须参加语言考试等。9 月 29 日，拉脱维亚议会通过《教育法》和《普通教育法》修正案，规定在 3 年内学前和小学阶段的教育逐步分级过渡到只使用拉脱维亚语教学。罗马尼亚新教育法于 8 月 24 日完成公众辩论，但因教育部长辞职再度被搁置。

文化方面，拉脱维亚海滨城市利耶帕亚继首都里加后获得 2027 年“欧洲文化之都”称号，阿尔巴尼亚借地拉那“欧洲青年之都”年之机，开展丰富多彩的社会文化活动。匈牙利多部文学作品获利布里文学奖和大众奖、匈牙利艺术研究院文学部“年度最佳图书奖”与“年度卓越图书奖”，被匈牙利最大的两家图书公司列入 2022 年畅销榜单。阿尔巴尼亚科学院与科索沃（地区）科学与艺术院在地拉那联合举办大会，纪念“阿尔巴尼亚语正

---

① 《塞尔维亚公布人口普查结果》，“走出去”导航网，2022 年 12 月 24 日，https://investgo.cn/article/gb/tjsj/202212/646336.html，检索日期：2023 年 8 月 11 日。

② 《人口普查：匈牙利人口下降到 900 万，公寓有 459 万套》，新浪网，2023 年 2 月 24 日，http://k.sina.com.cn/article_3560131847_d4334d0700101kxak.html，检索日期：2023 年 8 月 11 日。

③ 详见国别报告《阿尔巴尼亚》。

④ 《立陶宛人口变化趋势》，中国-中东欧研究院网站，2022 年 12 月，https://china-cee.eu/wp-content/uploads/2023/08/Lithuania_202212CN_Society.pdf，检索日期：2023 年 8 月 11 日。

⑤ 本部分内容除特别注明外，详见相关国别报告。

字法大会”召开 50 周年。拉脱维亚电影《一月》在翠贝卡电影节（美国）、华沙国际电影节和罗马国际电影节上获得多个奖项，并被提名代表拉脱维亚参加美国奥斯卡最佳国际影片奖的评选。捷克新增了 8 处国家文化古迹。

体育方面，克罗地亚国家队获卡塔尔世界杯季军和欧洲水球锦标赛冠军。拉脱维亚运动员在欧洲沙滩排球锦标赛中夺冠。罗马尼亚运动员在欧洲游泳锦标赛中连破世界纪录，在欧洲青少年乒乓球锦标赛中斩获 6 枚金牌、1 枚银牌和 3 枚铜牌。在北京冬奥会上，斯洛文尼亚获 2 金 3 银 2 铜，在中东欧国家中名列第一，匈牙利、捷克、斯洛伐克、波兰、拉脱维亚和爱沙尼亚均有奖牌入账。① 阿尔巴尼亚首都地拉那在 2019 年新落成的国家竞技场首次成功承办 2021～2022 赛季欧足联欧洲协会联赛决赛，增强了阿尔巴尼亚的国际影响力。

结　语

2022 年中东欧国家基本延续之前的态势。政治方面，除波黑塞族共和国总统选举中反对党抗议选举舞弊外，其他选举均平稳举行，政治体制运转正常。匈牙利青民盟、塞尔维亚前进党和拉脱维亚新团结党继续执政，波黑民主行动党、独立社会民主人士联盟、社会民主党和波黑克族民主共同体再次获得议会选举胜利，黑山、爱沙尼亚、保加利亚和斯洛伐克的政府本就不稳，下台在意料之中。经济方面，几乎所有国家的经济继续保持正增长，进出口总额也继续保持增长态势。外交方面，中东欧国家的欧洲一体化进程继续在曲折中前行。一方面，中东欧国家继续融入欧洲一体化进程；另一方面，匈牙利和波兰与欧盟的分歧依然存在。中东欧各国在俄乌冲突中的立场也是其一贯奉行的外交政策的体现。社会与文化方面，多数国家的人口负增长趋势仍然延续。

---

① 《北京冬奥会奖牌榜》，央视网，https：//2022. cctv. com/medal_ list/index. shtml？ spm = 0. PVKHMDjzaFA6. Exl84ICBj62X. 1，检索日期：2023 年 8 月 4 日。

与此同时，中东欧国家出现了一些新变化。政治方面，最大的变化发生在斯洛文尼亚，自由运动党的上台结束了被欧盟诟病的以亚内兹·扬沙为首的民主党执政，它领导的政府重新倡导自由民主和亲欧洲的政策。塞尔维亚前进党需与其他政党联合执政。保加利亚公民党所在政党联盟在议会选举中战胜执政的“我们继续变革”联盟，议会席位数名列第一。经济方面，与2021年相比，中东欧国家的经济增速明显放缓，但几乎所有国家的失业率都有下降，预算平衡普遍改善，公共债务水平普遍下降。外交方面，中东欧国家的欧洲一体化进程获得三个进步：一是克罗地亚即将加入申根区和欧元区；二是阿尔巴尼亚和北马其顿开启入盟谈判；三是波黑获得欧盟候选国地位。社会与文化方面，接收和安置乌克兰难民、放松和取消新冠疫情防控措施是值得关注的新事件，教育改革和文体活动也取得了某些新进展。

中东欧国家的发展在一定程度上受到俄乌冲突的影响。政治方面，匈牙利青民盟和塞尔维亚前进党的获胜与其在俄乌冲突爆发后采取的立场有一定关系。波兰出台《保卫祖国法》，匈牙利宣布进入全国紧急状态，以应对俄乌冲突。随着冲突的持续，能源问题日益凸显，各国国内意见愈加分裂，一些抗议活动由此而起，尤以捷克的反政府抗议表现得最为突出。经济方面，俄乌冲突及其带来的能源危机和通货膨胀给中东欧国家经济造成不利影响，致使其经济增速显著下降。外交方面，欧盟委员会批准波兰的疫后复苏计划并给予波兰援助但对匈牙利启动法治条件机制，这在一定程度上是由于波兰和匈牙利在俄乌冲突中的不同立场。捷克担任欧盟轮值主席国期间以应对俄乌冲突为主要任务。中东欧国家融入欧洲一体化进程的进展也与欧盟加强团结、提升吸引力以削减俄罗斯的影响有关。社会与文化方面，接收和安置乌克兰难民并向他们提供人道主义援助成为中东欧国家面临的主要任务。俄乌冲突仍在继续，其对中东欧国家发展的影响日益凸显，应该得到更多的关注。

专题报告

Special Reports

B.2

加速还是变向：西巴尔干入盟新进展

徐 刚*

摘 要： 2022年西巴尔干成员入盟进展十分显著。北马其顿和阿尔巴尼亚入盟谈判开启，两个国家分别等待17年和8年的梦想终于达成。波黑正式获得欧盟候选国地位，在递交入盟申请仅仅6年后便迈出了一大步。黑山、塞尔维亚的入盟进展甚微，科索沃签证自由化议案的批准仍需等待。西巴尔干部分成员的入盟进展显著与由俄乌冲突引发的欧洲地缘格局变动有较强的关联，而这究竟意味着西巴尔干成员入盟的加速还是欧盟扩大进程的变向，值得探究。

关键词： 西巴尔干 欧洲一体化 欧盟扩大 入盟谈判 俄乌冲突

* 徐刚，法学博士，中国社会科学院俄罗斯东欧中亚研究所研究员，中国社会科学院“一带一路”研究中心副秘书长，主要研究方向为巴尔干问题、中国-中东欧国家关系、欧盟外交。

对于西巴尔干地区来说，2022 年既困难重重又收获颇丰。一方面，西巴尔干地区的不稳定局势加剧，塞尔维亚与科索沃的关系持续紧张，黑山政治危机频发，北马其顿和阿尔巴尼亚的暴力抗议事件不断，波黑 2021 年下半年发生的“塞族脱钩危机”仍在发酵；另一方面，一些西巴尔干成员融入欧洲一体化的进程取得显著进展，北马其顿和阿尔巴尼亚的入盟谈判开启，波黑正式获得欧盟候选国地位。从融入欧洲一体化进程的角度看，2022 年取得的显著进展究竟意味着西巴尔干成员入盟的加速还是欧盟扩大进程的变向，值得探究。

一　北马其顿、阿尔巴尼亚和波黑的入盟进展显著

对于北马其顿、阿尔巴尼亚和波黑三个西巴尔干成员来说，2022 年是它们融入欧洲一体化进程的重要时刻，其在欧盟扩大程序上都取得了显著进展。

（一）北马其顿和阿尔巴尼亚迟到的入盟谈判终于启动

2022 年 7 月 19 日，在遭遇三年左右的推迟后，欧盟与阿尔巴尼亚和北马其顿在布鲁塞尔召开第一次政府间会议，正式启动两国的入盟谈判。[①] 从欧盟扩大程序的角度观察，这是西巴尔干融入欧洲一体化进程的重要一步。此前，北马其顿和阿尔巴尼亚两个候选国为这一时刻已经分别等待了 17 年和 8 年，[②] 而西巴尔干地区最近的重大入盟程序尚停留在 2016 年 2 月 15 日的波黑递交入盟申请上。

从进程看，两国入盟谈判的启动实属被延迟的程序。早在 2018 年 6 月

① “Statement by President Michel on the Occasion of Intergovernmental Conferences on the Accession with North Macedonia and with Albania”, European Council, July 19, 2022, https://www.consilium.europa.eu/en/press/press-releases/2022/07/19/statement-by-president-michel-on-the-occasion-of-intergovernmental-conferences-on-the-accession-with-north-macedonia-and-with-albania/，检索日期：2023 年 2 月 5 日。

② 北马其顿和阿尔巴尼亚分别于 2005 年 12 月 17 日和 2014 年 6 月 27 日获得欧盟候选国地位。

28日，由于马其顿与希腊签署《马其顿国名更改问题的“历史性”协议》①释放出和解信号等积极因素，欧盟决定为一年后同马其顿和阿尔巴尼亚启动入盟谈判“开绿灯”，并于2018年9月27日启动与两国入盟谈判前的技术筛查。2019年2月，马其顿正式更名为北马其顿。然而，欧盟并未在2019年6月“兑现一年前的承诺”，决定将关于启动两国入盟谈判的决定推迟至10月的欧盟秋季峰会。② 2019年10月，欧盟又将决定推迟至2020年5月欧盟-西巴尔干国家萨格勒布峰会前。③ 此后，历次欧盟季度峰会、欧盟-西巴尔干国家峰会都成为两国期盼启动入盟谈判的时间节点，但愿望一再落空。愿望落空的主要原因在于，保加利亚以在语言、历史和少数民族权利等方面存在争端为由“一票否决”启动同北马其顿的入盟谈判，而阿尔巴尼亚则因欧盟数次将其与北马其顿“捆绑”④ 遭到牵连。

欧盟委员会以及德国、法国等欧盟大国为尽早开启北马其顿和阿尔巴尼亚两国的入盟谈判积极奔走。德国总理默克尔（Angela Merkel）在离任前开展穿梭访问，一方面试图影响保加利亚的“意志”，另一方面努力推动北马其顿和阿尔巴尼亚内部形成共识。坚持深化优先于扩大的法国总统马克龙（Emmanuel Macron）同样频献计谋。在法国等国的倡导和推动下，2020年2月5日，欧盟提出“改进的扩大程序”（revised enlargement methodology）提案，⑤ 突出

---

① 由于协议签署的地点位于两国交界的普雷斯帕湖旁，国名更改协议也被称为《普雷斯帕协议》（Prespa Agreement）。

② Agata Palickova, “Divided Europe Deals Major Blow to North Macedonia's EU Accession Hopes”, Euractiv, June 19, 2019, https://www.euractiv.com/section/enlargement/news/divided-europe-deals-major-blow-to-north-macedonias-eu-accession-hopes/，检索日期：2023年2月5日。

③ “EU Council will Discuss Enlargement again before Zagreb Summit in May 2020”, European Western Balkans, October 18, 2019, https://europeanwesternbalkans.com/2019/10/18/eu-council-will-discuss-enlargement-again-before-zagreb-summit-in-may-2020/，检索日期：2023年2月5日。

④ “Albania, North Macedonia Ready for EU Accession Talks: European Commission”, Balkan Insight, October 19, 2021, https://balkaninsight.com/2021/10/19/albania-north-macedonia-ready-for-eu-accession-talks-european-commission/，检索日期：2023年2月5日。

⑤ “Revised Enlargement Methodology: Questions and Answers”, European Commission, February 5, 2020, https://neighbourhood-enlargement.ec.europa.eu/news/revised-enlargement-methodology-questions-and-answers-2020-02-05_en，检索日期：2023年2月5日；徐凤江：《欧盟“改进的扩大程序”新在哪儿》，《世界知识》2020年第8期，第74页。

强调新程序将适用于两国即将开启的入盟谈判。此后，保加利亚同北马其顿两国围绕语言、历史和少数民族权利等问题进行了一系列双边会谈，[①] 但进展依然甚微。

2022 年 6 月，法国总统马克龙就推动北马其顿入盟谈判启动先后提出两个提案。第一个提案获得保加利亚的认可，但遭到北马其顿当局的拒绝。这个提案的内容虽然没有被公开，但从北马其顿方面透露出来的消息看，其中关于保障保加利亚族的宪法权利，特别是否定马其顿语、马其顿民族身份等的内容是北马其顿当局给予否决的重要原因。[②] 仅仅数天过后，第二版“法国提案”抛出，先后得到保加利亚和北马其顿两国的赞同。6 月 24 日，保加利亚议会批准“法国提案”，给予政府同意启动北马其顿入盟谈判的权力。[③] 7 月 16 日，北马其顿议会批准通过“法国提案”。[④] 这样，启动北马其顿入盟谈判的障碍已经扫清。三天后，北马其顿和阿尔巴尼亚共同迎来入盟进程上的重要时刻。

值得玩味的是，启动入盟谈判并没有给两个国家带来预想的正面效应。阿尔巴尼亚国内表现得较为平淡，他们已经习惯了等待并厌倦了欧盟的“咄咄逼人”。同时，阿尔巴尼亚人认为自身被北马其顿拖了后腿。因此，在“法国提案”提出后，阿尔巴尼亚总理拉马（Edi Rama）甚至力劝北马其顿政府接受，否则阿尔巴尼亚将与北马其顿解绑，走自己的融入欧洲一体

---

① 2018 年 1 月，《马其顿与保加利亚友好、睦邻与合作条约》生效。按照该条约，双方成立历史和教育问题多学科专家委员会，以推动解决两国在历史、文化等领域的分歧和争议。详情参见徐刚《马其顿与保加利亚关系开启新征程》，《世界知识》2018 年第 5 期，第 31~33 页。

② Sinisa Jakov Marusic, “North Macedonia Doubts French Push to Solve Dispute with Bulgaria”, Balkan Insight, June 20, 2022, https://balkaninsight.com/2022/06/20/north-macedonia-doubts-french-push-to-solve-dispute-with-bulgaria/，检索日期：2023 年 2 月 5 日。

③ “Parliament Mandates Cabinet to Approve French EU Presidency Proposals on North Macedonia”, Bulgarian News Agency, June 24, 2022, https://bta.bg/en/news/bulgaria/286803-parliament-mandates-cabinet-to-approve-french-eu-presidency-proposals-on-north-m，检索日期：2023 年 2 月 5 日。

④ “North Macedonia Parliament Backs Proposal for EU Bid”, PBS News Hour, July 16, 2022, https://www.pbs.org/newshour/world/north-macedonia-parliament-backs-proposal-for-eu-bid#:~:text=North%20Macedonia%20parliament%20backs%20proposal%20for%20EU%20bid,join%20the%20European%20Union%20and%20overcome%20Bulgarian%20objections，检索日期：2023 年 2 月 5 日。

化进程的道路。[①] 拉马表示，倘若欧盟再度拒绝开启同其和北马其顿的谈判，阿尔巴尼亚将寻求将两国的入盟进程“脱钩”。[②] 颇具意味的是，阿尔巴尼亚能否如期开启入盟谈判并非自身说了算，与北马其顿捆绑使这一进程充满了不确定性。

北马其顿内部却是另一番景象。欧盟做出启动入盟谈判的决定不但没有给北马其顿带来举国欢庆，相反引发了接二连三的抗议和游行示威。因为“法国提案”的核心有三条。一是北马其顿修宪，将保障保加利亚族的权利写入宪法，这是正式启动谈判的前提；二是保加利亚不承认马其顿语的存在；三是未来的谈判进程中北马其顿应与保加利亚维持友好关系。[③] 所以，“法国提案”提出伊始，北马其顿内部便躁动不安，各种游行示威、抗议和骚乱接连发生。[④] 在保加利亚议会通过“法国提案”后，北马其顿最大的反对党马其顿内部革命组织—民族统一民主党借题发挥，举动不断。一是组织民众抗议，拒绝参加议会投票；二是谴责执政联盟，呼吁提前举行大选，使北马其顿回到“正常轨道”上来；三是批评保加利亚，称“法国提案”是“保加利亚化”的体现，要求北马其顿就“北马其顿和保加利亚的合作协定”举行全民公投。[⑤]

---

① “PM Rama Calls on N. Macedonia to Accept French Proposal”, Albanian Daily News, June 30, 2022, https://albaniandailynews.com/news/pm-rama-calls-on-n-macedonia-to-accept-french-proposal，检索日期：2023 年 2 月 5 日。

② “Explainer: Western Balkans’ Promised EU Future Still Hazy”, AP News, June 22, 2022, https://apnews.com/article/russia-ukraine-serbia-brussels-european-union-commission-23e0b9bb5e98e80b8b5f736e80eea30b，检索日期：2023 年 2 月 5 日。

③ “The French Proposal and Identity in North Macedonia: Perspectives from Moderates in Skopje and Ohrid”, Platform for Peace and Humanity, July 4, 2022, https://peacehumanity.org/2022/07/04/the-french-proposal-and-identity-in-north-macedonia-perspectives-from-moderates-in-skopje-and-ohrid/，检索日期：2023 年 2 月 5 日。

④ Sinisa Jakov Marusic, “Opposition to ‘French Proposal’ Mounts in North Macedonia”, Balkan Insight, July 4, 2022, https://balkaninsight.com/2022/07/04/opposition-to-french-proposal-mounts-in-north-macedonia/，检索日期：2023 年 2 月 5 日。

⑤ Sofija Popović, “Opening Accession Negotiations for North Macedonia: A Symbolic Step Forward with Many Worries”, European Western Balkans, July 26, 2022, https://europeanwesternbalkans.com/2022/07/26/opening-accession-negotiations-for-north-macedonia-a-symbolic-step-forward-with-many-worries/#:~:text=While%20the%20opposition%2C%20led%20by%20VMRO-DPMNE%2C%20claims%20that, Macedonia%20with%20the%20EU%20in%20the%20near%20future，检索日期：2023 年 2 月 5 日。

归根结底，北马其顿若要真正开启入盟谈判，就必须按照“法国提案”的要求完成保障保加利亚族权利的修宪。根据北马其顿的法律，议会通过提案需要半数议员的同意，但修宪提案的通过需要议员三分之二多数的赞同票。从北马其顿议会议席分配的情况看，社会民主联盟党、“贝萨运动”党、阿尔巴尼亚族融合民主联盟党和阿尔巴尼亚族民主党组成的执政联盟能够以简单多数推动议会通过“法国提案”。然而，该执政联盟只拥有 62 个议席，离 120 席的三分之二多数的 80 席还有不小缺口。因此，抵制投票、拥有 44 席的内部革命组织—民族统一民主党成为修宪提案能否通过的关键因素。从这个意义上讲，以修宪为代价的入盟谈判的开启将继续加剧北马其顿内部的政治博弈与社会动荡。

（二）波黑“破格”成为欧盟候选国

2022 年 12 月 15 日，欧盟冬季峰会举行期间，欧洲理事会决定正式给予波黑候选国地位。欧洲理事会主席米歇尔（Charles Michel）在欧盟冬季峰会的讲话中指出，给予波黑候选国地位既向波黑民众释放了强烈的信号，也是对波黑政府进一步推行改革的明确期望。[①]

回顾波黑融入欧洲一体化的历程，可谓既慢又快。2016 年 2 月 15 日，波黑递交入盟申请。同年 12 月 9 日，波黑收到欧盟委员会下发的包含 3242 个问题的入盟问卷。欧盟委员会规定提交答卷的期限是半年，而波黑耗时一年多，直到 2018 年 2 月底才提交。2018 年 6 月中旬，欧盟委员会向波黑下发占此前入盟问卷问题数的 20%的 655 个补充问题清单，[②] 并设定 3 个月的

---

① “Remarks by President Charles Michel Following the European Council Meeting of 15 December 2022”, European Council, December 15, 2022, https://www.consilium.europa.eu/en/press/press-releases/2022/12/15/remarks-by-president-charles-michel-following-the-european-council-meeting-of-15-december-2022/，检索日期：2023 年 2 月 5 日。

② “European Commission Forwarded Follow-up Questions to BiH”, Sarajevo Times, June 21, 2018, https://sarajevotimes.com/european-commission-forwarded-follow-up-questions-to-bih/; “Bosnia Misses Deadline to Answer EU Questionnaire”, Balkan Insight, December 11, 2018, https://balkaninsight.com/2018/12/11/bosnia-s-uncertainty-over-finalising-eu-questionnaire-12-10-2018/，检索日期：2023 年 2 月 5 日。

完成期限，但波黑直到2019年3月才提交补充问题清单答案。2019年5月29日，欧盟委员会经过评估向波黑提出了需要优先推进的14个改革事项。[①] 2021年6月17日，欧盟-波黑稳定与联系议会委员会（EU-BiH Stabilisation and Association Parliamentary Committee）继2015年11月后举行第二次会议。此次会议的举行对波黑推进14个改革事项具有重要的作用。[②] 一年后的2022年6月，欧洲理事会建议欧盟委员会就波黑优先推进的14个改革事项做出评估报告并表达了给予波黑欧盟候选国地位的意愿。[③] 10月12日，欧盟委员会通过《2022年扩大一揽子文件》，建议给予波黑欧盟候选国地位。12月13日，波黑在递交入盟申请仅仅6年后便“破格”成为候选国。

之所以说“破格”，是因为从欧盟的条件或者说波黑推进改革的情况来看，波黑候选国地位的获得仍然需要等待较长一段时间。同时，相对于北马其顿和阿尔巴尼亚来说，波黑的“成就”确属“破格”。然而，在俄乌冲突引发全球格局特别是欧洲地缘环境大变动的背景下，欧盟的急促在情理之中。从欧盟扩大的角度看，俄乌冲突的发生的确使其扩大进程大大提速。2022年6月23日，欧盟给予乌克兰和摩尔多瓦候选国地位。7月19日，欧盟开启同阿尔巴尼亚和北马其顿的入盟谈判。诚如诸多评论分析的那样，与上述情况类似，波黑获得候选国地位的“提速”纯粹是地缘政治博弈的产物，俄乌冲突起到了加速作用。[④]

---

① “Commission Opinion on Bosnia and Herzegovina's Application for Membership of the European Union, Brussels, 29.5.2019, COM (2019) 261 Final”, Europa, http://europa.ba/wp-content/uploads/2019/05/20190529-bosnia-and-herzegovina-opinion.pdf/，检索日期：2023年2月5日。

② “Joint Statement by Co-Chairs of EU-BiH Stabilisation and Association Parliamentary Committee”, BiH Dayton Project, June 18, 2021, https://www.bihdaytonproject.com/?p=7121，检索日期：2023年2月5日。

③ “European Council: BiH to Get Candidate Status after Implementing Reforms”, N1, June 23, 2022, https://n1info.ba/english/news/european-council-bih-to-get-candidate-status-after-implementing-reforms/，检索日期：2023年2月5日。

④ “EU Member States Agree to Give Bosnia Candidate Status”, AP News, December 13, 2022, https://apnews.com/article/europe-european-union-government-and-politics-ff9868b9e3508e2303d6745c9eda511b; “EU Membership: Boost for Bosnia as Sarajevo Given Candidate Status to Join the Bloc”, Euronews, December 16, 2022, https://www.euronews.com/2022/12/16/eu-membership-boost-for-bosnia-as-sarajevo-given-candidate-status-to-join-the-bloc，检索日期：2023年3月5日。

欧盟委员会发表的声明以及欧盟官员的表态均表明，给予波黑候选国地位并不意味着对其改革的认可，也不意味着波黑改革的完成，目的是在推动其加速改革的同时宣示欧盟对西巴尔干地区的重视和投入。

二　其他西巴尔干成员的入盟进展甚微

对于塞尔维亚、黑山和科索沃三个西巴尔干成员来说，整个 2022 年的入盟进展甚微。

首先，塞尔维亚全年没有开启和结束任一组别的入盟谈判，并且因俄乌冲突的影响不时处于被暂停谈判的风险之中。2014 年 1 月 21 日，欧盟与塞尔维亚举行首次政府间会议，宣告入盟谈判正式开启。一直到 2020 年底，欧盟与塞尔维亚共举行了 11 次入盟谈判会议。2020 年 2~3 月，欧盟提出并通过“改进的扩大程序”提案，主要变化是将此前的所有谈判章节分成基本制度、内部市场、竞争力和包容性增长、绿色议程和可持续性互联互通、对外关系，以及资源、农业和凝聚力等六个组别。谈判虽以组别的方式整体开启，但仍以单个章节逐个结束来进行。[①] 2021 年 5 月，欧盟同意“改进的扩大程序”适用于黑山和塞尔维亚。[②] 同年 6 月，欧盟同塞尔维亚举行首次新的政府间会议暨第 12 次入盟谈判会议，并开启第一组别即基本制度的谈判。12 月，双方第二次新的政府间会议暨第 13 次入盟谈判会议举行，第四组别即绿色议程和可持续性互联互通的谈判开启。[③] 整个 2022 年，塞尔维亚同欧盟没有举行一次入盟谈判会议，也没有开启新的组别谈判。也就是说，自

① “Revised Enlargement Methodology: Questions and Answers”, European Commission, February 5, 2020, https://neighbourhood-enlargement.ec.europa.eu/news/revised-enlargement-methodology-questions-and-answers-2020-02-05_en，检索日期：2023 年 3 月 5 日。

② “Enlargement: New Enlargement Methodology will be Applied to Montenegro and Serbia”, Council of the EU, May 11, 2021, https://www.consilium.europa.eu/en/press/press-releases/2021/05/11/enlargement-new-enlargement-methodology-will-be-applied-to-montenegro-and-serbia/，检索日期：2023 年 3 月 5 日。

③ “Serbia”，欧盟网站，https://www.consilium.europa.eu/en/policies/enlargement/serbia/，检索日期：2023 年 3 月 5 日。

2014 年以来，塞尔维亚同欧盟共举行了 13 次入盟谈判会议，35 个谈判章节中有 22 个章节的谈判开启，六个组别中有两个组别的谈判启动，只有两个章节（第 25 章“科学与研究”和第 26 章“教育与文化”）① 结束了谈判。

进一步看，整个 2022 年塞尔维亚不仅在入盟谈判上处于停滞不前的状态，甚至还处于被停止谈判的危险之中。这主要是因为俄乌冲突发生后塞尔维亚并未实行与欧盟趋同的对俄外交政策。在对俄罗斯制裁上，塞尔维亚奉行独立自主的外交政策，拒绝同欧盟及其成员国一道实施制裁。欧盟则拿入盟的“幌子”持续对塞尔维亚施压。2022 年 9 月，欧洲议会中的部分议员甚至表示要求暂停塞尔维亚的入盟谈判，直到其加入欧盟对俄罗斯的制裁。②

其次，黑山融入欧洲一体化的进程几乎停滞。2012 年 6 月 29 日，欧盟与黑山举行首次政府间会议，宣告入盟谈判正式开启。2020 年 6 月 30 日，欧盟开启同黑山的最后一章（第 8 章“市场竞争”）谈判。③ 在 2021 年 5 月“改进的扩大程序”适用于黑山后，入盟谈判进入新的程序。然而，在此后特别是整个 2022 年，黑山的入盟谈判进展甚微。不仅欧盟与黑山的政府间会议没有举行过一次，仍然停留在此前的 14 次，④ 而且谈判没有结束一个新的章节，仍然只是结束了 3 个章节（第 25 章“科学与研究”、第 26

① 其他已经开启谈判的章节列表，参见“Chapters Opened and Closed”，EU in Serbia，https：//europa.rs/chapters-opened-and-closed/? lang=en，检索日期：2023 年 3 月 5 日。

② Zoran Radosavljevic，“EU Parliament to Demand Suspension of Serbia's Accession Talks”，Euractiv，September 29，2022，https：//www.euractiv.com/section/politics/short_news/eu-parliament-to-demand-suspension-of-serbias-accession-talks/，检索日期：2023 年 3 月 5 日。

③ “Montenegro Opens Last Chapter in EU Entry Talks”，N1，June 30，2020，https：//n1info.hr/english/news/a522290-montenegro-opens-last-chapter-in-eu-entry-talks/，检索日期：2023 年 3 月 5 日。

④ “改进的扩大程序”适用之前的政府间会议举行了 12 次，第 13 次和第 14 次是新的两次政府间会议，分别于 2021 年 6 月 22 日和 12 月 13 日举行。参见“Thirteenth meeting of the Accession Conference with Montenegro at Ministerial Level”，Council of the EU，June 22，2021，https：//www.consilium.europa.eu/en/press/press-releases/2021/06/22/thirteenth-meeting-of-the-accession-conference-with-montenegro-at-ministerial-level/；“Fourteenth Meeting of the Accession Conference with Montenegro at Ministerial Level”，Council of the EU，December 13，2021，https：//www.consilium.europa.eu/en/press/press-releases/2021/12/13/fourteenth-meeting-of-the-accession-conference-with-montenegro-at-ministerial-level/，检索日期：2023 年 3 月 5 日。

章“教育与文化”和第30章“对外关系”）。[①] 从2022年10月欧盟委员会发布的《2022年黑山报告》中可以看出，虽然黑山不同领域的改革取得了不错的成效，但是总体进展仍比较有限。具体来说，在所有谈判章节中，只有5个章节（占15.15%）取得了“良好进展”，而“取得一些进展”和“进展有限”的章节各有14个（分别占42.4%）。黑山在对外关系、安全和国防政策方面获得的评价最高，原因是其实行了同欧盟完全一致的对俄政策和制裁。[②] 值得强调的是，2022年7月14日，欧盟-黑山稳定与联系协定委员会（EU-Montenegro Stabilisation and Association Council）第11次会议在黑山举行，这是欧盟-黑山稳定与联系协定委员会首次在西巴尔干地区举行会议，会议重申欧盟致力于吸纳包括黑山在内的西巴尔干成员的愿景。[③] 此外，同塞尔维亚一样，2022年12月21日欧盟对黑山也提出了警告，倘若其不能快速解决宪法法院危机，不排除中止黑山入盟谈判的可能性。[④]

最后，科索沃地区融入欧洲一体化的进程取得“一些进展”。2008年2月，科索沃单方面宣布从塞尔维亚独立。2015年10月，欧盟与科索沃签署《稳定与联系协定》。2016年4月1日，科索沃同欧盟签署的《稳定与联系协定》正式生效，科索沃开启融入欧洲一体化的进程。[⑤] 对于科索沃来说，

---

① 有关进展的具体情况，参见“Montenegro”，European Commission，https：//neighbourhood-enlargement. ec. europa. eu/enlargement-policy/montenegro_ en，检索日期：2023年3月5日。

② “Commission Staff Working Document Montenegro 2022 Report，Brussels，12. 10. 2022，SWD（2022）335 Final”，欧盟网站，https：//neighbourhood-enlargement. ec. europa. eu/system/files/2022-10/Montenegro%20Report%202022. pdf，检索日期：2023年3月5日。

③ “EU-Montenegro Stabilisation and Association Council，14 July 2022”，Council of the EU，https：//www. consilium. europa. eu/en/meetings/international - ministerial - meetings/2022/07/14/，检索日期：2023年3月5日。

④ “EU Threatens to Suspend Montenegro's Accession Negotiations”，N1，December 21，2022，https：//n1info. ba/english/news/eu-threatens-to-suspend-montenegros-accession-negotiations/#：~：text=The%20EU%20told%20Montenegro%20on%20Wednesday%20that%20it，and%20Alexander%20Schallenberg%20on%20a%20visit%20to%20Montenegro，检索日期：2023年3月5日。

⑤ 有关进展的具体情况，参见“Kosovo”，European Commission，https：//neighbourhood-enlargement. ec. europa. eu/enlargement-policy/kosovo_ en，检索日期：2023年3月5日。

融入欧洲一体化的进程有两个基本门槛和一个根本难题。两个基本门槛分别是尽快实现签证自由化和入盟申请获批，一个根本难题则是与塞尔维亚实现关系正常化。早在 2012 年 1 月，欧盟与科索沃就签证自由化开展对话和讨论。2018 年 7 月，欧盟委员会做出让步，为科索沃的签证自由化“开绿灯”，但相关议案最终仍需要欧洲议会的批准。遗憾的是，欧洲议会迟迟未能批准，主要是荷兰、法国等国家以移/难民问题管理为由予以否定。2022 年 11 月，欧洲议会做出了科索沃签证自由化议案将不晚于 2024 年 1 月 1 日生效的决定。[①] 这一期限的设定意味着久拖不决的科索沃签证自由化议案将迎来最后的答案，而这无疑是 2022 年科索沃融入欧洲一体化进程的一个不小的进展。颇具意味的是，在塞科关系因“车牌事件”而紧张加剧的关键时期，[②] 科索沃当局意欲“再进一步”。2022 年 12 月 14 日，科索沃“总统”奥斯马尼（Vjosa Osmani）、“总理”库尔蒂（Albin Kurti）和“议长”康朱夫察（Glauk Konjufca）联合签署入盟申请，并称对科索沃来说这是“历史性的一天”。[③] 塞尔维亚当局愤怒以对，称将与 5 个不承认科索沃独立的欧盟国家[④]以及匈牙利交涉以阻止科索沃的行动。[⑤] 事实上，欧盟内部对此也意见不一。克罗地亚是第一个对科索沃递交入盟申请持欢迎态度的国家，总理普连科

---

① “EU Representatives Agree for Kosovo Visa Liberalisation to Come Into Effect on January 1，2024”，Schengen Visa News，November 22，2022，https：//www. schengenvisainfo. com/news/eu-representatives-agree-for-kosovo-visa-liberalisation-to-come-into-effect-on-january-1-2024/，检索日期：2023 年 3 月 5 日。

② 有关“车牌事件”的缘起及其后续影响，参见徐刚《巴尔干会成为新的冲突区吗》，《世界知识》2022 年第 21 期，第 44～45 页；徐刚《塞科关系紧张会否导致第二次科索沃战争?》，《世界知识》2023 年第 2 期，第 50～51 页。

③ Alice Taylor，“Kosovo Signs，Files EU Membership Application with Czech Presidency”，Euractiv，December 15，2022，https：//www. euractiv. com/section/politics/news/kosovo-signs-files-eu-membership-application-with-czech-presidency/，检索日期：2023 年 3 月 5 日。

④ 西班牙、希腊、罗马尼亚、斯洛伐克和塞浦路斯等 5 个欧盟成员国尚未承认科索沃的独立主权国家地位。

⑤ “Kosovo Submits Formal Request to Join the EU，Serbia Angry”，AP News，December 15，2022，https：//apnews. com/article/politics-serbia-europe-european-union-kosovo-government-7d80c7393126819fe1475a92d133ed87，检索日期：2023 年 3 月 5 日。

维奇（Andrej Plenković）称将与科索沃交流克罗地亚入盟的经验。① 西班牙等尚未承认科索沃独立的欧盟国家表示不接受科索沃的入盟申请，称塞科关系实现正常化是唯一前景。② 因此，在意见明显得不到统一的情况下，欧盟方面选择了沉默，只是强调实现塞科关系正常化这一前提及其重要性。

三　西巴尔干成员入盟前景展望

近年来，英国"脱欧"、难民危机、俄乌冲突等接踵而来，使得欧盟无暇多顾，深化派在很大程度上压制了扩大派。西巴尔干成员的入盟进程整体延迟是突出例证。然而，在美俄博弈、美中博弈加剧，特别是俄乌冲突加速欧洲安全格局变动的背景下，欧盟出于地缘战略利益与安全的考虑，在2022年不断做出"破格之举"，先是给予此前没有入盟资格的乌克兰和摩尔多瓦以候选国地位，随后又全力破除北马其顿和阿尔巴尼亚入盟谈判启动的阻碍并给波黑入盟提速。

无论是从欧盟扩大还是从北马其顿、阿尔巴尼亚、波黑融入欧洲一体化的进程看，2022年都应当称得上是"历史时刻"。然而，与之前频繁阻碍西巴尔干成员入盟进程使得欧盟信誉有损相比，这种"无条件"的助推是否会使欧盟扩大事业变质值得拷问。拿北马其顿来说，为了加入北约，北马其顿同希腊签署《普雷斯帕协议》，将双方争执长达近30年的国名进行了更改。为了启动入盟谈判，北马其顿将按照保加利亚的意志更改语言、历史、民族的宪法构成。所以，有评论提出疑问，在未来不确定的谈判进程中北马其顿还将要做什么或者能变动什么？它将成

① "Croatia Congratulates Kosovo for EU Membership Application", Albanian Daily News, December 15, 2022, https://albaniandailynews.com/news/croatia-congratulates-kosovo-for-eu-membership-application，检索日期：2023年3月5日。

② "MFA of Spain: We Cannot Support Kosovo's Application for EU Membership", Kosovo Online, December 21, 2022, https://www.kosovo-online.com/en/news/politics/mfa-spain-we-cannot-support-kosovos-application-eu-membership-21-12-2022，检索日期：2023年3月5日。

为什么样的国家?[①] 进一步说，北马其顿为何成了欧盟扩大的“例外”? 从候选国到开启入盟谈判，其等待的 17 年也创造了欧盟扩大史上的一个纪录。尊重成员国文化多元、历史多样的欧盟为何在北马其顿语言和历史等问题上强调“例外”? 在欧盟决定启动同北马其顿入盟谈判的当天，保加利亚政府发表声明提醒欧盟国家，保加利亚坚决不承认马其顿语的存在。[②] 这就意味着未来谈判进程的主动权仍然掌握在保加利亚手中。同时，为启动入盟谈判设置准备程序也是史无前例。此外，从阿尔巴尼亚对于入盟的“懈怠”以及塞尔维亚、北马其顿和阿尔巴尼亚积极推动“开放巴尔干”倡议[③]的情况来看，较难断言欧洲一体化事业在西巴尔干已经迎来“拐点”，其前景无疑充满诸多不确定性。

① “For North Macedonia, the Road to the EU Is a Bitter Slog”, RFE/RL, July 16, 2022, https://www.rferl.org/a/north-macedonia-analysis-european-union-candidate/31946389.html，检索日期：2023 年 3 月 5 日。

② “Bulgaria Reminded EU Countries That It Does Not Recognize the Macedonian Language”, Novinite, July 19, 2022, https://www.novinite.com/articles/215966/Bulgaria+reminded+EU+Countries+that+it+Does+Not+Recognize+the+%22Macedonian+Language%22，检索日期：2023 年 3 月 5 日。

③ 有关“开放巴尔干”倡议的具体情况及分析，参见徐刚《从“迷你申根”到“开放巴尔干”：进程及展望》，载赵刚主编《中东欧国家发展报告（2022）》，社会科学文献出版社，2023，第 103~116 页。

B.3 绿色转型下的中东欧国家[*]：困难和挑战

王效云[**]

摘　要： 当前，中东欧国家处于经济上追赶欧盟发达成员国的过程中，与欧盟发达成员国的经济发展差距依然显著。从经济结构和能源结构来看，中东欧国家的工业在经济中的占比高，对传统化石能源的依赖度显著高于欧盟其他成员国，这使得中东欧国家的温室气体排放强度高居欧盟前列，其成为落实欧盟碳中和、碳减排目标的核心地区。在欧盟气候政策下，中东欧国家在执行煤炭退出计划、提高可再生能源比重以"绿化"能源结构、提高能源利用效率，以及执行汽车和货车的排放标准方面，都面临与欧盟其他成员国相比非对称的困难和挑战。尽管中东欧国家可以从欧盟公正转型机制中获得一定的资金和技术帮助，但短期内难以在根本上改变中东欧国家在绿色转型中面临的成本和收益不对等的局面。

关键词： 中东欧　欧盟　绿色转型　碳中和　能源转型

2019年12月，以冯德莱恩为主席的新一届欧盟委员会（简称"欧委

---

* 本报告中的中东欧国家指的是已加入欧盟的11个中东欧成员国，即波兰、捷克、斯洛伐克、匈牙利、斯洛文尼亚、拉脱维亚、立陶宛、爱沙尼亚、罗马尼亚、保加利亚、克罗地亚。

** 王效云，博士，中国社会科学院俄罗斯东欧中亚研究所助理研究员，主要研究方向为区域经济一体化、中东欧经济。

会”）发布了《欧洲绿色协议》（简称“绿色新政”）及其路线图，开启了全方位、大力度的绿色转型进程。《欧洲绿色协议》提出了雄心勃勃的气候目标，即2050年使欧洲成为首个实现碳中和的大陆，并为此将2030年的减排目标从《巴黎协定》承诺的较1990年水平减排40%提升至50%~55%，[①] 更重要的是，欧盟将绿色转型视为破解经济增长乏力问题的有效途径，因而《欧洲绿色协议》也是欧盟的新增长战略。与2009年实施的“绿色经济复苏计划”相比，《欧洲绿色协议》不仅目标明确、宏大，而且涉及几乎所有经济领域，是真正意义上的“绿色新政”。尽管在新政实施过程中遭遇了新冠疫情和俄乌冲突的冲击，欧盟经济因此再次出现衰退迹象，但欧盟并没有因此放弃推进实现环境和气候目标。

“绿色新政”引领下的绿色转型是欧盟破解经济增长瓶颈问题、应对气候挑战以保护环境、实现能源独立三位一体的重要战略选择，也是欧盟寻求战略自主、增强规范性力量、塑造其全球领导力的重要依托。尽管受多种因素影响，欧盟绿色转型进程一度受到阻碍和延缓，但鉴于绿色转型对欧盟的重要性，欧盟坚持绿色转型的决心不会改变。欧盟绿色转型以气候目标为统领，从绿色技术、能源和产业结构、生产方式、生活模式、消费方式等方方面面做出调整，不仅将深刻改变欧盟的经济结构，也将带来社会制度、文化的深刻调整，堪称一次大的技术经济范式转型，对于欧盟整个经济社会来说，具有全局性、深远性的影响。

绿色转型可能会带来巨大收益，但转型的成本也是巨大的。更重要的是，转型成本在成员国之间的分布完全不均衡。绿色技术和环保产业发展滞后、对传统能源依赖度大的经济体，其转型将以牺牲经济增长和就业为代价，因而面临更高的转型成本。在欧盟成员国中，这样的经济体主要是以维谢格拉德集团为代表的中东欧国家。与高的转型成本相对应的却不一定是高的转型收益。那些在环保技术标准和环保产业上抢占领先地位的经

---

① 欧盟委员会，https：//commission. europa. eu/strategy - and - policy/priorities - 2019 - 2024/european-green-deal_ en，检索日期：2023年7月20日。

济体，特别是德国等发达经济体，将获得更高的转型收益。正是因为转型成本和收益的不对称性，欧盟成员国对待绿色转型的态度截然不同。波兰、匈牙利等中东欧国家对待绿色转型的态度远不如德国等发达成员国积极。正如《联合国气候变化框架公约》中所确立的“共同但有区别的责任”原则一般，欧盟要凝聚成员国关于绿色转型的共识，也必然需要平衡好成员国之间的转型成本和收益，而这一点也是《欧洲绿色协议》的核心内容之一。欧盟试图通过公正转型机制，对那些在绿色转型中更容易受到冲击的经济体和部门以及人群进行一定程度的补偿。尽管如此，其仍然难以弥合成员国之间对欧盟气候目标和绿色转型战略的认识分歧。对于仍处在追赶进程中的中东欧国家而言，欧盟的气候雄心和因此而来的绿色转型，是否会中断中东欧国家对西欧发达成员国的追赶进程，甚至进一步拉大其与西欧发达成员国之间的差距，是中东欧国家普遍担心的问题。欧盟的“绿色新政”不仅涉及气候目标，还包括保护生物多样性和生态系统、减少环境污染、保障食品安全等环境和民生目标，但鉴于气候目标对经济的影响最为广泛深远，本报告将重点分析与气候目标相关的关键战略和政策对中东欧国家的影响。

一　中东欧国家与欧盟其他成员国之间的经济差距与“绿色鸿沟”

（一）经济增速差距与追赶势头

作为经济追赶者，中东欧国家与西欧发达国家之间的差距依然显著，且近年来追赶的势头有所减弱。

自 20 世纪 90 年代中后期从“转型性衰退”中恢复后，中东欧国家经济取得了一段时间的较高速增长，其增速也普遍超过同期欧盟的发达成员国。进入 21 世纪之后，以人均 GDP 衡量的中东欧国家与欧盟发达成员国之间的经济差距持续缩小，中东欧国家也因之实现了在一定程度上的与西欧发达成员国的趋同。然而，这样一种在人均 GDP 上追赶西欧发达成员国的态势并不是一成不变的。2009 年欧洲主权债务危机发生后，中东欧国家原有的经济发展模式遇到瓶颈，经济增速始终没有恢复至危机前的水平，其与西欧发达成员国之间经济增速上的差距也越来越小，这使得中东欧国家以人均 GDP 衡量的追赶西欧发达国家的态势显著减弱。截至 2021 年，仍然有 5 个中东欧国家的人均 GDP 不足欧盟平均水平的一半。其中保加利亚的人均 GDP 最低，只占欧盟平均水平的 26.3%；罗马尼亚的人均 GDP 比保加利亚略高，占欧盟平均水平的 35.2%；斯洛文尼亚的人均 GDP 最高，也仅占欧盟平均水平的 75.4%（见图 1）。中东欧国家追赶西欧发达国家的任务依然十分繁重。

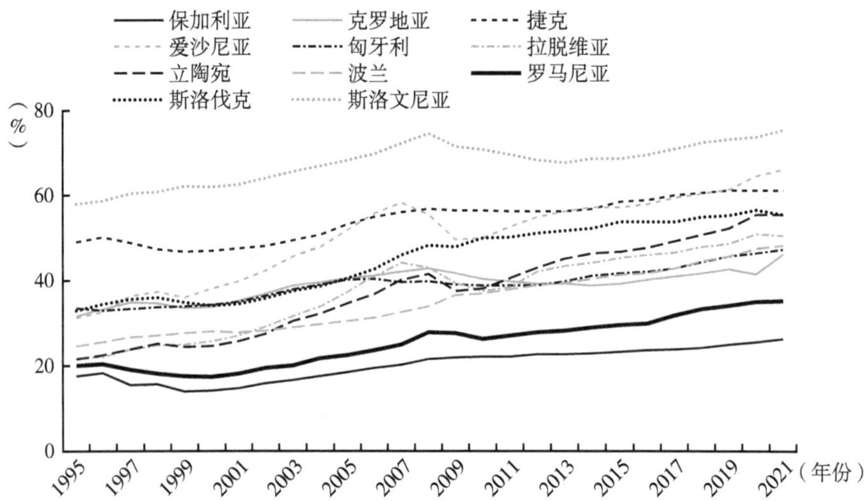

图 1　1995~2021 年中东欧国家人均 GDP 占欧盟平均水平的比重

资料来源：欧盟统计数据库，https：//ec. europa. eu/eurostat/web/main/data/database，检索日期：2023 年 7 月 23 日。

（二）产业结构差异

从产业结构看，中东欧国家以组装加工的方式参与欧洲产业链分工，是欧盟成员国中的工业大户。

加入欧盟后，以维谢格拉德集团为代表的中东欧国家借助其所拥有的劳动力成本优势，在跨国公司的主导下融入欧洲产业链，承担欧洲产业链中的劳动力和自然资源密集型产品的生产加工工序，工业在中东欧国家经济中的占比普遍比西欧发达国家高。根据欧盟统计数据，以工业增加值占 GDP 的比重衡量，除了保加利亚、拉脱维亚和克罗地亚三国外，2021 年其他几个中东欧国家的工业增加值占 GDP 的比重均超过欧盟平均水平。其中，捷克、斯洛文尼亚、斯洛伐克、波兰、罗马尼亚的工业增加值占 GDP 的比重均超过 30%，分别居欧盟第 2 位至第 6 位。立陶宛、匈牙利和爱沙尼亚分别为 25.7%、24.3%和 23.1%，分列欧盟第 9、第 11 和第 12 位。①

相较工业对中东欧国家经济的重要性，工业对中东欧国家就业的重要性更为突出。2019 年，捷克、斯洛伐克、斯洛文尼亚、波兰、匈牙利、罗马尼亚、保加利亚、爱沙尼亚和克罗地亚的工业部门就业人口占总就业人口的比重高居欧盟第 1 位至第 9 位。立陶宛和拉脱维亚相对较低，但也分别居欧盟第 12 位和第 15 位。②

无论是在促进经济增长方面，还是在解决就业问题方面，工业对中东欧国家的重要性都远远超过对欧盟其他成员国。然而，工业是二氧化碳排放的重要来源，是为实现欧盟气候目标首先要调整的部门。从这个角度而言，欧盟的气候目标和绿色转型对中东欧国家经济的冲击将更为严重。

（三）温室气体排放强度差异

中东欧国家温室气体排放量在欧盟中的占比显著高于其经济总量在欧盟中的比重。根据欧盟统计数据，2021 年中东欧 11 国的总人口和经济总量在欧盟中的占比分别为 23.0%和 10.8%，然而经济活动的温室气体排放总量在欧盟中的占比为 26.7%，含家庭活动的温室气体排放总量占比略低

① 欧盟统计数据库，https：//ec. europa. eu/eurostat/web/main/data/database，检索日期：2023 年 7 月 23 日。

② 欧盟统计数据库，https：//ec. europa. eu/eurostat/web/main/data/database，检索日期：2023 年 7 月 23 日。

(25.1%)，略高于中东欧11国总人口在欧盟中的占比，但显著高于其经济总量在欧盟中的占比。在经济活动方面，中东欧11国的温室气体排放量的差距也很大，单波兰一国就贡献了中东欧11国约一半（47.1%）的温室气体排放量。波兰在整个欧盟中也是温室气体排放大户，温室气体排放量仅次于德国，在欧盟中居第2位。罗马尼亚和捷克在中东欧国家中仅次于波兰，在欧盟中分别居第7位和第8位。保加利亚、匈牙利随后，在欧盟中则分列第14位和第15位。斯洛伐克、立陶宛、克罗地亚、斯洛文尼亚、爱沙尼亚、拉脱维亚几个国家的温室气体排放量较少，在欧盟中仅高于卢森堡、塞浦路斯和马耳他这几个小国（见表1）。

表1　2021年欧盟成员国温室气体排放量、占比及排名统计

单位：吨，%

	经济活动的温室气体排放量			含家庭活动的温室气体排放量			人口占比	GDP占比
	总量	占比	排名	总量	占比	排名		
德国	615621.5	21.5	1	794487.3	22.0	1	18.7	23.6
波兰	360639.7	12.6	2	419935.3	11.6	3	8.6	4.2
意大利	311747.4	10.9	3	416142.1	11.5	4	13.4	12.7
法国	307280.5	10.7	4	420652.8	11.7	2	14.6	17.7
西班牙	227177.4	7.9	5	294944.4	8.2	5	10.7	8.9
荷兰	152184.8	5.3	6	183369.1	5.1	6	3.9	5.9
罗马尼亚	99111.4	3.5	7	120240.9	3.3	7	4.4	1.5
捷克	94705.8	3.3	8	108902.3	3.0	9	2.4	1.5
比利时	82877.2	2.9	9	110442.8	3.1	8	2.6	3.3
希腊	77371.2	2.7	10	91199.7	2.5	10	2.4	1.5
丹麦	65437.9	2.3	11	71868.5	2.0	12	1.3	2.4
奥地利	57058.0	2.0	12	72212.0	2.0	11	2.0	2.7
爱尔兰	54361.8	1.9	13	66504.7	1.8	14	1.1	2.9
保加利亚	51733.7	1.8	14	56151.5	1.6	16	1.5	0.4
匈牙利	50292.3	1.8	15	67149.3	1.9	13	2.2	1.1
葡萄牙	48135.4	1.7	16	58540.5	1.6	15	2.3	1.5

续表

	经济活动的温室气体排放量			含家庭活动的温室气体排放量			人口占比	GDP 占比
	总量	占比	排名	总量	占比	排名		
芬兰	43665.3	1.5	17	49300.8	1.4	17	1.2	1.7
瑞典	40182.0	1.4	18	48587.4	1.3	18	2.3	3.8
斯洛伐克	33846.5	1.2	19	41216.2	1.1	19	1.2	0.7
立陶宛	22880.1	0.8	20	27529.3	0.8	20	0.6	0.3
克罗地亚	17558.6	0.6	21	23490.9	0.7	21	0.9	0.4
斯洛文尼亚	12665.4	0.4	22	16111.5	0.4	22	0.5	0.4
爱沙尼亚	12086.5	0.4	23	13318.9	0.4	23	0.3	0.2
拉脱维亚	9605.9	0.3	24	11971.8	0.3	24	0.4	0.2
卢森堡	8562.4	0.3	25	10244.9	0.3	25	0.1	0.4
塞浦路斯	6836.6	0.2	26	8588.3	0.2	26	0.2	0.2
马耳他	1990.9	0.1	27	2311.4	0.1	27	0.1	0.1
中东欧 11 国	765125.9	26.7		906017.7	25.1		23.0	10.8

注：本表中的数据为原始统计数据，因四舍五入，个别数据存在出入。

资料来源：欧盟统计数据库，https://ec.europa.eu/eurostat/web/main/data/database，检索日期：2023 年 7 月 25 日。

尽管从温室气体排放量来看，部分中东欧国家，如波罗的海三国和克罗地亚、斯洛文尼亚、斯洛伐克等的排放量并不是很高，在欧盟中的排名也比较靠后，但如果考察经济活动的温室气体排放强度，情况则完全不同。由于工业在经济中的占比较大，且更多依赖传统化石能源等，中东欧 11 国的单位 GDP 温室气体排放量均显著高于欧盟其他国家，经济活动的温室气体排放强度居欧盟前列。根据欧盟统计数据，2021 年单位 GDP 温室气体排放量方面，中东欧 11 个国家占据欧盟前 13 位。其中，经济活动的温室气体排放强度最高的是保加利亚，其次是波兰，二者分列第 1 位和第 2 位。罗马尼亚、立陶宛、爱沙尼亚、捷克、匈牙利、斯洛伐克、克罗地亚、拉脱维亚分列第 4 位至第 11 位，斯洛文尼亚列第 13 位。中东欧 11 国的经济活动温室气体排放强度均高于所有的西欧成员国，也均高于欧盟平均水平。如此高的经济活动温室气体排放强度，意味着若要减少温室气体排放量，这对中东欧国家经济的冲击将会显著高于对西欧成员国（见图2）。

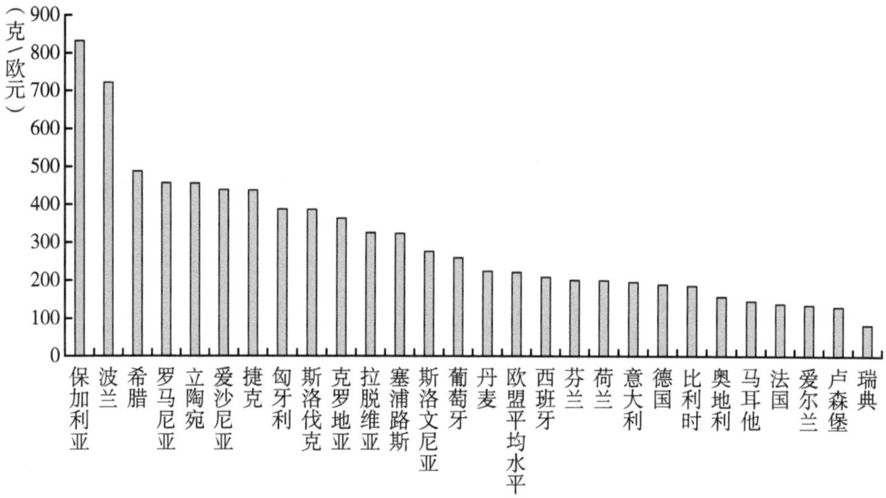

图2　2021年欧盟成员国单位GDP温室气体排放量

资料来源：欧盟统计数据库，https：//ec. europa. eu/eurostat/web/main/data/database，检索日期：2023年7月25日。

二　中东欧国家绿色转型面临的非对称的困难和挑战

为在2050年使欧洲成为全球第一个实现碳中和的大陆，欧盟2020年提出了到2030年减排55%的中期目标。为落实气候目标，欧盟在以往气候相关政策工具的基础上，出台了诸多新的政策和法令，并根据新的气候目标对之前的相关气候政策进行更新和调整，形成了一整套名为“Fit for 55”的气候政策工具箱。欧盟的气候政策工具包罗万象，几乎覆盖社会生产生活的所有部门。鉴于能源的生产、加工及使用所产生的温室气体排放量占欧盟温室气体排放总量的75%以上，能源相关部门的脱碳就成为欧盟气候政策的核心。欧盟的诸多核心政策工具也都是围绕着能源生产、供应和使用的核心部门出台的。

从能源供应端看，欧盟的政策核心在于减少化石能源的生产和供应，扩大可再生能源的生产，推动能源供应结构的清洁化，其中关键的就是欧盟的煤炭退出计划。从能源消费端看，欧盟政策的核心思路在于从总体上减少对能源的使用，这就要求提高能源的使用效率，为此欧盟修订《能源效率指令》①，并大力发展循环经济，出台《循环经济行动计划》②；同时，欧盟推动能源消费结构转型，减少对化石能源的消费，增加对可再生能源的消费，这方面的政策既包括跨部门、跨行业的《可再生能源指令》③ 和《能源税收指令》④，也包括针对能源消费大户和能源密集使用部门，如交通运输部门、建筑部门和制造工业部门⑤等所制定出台的专门的政策。其中关键的政策措施包括改革欧盟排放交易系统、建立一个新的道路运输和建筑物的排放交易系统、通过《欧盟海运燃料条例》（Fuel EU Maritime Regulation）⑥ 和《欧盟航运燃料条例》（ReFuel EU Aviation Regulation）⑦，以及出台新的汽车和货车的二氧化碳排放标准等。当然，还有促进新能源和零碳技术及碳捕获、碳封存技术研发的创新激励措施，以及《替代燃料基础设施条例》⑧ 和《社会气候基金》⑨ 等的配套措施等。

尽管在这场以碳中和目标为引领的技术经济范式转型中也蕴藏着一定的机遇，但考虑到经济发展阶段、经济结构和能源结构、技术能力和水平等因素，中东欧国家当前面临更多的是困难和挑战。中东欧国家的绿色转型是在欧盟裹挟下被迫前进的，在落实和执行欧盟关键气候能源政策，特别是以下

① 2023 年 7 月正式通过。

② 2020 年 3 月正式出台。

③ 2023 年 3 月欧盟立法机构暂时同意，等待最终投票。

④ 2021 年 7 月提出，仍在谈判中。

⑤ 根据欧盟委员会的数据，2019 年欧盟温室气体排放最多的是能源工业部门，即电力、热力和石油冶炼部门，该部门的温室气体排放量占欧盟温室气体排放总量的 24%。其次是交通运输部门（22%），以及建筑和制造工业部门（各占 11%左右），上述 4 个部门合计占欧盟温室气体排放总量的近 70%。

⑥ 2023 年 7 月正式通过。

⑦ 2023 年 4 月欧洲议会和欧盟委员会就倡议达成一致，等待正式通过。

⑧ 2023 年 7 月正式通过。

⑨ 2023 年 4 月正式通过。

几方面的政策措施方面，中东欧国家都面临对其西欧伙伴而言非对称的困难和挑战。

（一）煤炭退出计划推进困难

在所有能源中，煤炭被认为是温室气体排放中“最脏”的，因此是欧洲低碳转型政策的主要目标对象之一。2010 年至 2019 年，欧盟固体化石燃料（硬煤、褐煤和煤炭产品）生产的可用能源总量下降了 30%。然而，2019 年固体化石燃料仍分别占欧盟电力生产总量、热生产总量和可用能源生产总量的 16%、22% 和 11%。2019 年欧盟仍有大约 100 座煤矿在运营，其中 1/4 在波兰。① 根据经济学人智库（Economist Intelligence Unit，EIU）数据，目前波兰依然是欧盟中最主要的煤炭生产国，每年波兰一国生产的煤炭约占欧盟煤炭总产量的 50%。捷克的煤炭产量约为波兰的 1/4，在欧盟成员国中仅次于德国，是第 3 大产煤国。保加利亚和罗马尼亚则仅次于捷克，是欧盟的第 4 大和第 5 大产煤国。② 匈牙利和斯洛伐克也是为数不多的生产煤炭的国家，尽管其产量相对于其他几个中东欧国家来说要少很多（见表 2）。

表 2　欧盟几个主要产煤国 2020~2022 年煤炭产量

单位：万吨石油当量

	2020 年	2021 年	2022 年
波兰	4020.7	4178.9	4248.9
德国	2338.8	2750.0	2550.0
捷克	1020.6	1024.6	1009.6
保加利亚	377.3	501.3	506.3
罗马尼亚	259.2	305.8	292.3

① Joint Research Centre，European Commission，*Recent Trends in EU Coal*，*Peat and Oil Shale Regions*（*EUR 30618 EN*），Luxembourg：Publications Office of the European Union，2021.

② EIU 数据库，https：//viewpoint-eiu-com-s.ra.cass.cn：8118/data/，检索日期：2023 年 8 月 11 日。

续表

	2020 年	2021 年	2022 年
希腊	163. 0	140. 3	90. 3
匈牙利	93. 3	76. 0	75. 5
芬兰	53. 2	53. 2	53. 2
斯洛伐克	24. 4	26. 8	22. 8
爱尔兰	9. 3	8. 3	7. 3
比利时	4. 9	4. 9	4. 8

资料来源：EIU 数据库，https：//viewpoint－eiu－com－s. ra. cass. cn：8118/data/，检索日期：2023 年 8 月 11 日。

从能源结构来说，煤炭对中东欧国家的重要性比对欧盟其他国家要大得多。尽管自 20 世纪 90 年代以来，煤炭在各国能源供应中的占比已经大大降低，但截至目前，煤炭依然是部分中东欧国家十分重要的能源来源。特别是波兰，2022 年波兰煤炭占电力能源的比重仍然高达 44. 1%，高居欧盟第 1 位。捷克和保加利亚紧随其后，占比分别为 30. 8%和 29. 6%，分列欧盟第 2 位和第 3 位。德国煤炭占电力能源的比重也较高，为 20. 5%，居第 4 位。斯洛伐克和罗马尼亚则仅次于德国，占比分别为 16. 0%和 13. 2%，在欧盟中分别居第 5 位和第 6 位（见表 3）。需要指出的是，2021 年和 2022 年，受新冠疫情冲击以及俄乌冲突的影响，世界能源价格居高不下，特别是 2022 年，欧盟更是面临严峻的能源短缺问题，为应对短期的能源短缺，欧盟大多数国家又逆势增加了煤炭能源供应，使得煤炭在能源结构中的占比较上年呈现上升的态势。

表 3　以煤炭为能源来源的欧盟成员国的煤炭占电力能源的比重

单位：%

	2005 年	2010 年	2015 年	2020 年	2021 年	2022 年
波兰	59. 3	54. 5	50. 9	40. 2	41. 9	44. 1
捷克	44. 7	41. 5	39. 1	30. 2	29. 8	30. 8
保加利亚	34. 7	39. 0	35. 8	23. 9	29. 3	29. 6

续表

	2005 年	2010 年	2015 年	2020 年	2021 年	2022 年
德国	24. 2	24. 0	25. 7	16. 0	18. 6	20. 5
斯洛伐克	22. 5	21. 9	20. 0	13. 9	15. 3	16. 0
罗马尼亚	22. 7	19. 9	18. 5	10. 9	12. 2	13. 2
希腊	29. 5	28. 4	24. 1	9. 3	8. 3	8. 8
荷兰	10. 1	9. 1	15. 2	5. 9	7. 9	8. 3
奥地利	12. 0	10. 0	9. 9	7. 8	7. 6	8. 2
爱尔兰	18. 3	13. 6	16. 7	6. 5	7. 0	7. 5
芬兰	14. 3	18. 8	12. 7	9. 0	6. 5	6. 4
丹麦	19. 7	19. 6	11. 2	4. 7	5. 9	5. 7
匈牙利	10. 8	10. 3	9. 3	6. 4	5. 0	5. 5
比利时	8. 9	6. 3	6. 6	4. 7	4. 7	5. 1
意大利	8. 8	7. 9	8. 1	3. 7	3. 8	4. 8
法国	5. 2	4. 6	3. 7	2. 4	3. 6	4. 1
瑞典	5. 1	4. 9	4. 7	3. 4	3. 5	3. 0
西班牙	14. 5	6. 1	11. 3	2. 7	2. 7	2. 6
葡萄牙	12. 7	7. 1	14. 8	2. 8	1. 0	1. 0

资料来源：EIU 数据库，https：//viewpoint－eiu－com－s. ra. cass. cn：8118/data/，检索日期：2023 年 8 月 12 日。

对于波兰、捷克、保加利亚、斯洛伐克和罗马尼亚等中东欧国家而言，煤炭不仅是重要的能源来源，煤炭的生产和使用部门也是解决就业的重要力量。由于经济以及就业上对煤炭部门的依赖更大，面对煤炭的退出，中东欧国家的经济和社会也必然将受到更大的冲击。欧盟委员会联合研究中心进行的一项研究评估了煤炭地区的“脱碳就业潜力”。该研究表明，中东欧地区绝大多数国家表现出较低的“脱碳就业潜力”，如果煤矿和煤电厂关闭，清洁能源和能效活动带来的潜在就业机会将无法弥补失去的就业机会。与欧洲其他地区相比，中东欧地区的脱碳是一个社会经济挑战。① 截至目前，绝大

① Joint Research Centre，European Commission，*Clean Energy Technologies in Coal Regions：Opportunities for Jobs and Growth-Deployment Potential and Impacts*（*EUR 29895 EN*），Luxembourg：Publications Office of the European Union，2020.

部分欧盟成员国都已经做出于2030年及之前退出煤电的承诺，其中包括5个中东欧成员国，分别是波罗的海三国（2021）、斯洛伐克（2023）和匈牙利（2025）。其他几个中东欧国家承诺退出煤电的时间都晚于2030年，其中罗马尼亚承诺于2032年，克罗地亚、斯洛文尼亚和捷克承诺于2033年，波兰承诺于2049年退出煤电。而保加利亚迄今为止尚未做出明确的退出煤电的承诺。

（二）《可再生能源指令》的执行存在较大差异

大力发展可再生能源，以可再生能源替代化石能源，是欧盟实现能源部门脱碳的根本方法。根据到2030年实现减排55%的新气候目标，2021年7月，欧盟委员会提议欧盟修订2018年版的《可再生能源指令》，将可再生能源目标由之前的到2030年占比32%提高到40%。[①] 2022年俄乌冲突爆发后，欧盟意识到有必要进一步加快摆脱对化石能源的依赖，欧盟委员会因而提议将可再生能源目标进一步提高到45%。[②]

中东欧国家的可再生能源占比情况差距显著。根据欧盟统计数据，2021年拉脱维亚可再生能源占比为42.1%，已经接近2030年新可再生能源目标，其在欧盟中的排名也很靠前，列第3位，仅次于瑞典和芬兰。爱沙尼亚的可再生能源占比也较高，为38%，仅次于拉脱维亚，在欧盟中列第4位。克罗地亚、立陶宛、斯洛文尼亚和罗马尼亚的可再生能源占比均高于欧盟平均水平，分别为31.3%、28.2%、25%和23.6%，列第8位至第11位。其他5个中东欧国家，包括捷克、斯洛伐克、保加利亚、波兰和匈牙利，可再生能源占比较低，分别为17.7%、17.4%、17%、15.6%和14.1%，在欧盟成员

① 欧盟委员会，https：//energy.ec.europa.eu/topics/renewable-energy/renewable-energy-directive-targets-and-rules/renewable-energy-directive_en，检索日期：2023年8月18日。

② 2023年3月，根据最新达成的一项临时协议，到2030年可再生能源占比至少需要达到42.5%，但欧盟2030年可再生能源目标为45%。欧盟委员会，https：//energy.ec.europa.eu/topics/renewable-energy/renewable-energy-directive-targets-and-rules/renewable-energy-directive_en，检索日期：2023年8月18日。

国中居于中后位（见图 3）。[①] 这几个国家都是内陆国家，发展风能、水电等可再生能源方面的自然条件较差。而且这几个国家都是典型的制造业国家，是欧盟最主要的生产车间和加工车间，对能源的需求量大，要落实欧盟的《可再生能源指令》不仅面临更大的困难，如果因此导致能源价格上涨，无疑也将对经济造成更大的冲击。

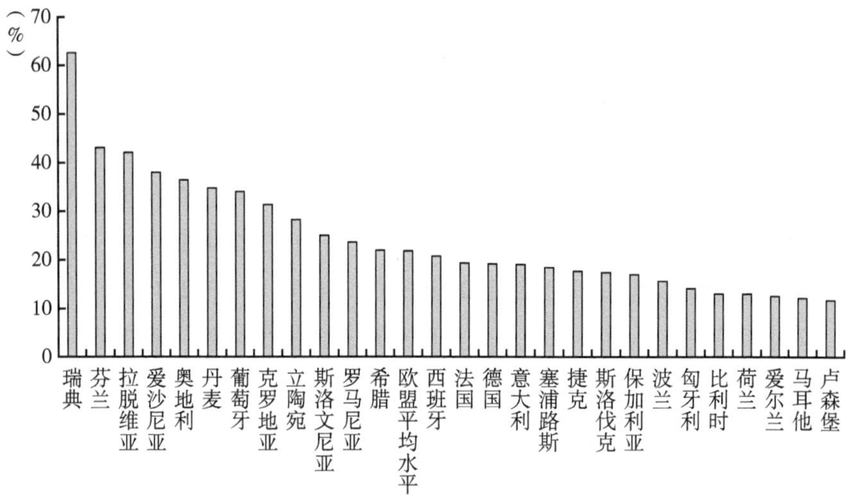

图 3　2021 年欧盟成员国可再生能源占比

资料来源：欧盟统计数据库，https：//ec. europa. eu/eurostat/web/main/data/database，检索日期：2023 年 8 月 12 日。

（三）《能源效率指令》目标达成面临较大挑战

欧盟根据新的气候目标修订了 2018 年版的《能源效率指令》，新的《能源效率指令》要求所有成员国 2026～2027 年每年的节能义务达到 1.5%（2021～2023 年为 0.8%），到 2030 年初级能源消费和终端能源消费分别减少 39%～41%和 36%～37%（相较于 2007 年），并且将遵循“能

① 欧盟统计数据库，https：//ec. europa. eu/eurostat/web/main/data/database，检索日期：2023 年 8 月 12 日。

源效率第一原则”上升为成员国必须履行的一项义务，要求成员国在制定能源政策和做出相关投资决策时，最大限度地考虑成本效益高的能源效率措施。

从以往的实践来看，无论是在初级能源消费方面，还是在终端能源消费方面，大多数中东欧国家能源效率的提升都较欧盟其他国家要困难得多。根据欧盟统计数据，以 2005 年的能源消费能效指数为基数 100，在初级能源消费方面，2021 年欧盟中只有波兰的能源消费能效指数仍然显著高于 2005 年，为 118.19。拉脱维亚、保加利亚、匈牙利、斯洛伐克、捷克、罗马尼亚、克罗地亚虽然能效有所提升，但程度很低，能源消费能效指数分别为 99.44、96.68、94.65、93.57、93.16、91.78 和 90.46，在欧盟中居于中后位。其他中东欧国家，包括立陶宛、爱沙尼亚、斯洛文尼亚的能源效率较 2005 年有较大程度的提高，能源消费能效指数分别为 82.34、84.31 和 87.38，三者能效的提高程度均高于欧盟平均水平，且立陶宛的能效提高程度列欧盟第 4 位（见表 4）。

表 4　2019~2021 年欧盟成员国初级能源消费和终端能源消费能效指数

	初级能源消费能效指数（2005 年为 100）				终端能源消费能效指数（2005 年为 100）		
	2019 年	2020 年	2021 年		2019 年	2020 年	2021 年
希腊	73.58	63.52	67.13	希腊	77.00	68.74	72.36
葡萄牙	88.81	78.46	78.59	西班牙	88.14	75.17	81.87
意大利	80.68	73.17	80.36	葡萄牙	90.11	78.70	82.37
立陶宛	78.01	77.37	82.34	意大利	84.07	74.87	82.55
西班牙	88.67	77.21	82.44	荷兰	90.88	82.79	86.20
德国	88.69	81.49	83.01	丹麦	92.31	84.43	89.01
丹麦	86.33	79.13	83.46	法国	90.60	81.02	89.42
马耳他	95.35	80.93	83.92	爱尔兰	98.10	88.60	90.37
爱沙尼亚	88.53	81.67	84.31	卢森堡	98.00	85.14	90.72
法国	90.14	79.71	86.01	斯洛文尼亚	94.52	85.89	91.98
荷兰	90.71	83.40	86.67	塞浦路斯	102.88	85.76	92.08
斯洛文尼亚	90.00	84.79	87.38	欧盟平均水平	94.69	87.00	92.96

续表

	初级能源消费能效指数（2005 年为 100）				终端能源消费能效指数（2005 年为 100）		
	2019 年	2020 年	2021 年		2019 年	2020 年	2021 年
欧盟平均水平	90. 39	82. 49	87. 40	瑞典	94. 93	91. 89	95. 37
卢森堡	94. 34	82. 45	87. 71	德国	97. 73	91. 90	95. 47
瑞典	93. 47	84. 26	89. 47	克罗地亚	95. 47	89. 39	96. 28
克罗地亚	89. 84	84. 88	90. 46	比利时	97. 14	90. 09	97. 34
罗马尼亚	88. 93	85. 77	91. 78	芬兰	100. 90	92. 62	98. 57
爱尔兰	98. 31	90. 06	92. 73	斯洛伐克	96. 64	89. 73	98. 82
捷克	93. 48	88. 41	93. 16	爱沙尼亚	101. 18	96. 13	99. 05
塞浦路斯	102. 42	88. 78	93. 38	奥地利	101. 70	93. 82	99. 85
斯洛伐克	91. 79	87. 15	93. 57	捷克	96. 64	93. 67	100. 24
芬兰	95. 57	89. 11	93. 78	拉脱维亚	101. 55	95. 94	100. 97
比利时	93. 78	85. 01	94. 45	保加利亚	97. 18	94. 10	101. 40
匈牙利	93. 28	90. 68	94. 65	匈牙利	99. 26	96. 11	102. 17
奥地利	98. 64	91. 24	96. 44	罗马尼亚	97. 05	95. 65	103. 14
保加利亚	94. 80	89. 46	96. 68	立陶宛	119. 04	113. 69	121. 25
拉脱维亚	101. 45	94. 91	99. 44	马耳他	150. 25	117. 47	127. 91
波兰	113. 92	110. 12	118. 19	波兰	126. 05	121. 63	128. 49

资料来源：欧盟统计数据库，https：//ec. europa. eu/eurostat/web/main/data/database，检索日期：2023 年 8 月 12 日。

在终端能源消费方面，中东欧国家能源效率提升程度更加低下。11 个中东欧国家中有 7 个国家，包括波兰、立陶宛、罗马尼亚、匈牙利、保加利亚、拉脱维亚、捷克，能源效率较 2005 年不仅没有提升，反而继续下降。特别是波兰和立陶宛，2021 年这两个国家的终端能源消费能效指数分别为 128. 49 和 121. 25，在欧盟中分列倒数第 1 位和第 3 位。罗马尼亚、匈牙利、保加利亚、拉脱维亚、捷克能源消费能效指数在欧盟列倒数第 4 位至第 8 位。爱沙尼亚、斯洛伐克和克罗地亚能效有所提高，但程度非常低，能源消费能效指数分别为 99. 05、98. 82 和 96. 28，均未达到欧盟平均水平。中东欧国家中只有斯洛文尼亚的能效提高程度超过欧盟平均水平，能源消费能效指数为 91.98，在欧盟中列第 10 位。①

（四）交通运输部门温室气体排放达标困难重重

《欧洲绿色协议》指出，交通运输部门温室气体排放量占欧盟温室气体排放总量的 1/4，而且还在增长。为了实现气候目标，到 2050 年需要将交通运输部门的温室气体排放量减少 90%。② 在欧盟出台的诸多有关交通运输部门减排的政策中，关于汽车减排标准的政策对中东欧国家的影响更为显著。根据这一政策，2030 年汽车和货车的二氧化碳排放量需在 2021 年的水平上分别减少 55%和 50%，到 2035 年将减少 100%。这意味着从 2035 年起欧盟市场上将禁止销售内燃机汽车。汽车工业是斯洛伐克、罗马尼亚、捷克和匈牙利的核心产业，也是波兰和斯洛文尼亚的重要经济部门。根据欧盟统计数据，斯洛伐克、罗马尼亚、捷克和匈牙利 2020 年汽车工业增加值占制造业增加值的比重居欧盟前 4 位，占比分别为 22.6%、18%、17.9%和 17.2%。波兰、斯洛文尼亚的占比分别为 8.8%和 7.4%，分列欧盟第 8 位和第 9 位。其他几个国家，包括保加利亚、波罗的海三国和克罗地亚，占比较低，在欧盟中居中后位。斯洛伐克、罗马尼亚、捷克、匈牙利 4 国 2018 年汽车工业就业占制造业就业的比重依然较高，分别为 15.7%、15.7%、13.7%、12.8%，分列欧盟第 1、第 2、第 4、第 5 位。波兰、斯洛文尼亚的占比分别为 7.5%和 7.4%，分列欧盟第 9 位和第 10 位（见图 4）。

产业结构上过于集中于汽车工业，使得中东欧国家在面对汽车产业政策调整时经济更具脆弱性。特别是这些国家的汽车工业主要是作为跨国汽车企业装配车间的形式存在的，缺乏研发创新能力，这使其在面对汽车产业的绿色转型时更加被动。

---

① 欧盟统计数据库，https：//ec.europa.eu/eurostat/web/main/data/database，检索日期：2023 年 8 月 12 日。

② 欧盟委员会，https：//eur-lex.europa.eu/legal-content/EN/TXT/？qid=1576150542719&uri=COM%3A2019%3A640%3AFIN，检索日期：2023 年 8 月 23 日。

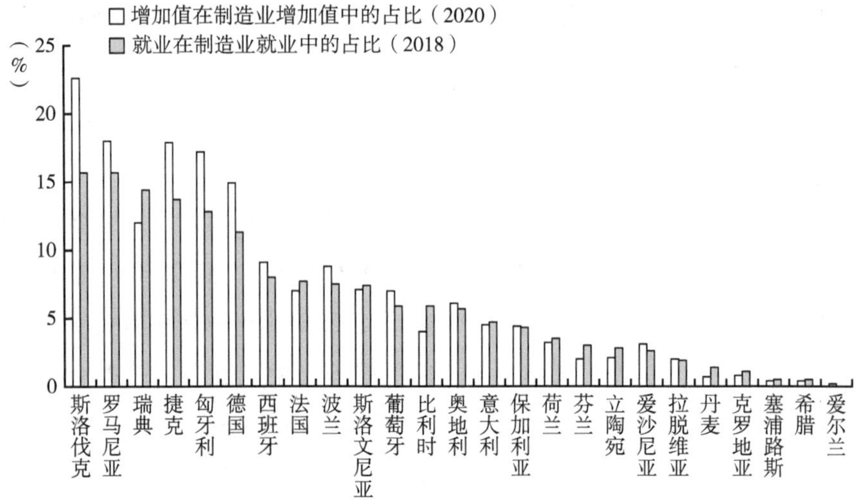

图 4　欧盟部分成员国汽车工业增加值和就业占制造业增加值和就业的比重

资料来源：欧盟统计数据库，https：//ec. europa. eu/eurostat/web/main/data/database，检索日期：2023 年 8 月 15 日。

三　中东欧国家支持绿色转型的有利因素：公正转型机制

考虑到欧盟成员国之间的经济发展水平、产业结构、技术水平、能源结构等的差异所导致的面对绿色转型时的不同处境，欧盟在绿色转型中引入重要的公正转型机制，对在绿色转型中受冲击最严重的地区、部门以及人群进行帮助，以减轻转型所带来的经济社会影响。公正转型机制一共有三个资金来源。一是公正转型基金（Just Transition Fund，JTF）。这是欧盟新设立的一个基金，2021~2027 年财政框架下公正转型基金共 75 亿欧元。受资助的成员国需要为每 1 欧元公正转型基金调配 1.5~3 欧元的欧洲区域发展基金（European Regional Development Fund ，ERDF）和欧洲社会基金+（European Social Fund+，ESF+）的资金。根据凝聚力政策的规则，上述资金将得到国家共同融资的进一步补充，由此产生的资金总额在 2021~2027 年将达到 300 亿至 500 亿欧元。二是投资欧洲（InvestEU）计划下专门的公正转型计划。

该计划将 InvestEU 计划下的一部分融资集中在公正转型机制帮助的对象上，将调动总额达 450 亿欧元的投资，以 InvestEU 计划约 18 亿欧元的财政拨款为初始资金。三是公共部门贷款机制。在欧盟预算的支持下，该机制可调动 250 亿至 300 亿欧元的投资，主要用于向受资助成员国的公共部门提供一次性贷款。上述三个资金来源合计共有至少 1000 亿欧元的公正转型资金，用以帮助在 2021~2027 年期间受绿色转型影响最严重的地区应对转型冲击。以上是在欧盟 2021~2027 年财政框架下的公正转型资金，除此之外，在新冠疫情后欧盟建立的总额达 8069 亿欧元的“欧盟下一代”复苏基金（Next Generation EU）中，欧盟划拨了 109 亿欧元补充公正转型基金。2021 年欧盟委员会通过了一项新的欧盟适应气候变化战略，根据这一战略，欧盟凝聚力政策下至少 30% 的欧洲区域发展基金和 37% 的凝聚力基金（Cohesion Fund，CF）需投资于气候行动。

中东欧国家是欧盟凝聚力政策的主要受益方，也是新的公正转型基金的主要帮扶对象。根据 2021~2027 年凝聚力政策框架下气候计划的基金划分情况，波兰是最大的受益方，波兰一国获得的资金占总额的 22.73%，居欧盟第 1 位。罗马尼亚、捷克、匈牙利获得的该部分资金分别占总额的 7.59%、6.53%和 6.06%，分列第 4 位、第 5 位和第 7 位。斯洛伐克、保加利亚、克罗地亚、立陶宛、爱沙尼亚、拉脱维亚和斯洛文尼亚获得的份额相对较低，但也列欧盟第 11~17 位，高于大多数西欧成员国（见表 5）。

表 5　2021~2027 年欧盟凝聚力政策框架下按基金划分的气候计划金额

单位：百万欧元，%

	凝聚力基金	欧洲区域发展基金	欧洲社会基金+	公正转型基金	总计	占比
波兰	7086	15705	299	3847	26938	22.73
意大利	0	8804	2029	1030	11862	10.01
西班牙	0	8851	686	835	10373	8.75
罗马尼亚	1319	5423	118	2140	8999	7.59
捷克	2953	3128	15	1641	7739	6.53
葡萄牙	2699	3609	750	224	7282	6.14

续表

	凝聚力基金	欧洲区域发展基金	欧洲社会基金+	公正转型基金	总计	占比
匈牙利	2171	4677	72	261	7180	6.06
希腊	1153	3293	345	1375	6166	5.2
德国	0	3299	354	2382	6035	5.09
法国	0	2636	388	990	4014	3.39
斯洛伐克	1097	2323	72	459	3952	3.33
保加利亚	838	1794	152	0	2784	2.35
克罗地亚	468	1758	84	179	2488	2.1
立陶宛	639	1091	0	263	1993	1.68
爱沙尼亚	501	581	0	340	1422	1.2
拉脱维亚	398	771	15	184	1368	1.15
斯洛文尼亚	531	486	15	249	1281	1.08
芬兰	0	305	64	448	816	0.69
荷兰	0	181	18	599	798	0.67
比利时	0	312	205	176	693	0.58
瑞典	0	270	10	150	430	0.36
塞浦路斯	106	160	0	101	368	0.31
奥地利	0	157	16	131	303	0.26
马耳他	79	138	3	23	243	0.21
爱尔兰	0	119	12	81	212	0.18
丹麦	0	80	37	89	206	0.17
卢森堡	0	6	3	9	18	0.01
总计	22040	69956	5760	18207	118497	100

注：本表中的数据为原始统计数据，因四舍五入，加总数据略有出入。

资料来源：欧盟委员会凝聚力政策网站，https：//cohesiondata. ec. europa. eu/stories/s/mdt2－qvkd/，检索日期：2023 年 8 月 17 日。

结　语

由绿色技术和数字技术推动的新一轮技术经济范式转型是当前及今后一段时期国际经济社会发展的主流趋势，也是当今国际经济竞争的焦点。欧盟的气候雄心显示了其在新一轮竞争中抢占领先地位的决心和抱负。欧盟的核心国家德国等国在绿色技术的诸多领域都享有世界领先地位，但欧盟在数字技术方面整体上落后于美国甚至中国等国。“绿色新政”推动下的绿色转型是欧盟发挥其在绿色经济领域的先发优势和领先优势，抢占新一轮技术革命的绿色制高点，塑造气候领导力和国际竞争优势的重要举措。然而鉴于欧盟成员国之间高度的异质性，绿色转型对不同成员国的影响是高度不同的。对于已经在绿色经济和绿色技术方面领先的欧盟成员国而言，欧盟的绿色转型无疑将为其经济发展提供重要的机遇。然而，对于尚处于经济追赶过程中、工业比重大、传统能源依赖度高、技术创新能力弱且高度依赖外部技术的中东欧成员国而言，不仅距离欧盟“绿色新政”的政策目标更为遥远，为落实欧盟气候政策而需要付出的成本和努力更大，还要面对经济成本上升、失业增加等多方面的挑战，这会拖累原本就已经乏力的经济增长，从而可能进一步拉大其与发达成员国之间的经济差距。尽管欧盟意识到绿色转型对某些地区、部门和人群可能造成非对称的冲击，因而引入了公正转型机制，但公正转型机制的资金规模毕竟有限，且其中的很大一部分是由凝聚力政策下的欧洲区域发展基金和凝聚力基金提供的，因而也只能在一定程度上减轻绿色转型对脆弱地区人群的冲击。总之，在自身缺乏核心技术推动的情况下，靠欧盟政策外力推动的绿色转型，对中东欧国家的挑战是巨大的。中东欧国家将承担绿色转型更大的成本，却不能获得对等的收益。最近几年受新冠疫情和俄乌冲突的影响，中东欧国家的经济持续低迷甚至陷入衰退，这加剧了其在短期内进行绿色转型的困难。在 2023 年 6 月关于气候变化的欧洲晴雨表的调查中，斯洛伐克、罗马尼亚、捷克、保加利亚、爱沙尼亚等中东欧国家将气候变化视为“严重问题”的比例较 2021 年大幅降低，这在一定程度上反映出该地区居民对欧盟绿色转型的态度。

B.4
2022年中国-中东欧国家合作概述

霍玉珍*

摘 要： 2022年是中国-中东欧国家合作（以下简称“合作”）启动十周年，更是双方迎难而上，积极落实中国-中东欧国家领导人北京峰会共识的重要一年。经过共同努力，双方有效克服了新冠疫情等负面因素的干扰，各签约项目稳步推进，多个活动成功举行，“合作”水平和质量继续提升，进一步推进双方经贸、人文等各领域交流合作走深走实。

关键词： 中国-中东欧国家 第十七次中国-中东欧国家合作国家协调员会议 绿色产业发展

中国-中东欧国家合作是双方基于共同愿望，本着合作共赢、共谋发展的初心，携手打造的跨区域合作平台。“合作”机制启动10年来，各方始终聚焦务实合作，秉持共商共建、开放包容、互利共赢的原则，坚持中欧合作的组成部分和有益补充的定位，在贸易投资、互联互通、基础设施建设、人文交流、教育旅游、绿色能源、抗击疫情等20多个领域构筑了合作平台，取得了丰硕成果，成果切实惠及了各参与方。过去10年来，中国同中东欧国家的年贸易额快速增长142.6%，远高于中国与欧盟的贸易增速。其中中

* 霍玉珍，外交部前中国-中东欧国家合作事务特别代表，中国前驻捷克、罗马尼亚大使，中国与捷克友好协会会长。

东欧国家农产品对华出口增长1.5倍。中国赴中东欧国家旅游的人数早在疫情前的2019年就已达到216.6万人次，较“合作”之初增长近4倍。[①] 目前，宽领域、多层级的立体合作框架具有单纯双边合作无法比拟的规模效应和整体优势，成为双边关系和中欧合作之外助推中国与中东欧国家友好关系发展的重要引擎，有效提升了中国同该地区国家的整体合作水平，为双方人民带来了实实在在的好处。

2022年是中国-中东欧国家合作机制建立10周年，中国与中东欧国家均处在经济发展的关键阶段，继续深化双方经贸合作，发挥互补优势，不仅有利于中国与中东欧国家实现互利共赢、共同发展，也对加快欧洲一体化进程，推进中欧关系向更深层次发展具有重要意义。[②]

一　第十七次中国-中东欧国家合作国家协调员会议成功举行

2022年12月16日，第十七次中国-中东欧国家合作国家协调员会议以视频形式成功举行，时任中国国务委员兼外交部长王毅发表视频致辞，外交部中国-中东欧国家合作事务特别代表以及中东欧成员国国家协调员或代表出席会议。

王毅回顾了“合作”启动10年来的不平凡历程，强调中国和中东欧国家具有深厚的历史联系、互补发展优势、强劲合作需求、共同振兴愿望，彼此是天然合作伙伴。无论国际风云如何变幻，都要以落实北京峰会共识为主线，推动合作向更加坚韧、协调、开放、普惠的方向发展。

王毅还就深化中国-中东欧国家合作提出四点建议。一是坚持团结友好。友好是中国对欧政策主基调，合作是中国对欧政策总目标。二是坚持协同增效。中国-中东欧国家合作是中欧合作的组成部分，遵守市场规则和欧

① 《“中国-中东欧国家合作十年：进展与前景”国际学术研讨会成功举办》，中国社会科学院欧洲研究所，2022年9月22日，http://ies.cass.cn/cn/exchange/202209/t20220922_5540109.shtml，检索日期：2023年6月5日。

② 《中国-中东欧国家经贸合作表现亮眼》，中华人民共和国国家发展和改革委员会，2022年3月30日，https://www.ndrc.gov.cn/xwdt/ztzl/zgzdogjhz/202203/t20220330_1321013.html，检索日期：2023年6月5日。

盟标准，助推欧洲实现更均衡发展。三是坚持开放共赢。中方将坚定不移扩大对外开放，继续进口更多中东欧国家优质产品，对在华中东欧国家企业一视同仁。四是坚持务实普惠。中方愿在农食产品输华、电子商务、金融、互联互通、人员往来便利化等领域推出更多新的举措。①

2022 年 9 月 10 日至 30 日，新任外交部中国-中东欧国家合作事务特别代表姜瑜大使作为国务委员兼外长王毅的代表率工作组访问了捷克、斯洛伐克、保加利亚、匈牙利、罗马尼亚、希腊、北马其顿等中东欧七国，中国海关总署也派员参团。访问期间，工作组与各国领导人政策顾问、外交部及议会有关负责人、中国-中东欧国家合作国家协调员、智库、媒体、工商界及友好组织代表会见、会谈，就“合作”、双边关系和中欧关系广泛深入交换看法。②

二 主要合作成果

（一）经贸合作成效显著

2022 年，中国同中东欧国家的经济交往密切，贸易额稳步增长，根据中华人民共和国商务部数据，2022 年 1~12 月，中国-中东欧合作国家的进出口额达 1382.59 亿美元，同比增长 5.6%。其中，中国和塞尔维亚的双边贸易额约为 35.5 亿美元，同比增长 10.1%，中国是塞尔维亚第一大进口来源国和第二大贸易伙伴；中国和捷克的双边贸易额为 236.47 亿美元，同比增长 11.8%（见表 1）。仅以中国宁波同中东欧国家的贸易合作为例，2022 年 1~6 月，宁波口岸与该地区国家的进出口额为 480.5 亿元人民币，同比增长 49.1%。③

① 《王毅在第十七次中国-中东欧国家合作国家协调员会议上发表视频致辞》，中华人民共和国外交部，2022 年 12 月 16 日，http://svideo.mfa.gov.cn/gjhdq_676201/gjhdqzz_681964/zgzdogjhz/xgxw_679936/202212/t20221216_10991481.shtml，检索日期：2023 年 6 月 5 日。

② 《姜瑜特别代表工作组访问中东欧七国》，中国-中东欧国家合作官网，2022 年 10 月 11 日，http://www.china-ceec.org/chn/zzwl/202210/t20221011_10781148.htm，检索日期：2023 年 6 月 5 日。

③ 《上半年宁波口岸对中东欧国家进出口额同比增长 49.1%》，中华人民共和国海关总署，2022 年 7 月 18 日，http://www.customs.gov.cn/customs/xwfb34/302425/4470963/index.html，检索日期：2023 年 6 月 5 日。

表1　2022年1~12月中国与中东欧合作国家的贸易统计

单位：万美元，%

	进出口额	出口额	进口额	累计比去年同期		
				进出口额	出口额	进口额
中东欧合作国家	13825888	10718343	3107545	5.6	10.2	-7.6
波兰	4322276	3816311	505965	2.7	4.5	-8.7
捷克	2364682	1822739	541943	11.8	20.7	-10.5
匈牙利	1552196	1047266	504930	-1.2	3.3	-9.4
斯洛伐克	1214547	443577	770970	0.5	-2.4	2.2
希腊	1382107	1298841	83266	14	16.5	-14.4
罗马尼亚	1047184	739719	307465	2.5	10.3	-12.3
斯洛文尼亚	745073	686123	58950	24.4	28.1	-6.7
保加利亚	412367	285200	127167	0.3	23.4	-29.3
塞尔维亚	355186	217682	137503	10.1	-2.9	39.8
克罗地亚	242421	226554	15867	4.8	14.8	-53.3
阿尔巴尼亚	89038	70408	18630	17.9	19.1	13.3
北马其顿	41390	23493	17897	-29.8	4.9	-51.1
波黑	30799	18528	12271	12.2	35.3	-10.9
黑山	26623	21902	4721	148	128.1	316.6

注：本表中的数据为原始统计数据，因四舍五入，个别加总数据有出入。

资料来源：《2022年1~12月中国与欧洲国家贸易统计表》，中华人民共和国商务部欧洲司，2023年3月22日，http://ozs.mofcom.gov.cn/article/zojmgx/202303/20230303397466.shtml，检索日期：2023年6月5日。

2022年12月15~16日，第四届中国-中东欧国家（沧州）中小企业合作论坛以线上方式举办，通过前期对接洽谈，共达成合作项目105个，总投资额为1367.69亿元人民币，涉及装备制造、新材料、新能源、对外贸易等多个领域。① 论坛期间，还同步举办中国-中东欧人才项目合作论坛、中国-中东欧国家地方城市论坛、中国-中东欧国际通用航空产业合作论坛、中欧中小企业对洽会、2022国际中小企业创新创业大赛欧洲分

① 《第四届中国-中东欧国家（沧州）中小企业合作论坛项目签约成果丰硕》，沧州市人民政府官网，2022年12月17日，https://www.cangzhou.gov.cn/cangzhou/c100079/202212/ab2a613354494f76a068f92e5a28c7df.shtml，检索日期：2023年6月5日。

站赛决赛等系列活动，活动汇聚国内外高端资源要素，为中国-中东欧国家中小企业进一步深化多领域合作搭建了交流平台。

在金融领域，由中国工商银行牵头发起设立的世福资本管理有限公司宣布，中国-中东欧基金二期于2022年11月10日在卢森堡组建完成，后续将稳步在中东欧地区开展投资活动。①

2022年，在中国-中东欧国家合作框架下，中国与相关国家积极开展合作，并取得显著成果。中国-匈牙利地方合作机制第三次会议暨中匈跨境撮合对接会以线上线下相结合的方式成功举行。② 中国企业宁德时代决定在匈牙利东部城市德布勒森建设电池工厂。中国吉利汽车集团与匈牙利格兰德汽车中欧公司在布达佩斯举行战略合作签约仪式，标志着吉利汽车将首次进入欧盟市场。③ 蔚来电动汽车宣布在匈牙利建设全球首个海外工厂并于当年投入运营，该工厂成为蔚来产品的欧洲制造中心、服务中心和研发中心。④ 中国航空工业集团控股的FACC克罗地亚工厂建成投产。⑤

（二）互联互通有效推进

中欧班列保持良好发展势头，且不断丰富开行线路，拓宽覆盖网络，服务质量稳步提升。中欧班列郑州至布达佩斯线路、石家庄至布拉格线路、合

① 《中国-中东欧基金二期成立　将以新能源为主开展投资活动》，中国石化新闻网，2022年11月14日，http://www.sinopecnews.com.cn/xnews/content/2022-11/14/content_7052403.html，检索日期：2023年7月19日。

② 《中国-匈牙利地方合作机制第三次会议成功召开》，中华人民共和国商务部，2022年11月24日，http://template1.mofcom.gov.cn/article/zwjg/zwxw/zwxwoz/202211/20221103370035.shtml，检索日期：2023年7月19日。

③ 《中国吉利将首次进入欧盟市场》，搜狐网，2022年11月28日，http://news.sohu.com/a/611108639_355011，检索日期：2023年7月19日。

④ 《加速欧洲市场能源布局，蔚来能源欧洲工厂首座换电站下线》，新浪财经，2022年9月17日，https://t.cj.sina.com.cn/articles/view/1826017320/6cd6d0280200161dm，检索日期：2023年7月19日。

⑤ 《中航工业集团控股公司投资的克罗地亚工厂建成投产》，中华人民共和国国务院新闻办公室，2022年6月20日，http://www.scio.gov.cn/31773/35507/35513/35521/Document/1725760/1725760.htm，检索日期：2023年7月19日。

肥至布达佩斯线路正式开通。沧州和石家庄深化合作联合，开行了京津冀地区首趟直通匈牙利的中欧班列。“宁夏—欧洲（布达佩斯）中欧国际货运班列”正式发车。此外，首条连接上海和雅典的直飞航线正式开通，塞尔维亚航空公司贝尔格莱德—天津直飞航线开通，中国东方航空公司上海直飞布达佩斯客运航线正式复航。

中国-中东欧国家合作的旗舰项目匈塞铁路的建设顺利推进。2022 年 3 月 19 日，匈塞铁路贝诺段正式通车，贝诺段开通运营后，列车最高运行时速由目前的 40~50 公里提升至 200 公里。① 匈塞铁路匈牙利段建设顺利推进。截至 2022 年底，在相关路段施工右线中，已有 89%的区段开始路基施工，预计 2023 年右线轨道铺设、左线路基改造和沿线车站主体改造以及桥涵工程都将基本完成。② 2022 年 3 月 20 日，由中交集团中国路桥承建的 E763 高速公路波热加—杜加波利亚纳路段正式开工建设。③

2022 年 7 月，作为中克共建“一带一路”和中国-中东欧国家合作的标志性项目，克罗地亚佩列沙茨大桥顺利通车。这是中克建交以来规模最大的交通基础设施建设项目，也是中国、克罗地亚、欧盟开展三方市场合作的典范项目。④ 截至 2023 年 5 月，已经有超过 150 万辆汽车安全驶过大桥，其还经受了地震的考验，现运行状况良好。⑤

---

① 《匈塞铁路塞尔维亚境内贝诺段开通运营》，中国-中东欧国家合作官网，2022 年 3 月 21 日，http://www.china-ceec.org/chn/jmhz/202203/t20220325_10655520.htm，检索日期：2023 年 6 月 10 日。

② 《匈塞铁路匈牙利段顺利推进，计划 2025 年 7 月开通》，见道网，2022 年 12 月 15 日，https://www.seetao.com/details/195535.html，检索日期：2023 年 6 月 10 日。

③ 《驻塞尔维亚使馆临时代办田一澍出席 E763 高速公路波热加—杜加波利亚纳路段项目开工仪式》，中华人民共和国外交部，2022 年 3 月 21 日，http://switzerlandemb.fmprc.gov.cn/web/gjhdq_676201/gj_676203/oz_678770/1206_679642/1206x2_679662/202203/t20220321_10653769.shtml，检索日期：2023 年 6 月 10 日。

④ 《全球连线 | “终于迎来了这一天！”佩列沙茨跨海大桥通车圆梦克罗地亚人民》，新华网，2022 年 7 月 27 日，https://baijiahao.baidu.com/s?id=1739514248117897903&wfr=spider&for=pc，检索日期：2023 年 7 月 19 日。

⑤ 《全球连线 | 这些路桥港，见证中国与中东欧“一带一路”建设稳步推进》，上观新闻，2023 年 5 月 16 日，https://export.shobserver.com/baijiahao/html/613135.html，检索日期：2023 年 7 月 19 日。

中国电建市政建设集团有限公司欧洲分公司设计建设的波兰 S14 高速公路项目有序推进。黑山南北高速公路优先段、塞尔维亚贝尔格莱德绕城公路 B5 标段①正式通车，波黑武科萨夫列—布尔奇科高速公路项目启动。

欧洲首个使用 5G 专用网络管理的智慧铁路港在匈牙利启用，该项目所需的 5G 网络由沃达丰匈牙利公司承建，网络设备由华为匈牙利子公司提供。②

（三）人文交流有声有色

中东欧多国运动员来华参加 2022 年北京冬奥会，并给予积极评价。斯洛文尼亚、匈牙利、捷克、斯洛伐克等国的运动员先后获冬奥会比赛冠军，斯洛伐克冰球队首次获冬奥会比赛季军。“中国-中东欧国家合作框架下中波合作的十年”研讨会在波黑国家电视台演播厅以线上线下相结合的形式举行。③ 以“创新驱动发展　合作共享未来”为主题的首届中国-中东欧国家创新合作智库论坛以视频会议的方式在宁波成功举行。④ 2022 年 6 月 9 日，宁波市人民政府以“共享机遇、共谋发展”为主题举办 2022 中国（宁波）-中东欧国家商协会商务合作大会暨塞尔维亚商品文化周启动仪式，这对凝聚共识、深化中国与中东欧国家合作具有重要意义。⑤

① 《中企承建贝尔格莱德绕城路段通车，武契奇点赞：“要想富，先修路”》，《环球时报》社官方账号，2022 年 6 月 16 日，https：//baijiahao. baidu. com/s？ id = 1735793247278490197&wfr = spider&for = pc，检索日期：2023 年 7 月 19 日。

② 《欧洲首个 5G 智慧铁路港在匈牙利启用》，搜狐网，2022 年 10 月 21 日，https：//www. sohu. com/a/594267086_ 115092，检索日期：2023 年 7 月 19 日。

③ 《“中国-中东欧国家合作框架下中波合作的十年”研讨会在波黑举办》，中华人民共和国驻波黑大使馆，2022 年 10 月 1 日，https：//mp. weixin. qq. com/s？ _ _ biz = MzUzMzc5MzM2NA = = &mid = 2247487053&idx = 1&sn = b9a50828dd824cb36acd7bce29cea3e0& chksm = fa9fd176cde858607225287331c37c3cc8bcc81f03aef3c97ac0ec9cc9c151aa30cbece64e52& scene = 27，检索日期：2023 年 7 月 19 日。

④ 《首届中国-中东欧国家创新合作智库论坛在宁波举行》，国际在线，2022 年 12 月 17 日，https：//baijiahao. baidu. com/s？ id = 1752389590587838609&wfr = spider&for = pc，检索日期：2023 年 7 月 19 日。

⑤ 《2022 中国（宁波）-中东欧国家商协会商务合作大会召开》，宁波市人民政府外事办公室，2022 年 6 月 14 日，http：//fao. ningbo. gov. cn/art/2022/6/14/art_ 1229149474_ 58932035. html，检索日期：2023 年 7 月 19 日。

中国-中东欧国家高级别智库研讨会是“合作”框架下最高级别的智库交流活动，2022 年 11 月 16 日，第八届中国-中东欧国家高级别智库研讨会在贝尔格莱德成功举行。来自中国、塞尔维亚及其他中东欧国家的政府官员、知名智库负责人、专家学者出席了会议。塞尔维亚政府第一副总理兼外长伊维察·达契奇，塞尔维亚国际政治与经济研究所所长布拉尼斯拉夫·乔尔杰维奇，中国社会科学院秘书长赵奇，中国国际问题研究基金会副理事长徐坚，中国社会科学院欧洲研究所所长、中国-中东欧国家智库交流与合作网络理事长冯仲平和中国-中东欧国家合作秘书处参赞夏晓曦出席视频开幕式并致辞。与会者以当前全球性挑战为背景，客观评价了中国-中东欧国家合作十年来所取得的积极成果，系统总结了合作发展的特点与经验，深入分析了各领域对接的阻力和难点，为中国-中东欧国家合作高质量发展提出可借鉴的发展路径与优化方案，为谱写中国-中东欧国家合作新篇章给予智力支撑。①

（四）地方合作持续拓展

2022 年，首届中国-中东欧国家创新合作智库论坛在宁波成功举行，中国-中东欧国家创新合作研究中心揭牌仪式也在宁波举行。② 2022 中国（宁波）-中东欧国家商协会商务合作大会暨塞尔维亚商品文化周启动仪式、中国-中东欧国家职业院校产教联盟成立大会都在宁波举行。③ 中国（佛山）-波兰经贸交流会在华沙 PTAK 展览中心举行。④ 由山东省商务厅主办

① 《第八届中国-中东欧国家高级别智库研讨会成功举办》，中国-中东欧国家合作官网，2022 年 11 月 18 日，http：//www.china-ceec.org/chn/msc/dsj/202211/t20221118_ 10977668.htm，检索日期：2023 年 7 月 19 日。

② 《外交部中国-中东欧国家合作事务特别代表霍玉珍出席中国-中东欧国家创新合作研究中心揭牌仪式》，中国-中东欧国家合作官网，2022 年 7 月 6 日，http：//www.china-ceec.org/chn/msc/dsj/202207/t20220706_ 10716054.htm，检索日期：2023 年 7 月 19 日。

③ 《中国-中东欧国家职业院校产教联盟在甬成立》，《浙江教育报》2022 年 11 月 29 日，http：//zjjyb.cn/html/2022-11/29/content_ 39784.htm，检索日期：2023 年 7 月 19 日。

④ 《中国（佛山）-波兰经贸交流会成功举行》，中国一带一路网，2022 年 11 月 26 日，https：//www.yidaiyilu.gov.cn/p/292819.html，检索日期：2023 年 7 月 19 日。

的2022年中国（山东）品牌产品中东欧展览会暨山东文化贸易展览会以线上线下相结合方式举行。① 甘肃武威市借助甘肃（武威）国际陆港与匈牙利等共建“一带一路”国家开展贸易合作。②

三　绿色产业发展亮点频出

绿色发展和环境保护是中国-中东欧国家合作的创新与重点领域。近年来，众多中国企业积极参与中东欧国家能源转型，在该地区赢得了良好信誉，一大批绿色低碳、生态环保、普惠民众的清洁能源项目正在顺利推进。

2022年2月25日，第二次中国-中东欧国家环保合作部长级会议以视频方式举行，中国生态环境部长黄润秋出席会议，阿尔巴尼亚、波黑、保加利亚、克罗地亚、捷克、希腊、匈牙利、黑山、北马其顿、波兰、斯洛伐克、斯洛文尼亚等中东欧国家环境主管部门代表与会。中方表示，愿与中东欧各国凝聚共识、携手同行，继续深入发掘合作机制潜能，推动应对气候变化与保护生物多样性协同治理，强化绿色领域务实合作，共创中国-中东欧国家绿色发展美好未来。与会各方高度评价了中国-中东欧国家环保合作机制，分享了应对气候变化和保护生物多样性等领域的政策与实践，强调愿与中方在应对气候变化、生物多样性保护、绿色环保技术产业等领域加强合作。③ 2022年9月14日，中国-克罗地亚电力绿色转型科技合作研讨会成功举行，研讨会为中克双方电力能源领域科技交流合作牵线搭桥，为提升双方电力领域创新能力、促进两国电力绿色转型注入了新动能，是双方科技界携

---

① 《2022年中国（山东）品牌产品中东欧展览会暨山东文化贸易展览会开幕》，中国-中东欧国家海关信息中心，2022年6月20日，http：//cceeccic. org/2070831975. html，检索日期：2023年7月19日。

② 《甘肃武威借助国际陆港与格鲁吉亚、匈牙利等国开展贸易合作》，中国新闻网，2022年6月14日，https：//baijiahao. baidu. com/s？ id = 1735619024952850502&wfr = spider&for = pc，检索日期：2023年7月19日。

③ 《生态环境部部长黄润秋视频出席第二次中国-中东欧国家环保合作部长级会议》，中华人民共和国生态环境部，2022年2月25日，https：//www. mee. gov. cn/ywdt/hjywnews/202202/t20220225_ 970010. shtml，检索日期：2023年7月19日。

手为践行联合国2030可持续发展目标所做出的共同努力。两国电力能源领域的产学研代表围绕再生能源电力系统动态特性，碳中和电力系统的电动汽车、需求响应和微网技术以及多能源集成系统技术等电力领域科技创新前沿和重点方向深入交流讨论。①

2022年，中东欧国家在实体产业合作中积极落实绿色发展理念。中国信保正式承保由中国葛洲坝集团承建的波黑达巴尔水电站项目，支持中国企业通过可再生能源电力项目共建绿色“一带一路”。塞尔维亚紫金铜业公司加快引进新工艺和新装备，进行技改扩建，以建设低碳的现代化矿业公司。中国银行匈牙利分行成功完成3亿美元绿色债券国际发行，期限为2年。这是中资机构在中东欧地区发行的首笔绿色债券。此次绿色债券的发行，是在助力匈牙利成功发行绿色主权熊猫债的基础上，中国银行匈牙利分行继续推进的中匈两国关于推动绿色发展领域投资合作的谅解备忘录下的合作，也是进一步支持绿色发展的重要举措。②

① 《中国-克罗地亚电力绿色转型科技合作研讨会成功举行》，澎湃新闻，2022年9月16日，https：//m. thepaper. cn/baijiahao_ 19934181，检索日期：2023年7月19日。

② 《中匈加强绿色金融合作》，人民网，2022年2月24日，http：//world. people. com. cn/n1/2022/0224/c1002-32358373. html，检索日期：2023年7月19日。

B.5
2022年中东欧国家应对乌克兰难民危机：政策、态度与挑战

孙伟峰*

摘　要： 2022年2月俄乌冲突引发的难民危机已成为二战结束以来欧洲面临的最为严重的难民危机。许多中东欧国家都在短时间内接收了大量乌克兰难民。本报告以接收乌克兰难民较多的几个中东欧国家为例，从中东欧国家的乌克兰难民特征，中东欧国家对乌克兰难民的政策、态度以及乌克兰难民危机对中东欧国家造成的影响等四个方面介绍中东欧国家的乌克兰难民危机。随着俄乌冲突的持续，中东欧国家在应对乌克兰难民危机的同时需要克服诸多挑战。各国应从自身国情出发，适时调整应对措施，以免引发更大的危机。

关键词： 乌克兰难民　中东欧　俄乌冲突　难民政策

进入21世纪以来，欧洲经历了两次大规模难民危机。2015年的第一次大规模难民危机中的难民主要来自西亚、北非地区，叙利亚问题和中东安全局势动荡是这次难民危机的直接诱因。自2022年2月24日起，俄罗斯在顿巴斯地区开展特别军事行动。此举引发了二战结束以来欧洲所面临的最为严重的难民危机。根据联合国难民署公布的数据，截至2022年12月，已有超

* 孙伟峰，北京外国语大学欧洲语言文学专业博士研究生，北京外国语大学欧洲语言文化学院讲师，北京外国语大学波兰研究中心研究员，主要研究方向为波兰语语言文学、区域国别研究。

过780万名乌克兰难民逃离乌克兰，涌入中东欧地区及其他欧洲国家。[①]

乌克兰难民目前主要分布在乌克兰周边的波兰、匈牙利、罗马尼亚、斯洛伐克、捷克和保加利亚等中东欧国家，以及摩尔多瓦。在这些国家中，有的经济发展速度缓慢，有的社会内部矛盾较大，大规模难民的涌入可能会进一步加大其内部压力。此外，中东和北非脆弱的经济和政治状况导致持续产生移民和难民，其涌入欧洲，让本已接收大批乌克兰难民的欧洲国家更加疲于应对。由俄乌冲突和西方国家对俄制裁造成的全球油气价格和粮食价格上涨，加上新冠疫情背景下的经济复苏不畅，让这些国家接纳和安置难民的压力剧增。妥善处理乌克兰难民危机是2022年中东欧国家面临的艰巨挑战。

一　中东欧国家的乌克兰难民特征

根据欧盟统计局发布的数据，2022年已有约427万名乌克兰难民获得欧盟国家的临时保护。波兰为超过156万名乌克兰难民提供临时保护，是欧盟成员国中和中东欧地区接收乌克兰难民最多的国家。捷克为超过45万名乌克兰难民提供临时保护，在中东欧国家中位居第二。

中东欧国家接收的乌克兰难民具有如下几个特征。

（一）以斯拉夫国家为主要目的地

综合分析联合国难民署和欧盟统计局的数据可知，乌克兰难民进入的中东欧国家多为斯拉夫国家（占比为4/5，见表1）。这一现象的成因主要有以下几点：首先，乌克兰与波兰、捷克、斯洛伐克和保加利亚等国的主体民族均属斯拉夫民族，语言相近、文化相似，乌克兰难民在上述国家不会受到文化冲击，可以尽快适应当地生活；其次，波兰、斯洛伐克这些斯拉夫国家又是乌克兰的邻国，地理距离较近，便于乌克兰难民逃离战火，尽快安顿；再次，波兰、捷克等国的经济社会发展水平在中东欧国家中位居前列，乌克

① 联合国难民署，https：//data. unhcr. org/en/situations/ukraine/，检索日期：2023年5月10日。

兰难民在上述国家可以得到较好的发展前景；最后，俄乌冲突爆发前就有大量乌克兰人在邻国从事季节性工作或长期工作，例如俄乌冲突爆发之前约有150万名乌克兰人在波兰工作，[①] 乌克兰难民在上述国家可以投靠亲友，获得更多生活和事业上的帮助。

表 1　2022 年在欧盟国家获得临时保护的乌克兰难民人数

单位：人

	是否为中东欧国家	是否为斯拉夫国家	男性	女性	总数
波兰	是	是	506840	1054940	1561780
德国	否	否	272135	502280	776735 *
捷克	是	是	168190	289480	457685 **
西班牙	否	否	57230	101075	158305
意大利	否	否	42140	107155	149295
保加利亚	是	是	47310	99440	146750
斯洛伐克	是	是	34075	70070	104145
荷兰	否	否	36070	66815	102895 ***
罗马尼亚	是	否	39845	61045	100890
奥地利	否	否	28685	60775	89460

* 在德国的 2320 名乌克兰难民的性别信息登记为“未知”。

** 在捷克的 15 名乌克兰难民的性别信息登记为“未知”。

*** 在荷兰的 10 名乌克兰难民的性别信息登记为“未知”。

资料来源：欧盟统计局，https：//ec. europa. eu/eurostat，检索日期：2023 年 7 月 31 日。

（二）以女性为主，未成年人占较大比例

中东欧国家接收的乌克兰难民在性别构成上以女性为主，在波兰获得临时保护的乌克兰女性难民的占比达到 67.5%，在捷克、保加利亚、斯洛伐克

① 波兰 money. pl 新闻网，https：//www. money. pl/gospodarka/rok－po－wybuchu－wojny－nowi－starzy－ukraincy－na－polskim－rynku－pracy－6866199745804928a. html/，检索日期：2023 年 5 月 10 日。

和罗马尼亚获得临时保护的乌克兰女性难民的占比分别为 63.2%、67.8%、67.3%、60.5%；在年龄结构方面，则以儿童和 65 岁以下的成人为主，这类人群在各国收容的乌克兰难民中所占的比重均高于 90%（见表 2）。此次难民危机中的乌克兰男性难民占比较小，主要原因是危机发生后乌克兰宣布全国总动员并实施戒严令，禁止所有 18~60 岁年龄段的乌克兰健康男性公民离境，但禁令并不包括医疗和人道主义救援物资运输工人、参加国际比赛的运动队成员、拥有三个及以上子女的父亲、未成年儿童的单亲父亲、残疾儿童的监护人和患病或残疾的男性。

表 2　2022 年在部分中东欧国家获得临时保护的乌克兰难民年龄、性别构成

单位：人

	未成年	18~64 岁	65 岁及以上	男性	女性	总数
波兰	675255	824390	62135	506840	1054940	1561780
捷克	146670	293630	17385	168190	289480	457685 *
保加利亚	53270	82790	10685	47310	99440	146750 **
斯洛伐克	35105	63445	5595	34075	70070	104145
罗马尼亚	34940	59895	6055	39845	61045	100890
匈牙利	不详	不详	不详	10045	19560	29695 ***

* 在捷克的 15 名乌克兰难民的性别信息登记为“未知”。

** 在保加利亚的分年龄段难民数据统计有误。

*** 在匈牙利的 90 名乌克兰难民的性别信息登记为“未知”。

资料来源：欧盟统计局，https：//ec. europa. eu/eurostat，检索日期：2023 年 6 月 12 日。

（三）相当比例的难民以周边国家和中东欧国家为中转站

尽管许多难民选择留在了中东欧国家，但还是有相当比例的乌克兰难民将乌克兰周边国家及其他中东欧国家视作前往西欧或其他发达国家的中转站。例如，在欧盟成员国中，在德国获得临时保护的乌克兰难民人数仅次于波兰而多于捷克。2022 年从波乌边境入境波兰的 1000 万人中，乌克兰难民占绝大多数，而从波兰离境的人数为 800 万人，两项数据对比可知约有 200 万（人次）入境人员留在波兰，与欧盟统计局公布的在波兰接受临时保护的乌克兰难民人数（超过156万名）相符（并非所有入境难民均申请并获得了临时保护），说明大部分入境波兰的乌克兰难民离开了波兰，前往其他国家，且有民调显示并非所有乌克兰难民都有意愿留在波兰。

因此，随着俄乌冲突的持续，波兰、罗马尼亚等中东欧国家的乌克兰难民收容数量（并非累计入境数量）都在2022年下半年出现明显的下降趋势。出现这一趋势的主要原因是乌克兰难民从波兰转往其他欧洲国家，从罗马尼亚转往巴尔干地区。[①] 此外，通过对比联合国难民署、中东欧国家边防部门和欧盟统计局的数据可知，并非所有入境的乌克兰难民都能得到目的国政府的临时保护。如果在首个目的国无法得到临时保护，乌克兰难民只能继续前往其他国家寻求庇护。出于对更好的发展机会的追求而继续前往其他国家，以及因临时保护申请被驳回而被迫前往其他国家分别从两个不同的方面推动了乌克兰难民在欧洲各国大量和广泛流动。

二　中东欧国家对乌克兰难民的政策

2022年3月4日，欧盟首次启动旨在为来自非欧盟国家的流离失所者和无法返回原籍国的人立即提供临时保护的《临时保护指令》，以鼓励各成员国接收乌克兰难民。《临时保护指令》生效后，乌克兰难民可在任一欧盟成员国申请临时保护，申请通过后即可获得临时居留证，在收容国得到教育、医疗、就业的权利和享受其他社会福利。[②]《临时保护指令》的有效期为一年，经欧盟委员会批准可延长至三年，即可延长至2025年3月。2022年10月，欧盟决定将该指令的有效期延长至2024年3月。与2015年发生

① 波兰 wnp. pl 新闻网，https：//www. wnp. pl/parlamentarny/wydarzenia/spadla-liczba-uchodzcow-z-ukrainy-w-polsce-ich-integracja-wciaz-duzym-wyzwaniem，659913. html/，检索日期：2023年7月31日；波兰国家银行（NBP），http：//nbp. pl/en，检索日期：2023年7月31日。

② 欧盟理事会，https：//www. consilium. europa. eu/en/press/press-releases/2022/03/04/ukraine-council-introduces-temporary-protection-for-persons-fleeing-the-war/，检索日期：2023年7月31日。

的难民危机不同，欧盟并未针对此次乌克兰难民危机制定分摊计划，而是让各成员国在《临时保护指令》的基础上结合本国实际情况决定接收难民的数量。这一举措为欧盟各国接收难民提供了较高的灵活度，也在一定程度上调动了各成员国的积极性。

2022 年，中东欧国家也在积极响应欧盟通过的《临时保护指令》的基础上，纷纷针对乌克兰难民的大规模涌入不断更新难民政策。

（一）居留权及补贴资助方面

俄乌冲突爆发后，众多中东欧国家敞开国门，为乌克兰难民提供临时保护和居留权。

2022 年 3 月，波兰议会通过《波兰共和国境内外国人保护法》，并将其适用期追溯至 2022 年 2 月 24 日，即俄乌冲突爆发后。① 该法案赋予所有因俄乌冲突到达波兰且此前没有在波居住权的乌克兰难民合法居留权；难民的非乌克兰籍配偶也可享受相同待遇，拥有为期 18 个月的在波居留权。为获得居留权和与之相关的其他权利和福利，居留权申请者还需申请 PESEL（波兰的居民身份证）号码。② 根据该法，地方政府将为乌克兰难民提供食宿援助，而为乌克兰难民提供食宿援助的公司或个人可获得为期 60 天、每月 1200 兹罗提（约合 260 欧元）的财政资助。

匈牙利政府则依照欧盟的《临时保护指令》，为登记在册的乌克兰难民提供临时居留权，允许其在匈合法居留至 2024 年 3 月 4 日。在申请匈牙利的临时保护时，乌克兰难民将获得具有 60 天有效期的人道主义居留证；在临时保护申请获批后，申请人将获得居留证。此外，临时保护申请人在匈牙

① 波兰外国人事务局，https：//www. gov. pl/web/udsc/weszla－w－zycie－ustawa－o－pomocy－obywatelom－ukrainy－w－zwiazku－z－konfliktem－zbrojnym－na－terytorium－tego－panstwa/，检索日期：2023 年 7 月 31 日。

② 欧盟委员会，https：//ec. europa. eu/migrant－integration/news/poland－parliament－adopts－law－assistance－ukrainian－refugees_ en/，检索日期：2023 年 6 月 10 日。

利停留期间有权获得国家提供的住所。[①]

罗马尼亚政府也颁布紧急法令，为乌克兰难民提供临时居留许可和食宿援助。获得临时保护资格的难民在前四个月里可以获得每人每月 600 列伊（约合 120 欧元）的伙食补助以及每人每月 750 列伊（约合 150 欧元）或每个家庭每月 2000 列伊（约合 405 欧元）的住宿补助，自第五个月起至 2023 年 12 月 31 日，住宿补助不变，伙食补助停发。此外，罗马尼亚还制定了与波兰类似的财政资助政策，为收容乌克兰难民的自然人的食品支出提供报销。[②]

捷克政府除了为乌克兰难民提供临时保护外，还为没有享受到免费食宿和医疗卫生援助的乌克兰难民提供 5000 克朗（约合 200 欧元）的人道主义救济金。难民可以在获得临时保护的第一个月领取救济金，如有必要可继续领取五个月的人道主义救济金，此后救济金数额将减少至当地最低生活标准。[③] 而波兰政府则为乌克兰难民提供每人 300 兹罗提（约合 67 欧元）的一次性补贴；为没有收入的乌克兰难民提供为期 60 天、每天 40 兹罗提（约合 9 欧元）的现金补贴，2022 年 4 月，补贴期限延长至 120 天，补贴对象的范围也扩大至残疾人、孕妇和老年人。[④] 匈牙利政府为获得临时保护的成年乌克兰难民每月提供 22800 福林（约合 60 欧元）的补贴，儿童则为每月 13700 福林（约合 36 欧元）。[⑤]

由此可见，乌克兰难民在中东欧国家获得合法居留权后，往往可以得到一定数额的救济金或补贴。但长期来看，在收容国安顿之后乌克兰难民仍旧

---

① 联合国难民署，https：//help. unhcr. org/hungary/temporary-protection/，检索日期：2023 年 7 月 31 日。

② 罗马尼亚 dopomoha 网站，https：//dopomoha. ro/en/the-5020-program/，检索日期：2023 年 7 月 31 日。

③ 捷克 iDNES. cz 网站，https：//www. idnes. cz/zpravy/domaci/ministerstvo-prace-a-socialnich-veci-humanitarni-davky-uprchlici. A221222_ 144629_ domaci_ misl/，检索日期：2023 年 7 月 31 日。

④ 欧盟委员会，https：//ec. europa. eu/migrant-integration/news/poland-parliament-adopts-law-assistance-ukrainian-refugees_ en/，检索日期：2023 年 6 月 10 日。

⑤ 联合国难民署，https：//help. unhcr. org/hungary/temporary-protection/，检索日期：2023 年 7 月 31 日。

需要寻找工作以谋生。无论从收容国接收难民后一段时间内的社会稳定角度出发，还是从难民个人在收容国的长远发展角度出发，收容国都有必要向难民开放劳动力市场。因此，制定合理的针对乌克兰难民的劳动力市场准入政策对难民治理具有重要意义。

（二）劳动力市场方面

中东欧国家除了赋予乌克兰难民临时居留权外，还通过一系列措施解决乌克兰难民居留期间的生计问题。如波兰、罗马尼亚、拉脱维亚等国通过立法（如《波兰共和国境内外国人保护法》①、罗马尼亚《第 2020/20 号政府紧急法令》②、拉脱维亚《乌克兰平民援助法》③ 等）保障乌克兰难民的就业权利。

在波兰，乌克兰难民无须工作许可便能进入劳动力市场，并享有和本国公民一样的待遇和权利；而波兰雇主在聘用乌克兰难民时的各项手续办理也十分便捷。在罗马尼亚，乌克兰难民也无须获得工作许可，在与雇主签署工作协议后即可从事工作，且在罗马尼亚工作的乌克兰难民无须获得长期居留权即可申请延长其就业居留期限。同时，乌克兰难民可以与罗马尼亚公民以相同的条件受雇于自然人或法人，享受同等的社会保险，其学历文凭和职业资格证书也可以得到认可，其还可以凭借相关资格证书在罗马尼亚从事受监管的职业（如医生、药剂师、建筑师等）④。在拉脱维亚，符合规定的乌克兰难民可获得长期签证并享有进入劳动力市场和享受医疗保障的权利，就业

① 波兰外国人事务局，https：//www. gov. pl/web/udsc/weszla－w－zycie－ustawa－o－pomocy－obywatelom－ukrainy－w－zwiazku－z－konfliktem－zbrojnym－na－terytorium－tego－panstwa/，检索日期：2023 年 7 月 31 日。

② 罗马尼亚政府新闻网，https：//gov. ro/ro/media/comunicate/informatie－de－presa－privind－acte－normative－aprobate－in－edinta－guvernului－romaniei－din－7－martie－2022&page＝1/，检索日期：2023 年 8 月 15 日。

③ 拉脱维亚内务部，https：//www. iem. gov. lv/en/article/law－support－ukrainian－civilians－adds－support－mechanisms－residence－work－and－education? utm_ source＝https%3A%2F%2Fwww. google. com%2F/，检索日期：2023 年 8 月 15 日。

④ 欧洲劳工局，https：//www. ela. europa. eu/，检索日期：2023 年 8 月 15 日。

后还可获得500欧元的一次性津贴。此外，《乌克兰平民援助法》还放宽了拉脱维亚雇主雇佣乌克兰难民的法定准许条件。但是，拉脱维亚对于乌克兰难民从事受监管的职业的规定与罗马尼亚相比更为严格。例如，具有医生执业资格的乌克兰难民如希望在拉脱维亚继续从事医务工作并延长其注册从业期限，必须符合拉脱维亚有关境外人员在该国从事医务工作的法律规定，且必须在拉脱维亚专家的指导下工作。

在爱沙尼亚，乌克兰难民可以在失业保险基金（Unemployment Insurance Fund）登记为失业者①，登记后即有权获得失业津贴。这一举措让乌克兰难民在工作方面获得了与爱沙尼亚公民相似的保障。此外，爱沙尼亚失业保险基金通过“在线博览会”门户网站（onlineexpo）发布职位招聘信息，并提供其他求职支持（例如工作面试培训）。② 波兰也采取相似举措，通过“在波兰工作”门户网站（Praca w Polsce）为乌克兰难民提供就业支持。乌克兰难民可在该网站发布其教育、工作经历和职业资格等信息，并将求职信息发送给波兰雇主。

除了免除工作许可、放宽准入条件、保障同等权利、简化用人流程、开设就业网站外，中东欧国家还为乌克兰难民提供语言、技能培训，帮助难民快速进入劳动力市场，融入当地社会。上述一系列举措也在较大程度上保证了收容国的经济平稳发展和社会秩序稳定。

（三）教育方面

由于进入中东欧国家的乌克兰难民中的儿童和青年占比较高，难民的教育问题也是收容国政府需要重点考虑的方面。保障乌克兰难民接受教育的权利，不但有利于难民的个人发展，也有助于难民融入收容国的社会文化环境，并获得必要的知识技能，未来使收容国间接受益。乌克兰儿童在中东欧

① 申请失业津贴者需满足在进行登记前12个月内至少有180天的就业经历（包括在乌克兰工作的时间）的条件。失业者可连续领取9个月的失业津贴，每月约292欧元。

② 爱沙尼亚“在线博览会”门户网站，https://www.onlineexpo.com/en/work-for-ukraininas-in-estonia/，检索日期：2023年8月15日。

国家有权与当地公民一样在当地入托、入学，而乌克兰高校学生则有机会在收容国高校继续深造。波兰等官方语言同属斯拉夫语族的中东欧国家还专门为乌克兰学生提供用乌克兰语授课的课程，同时为其提供本国语言培训，以帮助其尽快适应在收容国的学习生活。① 波兰、匈牙利等国的公立学校为乌克兰儿童提供免费教育，这为乌克兰难民节省了一部分开支。② 罗马尼亚教育部则颁布行政令，对先前在乌克兰高校就读的难民修得的学分予以承认和转换，以便于乌克兰难民在当地继续学业。③

（四）社会福利方面

在社会福利方面，在中东欧国家，乌克兰难民可以和收容国公民在许多领域享受相似或同样的权利。例如，匈牙利为临时保护申请人和临时保护获得者提供免费医疗保健服务，④ 而波兰则宣布在 2023 年 3 月 1 日之前为乌克兰难民免费提供医疗保健服务。此外，在波兰居留的乌克兰难民可享受波兰公民享有的包括“家庭 500+计划”“好开始计划”在内的一系列社会福利。⑤ 与收容国公民享有相同或相似的社会福利对乌克兰难民而言非常重要，因为多数难民都是带着孩子的妇女，其中许多人出于照顾孩子的需要而无法就业，需要收容国政府的帮助。

综上所述，中东欧各国在俄乌冲突爆发之初制定了一系列非常利于乌克兰难民留在当地的政策。然而，随着俄乌冲突不断持续且愈演愈烈，欧洲经济受到较大影响，欧洲各国的通胀率居高不下，实施难民救助计划的财政压

---

① 波兰家庭和社会政策部，https：//www. gov. pl/web/rodzina/，检索日期：2023 年 7 月31 日。

② 联合国难民署，https：//help. unhcr. org/hungary/temporary-protection/，检索日期：2023 年 7 月 31 日。

③ “Romania Social Briefing：Providing Access to Education for Ukrainian Children in Romania”，China-CEE Institute，September 28，2022，https：//china-cee. eu/2022/09/28/romania-social-briefing-providing-access-to-education-for-ukrainian-children-in-romania/，检索日期：2023 年 7 月 31 日。

④ 联合国难民署，https：//help. unhcr. org/hungary/temporary-protection/，检索日期：2023 年 7 月 31 日。

⑤ 波兰家庭和社会政策部，https：//www. gov. pl/web/rodzina/，检索日期：2023 年 7 月31 日。

力和社会压力也不断增大。因此，不少中东欧国家在 2022 年末对原有的难民政策进行了调整。例如，波兰政府在 2022 年 11 月宣布，乌克兰难民自 2023 年 3 月 1 日起需要自行支付食宿费用，① 但该规定不包括儿童、老年人、残疾人、孕妇和 3 个及以上儿童的监护人。与之相似，捷克政府也计划在 2023 年逐步收紧针对乌克兰难民的住宿补贴政策，并调整人道主义救济标准。② 由于中东欧国家自身面临较大的财政压力和生活成本危机，对难民援助措施进行调整旨在确保本国公民尽可能少为可能出现的下一波难民潮“买单”。

三　中东欧国家对乌克兰难民的态度

近年来，难民主要收容国已经从发达国家转向发展中国家。难民安置地也逐渐从难民营转向收容国城市社区，这一趋势在此次乌克兰难民危机中尤其突出。然而，由于发展中国家的治理能力不足、政治生态脆弱，难民安置不仅是收容国面临的新问题，也给国际难民治理带来了新挑战。

在俄乌冲突爆发之初，欧洲各国展现出在难民危机中前所未见的团结。欧盟委员会主席冯德莱恩承诺将欢迎所有来自乌克兰的难民，并表示欧盟将筹集资金为乌克兰难民提供帮助。中东欧国家的政府和民众也都对乌克兰难民敞开怀抱。但是随着俄乌冲突的持续，各国政府和民众对乌克兰难民的态度发生了一定转变。根据中东欧智库全球安全论坛（GLOBSEC）、研究集团益普索（Ipsos）、捷克科学院社会学研究所民意研究中心（CVVM）、联合国儿童基金会（UNICEF）和欧洲晴雨表（Eurobarometer）等机构所做的调查，下面几个中东欧国家民众的态度颇具代表性（见表 3）。

---

① 根据新规，在政府宿舍居住超过 120 天的难民将需要支付 50%的费用，每人每天最高 40 兹罗提（约合 8 欧元）；180 天后则需要支付 75%的费用，每人每天最高 60 兹罗提（约合 13 欧元）。

② 捷克 iDNES. cz 网站，https：//www. idnes. cz/zpravy/domaci/ministerstvo-prace-a-socialnich-veci-humanitarni-davky-uprchlici. A221222_ 144629_ domaci_ misl/，检索日期：2023 年 7 月 31 日。

表 3　部分中东欧国家民众对乌克兰难民的态度

单位：%

	对乌克兰难民持积极态度	对乌克兰难民持消极态度	认为乌克兰难民给收容国公民的生活带来消极影响	反对继续接收更多乌克兰难民	认为应减少为乌克兰难民提供的援助
波兰	85	11	13	17	35
匈牙利	82	15	9	32	29
捷克	73	25	20	25	46
斯洛伐克	42	52	29	28	68
罗马尼亚	60	不详	不详	20	不详
保加利亚	64	不详	不详	25	不详

资料来源：GLOBSEC，https：//www. globsec. org，检索日期：2023 年 6 月 17 日；Ipsos，https：//www. ipsos. com，检索日期：2023 年 6 月 28 日；Euractiv，https：//www. euractiv. com/，检索日期：2023 年 6 月 20 日；CVVM，https：//cvvm. soc. cas. cz，检索日期：2023 年 6 月 28 日；UNICEF，https：//www. unicef. org，检索日期：2023 年 7 月 31 日；保加利亚 The Sofia Globe 新闻网，https：//sofiaglobe. com，检索日期：2023 年 7 月 31 日。

（一）波兰与匈牙利

根据上述调查结果，波兰和匈牙利民众对乌克兰难民普遍持包容与接纳的态度。

在波兰，68%的受访者愿意让乌克兰难民成为家庭成员，更有 77%的受访者愿意与乌克兰难民成为亲密朋友，高达 80%以上的受访者欢迎乌克兰难民成为同事、客人或同住居民。① 这也印证了波兰政府提出的保证乌克兰难民居住在波兰人的社区之中，而不建立难民营的倡议得到民众的支持。在对乌难民政策方面，大多数波兰人反对削减乌克兰难民的福利，并认为乌克兰人从事别人不愿意从事的工作是有益的（52%）。79%的受访者没有见过乌克兰难民的任何不当行为，如违法行为或侮辱他人的行为。②

① GLOBSEC，https：//www. globsec. org/sites/default/files/2022 – 12/GLTrends_ Ukraine_ refugees_ summary%20v13%20spreads. pdf/，检索日期：2023 年 6 月 17 日。

② Ipsos，https：//www. ipsos. com/sites/default/files/ct/news/documents/2023 – 06/ipsos – global – advisor–world–refugee–day–2023–full–report. pdf/，检索日期：2023 年 6 月 28 日。

匈牙利的情况与波兰相似，高达82%的受访者认为匈牙利收容乌克兰难民的决定是有利的。但有65%的受访者表示没有通过任何方式亲自帮助乌克兰难民，这一比例在维谢格拉德集团中最高，说明匈牙利民众虽然对乌克兰难民持开放态度，但多数人未将支持落实到行动中。此外，54%的受访者表示，对乌克兰难民的支持应该继续保持在当前水平。[①] 86%的受访者表示，他们没有目睹乌克兰难民的不当行为，且有81%的受访者并不认为匈牙利的乌克兰难民不安全。在这个方面，匈牙利民众和波兰民众的感受相似，从侧面印证了波、匈两国收容的乌克兰难民普遍素质较高。另外，近88%的受访者认为乌克兰难民来到匈牙利后他们的生活没有发生任何变化，[②] 说明匈牙利民众未将乌克兰难民视作威胁。

（二）斯洛伐克

斯洛伐克的情况与波兰、匈牙利两国的差距较大，对乌克兰难民持怀疑与不信任态度的民众占比较大。根据上述调查结果，68%的受访者支持在一定程度上减少对乌克兰难民的援助。与波、匈两国的受访者相比，仅有68%的斯洛伐克受访者表示没有见过乌克兰难民的不当行为，但在与乌克兰接壤的科希策州居民中，这一比例更是下降至40%。同时，29%的斯洛伐克受访者认为乌克兰难民对社会构成威胁，且对乌克兰难民持积极态度的斯洛伐克受访者未达半数。[③] 此外，欧洲晴雨表的调查显示，56.6%的斯洛伐克受访者认为乌克兰难民会让斯洛伐克的经济形势变差，[④] 说明斯洛伐克对乌克兰难民的包容程度较低。

---

① GLOBSEC，https：//www.globsec.org/sites/default/files/2022-12/GLTrends_ Ukraine_ refugees_ summary%20v13%20spreads.pdf/，检索日期：2023年6月17日。

② Ipsos，https：//www.ipsos.com/sites/default/files/ct/news/documents/2023-06/ipsos-global-advisor-world-refugee-day-2023-full-report.pdf/，检索日期：2023年6月28日。

③ GLOBSEC，https：//www.globsec.org/sites/default/files/2022-12/GLTrends_ Ukraine_ refugees_ summary%20v13%20spreads.pdf/，检索日期：2023年6月17日。

④ Euractiv，https：//www.euractiv.com/，检索日期：2023年6月20日。

（三）捷克、罗马尼亚与保加利亚

捷克、罗马尼亚和保加利亚民众对俄乌冲突相关话题及乌克兰难民的关注度随着俄乌冲突的持续不断降低，反对接收乌克兰难民的民众比例与日俱增。三国民众对乌克兰难民的态度相似，但原因略有不同。

捷克科学院社会学研究所民意研究中心在 2022 年 9~11 月进行的一项调查显示，调查进行期间仅有不到 60%的受访者对俄乌冲突相关话题感兴趣，较 2022 年第一季度减少了 1/4，而表示关注乌克兰难民的受访者比例也从第一季度的 2/3 下降到调查进行时的不到 1/2。同时，反对接收乌克兰难民的受访者比例不断增加，在调查进行时已经达到 1/4，是 3 月时的两倍。接近 3/5 的受访者支持暂时接收乌克兰难民，但仅有 1/10 的受访者支持乌克兰难民在捷克长期居留。① 俄乌冲突的久拖不决消耗了捷克民众的耐心，随之而来的难民援助相关开支给捷克的公共财政造成不小的负担，影响了捷克民众的生活，因此绝大多数捷克民众并不希望政府长期接收乌克兰难民。

联合国儿童基金会发布的有关罗马尼亚民众对乌克兰难民的态度的问卷调查显示，53%的受访者对乌克兰难民的处境感兴趣，34%的受访者表示不太感兴趣，10%的受访者则完全不感兴趣。只有 37%的受访者表示与难民有过交流；有 47%的受访者仅见过乌克兰难民，但没有与其交流；更有 10%的受访者既没见过乌克兰难民，也未曾与其交流。此外，仅有六成受访者对乌克兰难民持积极态度，而两成受访者并不欢迎难民进入罗马尼亚，近二成受访者则表示无法对此表态。② 缺乏直接接触而无法加深相互了解是罗马尼亚民众对乌克兰难民状况的关注度不高的主要原因。

根据欧洲晴雨表发布的报告，64%的保加利亚受访者欢迎乌克兰难民来到保加利亚，25%的受访者则对此表示反对。③ 由此可见，保加利亚民众对

① CVVM，https：//cvvm. soc. cas. cz/，检索日期：2023 年 6 月28 日。

② UNICEF，https：//www. unicef. org/，检索日期：2023 年 7 月 31 日。

③ 保加利亚 The Sofia Globe 新闻网，https：//sofiaglobe. com/，检索日期：2023 年 7 月 31 日。

乌克兰难民的态度与罗马尼亚民众相似。本已令保加利亚政府应接不暇的经济问题叠加持续的难民援助支出对保加利亚民众的生活造成了消极影响，这是其对乌克兰难民抱有抵触情绪的主要原因。

在接受欧洲晴雨表调查的欧盟公民中，有高达 84%的欧盟公民表示欢迎乌克兰难民进入欧盟，[①] 这一数据说明捷克、罗马尼亚和保加利亚等国民众对乌克兰难民的接受程度远低于欧盟平均水平，给乌克兰难民融入上述国家当地社会造成了一定的困难。

上述几个国家对待乌克兰难民的态度具有典型性，基本代表了中东欧国家在乌克兰难民问题上的立场和态度。

四　乌克兰难民危机对中东欧国家的影响

2022 年的乌克兰难民危机对中东欧国家的影响是多方面的，主要表现在如下几个方面。

（一）对国内外政治和地区稳定的影响

此次难民危机中，中东欧国家接收了数百万名乌克兰难民，对收容国的国内政治形势、经济发展以及社会秩序造成冲击，为其内政外交带来深刻影响。例如，接收大量乌克兰难民让波兰和匈牙利弱化了此前由拒绝接收中亚难民在欧盟造成的不良影响，并成功塑造出积极帮助乌克兰难民的人道主义卫士形象，在一定程度上提升了两国在欧盟和中东欧地区的话语权和影响力。

但是，大量接收乌克兰难民也为收容国带来一些不确定因素。以波兰为例，2022 年占波兰总人口比例超过 4%的乌克兰难民进入波兰，[②] 使难民安置

① 保加利亚 The Sofia Globe 新闻网，https：//sofiaglobe. com/，检索日期：2023 年 7 月 31 日。

② 联合国难民署，https：//data. unhcr. org/en/situations/ukraine/，检索日期：2023 年 5 月 10 日；波兰中央统计局，https：//stat. gov. pl/，检索日期：2023 年 5 月 10 日。2022 年波兰总人口约为 3776 万人，当年在波兰获得临时保护的乌克兰难民超过 156 万人，占波兰总人口的比例超过 4%。

成为波兰难民治理所面临的首要问题。此外，俄乌冲突和新冠疫情交织背景下的医疗卫生问题和乌克兰难民的教育、就业问题都亟待波兰政府妥善解决。其他接收较多难民的中东欧国家也都要面对与波兰相似的问题。援助乌克兰难民为政府财政带来的负担，部分难民的违法犯罪行为对社会治安的威胁，难民进入劳动力市场造成的对本国公民就业机会的挤占，都对各国社会接纳乌克兰难民产生了消极影响，为本就遭遇剧烈动荡的地区的稳定带来新的不确定因素。

（二）对劳动力市场的影响

尽管欧盟及其成员国积极制定难民政策并迅速采取行动，但劳动力市场壁垒仍然是乌克兰难民面临的重大障碍，让他们很难在短期内融入收容国的劳动力市场。对于难民而言，进入收容国劳动力市场通常是一个漫长的过程，因为难民不仅首先需要获得庇护以及工作许可①，还需要掌握语言技能并获得职业资格认证，一系列流程往往耗时较长，大大拖慢了难民进入劳动力市场的速度。因此，为了缓解乌克兰难民面临的融入障碍，欧盟向乌克兰难民提供临时保护和即时援助，并赋予其进入收容国劳动力市场的权利。即便如此，劳动技能不匹配、语言技能不过关、托儿机构紧缺和职业资格认证问题也都有可能成为难民融入当地社会的障碍。中东欧地区的乌克兰难民收容国曾普遍认为，乌克兰在地理和文化上与中东欧国家，尤其是该地区的斯拉夫国家的接近程度，以及欧盟向乌克兰公民提供的临时保护，让乌克兰难民无须经过漫长的融入过程就能找到工作，从而帮助市场满足当前旺盛的劳动力需求，并解决日益恶化的专业技术人员短缺问题。

然而事实证明，乌克兰难民对中东欧国家劳动力市场的人力补充有限。以波兰为例，俄乌冲突爆发前，约有 25 万名乌克兰人拥有在波居留许可，

① 一些收容国要求难民获得工作许可，但一些国家，比如波兰，不需要获得临时保护身份的乌克兰难民申请工作许可。

且波兰每年都会从乌克兰招聘 100 万到 200 万名季节性劳工；[①] 俄乌冲突爆发后，大量乌克兰青壮年男性响应全民总动员号召，返回乌克兰参加战斗，导致波兰的劳动力市场产生一部分重体力劳动者供应缺口。而乌克兰难民中妇女、儿童的比例较高，难民儿童的母亲因为需要照顾孩子往往分身乏术，即使能够工作通常也不会从事重体力劳动。性别、年龄和劳动技能的不匹配，使得乌克兰难民很难为当地劳动力市场做出贡献。此外，随着俄乌冲突的持续，难民不断增多，收容国的就业机会相对减少，由俄乌冲突间接引发的持续通胀和经济增长放缓的叠加，会延长生活成本危机，导致劳动力市场进一步紧张。

（三）对政府财政支出的影响

接收乌克兰难民让中东欧国家的财政支出压力陡然增大。据经济合作与发展组织（OECD）发布的《2022 国际移民展望》报告，波兰在 2022 年为乌克兰难民花费约 83.6 亿欧元，居 OECD 国家首位，捷克和罗马尼亚也分别支出了约 19.6 亿欧元和超过 10 亿欧元。[②] 而欧盟能为收容国提供的资金有限，根本无法填补收容国的财政支出缺口。此外，中东欧国家为其接收的乌克兰难民提供的福利政策，随着俄乌冲突的持续，难民数量的不断增加，也逐渐令其不堪重负。为此，波兰、捷克等国不得不开始逐渐收紧对难民的补贴政策。

（四）对国内社会的影响

整体而言，乌克兰难民在中东欧国家的社会融入情况较好。然而，乌克兰难民的大量涌入，必然对中东欧国家的人口结构产生深远影响。一方面，乌克兰难民在性别构成上以女性为主，这会使原本就女多男少的国家的人口

① 波兰国家银行（NBP），https：//nbp. pl/wp－content/uploads/2023/04/Sytuacja－zyciowa－i－ekonomiczna－migrantow－z－Ukrainy－w－Polsce_ raport－z－badania－2022. pdf/，检索日期：2023 年 7 月 31 日。

② OECD 官网，https：//www. oecd. org/migration/international－migration－outlook－1999124x. htm/，检索日期：2023 年 6 月 28 日。

性别比例进一步失衡，产生消极影响。另一方面，乌克兰难民在年龄层次上以年轻人为主，虽然会对中东欧国家缓解人口老龄化问题产生一定的积极影响，但长久来看依然是对原有人口结构的冲击。乌克兰难民在年龄结构上以青少年为主，在性别构成上以女性为主，难民的涌入将使接收国的青年和女性人口在短期内增长率远高于其他类别人口，未来容易导致其人口结构出现断层。由难民问题引发的社会治安问题、犯罪问题也对收容国的社会治安和民众对难民的态度造成负面影响。

结　语

2022年俄乌冲突爆发后，数百万名乌克兰难民涌入周边的中东欧国家。中东欧国家的乌克兰难民以斯拉夫国家为主要目的国，以妇女和青少年为主，相当一部分难民仅以中东欧国家为中转站，最终目的地是西欧和其他发达国家。

由于乌克兰难民和大多数中东欧国家民众同属斯拉夫民族，在语言、文化、宗教信仰方面具有较高的相似性，且难民以妇女和儿童、受教育水平较高人群为主，给中东欧国家社会造成不稳定局面的可能性较低，乌克兰难民的输入可以在一定程度上缓解中东欧国家的人口老龄化问题，并为劳动力市场注入一些活力，因此俄乌冲突爆发之初，波兰、捷克、罗马尼亚、匈牙利、斯洛伐克、保加利亚等中东欧国家政府和民众一致对乌克兰难民敞开大门，并制定一系列政策措施来帮助难民尽快融入当地社会。但2022年短期内数量激增的难民不可避免地增加了中东欧国家的经济和社会负担，对经济欠发达的一部分中东欧国家而言压力更大。随着时间的推移和战事久拖不下，中东欧国家和民众对乌克兰难民的态度出现不同程度的变化，部分国家的民众对乌克兰难民的关注度不断降低，甚至出现质疑和反对继续接收难民的声音。乌克兰难民危机对中东欧国家的负面影响已经显现。如果各国未能通过国际组织的有效协调和国内各部门的密切合作妥善处理难民问题，这不仅会在本国引发经济社会危机，甚至还可能会在中东欧地区乃至欧盟引发连锁反应，产生新的危机。

B.6
俄乌冲突对中东欧国家能源安全的影响*

王弘毅　唐诗雯**

摘　要： 能源安全对中东欧国家的经济发展至关重要。2022 年初爆发的俄乌冲突导致中东欧国家能源进口和消费市场产生极大波动，对中东欧国家能源安全产生难以逆转的系统性影响。出于增强能源安全的考虑，中东欧国家加快推进能源进口多元化战略，包括拓宽能源进口渠道、加快核电站建设、发展可再生能源等，亦有一些国家不得不重启和扩大燃煤的生产和使用。从总体来看，短期内俄乌冲突对中东欧国家能源安全产生了明显的负面影响；着眼于中长期，能源去俄化和进口渠道多元化将成为中东欧国家经济发展的优先事项。

关键词： 俄乌冲突　中东欧国家能源安全　欧洲能源危机

能源安全对中东欧国家的经济发展具有至关重要的作用，不仅关系到该地区大部分国家的工业生产和发电问题，也涉及生活供暖的原料供应问题。随着欧盟“绿色新政”的施行，不论是中东欧地区的欧盟成员国，还是西

* 本报告系国家社会科学基金青年项目“百年变局下中东欧国家的外交选择及中国应对研究”（项目号：22CGJ031）的阶段性成果。

** 王弘毅，博士，北京外国语大学欧洲语言文化学院讲师、教育部国别和区域研究培育基地中东欧研究中心研究员，主要研究方向为中东欧国家政治与外交、欧洲一体化；唐诗雯，北京外国语大学欧洲语言文化学院波兰语专业学生。

巴尔干地区均在不同程度上受到欧盟环境标准的规范性约束。这意味着能源的脱碳化将成为经济发展战略趋向的重要环节，中东欧地区以煤炭为代表的能源将逐步让位于以天然气为代表的低碳能源。然而，长期以来中东欧国家与俄罗斯保持着高度的能源非对称相互依赖关系，绝大多数中东欧国家的天然气和石油的主要进口来源是俄罗斯，俄罗斯输往西欧主流市场的天然气管道大多数也过境中东欧国家，事实证明，一旦俄罗斯停止能源供应，这在短期内对中东欧能源消费国的打击要更大一些。① 数据显示，2021 年，俄罗斯天然气几乎占中东欧国家天然气消费的一半，而在欧洲其他国家仅占 1/5 多。一些国家，如塞尔维亚，几乎 100%依赖俄罗斯的天然气供应；斯洛伐克对俄罗斯的石油依赖也接近 100%。随着 2022 年俄乌冲突的爆发，受政治关系的影响，俄罗斯大幅削减了对欧洲国家的能源供应。其中，俄罗斯天然气在欧盟天然气需求中的份额从 2021 年的 40%下降到 2022 年 9 月的 9%。中东欧受到的影响最为显著。②

一 俄乌冲突前中东欧国家对俄罗斯能源的依赖状况

俄罗斯是全球最大的天然气出口国，天然气出口量远超美国、卡塔尔和挪威。在很长一段时间内，俄罗斯一直是欧洲在天然气上最大的合作伙伴，俄罗斯向欧洲出口的天然气占欧洲天然气进口总量的 1/3，向中东欧国家出口的天然气占中东欧国家天然气进口总量的比例更大。以 2021 年为例，中东欧国家天然气总需求量约为 2180 亿立方米，总进口量约为 1640 亿立方

① 需要特别说明的是，由于 2021 年、2022 年欧盟统计局暂未更新欧洲各国从俄罗斯能源进口数据，本报告借助了相关对象国或地区的智库研究报告、主流媒体或对象国统计局数据，尽可能多地呈现出中东欧国家 2021 年至 2022 年对俄能源依赖状况的全貌。但因部分国家数据暂未更新且现有披露数据较少，本报告以局部案例代表之。

② Sylvia Beyer，Gergely Molnar，“Accelerating Energy Diversification in Central and Eastern Europe”，International Energy Agency，September 14，2022，https：//www. iea. org/commentaries/accelerating-energy-diversification-in-central-and-eastern-europe，检索日期：2023 年 4 月 4 日。

米，其中从俄罗斯进口量约为980亿立方米，占比为约60%。[①] 不过，中东欧地区不同国家对俄罗斯能源的依赖程度有所不同。

（一）波罗的海三国

波罗的海三国对俄罗斯能源的总体依赖程度在中东欧地区长期居于高位。从欧盟统计局发布的2015~2020年欧洲国家对俄罗斯能源依赖的数据来看，除立陶宛外，拉脱维亚和爱沙尼亚年均从俄罗斯进口天然气占比分别居中东欧地区前两位，其中，拉脱维亚连续六年维持在100%，爱沙尼亚则接近100%（见表1）。得益于2014年立陶宛克莱佩达再气化终端的启用（每年29亿立方米），立陶宛对俄天然气依赖程度明显下降，进口占比从2015年的82.6%下降到2016年的38.3%。在石油进口方面，2015~2020年，波罗的海三国从俄罗斯进口石油及石油产品占比维持在52.96%~78.34%，仅次于斯洛伐克和波兰（见表2）。

表1　2015~2020年中东欧国家从俄罗斯进口天然气占比

单位：%

	2015年	2016年	2017年	2018年	2019年	2020年
保加利亚	100.00	100.00	100.00	99.92	85.73	83.77
捷克	99.81	99.97	99.19	99.50	99.73	100.00
爱沙尼亚	100.00	100.00	99.84	99.90	99.45	98.00
克罗地亚	29.75	36.96	47.35	73.04	69.34	64.11
拉脱维亚	100.00	100.00	100.00	100.00	100.00	100.00
立陶宛	82.60	38.29	53.64	56.77	43.27	41.79
匈牙利	95.00	95.00	95.00	95.00	95.00	95.00
波兰	83.09	84.33	77.78	72.61	68.25	69.56
罗马尼亚	97.68	99.77	99.97	98.03	91.72	90.96

① Sylvia Beyer，Gergely Molnar，“Accelerating Energy Diversification in Central and Eastern Europe”，International Energy Agency，September 14，2022，https：//www.iea.org/commentaries/accelerating-energy-diversification-in-central-and-eastern-europe，检索日期：2023年4月4日。

续表

	2015 年	2016 年	2017 年	2018 年	2019 年	2020 年
斯洛文尼亚	31.22	34.00	23.00	31.25	11.87	8.82
斯洛伐克	100.00	98.81	84.60	100.00	100.00	85.45
黑山	—	—	—	—	—	—
北马其顿	100.00	100.00	100.00	100.00	100.00	100.00
阿尔巴尼亚	—	—	—	—	—	—
塞尔维亚	100.00	100.00	100.00	100.00	100.00	100.00
波黑	100.00	100.00	100.00	100.00	100.00	100.00

资料来源：作者自制，数据源自 Eurostat，"Natural Gas Import Dependency by Country of Origin"，September 30，2022，https：//ec. europa. eu/eurostat/databrowser/view/nrg_ ind_ idogas/default/table?lang=en，检索日期：2023 年 6 月 6 日。

表 2　2015~2020 年中东欧国家从俄罗斯进口石油及石油产品占比

单位：%

	2015 年	2016 年	2017 年	2018 年	2019 年	2020 年
保加利亚	71.67	67.59	54.10	57.38	58.12	12.68
捷克	53.51	57.46	50.55	50.03	45.67	46.94
爱沙尼亚	72.40	75.29	70.46	65.96	72.08	69.19
克罗地亚	26.42	17.70	17.25	18.13	16.22	15.77
拉脱维亚	63.68	69.49	62.12	52.96	64.70	68.17
立陶宛	72.33	78.34	64.73	67.61	77.47	71.93
匈牙利	65.03	60.57	50.01	52.07	56.26	50.51
波兰	78.88	75.64	72.03	71.85	66.47	69.47
罗马尼亚	34.73	34.91	34.55	34.16	33.69	29.13
斯洛文尼亚	14.63	17.50	17.35	15.84	27.83	26.26
斯洛伐克	84.41	82.96	80.41	80.46	80.90	83.63
黑山	23.43	18.88	17.62	19.36	15.95	18.68
北马其顿	27.61	25.84	22.01	25.07	24.16	21.75
阿尔巴尼亚	0.02	0.00	0.00	7.73	8.76	12.89
塞尔维亚	50.77	43.31	31.77	37.42	40.31	25.48
波黑	53.61	48.18	51.69	38.33	14.85	12.93

资料来源：作者自制，数据源自 Eurostat，"Oil and Petroleum Products Import Dependency by Country of Origin"，October 4，2022，https：//ec. europa. eu/eurostat/databrowser/view/nrg_ ind_ idooil/default/table?lang=en，检索日期：2023 年 6 月 6 日。

2021 年，立陶宛对俄罗斯的天然气依赖程度是波罗的海国家中最低的，约为 49%。拉脱维亚和爱沙尼亚的情况稍有改善，两国从俄罗斯进口天然气占比约为 90%和 95%。①

（二）维谢格拉德集团四国

维谢格拉德集团四国对俄罗斯天然气的依赖程度相对较高。2015 年，波兰从俄罗斯进口天然气总量约为 121 亿立方米，占总进口量的 83.1%；2020 年这一比例降到了 69.6%（见表 1），2021 年又下降了约 10 个百分点，占比为61%。② 其他三国在 2015~2020 年的六年间对于俄罗斯天然气的依赖程度一直处在高位，三国年均从俄罗斯进口天然气占比均高于 90%，捷克甚至接近 100%，匈牙利常年维持在 95%，斯洛伐克除 2016 年、2017 年和 2020 年外，另外三年占比达到了 100%（见表 1）。从各国的数据来看，2021 年捷克从俄进口天然气占比降到了87%。③ 匈牙利 2021 年也有所下降，从俄进口天然气占比约为 80%。④ “欧洲动态”（Euractiv）网站显示，截至 2022 年 3 月，斯洛伐克从俄进口天然气占比约为 87%，与 2020 年基本持平。⑤

四国在石油进口方面对俄罗斯的依赖程度相对较低。2015~2020 年六年

① “The Baltic States: Stop Russian Natural Gas Imports”, Instytut Europy Środkowej, April 29, 2022, https://ies.lublin.pl/en/comments/the-baltic-states-stop-russian-natural-gas-imports/, 检索日期：2023 年 5 月 31 日。

② Michael Sultan, “Poland's LNG Imports Overtake Russian Gas”, Energy Intelligence, March 17, 2023, https://www.energyintel.com/00000186-f1a2-d5bb-a59f-fbb2af6f0003, 检索日期：2023 年 6 月 6 日。

③ “Czech Republic to Source 3 bcm of LNG Annually through Dutch Terminal”, CEENERGYNEWS, July 21, 2022, https://ceenergynews.com/lng/czech-republic-to-source-3-bcm-of-lng-annually-through-dutch-terminal/, 检索日期：2023 年 6 月 3 日。

④ “Warsaw and Budapest Split over Russian Energy Ties”, Deutsche Welle, April 27, 2022, https://www.dw.com/en/warsaw-and-budapest-split-over-russian-energy-ties/a-61595947, 检索日期：2023 年 6 月 5 日。

⑤ “Slovakia yet to Plan Solution to Lower Dependency on Russian Energy”, Euractiv, March 23, 2022, https://www.euractiv.com/section/politics/short_news/slovakia-yet-to-plan-solution-to-lower-dependency-on-russian-energy/, 检索日期：2023 年 5 月 20 日。

间，依赖程度最高的国家是斯洛伐克，年均从俄罗斯进口石油及石油产品占比超过80%，并且常年稳定在这一比例上下，未出现明显的下降趋势。其次是波兰，年均进口占比超过72%。再次是匈牙利，年均进口占比大约为56%。依赖程度最低的是捷克，年均进口占比约为51%。与斯洛伐克不同的是，后三者从俄罗斯进口石油及石油产品占比整体呈下降趋势。降幅最大的是波兰，从2015年的约79%降到了2020年的约69%（见表2）。

2021年匈牙利从俄进口石油及石油产品占比降到了40%①，斯洛伐克则降到了约67%。②

（三）巴尔干地区

相比于波罗的海地区和中欧（维谢格拉德集团四国），俄罗斯能源自冷战时期至今一直在巴尔干能源市场占据主导地位。③ 从2015~2020年的统计数据来看，除黑山和阿尔巴尼亚外，其余巴尔干国家均高度依赖俄罗斯天然气。其中，塞尔维亚、波黑、北马其顿对俄罗斯天然气的依赖程度常年保持在100%。保加利亚和罗马尼亚次之，年均进口占比在90%以上，但两国的整体进口比例呈现出明显的下降趋势，譬如，保加利亚从2015年的100%下降到了2020年的约84%，罗马尼亚从2015年的约97.7%下降到了2020年的约91.0%（见表1）。

相较于天然气，巴尔干国家对俄罗斯石油的依赖程度较低，其石油及石油产品进口占比从整体来看在中东欧地区也处在低位水平。依赖程度相对较高的国家有保加利亚、塞尔维亚和波黑，但以上三国的整体进口占比呈快速下降趋势。其中，依赖程度最高的保加利亚已经从2015年的约71.7%下降

① "Warsaw and Budapest Split over Russian Energy Ties", Deutsche Welle, April 27, 2022, https://www.dw.com/en/warsaw-and-budapest-split-over-russian-energy-ties/a-61595947, 检索日期：2023年6月5日。

② "Slovakia yet to Plan Solution to Lower Dependency on Russian Energy", Euractiv, March 23, 2022, https://www.euractiv.com/section/politics/short_news/slovakia-yet-to-plan-solution-to-lower-dependency-on-russian-energy/, 检索日期：2023年5月20日。

③ 特别说明：本报告指涉的巴尔干国家包括罗马尼亚、保加利亚、斯洛文尼亚、克罗地亚、北马其顿、塞尔维亚、波黑、黑山、阿尔巴尼亚九个国家。

到了 2020 年的约 12.7%，紧随其后的波黑和塞尔维亚则分别从 2015 年的约 53.6%和 50.8%下降到了 2020 年的约 13.0%和约 25.5%（见表 2）。

事实上，早在 2005 年至 2013 年期间，俄罗斯在塞尔维亚投资了 5.984 亿欧元（占塞尔维亚外国投资总额的 4.5%），[①] 投资主要集中在天然气和石油领域，其收购了塞尔维亚第二大石油产品储存和零售公司“拜奥石油”（Beopetrol）公司和“塞尔维亚石油工业”公司（Naftna Industrija Srbije，NIS）的多数股权。俄罗斯天然气工业股份公司（Gazprom，简称“俄气”）还与塞尔维亚国家天然气公司（Srbijagas）成立了“Gastrans”子公司，其中前者占股 51%。俄气不仅垄断了波黑塞族共和国的石油行业，拥有开采石油和天然气的独家权利，而且控制着“跨巴尔干管道”（Trans-Balkan Pipeline），这是向北马其顿供应天然气的唯一路线。

二 俄乌冲突发生后中东欧国家与俄罗斯能源关系变化

受俄乌冲突的影响，2022 年中东欧国家从俄罗斯进口的石油和天然气总量大幅减少，多数国家与俄罗斯的双边能源供应合同不再续约，各国都在积极开拓新的能源进口渠道，旨在摆脱对俄罗斯的能源依赖。[②] 其主要原因是考虑到能源作为一种战略性资源，不仅会对国家工业生产和居民生活产生系统性影响，其影响也会传导到政治安全层面。俄乌冲突整体推高了中东欧国家对俄罗斯的威胁感知，中东欧国家担心其挥舞能源“大棒”制裁它们的经济。此外，来自欧盟层面的多轮对俄经济制裁，尤其是能源禁运，也对

① Marta Szpala, “Russia in Serbia-Soft Power and Hard Interests”, Centre for Eastern Studies (OSW), October 29, 2014, https://www.osw.waw.pl/en/publikacje/osw-commentary/2014-10-29/russia-serbia-soft-power-and-hard-interests，检索日期：2023 年 4 月 5 日。

② 由于目前各大主流数据库（如欧盟统计局、国际能源署）尚未更新中东欧各国 2022 年全年的石油和天然气进口数据，暂时无法统计出中东欧 16 国全年石油和天然气的总需求量、总进口量、从俄罗斯进口量及其所占比重。基于此，下文所涉及的数据均来自中东欧各国官方网站或主流媒体。

中东欧国家与俄罗斯的能源关系产生了较大影响。不过，这一外部影响不是决定性的，因为斯洛伐克、保加利亚等多个国家都申请并得到了俄罗斯石油禁运的短期豁免权。

（一）波罗的海三国

自2022年2月俄乌冲突发生以来，波罗的海三国与俄罗斯的关系急剧恶化。继俄罗斯与爱沙尼亚互相驱逐大使之后，拉脱维亚也降级了与俄罗斯的外交关系。能源关系也因此受到巨大冲击。

首先，在天然气进口方面，2022年波罗的海三国已基本停止进口俄罗斯天然气。譬如，2022年4月2日，拉脱维亚波罗的海天然气网公司（Conexus Baltic Grid）首席执行官乌尔迪斯·巴里斯（Uldis Bariss）对外宣布，波罗的海国家不再进口俄罗斯天然气，作为对俄罗斯在乌克兰采取军事行动的回应。波罗的海市场所需天然气目前由拉脱维亚地下的天然气储备供应。[①] 这得益于2022年俄乌冲突发生之后，波罗的海三国在能源领域继续推进去俄化进程，适时调整能源安全战略，强化能源自主，寻求能源独立。当前，波罗的海国家能源安全战略建立在三个关键支柱上：（1）通过在区域一级共同使用灵活的浮动存储再气化装置来增加液化天然气进口；（2）加强波罗的海国家和波兰之间的互联互通；（3）共同使用拉脱维亚因初康斯（Inčukalns）的天然气存储设施。[②]

其次，在石油进口方面，三国从俄罗斯的“液化石油气”（Liquefied Petroleum Gas，LPG）进口不降反升，对俄仍然存在较大依赖。主要原因在于受冲突影响，乌克兰完全停止了从俄罗斯的能源进口，转而从以波罗的海

① “Baltic States Become First in Europe to Stop Russian Gas Imports”, European Council for an Energy Efficient Economy, April 4, 2022, https://www.eceee.org/all-news/news/baltic-states-become-first-in-europe-to-stop-russian-gas-imports/，检索日期：2023年3月20日。

② Sylvia Beyer, Gergely Molnar, “Accelerating Energy Diversification in Central and Eastern Europe”, International Energy Agency, September 14, 2022, https://www.iea.org/commentaries/accelerating-energy-diversification-in-central-and-eastern-europe，检索日期：2023年4月4日。

三国为代表的周边国家进口能源。英国路透社的数据显示，2022 年俄罗斯向拉脱维亚供应的液化石油气仍然占到该国液化石油气进口总量的 90%，而立陶宛液化石油气进口的 50%来自俄罗斯，其余来自拉脱维亚。①

（二）维谢格拉德集团四国

维谢格拉德集团四国对是否与俄罗斯继续能源领域的合作态度不一，表现出较大的差异性。波兰方面表示，过去几年来一直通过投资液化天然气接收终端，以及通过横跨丹麦的波罗的海管道来实现供应的多样化，并决定不再续签于 2022 年底到期的俄罗斯天然气进口长期合同。波兰国营能源集团奥伦石油公司（PKN Orlen）在 2023 年 3 月 16 日发布的一份声明中表示，液化天然气在波兰天然气进口中的份额从 2021 年的 24%上升到 2022 年的 43%，而俄罗斯管道天然气的份额从 2021 年的 61%下降到 2022 年的 20%。②

在石油进口方面，截至 2023 年 1 月，波兰从俄进口石油占比降到了 10%，其还表示不再续签已于 2023 年 1 月到期的俄罗斯石油进口合同。另一份将于 2024 年到期的长期合同也受到了动摇。③ 波兰国营能源集团奥伦石油公司董事长丹尼尔·奥巴特克（Daniel Obajtek）公开表示，如果欧盟持续对俄施加能源制裁，波兰将有理由停止执行与俄罗斯罗斯石油公司（Russneft）的石油进口合同。④ 与波兰有所不同，捷克和斯洛伐克两国均未

① “Exclusive：Baltic States Bought Twice as Much Russian LPG Last Year-Traders”，Reuters，January 26，2023，https：//www. reuters. com/markets/commodities/baltic - states - bought - twice-much-russian-lpg-last-year-traders-2023-01-26/，检索日期：2023 年 4 月 1 日。

② “Grupa Orlen：Import gazu spadł o 14% r/r w 2022，z Rosji pochodziło 20% wobec 61% w 2021”，Wysokie Napiecie. pl，marca 16，2023，https：//wysokienapiecie. pl/krotkie-spiecie/grupa-orlen-import-gazu-spad-o-14-r-r-w-2022-z-rosji-pochodzi-o-20-wobec-61-w-2021/，检索日期：2023 年 7 月 18 日。

③ “Polish State Energy Firm Orlen to Sue Russia for Halting Oil Supplies”，Notes From Poland，March 6，2023，https：//notesfrompoland. com/2023/03/06/polish-state-energy-firm-orlen-to-sue-russia-for-halting-oil-supplies/，检索日期：2023 年 3 月 19 日。

④ Aleksandra Krzysztoszek，“Poland’s Orlen to Sue Russia for Halting Oil Supplies”，Euractiv，March 7，2023，https：//www. euractiv. com/section/politics/news/polands - orlen - to - sue - russia-for-halting-oil-supplies/，检索日期：2023 年 3 月 19 日。

明确宣布完全放弃使用俄罗斯天然气和石油。匈牙利方面则于 2021 年就与俄罗斯续签了天然气供应协议。因此，匈牙利目前也是中欧四国中能源供应最稳定的国家。虽然欧盟 2022 年的对俄经济制裁禁止了大部分的俄罗斯石油进口，并严格限制了由俄罗斯石油制成的精炼燃料产品出口欧盟，但匈牙利、捷克和斯洛伐克均获得了俄罗斯石油禁运的豁免。尤其是斯洛伐克，在俄乌冲突爆发前其国内最大的石油化工厂斯洛伐克石油化工厂（Slovnaft）生产的售于邻国的燃料产品所用的石油 95%来自俄罗斯。斯洛伐克经济部在 2022 年 6 月 3 日发表的一份声明中称，欧盟对俄罗斯的石油制裁使其承受了成员国中最沉重的打击。[①]

（三）巴尔干地区

在巴尔干地区，2022 年大部分国家对俄罗斯天然气的依赖程度仍然很高。该地区的能源储存能力非常有限，这使其极易受到供应中断的影响。考虑到与俄罗斯关系的恶化，该地区多数国家正在加速推进与周边国家的能源管线互联互通项目，加快实现能源进口多元化的目标。希腊在其中扮演了重要角色。相关项目包括横穿希腊的跨亚得里亚海管道（2020 年运营）、希腊雷维苏萨液化天然气接收站以及已经开工在建的浮动式液化天然气接收站（预计 2024 年上半年完工），以上两个接收站为 2022 年 7 月开始运营的希腊-保加利亚天然气互连管道提供充足能源。2022 年 7 月 6 日，希腊环境和能源部长科斯塔斯·斯克雷卡斯（Kostas Skrekas）指出，位于希腊雷维苏萨的液化天然气接收站已经满足了保加利亚每天高达 80%的需求。[②] 数据显示，保加利亚每年消耗 30 亿~32 亿立方米天然气，俄乌冲突发生之前，其中 90%的天然气依赖于俄气。在俄乌冲突发生之后，由于保加利亚拒绝以卢布支付天然气费用，

① “Slovakia Says Hardest Hit by Russia Oil Sanctions, Expects Solidarity”, Reuters, June 3, 2022, https://www.reuters.com/markets/commodities/slovakia-expects-eus-solidarity-russian-crude-sanctions-impact-ministry-2022-06-03/，检索日期：2023 年 7 月 18 日。

② 《希腊-保加利亚天然气互连管道将于 7 月底开始运营》，中华人民共和国驻希腊共和国大使馆经济商务处，2022 年 7 月 15 日，http://gr.mofcom.gov.cn/article/jmxw/202207/20220703333851.shtml，检索日期：2023 年 3 月 20 日。

俄气在2022年4月暂停了向保加利亚的天然气交付。不过，根据保加利亚统计研究所2023年的数据，保加利亚2022年尚未完全摆脱对俄罗斯的天然气进口依赖，但相比于2021年，俄罗斯天然气进口已经下降了60%左右。[①] 在石油方面，俄乌冲突爆发之后，保加利亚依然没有摆脱对俄罗斯的依赖。2022年3月初，时任保加利亚副总理阿森·瓦西列夫（Asen Vassilev）表示，保加利亚卢克石油公司（LUKOIL）目前使用的石油中，仍有60%来自俄罗斯。5月，瓦西列夫声称，重新配置布尔加斯炼油厂的设备以使用非俄罗斯石油需要半年到一年的时间，几天后又称实现这一目标不存在技术问题。与此同时，2022年6月2日，欧盟对俄罗斯实施的第六轮制裁措施也包括石油禁运。考虑到各成员国摆脱对俄罗斯能源依赖的反应速度和能力的差异性，应保政府要求，欧盟给予保加利亚对进口俄罗斯石油的禁令的豁免，即将通过海路从俄罗斯进口石油的期限延长至2024年底。[②] 因此，保加利亚2022年从俄罗斯进口石油达到了604万吨，远超2021年的255万吨，增长了137%。[③]

罗马尼亚的情况比保加利亚要好得多。2022年12月，罗马尼亚能源部长维尔吉尔·波佩斯库（Virgil Popescu）公开表示，当前罗马尼亚石油公司和炼油厂只加工非俄罗斯石油；罗马尼亚已经彻底摆脱了对俄罗斯能源的依赖，有足够的石油和天然气储备来过冬。波佩斯库还强调："罗马尼亚正逐渐成为一个区域性的天然气枢纽。天然气正通过罗马尼亚运往摩尔多瓦、乌克兰以及匈牙利；罗马尼亚是一个天然气生产国和未来的天然气出口国，也将有能力确保罗马尼亚和整个地区的能源安全。"[④]

---

① Krassen Nikolov, "Russia Became Bulgaria's Largest Importer in 2022", Euractiv, February 23, 2023, https://www.euractiv.com/section/politics/news/russia-became-bulgarias-largest-importer-in-2022/, 检索日期：2023年3月4日。

② "Емилия Милчева, България може без руския газ и нефт", Euractiv Bulgaria, September 16, 2022, https://euractiv.bg/section/, 检索日期：2023年3月20日。

③ Krassen Nikolov, "Russia Became Bulgaria's Largest Importer in 2022", Euractiv, February 23, 2023, https://www.euractiv.com/section/politics/news/russia-became-bulgarias-largest-importer-in-2022/, 检索日期：2023年4月4日。

④ Daniela Budu, "Romania's Independence from Russian Oil", Radio România Internaţional, December 6, 2022, https://www.rri.ro/en_gb/romanias_independence_from_russian_oil-2673142#, 检索日期：2023年4月5日。

从西巴尔干地区来看，塞尔维亚仍然完全依赖俄罗斯的天然气。该国于2022年5月与俄气签署了一份为期3年的新合同，每年（俄方向塞方输送）22亿立方米（天然气）。但在此期间，俄罗斯切断了向欧盟成员国芬兰、波兰和保加利亚的天然气出口。① 另外，保加利亚-塞尔维亚的天然气互联网络预计将于2023年底完成。新管道每年将从保加利亚向塞尔维亚输送18亿立方米天然气，为塞尔维亚的能源进口提供更多元的选择，并为其减少对俄罗斯天然气的依赖铺平道路。② 克罗地亚已于2021年开始运营克尔克FSRU液化天然气设施，年产能达到26亿立方米。该项目对能源匮乏的地区意义重大，从根本上改变了其周边地区的能源运输和消费状态。

三　俄乌冲突对中东欧国家能源安全的影响评估及前景展望

由于中东欧地区不同国家对俄罗斯天然气和石油的依赖程度及其对能源危机的应对能力存在差异性，俄乌冲突对各国能源安全产生的影响不尽相同。总体而言，其影响主要体现在两个方面。其一是对生产生活方面的影响。受对俄制裁与双边关系恶化的影响，中东欧国家普遍能源短缺，供需严重不平衡，工业发展遭到前所未有的冲击，普通民众的日常生活面临严峻的挑战。其二是对国家能源战略层面的影响。能源去俄化和进口渠道多元化将成为中东欧国家经济发展的优先事项。

（一）供需赤字冲击了中东欧国家的生产生活秩序

中东欧国家对俄罗斯能源的依赖不仅体现在石油和天然气方面，还体现

① Vuk Vuksanović, Sergiu Mitrescu, "The Wider Balkan Region at the Crossroads of a New Regional Energy Matrix", Belgrade Center for Security Policy, October 28, 2022, https://bezbednost.org/en/publication/the-wider-balkan-region-at-the-crossroads-of-a-new-regional-energy-matrix/，检索日期：2023年5月5日。

② Sylvia Beyer, Gergely Molnar, "Accelerating Energy Diversification in Central and Eastern Europe", International Energy Agency, September 14, 2022, https://www.iea.org/commentaries/accelerating-energy-diversification-in-central-and-eastern-europe，检索日期：2023年4月4日。

在煤炭资源上。以上能源的短缺不仅给国家的工业发展带来前所未有的冲击，也给普通民众的日常生活带来严峻的挑战，最直接的影响就是冬季取暖问题。根据维也纳国际经济研究所（The Vienna Institute for International Economic Studies）于2022年2月发布的分析报告，保加利亚、爱沙尼亚、芬兰、希腊、立陶宛、拉脱维亚、波兰和斯洛伐克将成为受对俄制裁和与俄关系恶化影响最严重的国家。① 这些国家中，中东欧国家占绝大多数。

2022年，波兰天然气价格暴涨，下半年天然气价格已经涨至320欧元/兆瓦时（2021年夏季价格约为20欧元/兆瓦时）。② 波兰发展和技术部长瓦尔德马尔·布达（Waldemar Buda）表示，能源价格高企，给冶金产品、瓷砖和化肥生产等能源密集型行业的工业公司带来了巨大负担。另外，波兰民众也因天然气价格升高而饱受日常生活成本压力的困扰。例如，面包是数百万波兰人的主食，其加工和烘焙需要使用天然气。事实上，大部分烘焙行业的加热燃料均以天然气为主体。为此，波兰政府不得不对能源密集型企业进行财政补贴，同时也对面包店设定了最高天然气价格，以避免过高的天然气成本影响国内生产生活秩序。据统计，烘焙行业申请补贴的实体单位约为2700家，申请能源成本补贴的大中型企业超过1000家，为此政府投入超过10亿欧元。③ 在捷克，27%的天然气被家庭用于取暖，另外27%用于供热厂和发电厂。商业和公共事业消耗了15%的天然气，工业消耗了29%。一旦发生供应中断，捷克将优先保障家庭用气供应，减少工业用气供应。除了供

① Vasily Astrov et al.，“Possible Russian Invasion of Ukraine，Scenarios for Sanctions，and Likely Economic Impact on Russia，Ukraine and the EU”，Policy Notes and Reports 55，The Vienna Institute for International Economic Studies，February 2022，https：//wiiw. ac. at/possible-russian-invasion-of-ukraine-scenarios-for-sanctions-and-likely-economic-impact-on-russia-ukraine-and-the-eu-dlp-6044. pdf，检索日期：2023年6月6日。

② Di Maciej Zaniewicz，“Central Europe：Turning the Energy Crisis into an Opportunity”，ISPI（Istituto per gli Studi di Politica Internazionale），November 23，2022，https：//www. ispionline. it/en/publication/central-europe-turning-energy-crisis-opportunity-36776，检索日期：2023年4月4日。

③《奥伦石油公司与沙特阿拉伯国家石油公司的交易引发争议》，中国-中东欧研究院编译，2023年3月20日，https：//mp. weixin. qq. com/s/JCuD_ VbCJW7inLEPhthz4A，检索日期：2023年3月4日。

热厂外，占天然气消耗最大份额的是玻璃、水泥、石灰和石膏等非金属矿产的生产，因此建筑业无疑会受到断气的影响。另一个重要部门是食品生产或化学和石化工业。①

在保加利亚，天然气价格在 2022 年 3 月初就已创下了每立方米超过 3 美元的历史新纪录，涨幅达 27%。保加利亚总理基里尔·佩特科夫（Kiril Petkov）向路透社表示："目前保加利亚没有更好的选择，我们正处于高度依赖俄罗斯的境地。"虽然保加利亚近年来试图使天然气供应多样化，但保加利亚约 90%的天然气来自俄气，国内唯一一家炼油厂也为俄罗斯石油公司所有，提供了国内 60%以上的燃料。②

克罗地亚和斯洛文尼亚的情况也不乐观。俄乌冲突的爆发在短期内造成了石油、天然气、食品价格上涨，打乱了供应链，某些商品出现了短缺。例如，俄罗斯天然气断供对克罗地亚库蒂纳（Kutina）的佩特罗化学公司（Petrokemija）产生了负面影响，该公司是克罗地亚最大的俄罗斯天然气消费主体。如果欧盟与俄罗斯双方进一步加大在能源方面的制裁力度，佩特罗化学公司将面临更高的生产成本，并且不得不寻找新的能源供应商。克罗地亚学者表示，在未找到替代品之前，克罗地亚短期内无法摆脱对俄罗斯能源产品的依赖。最优路径是完全放弃传统能源产品，转向可再生能源，这也符合欧洲的绿色议程。但绿色转型的成本很高，短期内不太可能实现。③ 斯洛文尼亚的能源结构中所有的石油和天然气都依赖进口渠道，石油作为主要能源原料占到能源总需求的 1/3，这导致该国很容易受到国际能源市场变化的影响。2022 年，由于能源零售价格越来越高，斯洛文尼亚普通家庭面临巨

① PPF Banka，"česká ekonomika je jednou z nejcitlivějších na zastavení dodávek ruského plynu"，PPF Group，August 24，2022，https：//www. ppf. eu/insights/analyticky - mesicnik/srpen - 2022-dusledky - vypadku - plynu - pro - cr/ceska - ekonomika - je - jednou - z - nejcitlivejsich - na - zastaveni-dodavek-ruskeho-plynu，检索日期：2023 年 6 月 2 日。

② 《乌克兰战争对保加利亚经济的影响》，中国-中东欧研究院编译，2023 年 3 月 23 日，https：//mp. weixin. qq. com/s/WnQDP_ bjea1o7jYsdN1Wtg，检索日期：2023 年 4 月 4 日。

③ 《俄乌军事冲突对克罗地亚的经济影响》，中国-中东欧研究院编译，2022 年 4 月 1 日，https：//mp. weixin. qq. com/s/qkAyvP4gr1SBsETFBqP3aA，检索日期：2023 年 4 月 3 日。

大的经济压力。首先是电价的上涨。2022 年 9 月，斯洛文尼亚最大的电力供应商“GEN-I”将不含增值税（VAT）的电价从 0.05794 欧元/千瓦时提高到 0.09499 欧元/千瓦时；同月，斯洛文尼亚第二大电力分销商“Petrol”也将不含增值税的电价从 0.08495 欧元/千瓦时提高到 0.09499 欧元/千瓦时。如果任由电价上涨，那么平均一个家庭一年的电费将上涨约 2.5 倍。其他能源产品的价格也在 2022 年飙升。与 2021 年相比，尽管受到政府管控，但是天然气价格依然上涨了 11%。为了减少能源价格上涨对国内弱势群体的影响，斯政府不得不为有需求的公民提供价值 200 欧元的一次性能源补贴。总体而言，虽然斯洛文尼亚对俄罗斯天然气依赖程度相对较低，这使该国更有能力应对能源市场波动带来的影响，但普通民众和政府均为此付出了沉重的经济代价。①

波罗的海国家面临的挑战同样严峻。2022 年 7 月，拉脱维亚天然气价格上涨了 2.5 倍。拉脱维亚中央统计局数据显示，2022 年上半年每千瓦时的平均电力价格比 2021 年上半年上涨了近 2 倍。② 立陶宛承受的能源短缺代价更大一些，主要体现在电力方面。原因是在入盟谈判的背景下，立陶宛曾于 2009 年同意关闭境内唯一的核电站，该核电站能够生产立陶宛所需电力的 70%，一度让立陶宛处于电力净出口国的优势地位。但该核电站关闭之后，立陶宛所需的 2/3 以上电力都必须依靠进口，其在欧盟各国电力进口依存度中排名第六。包括电力在内的能源的高昂价格不仅对立陶宛的经济产生了明显的影响，还引发了企业失去竞争力甚至倒闭的风险。例如，高昂的能源成本正迫使企业改变其生产操作和流程，以减少能源消耗。2022 年 9 月初，立陶宛工业家联合会表示，能源成本占到最终产品总成本的 3%~25%，一个月内能源成本增长了 3.5 倍，这对于立陶宛生产商而言是一种毁

① 《斯洛文尼亚社会的近期发展：能源危机和应对措施》，中国-中东欧研究院编译，2022 年 12 月 16 日，https://mp.weixin.qq.com/s/JBLdi59YnFHVYb3scKhuyg，检索日期：2023 年 4 月 3 日。

② 《能源危机和拉脱维亚的应对措施》，中国-中东欧研究院编译，2022 年 11 月 18 日，https://mp.weixin.qq.com/s/0qwUjVFjwqs8hNQqrahe5Q，检索日期：2023 年 3 月 8 日。

灭性的打击。此外，来自制造业部门的大型企业代表要求政府为每 1 兆瓦时的能源消耗提供 100 欧元的补贴。①

（二）能源去俄化和进口渠道多元化将成为中东欧国家经济发展的优先事项

能源安全作为非传统安全已经成为国家经济发展的核心关切之一，国家间的能源非对称相互依赖关系将衍生“非对称性权力”，即依赖性较弱一方相对于依赖性较强一方具有更强大的打击报复能力。显然，长期以来，中东欧国家在以石油和天然气为代表的主要能源问题上与俄罗斯存在着严重的非对称相互依赖关系：几乎所有中东欧国家对俄罗斯都有着较强的能源依赖性，俄罗斯对于中东欧国家的能源依赖性主要体现在过境管道上；前者对后者的依赖显然要大于后者对前者的依赖。这意味着中东欧国家相比俄罗斯处于更加脆弱的地位。例如，为了便于加工，中东欧国家的多数炼油厂均建在从俄罗斯向西延伸的石油管道路线上，主要国家涉及立陶宛、捷克、波兰、斯洛伐克和匈牙利等。② 其中，斯洛伐克境内唯一一家炼油商斯洛伐克石油化工厂进口的石油几乎全部来自俄罗斯（2021 年占比为 96%），该公司 2022 年 6 月 2 日表示，对俄制裁将对其生产产生严重影响，且由于无法及时进行技术革新，该地区市场将出现燃料短缺。③

俄乌冲突爆发后，欧盟与俄罗斯将双边关系的优先事项转移到了安全议题上。在欧盟对俄罗斯施加了包括限制从俄罗斯进口能源在内的多轮制裁措施之后，俄罗斯以牙还牙地阻断或停止了对部分中东欧国家的天然气和石油

① 《高昂的能源费用使立陶宛经济陷于停滞》，中国-中东欧研究院编译，2022 年 10 月 24 日，https：//mp. weixin. qq. com/s/O6mC3ZT7ig7-QJoszXTaZQ，检索日期：2023 年 4 月 4 日。

② Di Maciej Zaniewicz，“Central Europe：Turning the Energy Crisis into an Opportunity”，ISPI（Istituto per gli Studi di Politica Internazionale），November 23，2022，https：//www. ispionline. it/en/publication/central-europe-turning-energy-crisis-opportunity-36776，检索日期：2023 年 4 月 4 日。

③ “Slovakia Says Hardest Hit by Russia Oil Sanctions，Expects Solidarity”，Reuters，June 3，2022，https：//www. reuters. com/markets/commodities/slovakia - expects - eus - solidarity - russian-crude-sanctions-impact-ministry-2022-06-03/，检索日期：2023 年 7 月 18 日。

输送。在天然气市场，价格上涨和供应受限，这冲击了该地区国家的发电结构。2022年，天然气在发电市场的占比下降非常明显，代表性国家包括拉脱维亚、立陶宛、匈牙利、罗马尼亚和克罗地亚。相比之下，煤炭（特别是在波兰、保加利亚和捷克）和油页岩（主要是在拉脱维亚和爱沙尼亚）的使用和进口量一直在攀升。① 以波兰为例，该国拥有中东欧地区最大的煤炭消费市场，每年不得不进口700多万吨煤，其中约85%来自俄罗斯。因此，能源危机直接影响了小城镇和村庄的居民。大型电力行业的情况稍微好一些，大约只有15%的煤炭来自俄罗斯。情况比较糟糕的是，由于需要为冬季供暖节省煤炭，波兰的发电厂不得不减少发电量。②

匈牙利的情况比波兰更加糟糕。原因在于匈牙利的能源结构为32%的天然气、29%的石油、16%的核能、9%的煤炭和14%的可再生能源，而波兰的能源结构包括51%的煤炭、24%的石油、15%的天然气和10%的可再生能源。然而，由于波兰的煤炭资源储藏相对充足，且在国内能源消费结构中占据主导地位，这决定了其对俄罗斯的天然气依赖程度要远低于匈牙利。③

此外，捷克也是对天然气供应中断最敏感的国家之一。从能源消费结构（其中的固体燃料和核能发挥重要作用）看，捷克似乎不会成为受影响最严重的欧盟国家之一，但事实恰恰相反。直到2021年，捷克从俄罗斯进口天然气占比依然近乎100%。除了对俄罗斯的进口依赖外，其自身的天然气储备总量和天然气基础设施短板也决定了捷克对天然气供应的敏感度。2022

① "Russia's War against Ukraine and Energy Crisis Impact on Central and South-Eastern Europe", CEEP Policy Paper, December 20, 2022, pp. 1-11, https://www.ceep.be/www/wp-content/uploads/2022/12/CEDE_REPORT_2022.pdf，检索日期：2023年3月28日。

② Di Maciej Zaniewicz, "Central Europe: Turning the Energy Crisis into an Opportunity", ISPI (Istituto per gli Studi di Politica Internazionale), November 23, 2022, https://www.ispionline.it/en/publication/central-europe-turning-energy-crisis-opportunity-36776，检索日期：2023年4月4日。

③ "Warsaw and Budapest Split over Russian Energy Ties", Deutsche Welle, April 27, 2022, https://www.dw.com/en/warsaw-and-budapest-split-over-russian-energy-ties/a-61595947，检索日期：2023年6月5日。

年 4 月，捷克最大的天然气存储运营商 RWE Gas Storage CZ 公司称，该公司为地下储气库注气 28%，即约 7 亿立方米，这些天然气够夏季 3 周的用量。总体而言，RWE Gas Storage CZ 公司在捷克共经营 6 个地下储存设施，占该国此类设施的大部分。它们可以储存 27 亿立方米的天然气，可供冬季使用 2 个月。① 此外，捷克身处东欧内陆地区，缺乏如波兰、克罗地亚等滨海国家建设液化天然气接收终端的区位优势。②

中东欧地区天然气互联互通网络的分布密度和国内能源基础设施的差距阻碍了其他欧盟成员国以及域外其他能源出口大国的液化天然气进入该地区。例如，波兰和立陶宛由于毗邻波罗的海，拥有最先进的液化天然气接收终端，因此两国能够最大限度地实现天然气进口多元化的目标，进而在面对俄罗斯供应限制和能源短缺风险时处于相对有利的地位。处境最艰难的是处在中欧内陆地带的捷克、斯洛伐克、匈牙利和保加利亚，它们不仅依赖俄罗斯天然气，还依赖现有的陆路通道，因为其无法直接到达海洋或液化天然气接收终端。③

在能源去俄化上，中东欧国家不仅需要时间，更需要付出沉重的经济代价。一方面，这是因为该地区多数国家国内的主要天然气管道、炼油厂以及核电站等大型能源基础设施都有深厚的苏联（俄罗斯）背景；另一方面，由于南北走向能源运输管线的连通性要大大弱于东西走向能源运输管线的连通性，加之受制于目前已建成的液化天然气接收终端分布不均衡，多数内陆国家对于液化天然气的获取成本大幅提高。即使其未来加快联通南北走向的天然气输送网络，也需要数年时间，且需要高昂的经济成本，毫无疑问，这对多数中东欧国家都将是一个严峻的挑战。

---

① 《捷克最大天然气运营商的储备够 3 周使用》，俄罗斯卫星通讯社，2022 年 4 月 25 日，https://sputniknews.cn/20220425/1041083036.html，检索日期：2023 年 6 月 6 日。

② PPF Banka, "česká ekonomika je jednou z nejcitlivějších na zastavení dodávek ruského plynu", PPF Group, August 24, 2022, https://www.ppf.eu/insights/analyticky-mesicnik/srpen-2022-dusledky-vypadku-plynu-pro-cr/ceska-ekonomika-je-jednou-z-nejcitlivejsich-na-zastaveni-dodavek-ruskeho-plynu，检索日期：2023 年 6 月 5 日。

③ "Russia's War against Ukraine and Energy Crisis Impact on Central and South-Eastern Europe", CEEP Policy Paper, December 20, 2022, pp. 1-11, https://www.ceep.be/www/wp-content/uploads/2022/12/CEDE_ REPORT_ 2022.pdf，检索日期：2023 年 4 月 2 日。

结　语

对于高度依赖俄罗斯天然气的中东欧地区而言，任何加速淘汰俄罗斯天然气的做法都需要其迅速扩大清洁能源投资，包括在能源效率和可再生能源方面的投资，通过建立液化天然气进口能力，以及更好地整合区域天然气市场来实现天然气供应多样化。在需求方面，住宅、商业和工业天然气消费者均需要提高效率，增加对生物甲烷燃料的使用，并为部署氢气做好准备。然而，以上出路均需要国家配置相应的技术装置，并投入巨额财政资金，这将是一个长期的过程，难以在短期内实现。因此，对于当前中东欧国家面临的能源安全困境，不同国家在执行欧盟对俄能源进口制裁以及能源发展计划方面已经出现了一定的分歧。原因一方面在于不同国家的经济体量和对俄能源依赖程度不一致，另一方面在于中东欧地区能源运输管线网络分布不均衡且各国接收俄罗斯之外的液化天然气的地理条件差异较大。如波兰、罗马尼亚和克罗地亚等处在波罗的海、黑海和亚得里亚海沿岸的国家在建设液化天然气接收终端方面具有先天优势，且作为液化天然气的入境国，在运输距离上均比处于中部地区的中东欧国家拥有更便利和高性价比的优势。相比对俄天然气依赖情况而言，中东欧国家的对俄石油依赖情况稍好一些，整体依赖程度稍低，且近年来呈现出下降趋势。并且，石油短缺的影响主要在工业领域，对居民日常生活的影响较小。但在中东欧国家内部，在对俄石油依赖上仍然存在很大的不均衡状态，斯洛伐克、波兰、波罗的海三国等国的占比依然维持在50%以上，且在短期内不具备完全脱离俄罗斯石油的能力。因此，可以预判，短期内大多数中东欧国家仍然不可能彻底摆脱对俄罗斯的能源依赖，但各国的能源去俄化和能源进口多元化进程将越来越快，这一点已经成为这一地区几乎所有国家的政治共识。

国别报告

Country Reports

B.7
阿尔巴尼亚

陈逢华　尤诗昊*

摘　要： 2022年，政治方面，阿尔巴尼亚最大反对党民主党内部分裂加剧，贝里沙重新掌权，与梅塔领导的重组后的自由党联合筹备大选，同时执政党社会党提名的总统候选人当选并就职，民主党和社会党的力量继续此消彼长。经济方面，政府推出“社会复原力计划”等应对内外压力，刺激经济复苏，进出口贸易、旅游和不动产三大产业的发展确保经济延续缓慢增长态势。外交与安全方面，阿尔巴尼亚正式开启入盟谈判，在柏林进程和“开放巴尔干”倡议下加强区域合作，以积极姿态进入融入欧洲的新阶段，同时加强与美国的多领域合作，在遭境外网络攻击后迅速与伊朗断交。在社会与文化方面，教育领域的工会抗议活动未果、人才流失日趋严重是长期社会矛盾的外化表现，而地拉那

* 陈逢华，博士，副教授，北京外国语大学欧洲语言文化学院阿尔巴尼亚语教研室主任，主要研究方向为阿尔巴尼亚语言文学、中阿文化交流等；尤诗昊，北京外国语大学2024级博士研究生，主要研究方向为阿尔巴尼亚语言文学、中阿关系等。

"欧洲青年之都"年等活动的举办又呈现出国家充满文化活力的一面。在与中国关系方面，中阿在农业、经贸和旅游方面的合作务实开展，教育领域的往来恢复发展，体育、文化、图书出版方面成果丰硕。

关键词： 阿尔巴尼亚　民主党　经济增长　入盟谈判　中国-阿尔巴尼亚合作

一　国内政治形势

（一）民主党分裂导致领导权易手

2022年，阿尔巴尼亚最大反对党民主党围绕萨利·贝里沙（Sali Berisha）[①] 的领导权问题纷争不断，党内矛盾激化为暴力冲突，最终导致时任党主席卢尔齐姆·巴沙（Lulzim Basha）[②] 下台，贝里沙重新被推选为党主席。

民主党此次内部纷争的起因在于，2021年5月美国以涉嫌严重腐败为由宣布贝里沙全家为"不受欢迎者"，禁止其入境美国，并迫使民主党将贝里沙开除出议会党团。然而，随后贝里沙不仅继续出现在议会，同年12月还与其支持者召开民主党大会，成立领导机构"重建委员会"（Komisioni i Rithemelimit），以罢免时任主席巴沙。

2022年1月，巴沙与贝里沙的领导权之争最终酿成双方支持者在党总部的暴力冲突，致使十余人受伤，警方介入后冲突得以平息，该事件遭到国

① 萨利·贝里沙，阿尔巴尼亚民主党创始人，曾任阿尔巴尼亚总统（1992～1997年在任）、民主党主席（1997～2015年在任）、阿尔巴尼亚总理（2005～2013年在任）。

② 卢尔齐姆·巴沙，曾任阿尔巴尼亚外长（2007～2009年在任）、民主党主席（2013～2022年在任）。

际社会广泛谴责。[①] 3月，随着民主党在国内6个城市的市长补选中惨败于执政党社会党，巴沙被迫辞职，副主席恩凯莱伊德·阿利贝阿伊（Enkelejd Alibeaj）得到美国支持，担任临时代理党主席，成为民主党分裂后的一方。在民主党大会中再次当选党主席的贝里沙成为分裂后的另一方，他自3月起陆续完成了全国的党内重组和地方机构选举，4月底召开民主党大会罢免临时代理党主席，完成了民主党领导机构的更替。然而，由于双方互不承认合法性，民主党仍处于分裂之中，该党在议会等政治活动中的实际影响力也进一步下降。

（二）贝加伊当选阿尔巴尼亚新总统

2022年6月4日，阿尔巴尼亚议会选举巴伊拉姆·贝加伊（Bajram Begaj）[②] 为第九任总统，任期五年。进入第三个任期的社会党在此次总统选举中占据绝对主动，由该党提名的候选人贝加伊毫无悬念地赢得选举。

贝加伊曾长期在医学和军事领域任职，在欧美接受过各项专业培训，2021年参与过北约在都拉斯举行的“欧洲捍卫者”（Defender Europe）大规模军演。2022年7月25日，贝加伊正式就职，接替在任职期间始终与执政党矛盾不断的时任总统伊利尔·梅塔（Ilir Meta）。8月15~16日，上任不久的贝加伊总统出访科索沃（地区），并将其作为自己的国外首访地。他不仅支持科索沃（地区）加入各国际组织，在塞科争端中给予科方支持，而且呼吁加强阿科合作，请求阿塞拜疆、希腊和梵蒂冈等国承认科索沃（地区）独立。[③]

① 《1月8日民主党冲突一年后》，Gazeta Koha Jona，2023年1月8日，https://kohajone.com/1-vit-nga-perplasja-e-demokrateve-me-8-janar/，检索日期：2023年1月15日。

② 巴伊拉姆·贝加伊，医学博士，少将军衔，曾任武装部队总参谋长，是阿尔巴尼亚第三位军界出身的国家元首。

③ 《2022年度人物：司令总统巴伊拉姆·贝加伊》，KOHA. net，2023年1月4日，https://www.koha.net/arberi/359649/personalitetet-e-vitit-2022-bajram-begaj-ndash-komandanti-president/，检索日期：2023年1月15日。

（三）两大反对党结盟以应对地方选举

2022 年 7 月 25 日，卸任总统的梅塔迅速回归政党政治，将争取一体化社会运动党（LSI）[①] 更名为自由党（PL），再任党主席，标志着其党派开启了新的阶段。该政党以青年为基础，以“阿尔巴尼亚属于年轻人”为口号，主张国家仍处于经济社会过渡期，应重视如何保持有活力的经济增长，以及减少不平等和贫困。[②] 11 月 2 日，自由党召开全国中央委员会第一次会议，选举确定中央及地方领导机构，此举可视为完成重组。

先后重组的民主党和自由党逐渐走向合作，结成反对党联盟。2022 年 9 月 13 日，梅塔进行任自由党主席后的首次示威游行，民主党主席贝里沙呼吁其支持者加入。[③] 10 月底，两大反对党以协议方式确定联合参加 2023 年 5 月 14 日的地方选举，其目的在于改变三度大选获胜的社会党全面赢得地方政权的局面。12 月 6 日，地拉那召开欧盟－西巴尔干国家峰会当日，两党在市中心举行反政府抗议集会，贝里沙在前往抗议途中遭一名男子突袭，面部受伤。[④] 随后两反对党领导人集会虽继续进行，但未按原计划在总理府门前举行，集会人数仅数百人，未对峰会造成实质影响。

（四）司法改革缓慢推进

法官/检察官审查程序是阿尔巴尼亚司法改革的重要组成部分，近年来，

---

① 争取一体化社会运动党创立于 2004 年，党派创立者为伊利尔·梅塔。梅塔 2017~2022 年为阿尔巴尼亚第八任总统，其间辞去党主席职务，由其夫人莫妮卡·克吕埃马齐（Monika Kryemadhi）接任。

② 阿尔巴尼亚自由党官网，https://partiaelirise. al/，检索日期：2023 年 1 月 15 日。

③《贝里沙邀请公民参与梅塔的抗议：没有任何力量可以打破我与公民的契约》，ABC News，2022 年 9 月 9 日，https://abcnews. al/protesta-e-metes-berisha-fton-qytetaret-te-marrin-pjese-kontraten-time-me-qytetaret-nuk-ka-force-ta-thyeje/，检索日期：2023 年 1 月 15 日。

④《今日举行欧盟峰会，地拉那安全措施严格，贝里沙在民族烈士大道举行抗议》，Shqiptarja. com，2022 年 12 月 6 日，https://shqiptarja. com/lajm/sot-samiti-i-be-tirana-nen-masa-te-rrepta-sigurie-berisha-therret-proteste-ne-bulevardin-deshmoret-e-kombit，检索日期：2023 年 1 月 15 日。

阿尔巴尼亚在这一领域取得诸多进展，获得美国与欧盟的肯定，但缓慢的司法改革依旧受到来自国内各方的阻力。2022 年 2 月，在美国与欧盟的施压下，阿尔巴尼亚议会修改宪法，将法官/检察官审查机构的职权期限由 2022 年 6 月延长至 2024 年底，以确保启动 11 月的警察审查程序，继续推进司法改革。①

2022 年 7 月，为提升司法效率与质量，阿尔巴尼亚议会批准了司法部和最高司法委员会联合确定的全国法院新布局。国内法院数量将分阶段大幅减少，一级地方法院减至 13 家，一级行政法院减至 2 家，上诉法院减至 1 家。② 唯一的上诉法院设于首都地拉那，将由 78 名来自全国各地的法官组成。③ 此布局法案引发阿尔巴尼亚全国律师协会反对，约有 2000 名律师进行了抵制，认为此项重要司法改革不切实际。同时，由于法院体系的调整，诉讼等正常的法律事务面临被拖延等风险。

二　经济发展状况

（一）经济呈缓慢增长态势

2022 年，阿尔巴尼亚经济整体上保持增长态势，国内生产总值（GDP）同比增长 4.84%，④ 但经济增速较上年的 8.5%显著放缓。四个季度国内生产总值增长率分别为 5.97%、2.23%、4.02%和 4.73%。

---

① 《审查机构职权期限延长，议会 118 票通过决议》，Top Channel，2022 年 2 月 10 日，https：//top-channel.tv/2022/02/10/zgjatja-e-mandateve-te-vetting-ut-miratohet-me-118-vota-pro/，检索日期：2023 年 1 月 15 日。

② 《全国法院新布局通过》，Top Channel，2022 年 7 月 21 日，https：//top-channel.tv/2022/07/21/miratohet-harta-e-re-gjyqesore0/，检索日期：2023 年 1 月 15 日。

③ 《全国法院新布局，地拉那上诉法院将由 78 名法官组成》，Top Channel，2022 年 12 月 19 日，https：//top-channel.tv/2022/12/29/harta-e-re-gjyqesore-apeli-i-tiranes-do-te-kete-78-gjyqtare33/，检索日期：2023 年 1 月 15 日。

④ 《2022 年第四季度经济增长》，阿尔巴尼亚统计局官网，2023 年 3 月 30 日，https：//www.instat.gov.al/media/11410/gdp-q4-2022.pdf，检索日期：2023 年 4 月 23 日。

2022年，在经济增长的同时，通货膨胀全年处于高位，年通胀率为6.7%[①]（月通胀率变化情况详见图1），尤其是在10月通胀率飙升至顶点（8.3%），但均低于欧盟成员国10.4%的平均水平。由于通货膨胀，国内物价持续上涨，同时实际进口量减少，消费量下降。食品和非酒精饮料价格涨幅最大（见图2）；2022年前11个月进口量同比萎缩6.3%，进口支出却增加12亿欧元；化肥、粮食、咖啡、汽车的消费量下降明显，同比分别下降50%、24.5%、13%和12%。[②] 为缓解通货膨胀压力，阿尔巴尼亚银行采取调控政策，多次提高基准利率，通过加息来降低需求，遏制国际市场供应不足导致的价格上涨。

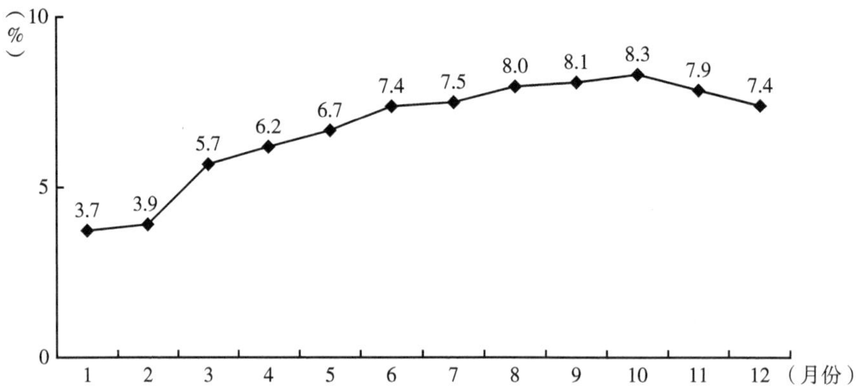

图1　阿尔巴尼亚2022年1~12月通胀率变化情况

资料来源：阿尔巴尼亚银行官网，https://www.bankofalbania.org/Politika_ Monetare/Objektivi_ dhe_ strategjia/，检索日期：2023年2月8日。

公共财政方面，阿尔巴尼亚2022年全年财政收入为52.7亿美元，同比增长12%，其中关税收入为20.5亿美元，同比增长15.7%；财政支出为

① 《2022年12月居民消费价格指数》，阿尔巴尼亚统计局官网，2023年1月9日，http://www.instat.gov.al/media/11147/ick_ dhjetor_ 2022.pdf，检索日期：2023年2月6日。

② 《高价格降低国内消费，进口量减少6.3%，进口额增加12亿欧元》，Shqiptarja.com，2022年12月20日，https://shqiptarja.com/lajm/cmimet-e-larta-ulin-konsumin-ne-vend-63-me-pak-importe-ne-sasi-12-mld-euro-me-shume-ne-vlere? r=read_ more，检索日期：2023年1月3日。

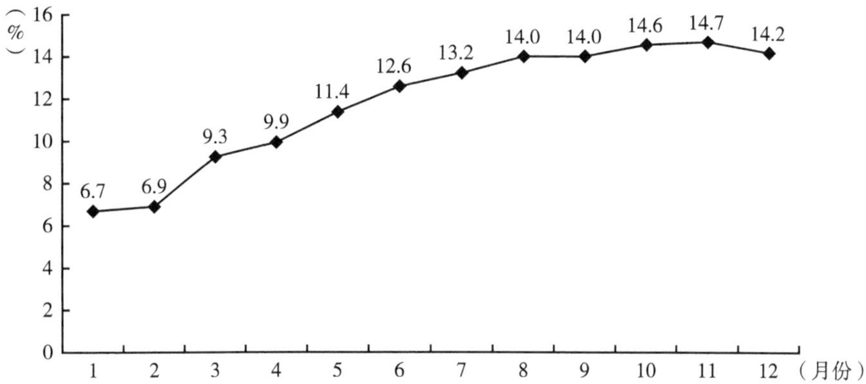

图 2　2022 年 1~12 月阿尔巴尼亚食品和非酒精饮料价格同比增长率变化情况

资料来源：阿尔巴尼亚统计局官网，http://www.instat.gov.al/al/temat/%C3%A7mimet/indeksi-i-%C3%A7mimeve-t%C3%AB-konsumit/#tab2，检索日期：2023 年 2 月 12 日。

59.9 亿美元，同比增长 9.2%；财政赤字为 7.2 亿美元，较 2021 年的 3.1 亿美元大幅增加。①

就业方面，2022 年阿尔巴尼亚劳动力市场状况有所改善，劳动力参与率、就业率小幅提升，失业率则有所下降。15~64 岁人口的劳动力参与率在四个季度分别为 72.0%、72.8%、73.4%和 74.8%，其中第四季度劳动力参与率增幅最大，同比增长 4.4%。在 2022 年四个季度，就业率分别为 63.5%、64.4%、65.4%和 66.5%，失业率分别为 11.3%，11.1%、10.6%和 10.8%。②

居民收入与消费支出方面，2022 年前 11 个月，阿尔巴尼亚国民收入水平提高 14%，支出水平同比增长 4.4%。③ 同时，全年居民平均工资持续提

① 《2022 年 12 个月财政收入和支出表现汇总》，阿尔巴尼亚财政和经济部官网，2023 年 2 月 21 日，https://financa.gov.al/permbledhje-e-performances-paraprake-12-mujore-te-te-ardhurave-dhe-shpenzimeve-2/，检索日期：2023 年 3 月 16 日。

② 《2022 年第四季度劳动力调查》，阿尔巴尼亚统计局官网，2023 年 3 月 10 日，https://www.instat.gov.al/media/11346/anketa-tremujore-e-forcave-t%C3%AB-pun%C3%ABs-t4-2022_ _.pdf，检索日期：2023 年 3 月 13 日。

③ 《伊布拉希马伊部长：经济延续积极态势，2022 年前 9 个月增长 4.23%》，阿尔巴尼亚财政和经济部官网，2022 年 12 月 28 日，https://financa.gov.al/ministrja-ibrahimaj-ekonomia-vijon-ecurine-pozitive-u-rrit-me-4-23-per-9-mujorin-2022/，检索日期：2023 年 1 月 3 日。

高，从第一季度的 5.9 万列克（折合约 519 欧元）逐步提升至第四季度的 6.6 万列克（折合约 581 欧元）。其中第四季度平均工资增幅最大，同比增长 10.8%，但不同行业、级别间的差距较大。金融和保险业的平均工资总额最高，月薪达 14.21 万列克（折合约 1250 欧元），同比增加 2 万列克（折合约 176 欧元）以上，是全国平均工资水平的 2.15 倍。农林渔业的平均工资涨幅最大，同比增长 18.2%，月薪约为 4.2 万列克（折合约 370 欧元），但仍远低于全国平均工资水平。①

外国直接投资方面，2022 年阿尔巴尼亚共吸引外资 13.7 亿欧元，较 2021 年同期增长 33%。② 从投资来源看，前三季度中德国为对阿直接投资增幅最大的国家，比 2021 年增加 4400 万欧元。荷兰、意大利和土耳其居投资总量前三位，投资额分别为 1.47 亿欧元、9800 万欧元和 8800 万欧元。③

（二）三大行业推动经济复苏

2022 年阿尔巴尼亚的经济增长主要依靠进出口贸易、旅游业和不动产行业的贡献，它们的恢复势头有效推动了经济复苏，降低了财政赤字和国家债务水平。

2022 年，阿尔巴尼亚进出口贸易迅速恢复，进出口额显著回升，全年出口额为 45.3 亿美元，进口额为 88.4 亿美元，同比分别增长 32% 和 18.7%。贸易逆差为 43.1 亿美元，同比增长 7.3%。从全年出口额看，矿产、燃料和电力类同比增长 10.3%，建筑材料和金属类同比增长 6.9%，纺织品和鞋类同比增长 6.2%。从全年进口额看，矿产、燃料和电力类同比增

① 《2022 年第四季度薪资统计》，阿尔巴尼亚统计局官网，2022 年 3 月 10 日，https：//www. instat. gov. al/media/11344/statistikat-e-pagave-t4-2022. pdf，检索日期：2023 年 3 月 13 日。

② 《再投资收益再度增加外国直接投资，2022 年再创历史新高》，Monitor，2022 年 3 月 27 日，https：//www. monitor. al/fitimet-e-riinvestuara-rrisin-perseri-investimet-e-huaja-direkte-rekord-i-ri-historik-ne-2022/，检索日期：2023 年 4 月 23 日。

③ 《阿尔巴尼亚的外国投资，荷兰和意大利份额为主》，ABC News，2022 年 12 月 26 日，https：//abcnews. al/investimet-e-huaja-ne-shqiperi-holanda-dhe-italia-mbajne-peshen-kryesore/，检索日期：2023 年 2 月 8 日。

长 8.3%，建筑材料和金属类同比增长 3.2%，食品、饮料和烟草类同比增长 2.4%。[①]

2022 年，阿尔巴尼亚对外贸易的主要出口国家和地区是意大利、科索沃（地区）、德国、希腊、西班牙，主要进口国家和地区是意大利、土耳其、中国、希腊、德国。四大贸易伙伴依次为意大利、希腊、土耳其和德国，其贸易额占比分别为 29%、8.4%、6.9%和 6.3%。与欧盟的贸易额占阿尔巴尼亚全年贸易总额的 59%，其中出口与进口分别占总额的 73.4%和 51.6%。[②]

2022 年，阿尔巴尼亚旅游业在各领域中恢复得最为迅速，旅游业收入增长显著，上半年旅游业收入为 11.3 亿欧元，同比增长 64%。旅游旺季也明显延长，全年外国游客达 754 万人次（见图 3），同比增长 32.5%，其中西班牙游客数量剧增 3.6 倍，英国游客数量增长 85.9%。游客数量的增加还直接激活了零售业，其中第三季度（阿旅游旺季）零售业销售指数[③]达到 137.5，零售业销售量同比增长 4.6%，环比增长 1.6%。[④] 第四季度零售业销售指数达到 137.1，零售业销售量同比增长 3.9%，环比增长 0.9%。[⑤]

2022 年，在不动产行业，上半年随着需求、建筑成本和供应增加，

---

① 《2022 年 12 月对外货物贸易》，阿尔巴尼亚统计局官网，2023 年 1 月 17 日，http：//www.instat.gov.al/media/11159/tregtia-e-jashtme-e-mallrave-dhjetor-2022.pdf，检索日期：2023 年 1 月 18 日。

② 《2022 年 12 月对外货物贸易》，阿尔巴尼亚统计局官网，2023 年 1 月 17 日，http：//www.instat.gov.al/media/11159/tregtia-e-jashtme-e-mallrave-dhjetor-2022.pdf，检索日期：2023 年 1 月 18 日。

③ 阿尔巴尼亚统计局关于零售业销售指数的统计以 2015 年为基准，即 2015 年的零售业销售指数等于 100。

④ 《2022 年第三季度零售业》，阿尔巴尼亚统计局官网，2022 年 12 月 15 日，http：//www.instat.gov.al/media/11085/tregtia-me-pakice-t3-2022.pdf，检索日期：2023 年 1 月 3 日。

⑤ 《2022 年第四季度零售业》，阿尔巴尼亚统计局官网，2023 年 3 月 16 日，https：//www.instat.gov.al/media/11359/tregtia-me-pakice-t4-2022_finale_ _ _ e-formatuar.pdf，检索日期：2023 年 3 月 17 日。

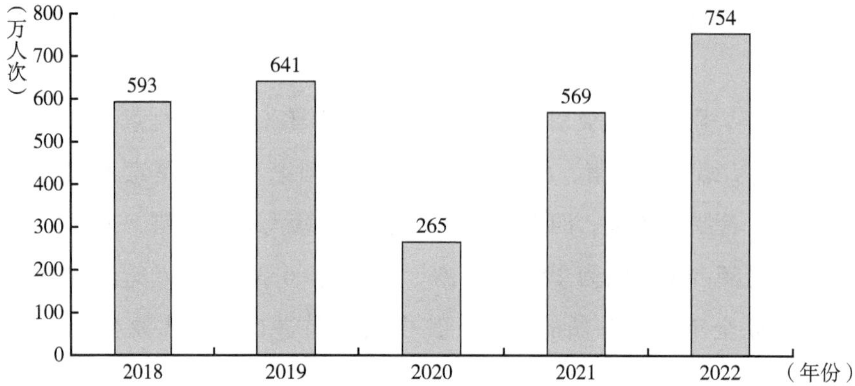

图 3 阿尔巴尼亚 2018~2022 年外国游客数量

资料来源：阿尔巴尼亚统计局官网，http：//www.instat.gov.al/al/temat/industria-tregtia-dhe-sh%C3%ABrbimet/turizmi/#tab3，检索日期：2023 年 2 月 12 日。

阿尔巴尼亚银行放宽信贷标准和条件，房价大幅上涨，不动产交易量提升。年中阿尔巴尼亚家庭用于购房的贷款存量为 1400 亿列克（折合约 11.9 亿欧元），较 2021 年同期增长 16%，不良贷款率从 2021 年的 4%下降至 2.7%。[①] 另外，不动产行业的投资金额在全年外国直接投资中处于领先地位。2022 年前 9 个月的不动产行业的外国直接投资额达到 2.25 亿欧元，同比增长 60%，其中第二季度投资额增加显著，达到 7700 万欧元，同比增长 26%。[②]

（三）出台一系列财政和货币政策应对经济复苏压力

受新冠疫情和俄乌冲突的双重影响，2022 年阿尔巴尼亚经济复苏难度进一步加大，除应对新冠疫情外，阿尔巴尼亚政府还必须面对能源危机导致

---

① 《2022 年上半年金融稳定报告》，阿尔巴尼亚银行官网，2022 年 9 月 7 日，https：//www.bankofalbania.org/Publications/Periodic/Financial_ Stability_ Report/，检索日期：2023 年 2 月 24 日。

② 《不动产巩固外国投资中的领先地位》，Monitor，2022 年 12 月 23 日，https：//www.monitor.al/pasurite-e-paluajtshme-konsolidojne-kryesimin-e-investimeve-te-huaja/，检索日期：2023 年 2 月 8 日。

的燃料进口明显减少和石油价格的持续上涨。

2022年初，阿尔巴尼亚石油价格大幅上涨，从185列克/升涨至265列克/升，随后长期维持在220列克/升至240列克/升，直到年末才小幅下降。由于全年石油平均价格为254列克/升，创下历史纪录，普通家庭全年需要多支出26%的燃油费，经济负担加重。[①]

为缓解经济复苏压力，阿尔巴尼亚政府出台相应的财政和货币政策，把通货膨胀和就业控制在安全水平。首先，政府实施“社会复原力计划”，为经济困难群体提供交通、日用品和电力补助等财政支持，同时增加对国有能源企业的价格补贴。其次，政府提升了物价规范与监管水平，联合私营部门成立燃油和食品价格管委会，专门设定能源、食品的批发和零售的价格上限，并根据国际价格的变化定期更新，保持利润率稳定。再次，政府重提“财政大赦令”，以规范阿侨的海外收入，避免大宗现金出入风险，促进资本向国内回流，助力经济发展。该法令规定每个阿尔巴尼亚居民或者侨民200万欧元以内的收入免于申报、刑事或税务审查，条件是个人至少在5年内不得将其转移出境，否则将面临高额处罚。然而，欧盟和国际货币基金组织认为“财政大赦令”存在被洗钱等犯罪活动利用的可能，该法令在2022年并未实施。

三　外交与安全

（一）阿美战略伙伴关系进一步加强

2022年为阿尔巴尼亚与美国建交100周年。[②] 2月14日至17日，拉马总理应邀访美，阿美双方以应对国际与地区挑战为目标，在能源、安全和司

① 《阿尔巴尼亚人今年多付1.85亿欧元，购买的燃料却少了9%》，Shqiptarja.com，2022年11月28日，https://shqiptarja.com/lajm/shqiptaret-kane-paguar-185-milione-euro-me-shume-per-te-blere-9-me-pak-karburant-kete-vit，检索日期：2023年1月3日。

② 1922年阿美建交，1939年阿尔巴尼亚被意大利占领，阿美关系中断。二战后，阿以美为敌，双方无外交关系，直至1991年阿政权更迭，阿美才恢复外交关系。

法等领域加强双边合作，就共同关心的问题保持密切合作、协调立场。[①] 在美国的支持下，阿尔巴尼亚成为巴尔干地缘政治的重要因素之一。

在国内政治方面，美国对阿尔巴尼亚司法改革和国防安全方面给予大力支持，同时深度介入阿尔巴尼亚国内政党政治、检察官选举等关键性事务。长期以来，美国对阿尔巴尼亚的政治影响巨大，阿尔巴尼亚国内政党也视美国为重要战略伙伴和支持者，但在具体问题上，美国以及西方常常需要施加压力才能推进其国内的变革。2022 年，民主党前主席贝里沙与美国驻阿大使尤里·金（Yuri Kim）的关系急剧恶化，前者对民主党领导权的变更也尚未得到美国的认可。

在对外关系方面，阿尔巴尼亚在担任联合国安理会非常任理事国[②]期间就乌克兰问题在联合国内高度配合美国，多次挑战俄罗斯。2022 年 2 月 25 日，美国联合阿尔巴尼亚向联合国安理会提交谴责俄罗斯对乌克兰采取军事行动的决议草案。6 月，阿尔巴尼亚担任安理会轮值主席国期间在会议上与俄罗斯发生冲突，造成阿俄关系紧张。10 月 12 日，阿尔巴尼亚发起一项决议提案，不承认顿涅茨克、卢甘斯克、扎波罗热、赫尔松四个地区加入俄罗斯的公投结果，该提案在联合国大会获得通过。

2022 年，阿、美两国在军事这一重点领域的合作也有新进展。1 月 14 日，美军“杜鲁门”号航空母舰在阿尔巴尼亚海域进行军事训练，以回应俄罗斯对巴尔干的影响。[③] 3 月，美国欧洲特种作战司令部以加强地区稳定为由在阿尔巴尼亚设立了一个前沿总部，标志着美国首次在阿尔巴尼亚长期驻军。北约除继续改建库恰瓦（Kuçova）空军基地外，还与阿尔巴尼亚协

① 《阿尔巴尼亚共和国总统巴伊拉姆·贝加伊接见美国驻阿尔巴尼亚大使尤里·金》，阿尔巴尼亚总统府官网，2022 年 9 月 20 日，https：//president. al/presidenti - republikes - se - shqiperise-sh-t-z-bajram-begaj-pret-ne-nje-takim-pune-ambasadoren-e-shba-se-ne-shqiperi-sh-s-znj-yuri-kim/，检索日期：2023 年 1 月 15 日。

② 这是阿尔巴尼亚 1955 年加入联合国以来首次担任联合国安理会非常任理事国，任期两年（2022~2023）。

③ 《美国给莫斯科的另一条信息，杜鲁门号舰停泊阿尔巴尼亚海域，美媒披露特种部队总部细节》，今日网，2022 年 1 月 15 日，https：//sot. com. al/politike/shba-tjeter-mesazh-moskes-anija-truman-zbarkon-ne-ujerat-shqiptare-medi-i487555，检索日期：2023 年 2 月 1 日。

商将都拉斯附近的亚得里亚海港波尔图立马诺（Porto Romano）共建为其国内第一大贸易港口和海军基地。[①]

此外，2022 年 9 月阿伊断交后，美国迅速对阿表示支持，并以阿尔巴尼亚是北约成员国为由主动参与阿网络修复和攻击调查。美阿双方在安全领域合作的意愿进一步加强。

（二）阿尔巴尼亚正式开启入盟谈判

2022 年 7 月 19 日，欧盟正式启动与阿尔巴尼亚和北马其顿的入盟谈判，并举行第一次政府间会议。2014 年 6 月，阿尔巴尼亚成为欧盟候选国，但入盟进程多年受阻。近年来，阿尔巴尼亚积极推进改革，但在司法改革、反腐败、打击有组织犯罪、人权保护等方面进展缓慢。同时，欧盟内部对接纳新成员存在分歧，种种内外因素造成阿尔巴尼亚入盟谈判逐年推迟，最终欧盟将阿尔巴尼亚与北马其顿入盟“捆绑”对待。于是，北马其顿与希腊的国名之争、与保加利亚的民族问题均成为阿尔巴尼亚开启入盟谈判的额外障碍，致使阿尔巴尼亚游说各国为两国入盟“解绑”，但未获支持。[②] 直至 2022 年 6 月保加利亚做出让步、7 月北马其顿同意修宪后，两国的入盟谈判才得以扫清障碍。

两国与欧盟开启谈判后，谈判进程将取决于改革的速度以及两国立法与欧盟法律的一致性。欧盟将先制订各成员国均认可的谈判框架；政府间谈判由两国部长与欧盟各国大使进行，谈判包含 35 个章节，内容涉及货币政策、交通、能源、社会政策、环境等领域。其中审查两国法律与欧盟法律的一致性是基础，所有章节谈判完毕后，双方再确定最终入

---

① 《英国小报：北约在阿尔巴尼亚的海军基地是对普京的警告》，Shqiptarja. com，2022 年 7 月 12 日，https：//shqiptarja. com/lajm/tabloidi - britanik - baza - detare - e - natos - ne - shqiperi - eshte-paralajmerim-per-vladimir-putin，检索日期：2023 年 2 月 1 日。

② 《拉马总理赴柏林为开启谈判寻求支持》，Gazeta Mapo，2022 年 4 月 11 日，https：//gazetamapo. al/kryeministri-rama-ne-berlin-per-celjen-e-negociatave/，检索日期：2023 年 2 月 1 日。

盟时间。① 从 2022 年的现实条件来看，阿尔巴尼亚在应对入盟谈判程序上依旧存在缺乏公共管理人才的困难，但开启谈判有助于阿提升产品标准、劳动力供给水平、应急保障能力及增加投资等。②

（三）在柏林进程和“开放巴尔干”倡议下推动区域合作

在俄乌冲突的形势下，包括阿尔巴尼亚在内的西巴尔干国家与欧盟各成员国加强联系的意愿有所提升。

2022 年 11 月 3 日举行的西巴尔干国家领导人峰会被视为柏林进程在西巴尔干地区的回归。会议主要探讨了区域共同市场与能源危机两大议题，各国在区域共同市场行动计划（CRM）的框架内签署了西巴尔干地区“持身份证自由流动”、“高等教育文凭互认”及“在中欧自由贸易协定范围内对医师（含牙科医师）和建筑师职业证书互认”三项协议。③ 12 月 6 日，欧盟-西巴尔干国家峰会首次在西巴尔干地区（地拉那）召开，四项议题为俄乌冲突后果、加强各国联系、网络安全和信息操控及移民管理，会议主要探讨西巴尔干地区的能源危机和食品安全，以及与欧盟市场融合、物流运输、支付体系、签证政策等。④ 欧盟确认了协助西巴尔干各国应对能源危机的 10 亿欧元支持计划，双方签署了在两年内（即至 2024 年）逐步降低并取消欧盟与西巴尔干国家间漫游费用的协议，同时双方还宣布加强网络安全合作。

---

① 《开启谈判意味着什么?! 阿尔巴尼亚和北马其顿应采取的措施，何时才能入盟及其有哪些障碍》，Balkanweb，2022 年 7 月 20 日，https：//www. balkanweb. com/cfare-ndodh-me-hapjen-e-negociatave-hapat-qe-duhet-te-ndermarrin-shqiperia-dhe-maqedonia-e-veriut-sa-zgjat-anetaresimi-ne-be-dhe-cilat-jane-pengesat/，检索日期：2023 年 2 月 1 日。

② 《阿尔巴尼亚与欧盟开启谈判的好处》，阿尔巴尼亚通讯社，2022 年 7 月 19 日，https：//ata. gov. al/2022/07/19/perfitimet-e-shqiperise-nga-hapja-e-negociatave-me-be/，检索日期：2023 年 2 月 1 日。

③ 《柏林进程，待签署身份证、文凭和就业协议》，Shqiptarja. com，2022 年 11 月 12 日，https：//shqiptarja. com/lajm/procesi-i-berlinit-marreveshjet-per-leternjoftime-diploma-dhe-vende-pune-ne-pritje-pas-nenshkrimit，检索日期：2023 年 2 月 1 日。

④ 《地拉那的欧盟峰会，欧洲理事会明确讨论议题和官方议程》，Gazeta Shqip，2022 年 12 月 5 日，https：//www. gazeta-shqip. com/aktualitet/samiti-i-be-ne-tirane-keshilli-europian-zbardh-temat-e-diskutimit-dhe-i1197218，检索日期：2023 年 2 月 1 日。

欧盟与西巴尔干国家展现出加强联系的意愿，这在一定程度上缓解了西巴尔干各国对入盟进程的疑虑，有助于促进地区经济融合和政治合作，早日实现欧洲一体化。

（四）遭境外网络攻击后与伊朗断交

2022 年 9 月 7 日，阿尔巴尼亚总理拉马以遭到伊朗网络攻击为由宣布与伊朗断交，并迅速驱逐了伊朗驻阿使馆外交人员。长期以来，阿伊关系处于相对紧张状态，阿尔巴尼亚在美国的要求下接收伊朗反对派“人民圣战者”（MEK）成员是重要原因之一。2022 年 7 月双方的紧张关系进一步激化，7 月 15 日阿尔巴尼亚遭到第一次网络攻击，导致阿政务平台 E-Albania 的大量服务瘫痪，部分政府和公民信息数据泄露。随后，在国际技术支持下，阿政府展开系统安全修复和攻击情况调查。9 月 9 日，阿尔巴尼亚再遭网络攻击，被迫关闭边境管理信息系统（TIMS）服务器，致使各口岸出入境服务无法正常进行。

根据 9 月美方发布的调查结果，其认为此次网络攻击由伊朗黑客组织“国土正义”（Homeland Justice）发起，网络入侵行为已存在一年以上。① 由此，阿尔巴尼亚认定网络攻击事件为伊朗所为，而伊朗方面则认为断交原因在于“第三方”。

四　社会与文化

（一）公立高校教师举行抗议活动，阿高等教育面临挑战

2022 年 10 月，阿尔巴尼亚公立高校教师在工会的组织下举行抗议，要

① 《“国土正义”，FBI 和 CISA 起草伊朗对阿尔巴尼亚网络攻击的报告：黑客已访问 14 个月！他们如何获得政府网站的凭证》，Gazeta Panorama，2022 年 9 月 22 日，http：//www.panorama.com.al/drejtesia-e-atdheut-fbi-dhe-cisa-hartojne-raportin-per-sulmet-kibernetike-te-iranit-ndaj-shqiperise-hakerat-kishin-krijuar-akses-prej-14-muajsh-si-i-moren-kredincialet-e-faqeve-qe/，检索日期：2023 年 2 月 1 日。

求提高工资待遇。政府批准将公立高校教师薪资提高 15%，其中 7%由国家承担，剩余的 8%由各高校自筹。但政府的回应并未满足教师的涨薪要求，双方协商也未取得结果，于是抗议活动断断续续进行，部分师生参与其中，教学受到一定影响。①

抗议事件暴露了公立高校教师收入偏低、政府的高等教育监管与协调能力不足、高等教育系统存在腐败及问责制缺失等现实问题。

阿尔巴尼亚公立高校教师的薪资水平在巴尔干地区偏低，2022 年教师每小时课酬仅 5 欧元。自 2004 年来，其月薪为 90000 列克（折合约 765 欧元）至 140000 列克（折合约 1190 欧元），而欧盟国家高校教师月薪为 5000~9000 欧元。② 另外，2022 年阿尔巴尼亚高等教育领域的投入较低，政府对教育、体育和青年部的拨款资金为 4443 万列克（折合约 37. 8 万欧元），占 GDP 的比重为 2. 33%。③

长期来看，阿尔巴尼亚的高等教育改革成果有限，存在高等教育法规尚未贯彻落实、教育与财政部门和各高校之间的协调性较弱等问题和障碍。阿尔巴尼亚教育部前副部长欧尔提昂・伦布拉库（Oltion Rrumbullaku）指出，公立高校教师抗议的核心问题不在于工资本身，如何利用工资体系推动高等教育发展、激励高质量学术项目的开展、培养更加优秀的毕业生，是政府在高等教育领域面临的核心挑战。④

---

① 《教师抗议仍在继续，阿尔巴尼亚新学年开学面临风险》，Zëri i Amerikës，2022 年 10 月 5 日，https：//www. zeriamerikes. com/a/6777166. html，检索日期：2023 年 2 月 12 日。

② 《在阿尔巴尼亚，教师平均工资为 980 欧元，欧盟国家为 5000 到 9000 欧元》，Euronews Albania，2022 年 10 月 18 日，https：//euronews. al/vendi/ekonomi-1/2022/10/18/ne-shqiperi-paga-mesatare-e-pedagogeve-980-euro-ne-vendet-e-be-se-5-9-mije-euro/，检索日期：2023 年 2 月 20 日。

③ 《2021~2023 年中期预算计划》，阿尔巴尼亚财政和经济部官网，https：//financa. gov. al/programi-buxhetor-afatmesem-2021-2023-faza-ii/，检索日期：2023 年 2 月 20 日。

④ 《前教育部副部长对教师的建议：别拿科索沃举例，而要以马其顿或保加利亚为例！工资不应一样，应该分档次》，Shqiptarja. com，2022 年 10 月 17 日，https：//shqiptarja. com/lajm/keshilla-e-ishzvministrit-te-arsimit-per-pedagoget-sduhet-te-merrni-shembull-kosoven-por-maqedonine-ose-bullgarine-paga-sduhet-te-jete-e-njejte-te-kete-rankimim，检索日期：2023 年 2 月 20 日。

（二）人才外流问题日益严重，议会批准“金护照”计划

2022年，阿尔巴尼亚人口流失加速，青年移民人数增多，人口减少约2万人。① 移民主要流向欧盟国家，2022年向欧盟国家申请移民的人数为13043人，较上年增长16.3%。② 高学历和高技术人才外流问题凸显，以医护人员为例，为获取移民资格，2022年共180名医生申请无犯罪记录证明。③

人才的迅速外流使非法移民现象增多，引起阿尔巴尼亚国内外舆论普遍关注。2022年，非法移民英国的阿尔巴尼亚人约为13000人。11月，英国内政大臣苏拉·布雷弗曼（Suella Braverman）将英国的边境和犯罪问题归咎于阿尔巴尼亚的非法移民，引发当地阿尔巴尼亚移民的抗议。后经阿、英两国协商，双方在12月13日签署旨在加强两国安全合作的协议，以控制阿尔巴尼亚非法移民流入英国，并加快遣返非法移民。④

作为吸引人才的措施，2022年7月29日，阿尔巴尼亚议会批准了有关外籍人士投资移民计划（又称“金护照”计划⑤）的决议，明确了政府和社会资本合作的模式，通过实施投资移民发展本国经济。但在该计划的实施上，政府面临国内外压力。国内的不满呼声集中于该计划的经济实效、国家安全和入盟前景方面；而国外的反对意见主要来自欧盟和美国，二者对计划实施可能造成的腐败、有组织犯罪和法治缺失等问题表示担忧。

---

① 《阿尔巴尼亚人口减少的经济代价》，Monitor，2023年2月15日，https：//www.monitor.al/cmimi-ekonomik-i-tkurrjes-se-popullsise-shqiptare/，检索日期：2023年2月21日。

② 《2022年13000名阿尔巴尼亚人申请庇护，比去年增加16%，位居地区之首》，SCAN TV，2023年2月28日，https：//intel.scantv.al/13-mije-shqiptare-aplikuan-per-azil-ne-2022-shin-rriten-me-16-krahasuar-me-vitin-e-kaluar-kryesojme-rajonin/，检索日期：2023年3月13日。

③ 《医生离开阿尔巴尼亚！2022年180名医生为移民申请无犯罪记录证明》，Top Channel，2023年2月15日，https：//top-channel.tv/2023/02/15/largimi-i-mjekeve-nga-shqiperia-ne-2022-180-mjeke-kerkuan-certifikaten-e-sjelljes-se-mire-per-emigrim/，检索日期：2023年2月21日。

④ 《公布完整协议，英国承诺增加对阿尔巴尼亚投资以阻止非法移民流动》，Gazeta Tema，2022年12月13日，https：//www.gazetatema.net/politika/zbardhet-marreveshja-e-plote-britania-premton-rritjen-e-investimeve-ne--i368823，检索日期：2023年2月12日。

⑤ 2019年，阿尔巴尼亚政府首次提出“金护照”计划，通过修改《国籍法》并设立国籍特殊项目规划局，为落实该计划做了一系列准备。

（三）地拉那“欧洲青年之都”年，各类文化活动丰富多彩

2022年为地拉那“欧洲青年之都”年①，阿尔巴尼亚政府举行各类社会文化活动，以“激励青年”（Activate Youth）为口号，发起了经济创新、文化生活、能力提升、社会参与、多元视角、融入欧洲、生态健康、青年空间等8项计划，总共开展了1000余项社会文化活动②，为青年创造更理想的城市生活。

同时，地拉那还举办了一些大型活动以增强阿尔巴尼亚的国际影响力，塑造其国家形象。2022年5月26日，地拉那市在2019年新落成的国家竞技场（Arena Kombëtare）③首次成功承办2021~2022赛季欧足联欧洲协会联赛决赛，意大利豪门罗马队和荷兰劲旅鹿特丹费耶诺德队一决胜负，超过两万名球迷现场观赛。11月10日，阿尔巴尼亚科学院与科索沃（地区）科学与艺术院在地拉那联合举办大会，纪念“阿尔巴尼亚语正字法大会”④召开50周年，世界各地的阿尔巴尼亚语专家学者齐聚一堂，呼吁继续增强阿尔巴尼亚文学语言规范性，并进一步推进阿尔巴尼亚语词典编纂工作。

五　与中国的关系

（一）多领域合作务实开展

据中华人民共和国商务部发布的2022年1~12月中国与欧洲国家的贸易

---

① 2019年11月，欧洲青年论坛（European Youth Forum）授予地拉那“2022欧洲青年之都”的称号。该称号旨在鼓励欧洲青年积极参与社会活动和国家建设、加强其欧洲身份认同、提升多元创新能力，通过激活青年就业促进国家经济发展。

② 《2022年地拉那“欧洲青年之都”手册》，2022年地拉那“欧洲青年之都”官网，https://tiranaeyc2022.al/wp-content/uploads/2022/03/TEYC_Brochure_ALB.pdf?external=1，检索日期：2023年1月3日。

③ 又名“阿尔巴尼亚航空体育场”（Air Albania Stadium），是一座欧足联四星级足球场，可容纳21690人。

④ 1972年11月20日，“阿尔巴尼亚语正字法大会”在地拉那召开，会议确定了阿尔巴尼亚语统一的书写标准。

数据，中国和阿尔巴尼亚的进出口总额为 89038 万美元，其中出口总额为 70408 万美元，进口总额为 18630 万美元，同比分别增长 17.9%、19.1%和 13.3%。进出口总额增长率在参与中国-中东欧国家合作的中东欧国家中位列第三。[①]

2022 年，中阿两国开拓了农业合作新领域，通过海外培训班和农食企业专场推介会，共享农业发展经验，深化农产品经贸合作。10 月，由中国商务部主办、中国农机院承办的阿尔巴尼亚构建现代化农场海外培训班顺利开班。中方通过专题讲座、研讨交流、云参观考察等形式，向阿方学员分享了农机技术和水土资源管理等方面的发展经验。[②] 11 月，阿尔巴尼亚农食企业专场推介会在线上成功举办，9 家阿尔巴尼亚企业与 3 家中国企业代表踊跃发言，积极推介，各自展示丰富的优质农产品。[③]

2022 年，两国在贸易与旅游领域的合作潜力继续增加。11 月 5 日至 10 日，阿尔巴尼亚在第五届中国国际进口博览会上设置展位，运用数字技术展出了传统美食、音乐舞蹈和自然风光等高质量文旅产品。12 月 27 日，阿尔巴尼亚部长会议批准阿、中两国实行无条件互免签证的决议，[④] 两国的人员往来将更为便捷高效。

（二）教育科研往来恢复发展

2022 年中阿在教育领域的合作持续深化，高校合作规模及成果继续扩

① 《2022 年 1~12 月中国与欧洲国家贸易统计表》，中华人民共和国商务部欧洲司，2023 年 3 月 22 日，http：//ozs. mofcom. gov. cn/article/zojmgx/202303/20230303397466. shtml，检索日期：2023 年 4 月 23 日。

② 《郑珍玲参赞出席阿尔巴尼亚构建现代化农场海外培训班开班仪式》，中华人民共和国商务部，2022 年 10 月 13 日，http：//al. mofcom. gov. cn/article/todayheader/202210/20221003360799. shtml，检索日期：2023 年 1 月 3 日。

③ 《阿尔巴尼亚农食企业专场推介会成功举行》，中国-中东欧国家博览会暨国际消费品博览会官网，2022 年 11 月 14 日，https：//www. cceecexpo. org/news/view. html? id=6337&lang=cn，检索日期：2023 年 1 月 3 日。

④ 《部长会议做出决议，阿尔巴尼亚取消对华签证》，Balkanweb，2022 年 12 月 28 日，https：//www. balkanweb. com/keshilli-i-ministrave-merr-vendimin-shqiperia-heq-vizat-me-kinen/，检索日期：2023 年 2 月 21 日。

大。3月30日，江西财经大学和阿尔巴尼亚艾博科大学举行合作谅解备忘录线上签字仪式，两校在学术科研和人才培养方面建立合作关系。[①] 4月和12月，中国分别向阿尔巴尼亚知名高校发罗拉大学和卢阿拉西大学捐赠智慧办公设备，深化友好合作关系。[②]

中阿共同推动两国的青年交流工作，青年人才交流迅速摆脱新冠疫情影响，教育领域的交流合作逐步恢复。2022年10月，中阿政府互换奖学金项目、国别和区域研究人才支持计划等恢复向阿尔巴尼亚派遣留学人员。

中阿关系研究吸引了阿尔巴尼亚及其周边地区学者的兴趣。2022年11月，阿尔巴尼亚全球化研究所在地拉那召开“中国和西巴尔干2022：挑战、机遇与合作潜力”研讨会，15位来自阿尔巴尼亚和北马其顿的专家就进一步加强中国和西巴尔干地区的交流合作交换意见，认为中国和西巴尔干国家合作潜力巨大，前景广阔。[③] 中国驻阿尔巴尼亚大使周鼎在会上指出，中阿高层交往保持良好势头，经贸合作稳步推进。[④]

（三）人文交流成果丰硕

2022年，中阿两国在体育、文化、图书出版方面的人文交流取得丰硕成果。在2022年北京冬季奥运会上，阿尔巴尼亚高山滑雪运动员丹尼·杰帕（Denni Xhepa）在高山滑雪男子回转第二轮比赛中创造了阿尔巴尼亚选

---

① 《周鼎大使出席江西财经大学和阿尔巴尼亚艾博科大学合作谅解备忘录线上签字仪式》，中华人民共和国驻阿尔巴尼亚大使馆，2022年3月31日，http://al.china-embassy.gov.cn/zagx/zajw/202203/t20220331_10658326.htm，检索日期：2023年1月3日。

② 《驻阿尔巴尼亚大使周鼎访问发罗拉大学》，中华人民共和国驻阿尔巴尼亚大使馆，2022年4月19日，http://al.china-embassy.gov.cn/zagx/zajw/202204/t20220420_10669961.htm；《驻阿尔巴尼亚大使周鼎访问卢阿拉西大学》，中华人民共和国驻阿尔巴尼亚大使馆，2022年12月16日，http://al.china-embassy.gov.cn/zagx/zajw/202212/t20221216_10991131.htm，检索日期：2023年1月3日。

③ 《中国-西巴尔干合作区域研讨会》，Gazeta Lajm，2022年11月22日，https://lajmpress.org/seminar-rajonal-per-bashkepunimin-kine-ballkani-perendimor/，检索日期：2023年2月25日。

④ 《驻阿尔巴尼亚大使周鼎出席“中国和西巴尔干2022”研讨会》，中华人民共和国驻阿尔巴尼亚大使馆，2022年11月22日，http://al.china-embassy.gov.cn/zagx/zajw/202211/t20221123_10979458.htm，检索日期：2023年1月3日。

手冬奥会该项目历史最好成绩。北京冬奥会期间，北京外国语大学阿尔巴尼亚语专业学生尤诗昊、门敬琦、张惟真翻译并演唱的冬奥会歌曲《一起向未来》（阿尔巴尼亚语版）由中国中央广播电视总台阿尔巴尼亚语部协助制作并发布于“央视频”平台上，展现了当代中国青年的风采，也拉近了中阿人民的关系。

2022 年 9 月 26 日至 10 月 2 日，中国驻阿尔巴尼亚大使馆与阿文化部和地拉那市政府合作举办“2022 中国文化周”，内容包括太极拳体验、中阿友好历史照片展、中国美食节和中国民族歌舞晚会等。① 阿中友好协会会长纳诺表示，中国文化周为阿尔巴尼亚各界人士提供了丰富多彩的中国文化体验，有助于两国弘扬传统友谊，继续加深友好关系。②

在图书出版领域，两国图书互译规模与类别扩大，数量增多。2022 年中阿各大出版社陆续推出文学、历史、科普、经济等各类图书，如《发罗拉黑人奥瑟罗》（中文版）、《边城》（阿文版）、《城南旧事》（阿文版）、《南京大屠杀史》（阿文版）、《影响世界的中国植物》（阿文版）、《今日中国·经济奇迹》（阿文版）和《2020 中国战“疫”日志》（阿文版）等，加强了图书出版领域的交流与合作。

---

① 《驻阿尔巴尼亚使馆举办“迎国庆”中国文化展示活动》，中华人民共和国驻阿尔巴尼亚大使馆，2022 年 10 月 1 日，http://al.china-embassy.gov.cn/zagx/zajw/202210/t20221002_10776916.htm，检索日期：2023 年 1 月 3 日。

② 《中阿历史照片展在地拉那举办》，NOA Lajme，2022 年 9 月 29 日，https://noa.al/lajmi/2022/09/2346941.html，检索日期：2023 年 2 月 26 日。

B.8
爱沙尼亚

张 甜*

摘 要： 2022年，政治方面，由于在福利政策问题上存在分歧，爱沙尼亚政局出现波动，总理卡拉斯组建新内阁；经济方面，爱沙尼亚整体经济呈现复苏态势，但通胀高企，受商品和能源价格上涨影响，进出口贸易额均有较大增长；外交与安全方面，随着乌克兰危机的升级，爱沙尼亚与美国和北约的关系愈加紧密，与俄罗斯的关系持续恶化；对华关系方面，爱沙尼亚退出中国-中东欧国家合作机制，两国关系出现倒退。

关键词： 爱沙尼亚　乌克兰　爱美关系　爱俄关系　中爱关系

一 国内政治形势

2022年，由于在幼儿园教育法案及家庭福利法案等问题上的严重分歧，爱沙尼亚政局出现波动。6月3日，爱沙尼亚总理卡拉斯（Kaja Kallas）宣布，由改革党和中间党组成的爱沙尼亚联合政府中包括公共行政部长、卫生与劳工部长、外交部长、经济事务和基础设施部长、内政部长、环境部长和文化部长在内的7名中间党部长当天被解除职务，其职位分别由7名改革党

* 张甜，硕士，北京外国语大学欧洲语言文化学院爱沙尼亚语教研室主任、讲师，主要研究方向为爱沙尼亚语言文学。

部长兼任，直至新的联合政府成立。① 7月14日，卡拉斯向爱沙尼亚总统卡里斯（Alar Karis）提出辞去总理职务、解散执政一个多月的改革党少数派政府，并获得批准。卡里斯随即提名卡拉斯为总理人选。7月15日，爱沙尼亚议会投票通过改革党主席卡拉斯提出的改革党与祖国联盟党和社会民主党组成新联合政府的方案，并授权其组阁。②

7月18日，以卡拉斯为总理的爱沙尼亚新政府成立并举行就职仪式，新政府由改革党、祖国联盟党和社会民主党组成，设15个部长职位，由改革党、祖国联盟党和社会民主党三个政党平均分配（新政府成员名单见表1）。3个政党共占有议会101席中的55席。新政府的任期为8个月，直至2023年下一届议会选举。卡拉斯在就职仪式上说，新联合政府的主要任务包括确保国家安全、解决能源危机、帮助民众应对物价飞涨等。③

表1 2022年7月18日新组建的爱沙尼亚联合政府成员名单

职务	姓名	外文名	所属党派
总理	卡娅·卡拉斯	Kaja Kallas	改革党
财政部长	安奈莉·阿盖曼	Annely Akkermann	改革党
国防部长	汉诺·佩夫库尔	Hanno Pevkur	改革党
社会保障部长	西格奈·瑞萨洛	Signe Riisalo	改革党
农村事务部长	乌尔马斯·克鲁斯	Urmas Kruuse	改革党
内政部长	劳里·莱内梅茨	Lauri Läänemets	社会民主党
环境部长	马迪斯·卡拉斯	Madis Kallas	社会民主党
文化部长	皮雷特·哈特曼	Piret Hartman	社会民主党
经济事务和基础设施部长	瑞娜·西库特	Rinna Sikkut	社会民主党
卫生与劳工部长	皮普·彼得森	Peep Peterson	社会民主党

① 《爱沙尼亚联合政府解体》，新华网，2022年6月4日，http://www.news.cn/world/2022-06/04/c_1128712113.htm，检索日期：2023年4月25日。

② 《爱沙尼亚议会授权卡拉斯组建新联合政府》，新华网，2022年7月15日，http://www.news.cn/world/2022-07/15/c_1128836554.htm，检索日期：2023年4月29日。

③ 《爱沙尼亚成立新联合政府》，新华网，2022年7月18日，http://www.news.cn/world/2022-07/18/c_1128843022.htm，检索日期：2023年4月29日。

续表

职务	姓名	外文名	所属党派
外交部长	乌尔马斯·雷因萨鲁	Urmas Reinsalu	祖国联盟党
教育与研究部长	托尼斯·卢卡斯	Tõnis Lukas	祖国联盟党
公共行政部长	瑞娜·索尔曼	Riina Solman	祖国联盟党
司法部长	莉亚·丹尼尔森-雅尔格	Lea Danilson-Järg	祖国联盟党
企业与信息技术部长	克里斯蒂安·雅尔凡	Kristjan Järvan	祖国联盟党

资料来源：爱沙尼亚政府网站，https：//valitsus. ee/，检索日期：2023 年 4 月 16 日。

二　经济发展状况

（一）宏观经济状况

2022 年，爱沙尼亚整体经济继续呈现复苏态势，但受俄乌冲突导致的能源危机及高通胀的影响，国内生产总值（GDP）为 381 亿美元，① 同比下降 1.3%。在行业发展方面，文旅市场加速复苏，此前在新冠疫情中受到严重冲击的住宿、餐饮行业明显回暖，对经济增长的贡献最大；而房地产行业、建筑业、制造业表现不佳，对经济增长的贡献均为负值。在消费方面，政府消费同比保持不变，私人消费同比增长 2.6%，包括食品和卫生方面的家庭支出大幅下降，主要的增长发生在休闲和相关服务上。②

2022 年居民消费价格指数同比上涨 19.4%。爱沙尼亚国家统计局首席分析师表示，2022 年与住房相关的价格上涨对居民消费价格指数的影响最大，占总涨幅的 2/5。此外，与 2021 年相比，2022 年家庭用电价格上涨 94.4%，天然气上涨 123.8%，固体燃料上涨 73.5%，热能上涨 49.1%，汽

① 爱沙尼亚 Country Economy 网站，http：//countryeconomy. com/gdp/estonia，检索日期：2023 年 5 月 14 日。

② 爱沙尼亚国家广播电视台网站，https：//www. err. ee/1608900503/eesti-neljanda-kvartali-majanduslangus-oli-4-1-protsenti，检索日期：2023 年 4 月 30 日。

油上涨30%，柴油上涨45.9%。食品和非酒精饮料占总增长的近1/4，其中食品涨幅最大的是面粉和谷物，达53.6%。[①] 受材料价格上涨的影响，建筑成本大幅增加。数据显示，2022年建筑业价格指数大幅上升，同比增长17.8%。[②]

受对俄制裁的影响，爱沙尼亚港口和铁路的货运量均有所下降，2022年爱沙尼亚港口货运量为3300万吨，较上年3900万吨的货运量下降15%；铁路货运量为1771万吨，较上年2338万吨的货运量下降24%。[③]

2022年爱沙尼亚年通胀率达19.33%，[④] 远高于欧盟其他国家及欧盟平均水平（9.2%）。[⑤]

（二）进出口数据

2022年，爱沙尼亚全年进出口贸易总额约为457.9亿欧元，其中进口额约为245.3亿欧元，同比增长23%；出口额约为212.6亿欧元，同比增长17%；贸易逆差为32.7亿欧元（见表2）。根据爱沙尼亚国家统计局2022年月度进出口数据，1月进出口额涨幅最大，进口、出口额均增长36%；12月进出口额涨幅最小，均接近为0（见表2）。2022年进口品类中，矿产品、金属和金属制品以及机械和机械设备的进口额占比最大；出口品类中，矿产品、电气设备以及木材和木材产品的出口额占比最大。俄乌冲突以及对俄罗斯和白俄罗斯的制裁是影响对外贸易，以及商品和能源价格持续上涨的主要原因。

---

① 《爱沙尼亚2022年CPI同比上涨19.4%》，中华人民共和国商务部，2023年1月11日，http：//ee.mofcom.gov.cn/article/jmxw/202301/20230103378683.shtml，检索日期：2023年4月23日。

② 爱沙尼亚国家广播电视台网站，https：//www.err.ee/1608859652/ehitushinnad-kasvasid-eelmisel-aastal-17-8-protsenti，检索日期：2023年4月30日。

③ 爱沙尼亚数据库，https：//andmed.stat.ee/et/stat/majandus__transport__raudteetransport/TS1421，检索日期：2024年3月7日。

④ 通货膨胀数据网站，https：//www.inflation.eu/en/inflation-rates/estonia/historic-inflation/cpi-inflation-estonia-2022.aspx，检索日期：2023年4月30日。

⑤ 欧盟统计局，https：//ec.europa.eu/eurostat/en/web/products-eurostat-news/w/ddn-20230309-2，检索日期：2023年4月30日。

表 2　爱沙尼亚 2021~2022 年贸易额（月度进出口数据）

单位：百万欧元，%

月份	出口			进口			贸易差额	
	2021 年	2022 年	涨幅	2021 年	2022 年	涨幅	2021 年	2022 年
总计	18219	21262	17	19978	24527	23	-1760	-3265
1 月	1187	1619	36	1305	1775	36	-118	-156
2 月	1254	1489	19	1325	1774	34	-71	-285
3 月	1464	1980	35	1654	2163	31	-190	-183
4 月	1538	1598	4	1639	2121	29	-101	-523
5 月	1473	1929	31	1648	2215	34	-174	-287
6 月	1465	1838	25	1722	2126	23	-257	-288
7 月	1503	1695	13	1676	2020	21	-173	-325
8 月	1572	1914	22	1690	2159	28	-118	-245
9 月	1706	1941	14	1769	2102	19	-63	-161
10 月	1657	1851	12	1813	2091	15	-156	-239
11 月	1737	1745	0	1869	2112	13	-133	-368
12 月	1663	1664	0	1869	1868	0	-206	-205

注：本表中的数据为原始统计数据，因四舍五入，个别数据存在出入。

资料来源：爱沙尼亚国家统计局网站，https：//www. stat. ee/et/uudised/2022-aastal-kaubavahetus-kasvas-kaubavahetuse-puudujaak-oli-33-miljardit-eurot，检索日期：2023 年 4 月 27 日。

2022 年，爱沙尼亚从 156 个国家进口商品，向 190 个国家出口商品，主要贸易伙伴依旧是欧盟其他国家，从这些国家的进口额占比约为 78%，向这些国家的出口额占比约为 70%。与 2021 年相比，从欧盟其他国家的进口额增长 31%，向欧盟其他国家的出口额增长 21%（见表 3）。2022 年爱沙尼亚最大的进口伙伴国为芬兰，占爱沙尼亚进口额的 16%，其次是立陶宛及德国，均占 10%；最大的出口伙伴国也为芬兰，占爱沙尼亚出口额的 15%，其次是拉脱维亚和瑞典，分别占 14%和 9%。①

① 爱沙尼亚国家统计局网站，https：//www. stat. ee/et/uudised/2022-aastal-kaubavahetus-kasvas-kaubavahetuse-puudujaak-oli-33-miljardit-eurot，检索日期：2023 年 4 月 28 日。

表 3　2022 年爱沙尼亚的主要贸易伙伴及相关进出口数据

单位：百万欧元，%

出口				进口			
国别及国家共同体	金额	占比	同比	国别及国家共同体	金额	占比	同比
总计	21262	100	17	总计	24527	100	23
欧盟	14791	70	21	欧盟	19192	78	31
欧元区	10959	52	22	欧元区	14762	60	32
非欧盟国家	6471	30	8	非欧盟国家	5335	22	0
1. 芬兰	3095	15	18	1. 芬兰	3945	16	41
2. 拉脱维亚	2999	14	64	2. 立陶宛	2537	10	41
3. 瑞典	1955	9	17	3. 德国	2451	10	21
4. 立陶宛	1302	6	24	4. 拉脱维亚	2400	10	35
5. 德国	1220	6	8	5. 俄罗斯	1803	7	-14
6. 美国	1161	5	-31	6. 瑞典	1727	7	22
7. 荷兰	844	4	-24	7. 波兰	1631	7	29
8. 俄罗斯	762	4	-1	8. 荷兰	1034	4	27
9. 挪威	754	4	32	9. 中国	953	4	34
10. 丹麦	645	3	12	10. 意大利	615	3	24

资料来源：爱沙尼亚国家统计局网站，https：//www. stat. ee/et/uudised/2022-aastal-kaubavahetus-kasvas-kaubavahetuse-puudujaak-oli-33-miljardit-eurot，检索日期：2023 年 4 月 16 日。

（三）劳动力市场情况

根据爱沙尼亚国家统计局的数据，2022 年爱沙尼亚劳动力参与率为 73. 3%，就业率为 69. 2%，其中 15 ~ 74 岁男性和女性的就业率分别为 71. 6%和 67%，与 2021 年相比均有所提升。就业人数为近年来最高，共计 677400 人，其中男性 341700 人，女性 335700 人。① 失业率连续两年下降，2022 年爱沙尼亚失业率为 5. 6%，接近 2017 年、2018 年的水平（见表 4）。

① 爱沙尼亚国家统计局网站，https：//www. stat. ee/et/uudised/tootute - arv - kahanes - teist - aastat-jarjest，检索日期：2023 年 4 月 30 日。

表 4　爱沙尼亚 2017~2022 年失业率

单位：%

年份	2017	2018	2019	2020	2021	2022
失业率	5.8	5.4	4.4	6.8	6.2	5.6

资料来源：爱沙尼亚国家统计局网站，https：//www.stat.ee/et/avasta-statistikat/valdkonnad/tooelu/tooturg/tootuse-maar，检索日期：2023 年 4 月 30 日。

2022 年爱沙尼亚月平均工资为 1685 欧元，同比增长 8.9%，涨幅为近年来最高。其中信息与通信行业（3035 欧元）、金融和保险行业（2708 欧元）以及能源行业（2392 欧元）月平均工资较高，房地产行业（1214 欧元）及住宿、餐饮行业（1058 欧元）月平均工资较低；住宿、餐饮行业（15.6%）以及制造业（13.2%）的月平均工资增长最快，卫生和社会福利（4.4%）以及其他服务活动（1.2%）的月平均工资增长较慢。①

2022 年 12 月 8 日，爱沙尼亚社会保障部批准上调最低工资，决定从 2023 年 1 月 1 日起，最低工资上调至每月 725 欧元，最低时薪上调至 4.3 欧元。爱沙尼亚目前的最低工资为每月 654 欧元，最低时薪为 3.86 欧元。此前爱沙尼亚工会联合会和雇主联合会于 9 月 29 日签署集体协议，通过调薪事项。根据税务和海关委员会的相关数据，2022 年的 8 个月内，有 15900 名全职员工的最低工资为每月 654 欧元，占受薪人员总数的 3.3%，此外，约有 17250 名全职员工的月平均工资为 655 欧元至 724 欧元，占受薪人员总数的 3.5%，而调薪将为国家预算带来至少 1600 万欧元的额外税收收入。②

三　外交与安全

受俄乌冲突的影响，2022 年爱沙尼亚在外交与安全政策上更加紧贴美

① 爱沙尼亚国家统计局网站，https：//www.stat.ee/et/uudised/keskmine-palk-mullu-kasvas-reaalpalk-aga-kahanes，检索日期：2023 年 4 月 29 日。

② 爱沙尼亚社会保障部网站，https：//sm.ee/uudised/tootasu-alammaar-touseb-2023-aastal-725-euroni，检索日期：2023 年 4 月 30 日。

国，积极参与并配合北约的军事行动，并增加国防预算，对俄关系不断恶化。

（一）与美国及北约的关系

发展与美国及北约的关系一直以来都是爱沙尼亚对外政策中的重要一环，与美国保持密切、多层次、多领域的交往是爱沙尼亚一直以来的重心。2022 年，适逢爱美建立外交关系 100 周年，爱沙尼亚与美国和北约之间在外交与安全领域的合作更为紧密。

2022 年 1 月 13 日，北约秘书长斯托尔滕贝格（Jens Stoltenberg）在布鲁塞尔与爱沙尼亚总统卡里斯会面后表示，感谢爱沙尼亚对北约活动的坚定支持，北约将保证爱沙尼亚的安全，使它比以往任何时候都更强大。[①] 3 月 1 日，斯托尔滕贝格访问爱沙尼亚，参观塔帕军事基地。

2022 年 3 月 8 日，美国国务卿布林肯（Antony Blinken）访问爱沙尼亚，并与爱沙尼亚总理卡拉斯、时任外交部长利梅茨（Eva-Maria Liimets）进行会晤，讨论俄乌冲突、欧洲安全局势及爱美关系等问题。布林肯强调，北约将捍卫北约成员国的每一寸领土，卡拉斯继续呼吁扩大对俄制裁，并表示重点必须是把俄罗斯从自由世界中完全孤立出来。[②]

2022 年 3 月 10 日，美国与爱沙尼亚举行联合军演，重点演练了反导防御等项目，演习中还用地面火力击落了无人机。[③] 7 月 15 日，五角大楼称，美国国务院已批准向爱沙尼亚出售总价约 5 亿美元的“海马斯”多管火箭炮及配套设备。[④]

---

① 爱沙尼亚国家广播电视台网站，https：//www. err. ee/1608464714/stoltenberg－nato－tagab－eesti－julgeolekui，检索日期：2023 年 4 月 30 日。

② 爱沙尼亚国家广播电视台网站，https：//www. err. ee/1608524318/fotod－usa－valisminister－antony－blinken－tallinnas，检索日期：2023 年 5 月 1 日。

③ 《美国与罗马尼亚和爱沙尼亚举行军演》，新华网，2022 年 3 月 11 日，http：//www. news. cn/mil/2022－03/11/c_1211603801. htm，检索日期：2023 年 4 月 29 日。

④ 《美国批准向爱沙尼亚出售“海马斯”火箭炮》，新华网，2022 年 7 月 18 日，http：//www. news. cn/mil/2022－07/18/c_1211667958. htm，检索日期：2023 年 4 月 29 日。

2022 年 7 月 28 日，爱沙尼亚庆祝美国和爱沙尼亚建立外交关系 100 周年。爱沙尼亚总统卡里斯和总理卡拉斯在纪念会上强调了两国在历史上的特殊纽带。卡里斯强调，无论是在爱沙尼亚独立初期，还是在如今乌克兰危机升级的背景下，两国的防务合作都至关重要。卡拉斯表示，爱沙尼亚非常重视与美国长达一个世纪的珍贵友谊，并强调如今爱沙尼亚与美国之间的关系比以往任何时候都更加牢固，因为两国都致力于捍卫和平、安全和民主。同时，她也对美国提供的军事支持表达感谢。①

（二）与俄罗斯的关系

随着乌克兰危机的升级，2022 年爱沙尼亚与俄罗斯的关系愈加恶化，外交争端频发。

2022 年 2 月 26 日，俄乌冲突爆发两天后，爱沙尼亚方面宣布将对俄罗斯航空公司关闭领空，总理卡拉斯呼吁欧盟其他国家照做，并在社交媒体上发文，声称西方必须在经济和政治上孤立俄罗斯。② 4 月 17 日，继关闭领空后，爱沙尼亚当局开始禁止俄罗斯船只进入其港口，2 月 24 日之后更改船只注册国的原俄罗斯籍船只也在禁令范围内。③ 8 月 11 日，爱沙尼亚宣布对持有该国签发的申根签证的俄罗斯公民关闭边境。④

除对俄关闭领空、港口和边境外，爱俄双方还互相驱逐外交官。

2022 年 3 月 18 日，爱沙尼亚外交部宣布驱逐 3 名俄罗斯外交官，并指控这些人参与破坏爱沙尼亚的安全，并进行为俄罗斯军事活动辩护的宣传。⑤ 作

---

① 爱沙尼亚国家广播电视台网站，https：//news. err. ee/1608669421/estonia-celebrates-100th-anniversary-of-us-estonian-relations，检索日期：2023 年 5 月 1 日。

② 爱沙尼亚国家广播电视台网站，https：//www. err. ee/1608513500/balti-riigid-sulgevad-oma-ohuruumi-vene-lennukitele，检索日期：2023 年 4 月 29 日。

③《爱沙尼亚宣布禁止所有俄罗斯籍船只进港》，观察者网，2022 年 4 月 17 日，https：//www. guancha. cn/internation/2022_04_17_635399. shtml，检索日期：2023 年 4 月 30 日。

④《爱沙尼亚宣布对俄公民关闭边境，有申根签证也不行!》，环球网，2022 年 8 月 11 日，https：//m. huanqiu. com/article/49CQfWFTvWh，检索日期：2023 年 4 月30 日。

⑤ 爱沙尼亚国家广播电视台网站，https：//www. err. ee/1608537043/eesti-saadab-riigist-valja-kolm-vene-saatkonna-tootajat，检索日期：2023 年 4 月 29 日。

为回应，3 月 29 日，俄罗斯宣布驱逐 3 名爱沙尼亚大使馆及其驻圣彼得堡总领事馆的外交人员。[①] 4 月 5 日，爱沙尼亚向俄罗斯驻爱沙尼亚大使弗拉基米尔·利帕耶夫（Vladimir Lipajev）递交外交照会，宣布将关闭俄罗斯驻纳尔瓦总领事馆和俄罗斯驻塔尔图大使馆领事办公室，并驱逐 14 名领事人员。[②] 对此，俄罗斯驻爱沙尼亚大使表示，爱沙尼亚驱逐俄罗斯外交人员是又一次的不友好行为，这将破坏两国的双边关系。[③]

（三）与乌克兰的关系

2022 年俄乌冲突爆发后，爱沙尼亚一直支持乌克兰。爱沙尼亚政府高层多次出访乌克兰，对乌克兰给予政治支持。2 月 22 日，卡里斯总统访问基辅，并会见乌克兰总统泽连斯基（Volodymyr Zelenskyy）及乌克兰总理什梅加尔（Denõs Šmõhal），卡里斯总统表示，爱沙尼亚将尽一切可能的方式支持乌克兰。[④] 2 月 24 日至 25 日，时任爱沙尼亚外长利梅茨同拉脱维亚、立陶宛外长一起访问基辅，就波罗的海国家对乌克兰的支持与乌克兰外长展开讨论。[⑤] 4 月 13 日，爱沙尼亚总统卡里斯与波兰、立陶宛和拉脱维亚总统一起访问基辅，表达他们对乌克兰人民的支持，并就向平民提供援助一事与乌克兰总统泽连斯基进行交谈。[⑥] 11 月 29 日，时任爱沙尼亚外长雷因萨鲁同拉脱维亚、立陶宛、芬兰、冰岛、挪威和瑞典外长抵达乌克兰

---

① 爱沙尼亚国家广播电视台网站，https：//www. err. ee/1608547879/venemaa-saatis-valja-10-balti-riikide-diplomaati，检索日期：2023 年 4 月 29 日。

② 爱沙尼亚国家广播电视台网站，https：//www. err. ee/1608555385/eesti-saadab-valja-14-venemaa-konsulaartootajat-sulgeb-peakonsulaadi-narvas，检索日期：2023 年 4 月 29 日。

③《俄驻爱沙尼亚大使：驱逐俄外交人员将破坏两国关系》，央视新闻客户端，2022 年 4 月 6 日，http：//content-static. cctvnews. cctv. com/snow-book/index. html? item_ id=5620819391002532736，检索日期：2023 年 4 月 29 日。

④ 爱沙尼亚国家广播电视台网站，https：//www. err. ee/1608508694/president-alar-karis-kinnitas-et-eesti-toetab-ukrainat-igal-voimalikul-moel，检索日期：2023 年 4 月 29 日。

⑤ 爱沙尼亚国家广播电视台网站，https：//www. err. ee/1608509768/eesti-valisminister-soidab-kiievisse-ukrainale-toetust-avaldama，检索日期：2023 年 4 月 30 日。

⑥ 爱沙尼亚国家广播电视台网站，https：//www. err. ee/1608563377/president-karis-kais-koos-poola-leedu-ja-lati-presidendiga-kiievis，检索日期：2023 年 4 月 30 日。

首都基辅，与乌克兰总统泽连斯基讨论进一步支持乌克兰的问题。

此外，爱沙尼亚还在政治、经济和军事上以多种方式支持乌克兰，其中包括向其提供近 4 亿欧元的军事援助和 2310 万欧元的人道主义援助，以及为超过 40000 名（占爱沙尼亚总人口的 3%以上）乌克兰战争难民提供临时保护。[①] 爱沙尼亚也是最早在乌克兰开始重建工作的国家之一。

四 与中国的关系

2022 年爱沙尼亚频现涉华不当言论，并宣布退出中国-中东欧国家合作机制。两国关系全面倒退。

2021 年底至 2022 年初，爱沙尼亚方面多次表示，爱沙尼亚政府方面将不会有领导人出席 2022 年 2 月在北京举行的冬季奥运会。对此，中国驻爱沙尼亚大使馆发言人回应称："根据奥运规则，各国政要出席奥运会由本国奥委会发出邀请，并非由主办国邀请。"中国驻爱沙尼亚大使馆同时表示，近期个别国家将北京冬奥会与所谓"政治因素"相联系，将体育运动政治化的言论"严重违背《奥林匹克宪章》确立的'体育运动政治中立'原则，同'更团结'的奥林匹克格言背道而驰"，表示"奥运会是广大运动员和体育爱好者的盛会，不是政客作秀表演的舞台"。"所谓新疆存在人权问题，完全是个别国家的政治操弄、无中生有，目的是抹黑中国和干扰北京冬奥会，其行径不得人心，注定失败。"中方"祝愿爱沙尼亚运动员在北京冬奥会上取得优异成绩"。[②]

2022 年 2 月 8 日，爱沙尼亚对外情报局发布 2022 年安全报告，其中再度出现涉华不当言论。2 月 16 日，中国驻爱沙尼亚大使馆发言人对此回应称："其涉华内容毫无事实依据，充满主观臆想、冷战思维和意识形态偏

① 爱沙尼亚外交部网站，https：//vm. ee/eesti-abi-ukrainale，检索日期：2023 年 5 月 15 日。

② 《中国驻爱沙尼亚使馆发言人就爱领导人宣布不出席北京冬奥会发表谈话》，中国驻爱沙尼亚大使馆，2021 年 12 月 13 日，http：//ee. china-embassy. gov. cn/chn/dssghd/202112/t20211214_10469366. htm，检索日期：2023 年 4 月 30 日。

见，恶意揣测中方善意，完全不负责任，中方对此表示强烈不满和坚决反对。”发言人表示，“中方欢迎一切建设性的意见和善意的批评，但绝不接受无中生有的恶意攻击和歪曲抹黑”，同时敦促对方“客观公正看待中国，停止散布虚假信息，停止破坏中爱关系”。①

中爱关系遇冷并未阻断爱沙尼亚赴华参与体育盛事的热情。2022 年北京冬季奥运会及冬残奥会举办期间，爱沙尼亚派出体育代表团参与奥运盛会，来自 8 个冬季项目的 26 名运动员参与冬季奥运会，轮椅冰壶队参与残奥会比赛。2 月 15 日，在北京冬奥会自由式滑雪女子坡面障碍技巧决赛中，爱沙尼亚滑雪名将凯莉·西尔达鲁（Kelly Sildaru）以 82.06 分的成绩夺得铜牌。

2022 年 8 月 11 日，爱沙尼亚外交部发表声明，宣布退出中国-中东欧国家合作机制，并表示爱沙尼亚将继续致力于与中国建立建设性和务实性关系，其中包括按照所谓的基于规则的国际秩序和人权等价值观推进欧盟与中国的双边关系。事实上，此前已有多位爱沙尼亚政府要员对中国-中东欧国家合作机制发表过误解与质疑性言论，但表示愿以欧盟-中国合作的模式而非中国-中东欧国家合作的模式与中国发展双边关系。②

2022 年中爱进出口贸易总额约为 11.64 亿欧元，同比增长 28%，其中爱对华出口总额约为 2.1 亿欧元，同比增长 8.19%；爱自华进口总额约为 9.54 亿欧元，同比增长 34.1%。爱对华贸易逆差约为 7.44 亿欧元。通信及设备在进口和出口商品中的比重均为最大，分别为 10.8%和 16.3%。③

---

① 《驻爱沙尼亚使馆发言人就爱对外情报局 2022 年安全报告涉华内容发表谈话》，中国驻爱沙尼亚大使馆，2022 年 2 月 16 日，http://ee.china-embassy.gov.cn/chn/dssghd/202202/t20220217_10642884.htm，检索日期：2023 年 4 月 16 日。

② 爱沙尼亚国家广播电视台网站，https://www.err.ee/1608682240/eesti-otsustas-lahkuda-hiina-ja-ida-euroopa-koostooformaadist，检索日期：2023 年 4 月 30 日。

③ 爱沙尼亚国家统计局网站，https://valiskaubandus.stat.ee/profile/partner/cn，检索日期：2023 年 4 月 30 日。

B.9
保加利亚

詹彦怡　卢梓源*

摘　要： 2022年，保加利亚国内政坛不稳定局势延续。2021年底上台的"我们继续变革"联盟不到半年便被弹劾，2022年全年共经历六次组阁，均以失败告终。2月底爆发的俄乌冲突对保加利亚全年的经济和外交产生了决定性影响。虽然宏观经济状况有所改善，但通货膨胀高企。由于俄罗斯对保断气，保天然气、燃油和电力价格上涨，影响正常生产生活。保加利亚当局反俄立场坚定，驱逐70名俄罗斯外交官，年底决定直接对乌克兰实施军事援助。大量乌克兰难民涌入保加利亚，保政府进行人道主义救助和拨款扶持，民怨四起。年底，由于荷兰和奥地利的反对，欧盟委员会再次驳回保加利亚加入申根区的请求。2022年国际形势多变，国际关系复杂，全球经济复苏乏力，但中保关系始终保持健康稳定发展，双边贸易额逆势增长，文化教育领域的交流合作向更深更广发展。

关键词： 2022年保加利亚大选　申根　天然气　通货膨胀　乌克兰难民

* 詹彦怡，北京外国语大学欧洲语言文化学院保加利亚语专业教师，主要研究方向为保加利亚、世界文学；卢梓源，北京外国语大学欧洲语言文化学院巴尔干研究专业研究生。

一　国内政治形势

（一）2022年保加利亚大选：佩特科夫政府被推翻，六次组阁均以失败告终

2022 年，保加利亚国内政治波动明显，总体上延续了 2021 年“大选年”的趋势。2021 年底上台、执政仅 6 个月的佩特科夫政府因不信任案而下台，总统拉德夫（Румен Радев）随即启动组阁程序，然而三次组阁均以失败告终。8 月，总统解散议会并成立以多内夫（Гълъб Донев）为看守总理的第八届看守政府。10 月，保加利亚举行第 48 届国民议会[①]选举，保加利亚“争取欧洲发展公民党”（Граждани за Европейско Развитие на България，简称“公民党”）胜出，但因各政党尖锐对立，互不妥协，最终未能组建常规政府，重要时间节点梳理如下。

2022 年 6 月 8 日，保加利亚政党“有这样的人民”党（Има Такъв Народ）[②] 因预算资金和北马其顿入盟问题退出执政联盟，导致执政联盟无法在国民议会形成 121 票有效多数。6 月 22 日，保加利亚国民议会以 123 票赞成、116 票反对的结果通过了对佩特科夫政府的不信任案，[③] 执政仅 6 个月的亲美联合政府被推翻。

佩特科夫递交辞呈后，保加利亚遂开启组阁程序。根据宪法规定，具备

---

① 保加利亚每通过一次议会选举产生一届国民议会即将之编入序列，2021 年第三次大选产生了第 47 届国民议会，2022 年 10 月 2 日的大选产生了第 48 届国民议会。保加利亚对政府的编号也是如此。

② 又译为“有这样一个民族”党。

③ 德国之声网站（保加利亚语版），2022 年 6 月 22 日，https://www.dw.com/bg/%D0%BF%D1%80%D0%B0%D0%B2%D0%B8%D1%82%D0%B5%D0%BB%D1%81%D1%82%D0%B2%D0%BE%D1%82%D0%BE-%D0%BF%D0%B0%D0%B4%D0%BD%D0%B0-%D0%B2%D0%BE%D1%82%D1%8A%D1%82-%D0%BD%D0%B0-%D0%BD%D0%B5%D0%B4%D0%BE%D0%B2%D0%B5%D1%80%D0%B8%D0%B5-%D0%B1%D0%B5%D1%88%D0%B5-%D1%83%D1%81%D0%BF%D0%B5%D1%88%D0%B5%D0%BD/a-62223099，检索日期：2022 年 2 月 23 日。

组阁资格的政党或政党联盟共有三次组阁机会。“我们继续变革”联盟（Продължаваме Промяната，简称“变革党”）获得优先组阁权，但以4票之差未能获得半数议员的支持。在之后两次组阁中，公民党和保加利亚社会党（Българска Социалистическа Партия，简称“社会党”）相继退还组阁权，三次组阁均以失败告终。在此期间佩特科夫政府仍有政治决策权。

2022年8月1日，总统拉德夫签署法令，宣布自8月2日起解散第47届国民议会并组建以多内夫为看守总理的第八届看守政府，其工作重点为在俄乌冲突的背景下维护国家安全，保证能源供应，克服粮食危机，打击腐败行为，以及确保选举公平。[①]

2022年10月2日，保加利亚举行第48届国民议会选举，[②] 这已是保加利亚自2021年以来的第四次大选。公民党以25.3%的得票率成为议会第一大党，获得67个议席。变革党紧随其后，获得20.2%的选票（53个议席）。“争取权利与自由运动”（Движение за Права и Свободи）党以13.8%的选票排名第三，获得36个议席。[③]

历经一轮政治磋商，2022年12月5日，总统拉德夫将第一次组阁权授予议会最大政党公民党的候选总理加布罗夫斯基（Николай Габровски），但是议会以113票赞成、125票反对的结果否决了公民党组建专家型政府的方案，保加利亚第48届政府的第一次组阁失败。[④] 2023年1月6日，议会第二大党变革党与社会党、“民主保加利亚”（Демократична България）党和“保加利亚崛起”（Bulgarian Rise）党共同起草的执政宣言未能在议会通

① 保加利亚政府官网，2022年8月1日，https：//www.gov.bg/bg，检索日期：2023年2月23日。

② 此处及本段所有引用数据均来源于保加利亚中央选举委员会网站，https：//results.cik.bg/，检索日期：2023年2月23日。

③ 其后依次为复兴党（Възраждане）（10.2%，27席）、社会党（9.3%，25席）、“民主保加利亚”党（7.4%，20席）和新成立的“保加利亚崛起”党（4.6%，12席）。值得注意的是，前执政联盟中的政党“有这样的人民”党的得票率仅为3.83%，未超过4%，失去进入议会的资格。

④ 保加利亚国家电视台网站，2022年12月14日，https：//bntnews.bg/news/deputatite-ne-prieha-proektokabineta-gabrovski-hronologiya-1217072news.html，检索日期：2023年2月23日。

过，第二次组阁失败。1 月 20 日，社会党宣布未能在第三次组阁任务期限内组建多数人支持的常规政府，至此三次组阁均失败。

（二）国民议会永久关闭为打击有组织犯罪特设的“特别法庭”

2022 年 4 月 14 日，保加利亚国民议会通过对《司法机构法》修订案二读，永久关闭为打击有组织犯罪特设的“特别法庭”（Спецсъд），这些被关闭的“特别法庭”包括专门刑事法院、上诉专门刑事法院、专门检察官办公室和上诉专门检察官办公室。[①]“特别法庭”成立于 2010 年，主要业务为审查与有组织犯罪集团所犯罪行有关的案件，但成立以来没有一个主要政客或核心政府成员被最终定罪。

二 经济发展状况

（一）宏观经济数据

2022 年，根据保加利亚国家统计局数据，保加利亚按生产力水平计算的国内生产总值（GDP）为 1653.84 亿列弗，约合 845.56 亿欧元，同比上升 3.4%；人均 GDP 达到 24252 列弗，约合 12399.41 欧元。2022 年总增加值（GVA）为 1456.14 亿列弗，约合 744.49 亿欧元，同比上升 3.4%。[②] 各季度 GDP 及同比涨幅如图 1 所示。

2022 年，保加利亚总就业人口为 315.5 万人，其中男性占比为 53.3%，女性占比为 46.7%。15~64 岁人口，经济活动参与率为 73.6%，同比增长 1.6%；就业率为 70.4%，同比增长 2.3%。总失业人口为 14.04 万人，失业

① 保加利亚新闻网站 investor.bg，2022 年 4 月 14 日，https://www.investor.bg/a/332-ikonomika-i-politika/350262-parlamentat-zakri-okonchatelno-spetssada-i-spetsprokuraturata，检索日期：2023 年 2 月 26 日。

② 保加利亚国家统计局官网，https://www.nsi.bg/sites/default/files/files/pressreleases/FlashEstGDP2022q4_JG2F4FT.pdf，检索日期：2023 年 5 月 16 日。

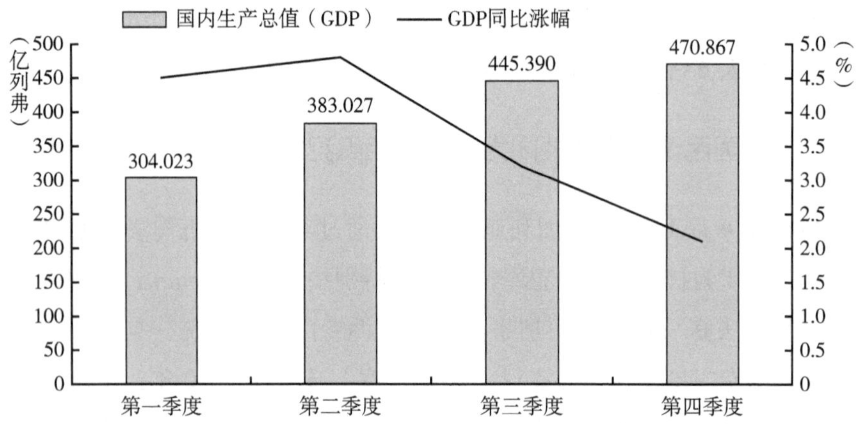

图 1　2022 年保加利亚各季度 GDP 及同比涨幅

资料来源：保加利亚国家统计局官网，https：//nsi. bg/bg/search/node? keys =% D0% 91%D1%80%D1%83%D1%82%D0%B5%D0%BD+%D0%B2%D1%8A%D1%82%D1%80%D0%B5%D1%88%D0%B5%D0%BD+%D0%BF%D1%80%D0%BE%D0%B4%D1%83%D0%BA%D1%82+2022，检索日期：2023 年 2 月 26 日。

率为 4. 3%，同比下降 1%。[①] 2022 年，保加利亚年平均工资为 21128 列弗，约合 10801. 08 欧元。[②]

2022 年 12 月，保加利亚工业生产指数同比增长 2. 1%，环比下降 0. 8%。[③] 根据欧盟统计局发布的经季节性调整的工业生产报告，2022 年 7 月、8 月，保工业生产指数增长率居欧盟首位。7 月，保加利亚工业生产指数增长率达到了近 18%的历史最高位，8 月略放缓至 16. 5%。反观其他国

① 保加利亚国家统计局官网，https：//www. nsi. bg/sites/default/files/files/pressreleases/LFS 2022q4_ XFVFK9R. pdf，检索日期：2023 年 5 月 16 日。

② 保加利亚国家统计局官网，https：//nsi. bg/bg/content/3958/%D0%BD%D0%B0%D1%86%D0%B8%D0%BE%D0%BD%D0%B0%D0%BB%D0%BD%D0%BE-%D0%BD%D0%B8%D0%B2%D0%BE-%D0%B8%D0%BA%D0%BE%D0%BD%D0%BE%D0%BC%D0%B8%D1%87%D0%B5%D1%81%D0%BA%D0%B8-%D0%B4%D0%B5%D0%B9%D0%BD%D0%BE%D1%81%D1%82%D0%B8-%D1%84%D0%BE%D1%80%D0%BC%D0%B0-%D0%BD%D0%B0-%D1%81%D0%BE%D0%B1%D1%81%D1%82%D0%B2%D0%B5%D0%BD%D0%BE%D1%81%D1%82-%D0%BF%D0%BE%D0%BB，检索日期：2023 年 7 月 3 日。

③ 保加利亚国家统计局官网，https：//www. nsi. bg/sites/default/files/files/pressreleases/IPI_ SAWDA_ 2022-12_ ZI4IC53. pdf，检索日期：2023 年 2 月 26 日。

家，7 月，欧盟国家和欧元区国家工业生产指数环比分别下降 1.5%和 2.3%，8 月分别增长 1.1%和 1.5%。①

（二）通货膨胀高企，天然气、电力、燃油价格上涨

2022 年，保加利亚通货膨胀高企，通胀率自 2 月起连续 11 个月超 10%。保加利亚年通货膨胀率达到 15.3%，各月的年通货膨胀率如图 2 所示。各类商品和服务的价格均有不同程度的上涨，其中涨幅较大的有：交通价格同比上涨 22.7%，食品和无酒精饮品价格同比上涨 22%，住房、水、电、气和其他燃料价格同比上涨 19.7%，餐旅店价格同比上涨 17.6%，家居摆设、家用电器及配件和日常家庭维护服务价格同比上涨 11.6%。②

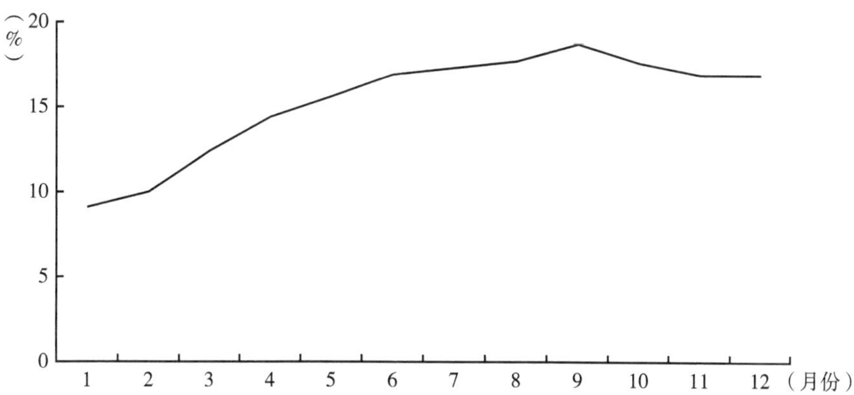

图 2　2022 年保加利亚各月的年通货膨胀率

资料来源：保加利亚国家统计局官网，https://nsi.bg/bg/search/node? keys =%D0%91%D1%80%D1%83%D1%82%D0%B5%D0%BD+%D0%B2%D1%8A%D1%82%D1%80%D0%B5%D1%88%D0%B5%D0%BD+%D0%BF%D1%80%D0%BE%D0%B4%D1%83%D0%BA%D1%82+2022，检索日期：2023 年 2 月 26 日。

① Euractiv，2022 年 10 月 13 日，https://www.euractiv.com/section/all/short_ news/bulgaria-tops-eu-industrial-production-growth-charts-2022/，检索日期：2023 年 2 月 26 日。

② 保加利亚国家统计局官网，https://www.nsi.bg/bg/content/2518/%D1%81%D1%80%D0%B5%D0%B4%D0%BD%D0%BE%D0%B3%D0%BE%D0%B4%D0%B8%D1%88%D0%BD%D0%B8-%D0%B8%D0%BF%D1%86-%D0%BF%D1%80%D0%B5%D0%B4%D1%85%D0%BE%D0%B4%D0%BD%D0%B0%D1%82%D0%B0-%D0%B3%D0%BE%D0%B4%D0%B8%D0%BD%D0%B0-100，检索日期：2023 年 5 月 17 日。

受俄乌冲突的影响，2022 年保加利亚天然气、电力、燃油价格持续上涨。天然气价格从 1 月的 133.41 列弗（约合 72.19 美元）/兆瓦时涨至 12 月的 146.09 列弗（约合 79.05 美元）/兆瓦时，9 月价格一度攀升至 353.21 列弗（约合 191.13 美元）/兆瓦时，其他月份的天然气价格如图 3 所示。汽油是保加利亚国内最多人选择使用的燃油，A95 价格上涨 0.16 列弗（约合 0.087 美元）/升，涨幅为 6.6%；普通柴油价格上涨 0.57 列弗（约合 0.31 美元）/升，涨幅为 23.07%；甲烷价格上涨 0.84 列弗（约合 0.46 美元）/升，涨幅为 33.07%。①

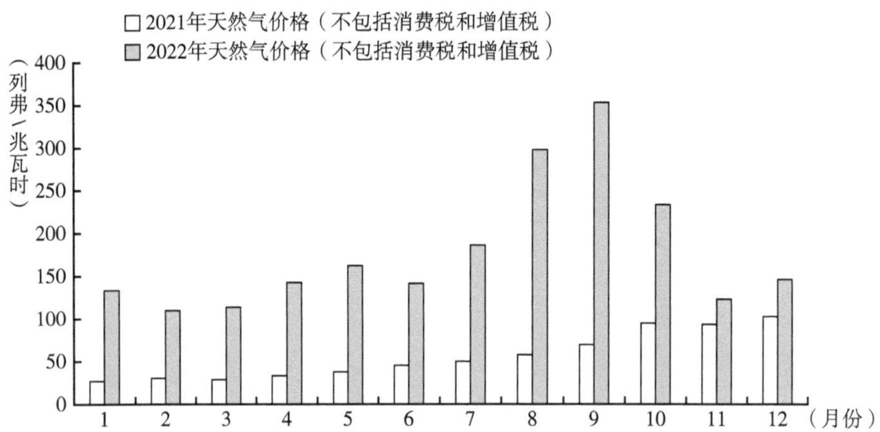

图 3　2021 年和 2022 年保加利亚天然气价格

资料来源：Bulgargaz EAD 官网，https：//www. bulgargaz. bg/bg/uslugi/tseni-41，检索日期：2023 年 2 月 28 日。

（三）通胀率不达标，保加利亚加入欧元区计划再次延后

由于国内经济指数不符合欧元区通货膨胀标准，加之在通过必要的立法方面行动滞后，保加利亚无缘于 2024 年 1 月 1 日加入欧元区。根据《马斯特里赫特条约》规定的标准，凡希望加入欧洲经济货币联盟的国家，其通

① 保加利亚 fuelo 网站，https：//bg. fuelo. net/prices/date/2022-12-22? lang=bg，检索日期：2023 年 2 月 28 日。

货膨胀率不得超过通货膨胀率最低的三个成员国的平均值 1.5 个百分点，而保加利亚 2022 年的通胀率远高于欧元区通胀率最低的三个国家。[①] 根据保加利亚财政部的消息，保加利亚加入欧元区的日期被推迟至 2025 年 1 月 1 日。[②]

三　外交与安全

2022 年，保加利亚外交与安全领域的重大事件多与俄乌冲突有关。2022 年 2 月爆发的俄乌冲突对保加利亚全年的外交与安全政策产生了决定性影响。在俄乌冲突中，保加利亚一直坚定自身作为欧盟和北约成员国的立场，支持乌克兰，明确反俄，保俄关系一度恶化，发生俄罗斯单方面对保加利亚断气及保加利亚驱逐俄罗斯外交官的事件。而保加利亚对乌克兰的支持也从人道主义支持升级为直接提供武器援助。此外，由于荷兰和奥地利的反对，2022 年底，欧盟委员会仍未批准保加利亚加入申根区。

（一）俄罗斯暂停向保加利亚供应天然气，保寻求能源供给替代方案

2022 年 4 月 27 日，俄罗斯天然气工业股份公司宣布，因没有收到保加利亚用卢布结算的货款，自当日起暂停向保加利亚供应天然气。[③] 保加利亚能源部表示，保加利亚按现有协议规定的方式支付款项，俄罗斯此举为单方

---

① 2022 年欧元区通胀率最低的三个国家分别是西班牙（5.5%）、卢森堡（6.2%）和法国（6.7%）。欧盟统计局，2023 年 1 月 18 日，https：//ec.europa.eu/eurostat/documents/2995521/15725179/2-18012023-AP-EN.pdf/e301db8f-984c-27e2-1245-199a89f37bca，检索日期：2023 年 2 月 26 日。

② Euractiv，2023 年 2 月 18 日，https：//www.euractiv.com/section/economy-jobs/news/bulgaria-gives-up-its-goal-to-join-eurozone-in-2024/，检索日期：2023 年 2 月 26 日。

③ 俄乌冲突发生后，为应对北约和美西方的经济制裁，俄罗斯天然气工业股份公司要求自 2022 年 4 月 1 日起以俄罗斯卢布为天然气的结算货币。

面违约。保俄天然气公司之间签署的协议有效期至2022年底，保加利亚虽然在天然气来源方面对俄高度依赖，但断气初期也出于政治选择决定不再续签协议。但随着保加利亚国内外政治局势的变动，政府的态度有所动摇，9月，保加利亚与俄罗斯天然气公司的谈判重新启动，但最终也没有促成协议的续签，保加利亚只实现了根据双方原有协议中所规定的价格区间在协议有效时间范围内（2022年12月31日前）继续从俄罗斯进口天然气。据媒体报道，根据保加利亚国家统计局的数据分析，在俄单方面断气后，保加利亚仍在进口俄罗斯天然气；保加利亚全年进口天然气总量下降60%，但从俄进口天然气的总价值与2021年相比不降反升，增加约1亿欧元。①

2022年7月28日，已被国民议会弹劾的佩特科夫政府在正式移交执政权之前有意与美国切尼尔（Cheniere）能源公司签订7艘油轮的液化石油气进口合同，具体报价文件由于8月1日接管政务的看守政府签署。② 但在看守政府于8月19日与美方企业签署的合同中，双方仅敲定了1艘油轮液化石油气的进口，商定液化石油气于10月经由土耳其管道输送到保加利亚，原因是使用液化石油气的插槽过于昂贵，保加利亚仍倾向于寻求土耳其或阿塞拜疆的天然气供应。③

经过保希超10年的谈判，2022年10月1日，保加利亚与希腊的天然气管道终于启用。保加利亚将从阿塞拜疆经由希腊管道进口天然气，单日管道进气量约为29171兆瓦时，整月预测量约为88.88万兆瓦时，约占保加利亚能源需求的1/3。因管道开通，保阿签订长期购气合同，天然气购入价格下降了34%。欧盟委员会主席冯德莱恩（Ursula von der Leyen）表示，保希天然气管

① Euractiv，2023年2月23日，https：//www.euractiv.com/section/politics/news/russia-became-bulgarias-largest-importer-in-2022/，检索日期：2023年2月26日。

② 保加利亚新闻网站 investor.bg，2022年7月28日，https：//www.investor.bg/a/472-energetika/357124-pravitelstvoto-v-ostavka-predlaga-dogovor-za-vnos-na-7-tankera-s-vtechnen-gaz，检索日期：2023年2月26日。

③ 保加利亚《当下报》新闻网站，2022年8月19日，https：//www.segabg.com/hot/category-economy/vmesto-7-us-tankera-gaz-pravitelstvoto-porucha-edin，检索日期：2023年2月26日。

道的启用标志着保加利亚和东南欧进入“新纪元”，改善了保加利亚的艰难处境，维护了欧洲的能源安全，实现了不再依赖俄罗斯的“天然气自由”。①

（二）保加利亚驱逐70名俄罗斯外交官

2022 年 6 月 28 日，佩特科夫政府在正式移交执政权之前决定驱逐 70 名俄罗斯驻保加利亚的外交官，理由是其从事的活动对保加利亚国家安全构成威胁。佩特科夫对媒体表示，怀疑俄罗斯外交人员在保从事间谍活动，对保政府网站进行混合攻击，利用其在能源和军火业务上的影响力以各种可能的方式来破坏保加利亚民主制度。② 保加利亚外交部要求被驱逐的俄罗斯外交官于 7 月 3 日 24 时前离境，同时要求俄驻保使团工作人员的人数不得超过保驻俄使团人数，即最多为 23 名外交人员和 25 名行政技术人员。③ 2022 年俄乌局势恶化后，驱逐俄方外交人员是欧盟成员国采取的一致举措，而保加利亚下令驱逐的俄外交官人数最多，也创下了保有史以来一次性命令离境的外交官人数的纪录。④

2022 年 8 月 5 日，俄罗斯外交部召见保加利亚驻俄大使，宣布保加利亚驻莫斯科、圣彼得堡和叶卡捷琳堡使领馆以及保加利亚驻莫斯科工业中心的 4 名保加利亚外交人员及 10 名行政技术人员为“不受欢迎的人”，命其在 120 小时内离境。俄方表示，保加利亚 6 月 28 日对俄外交官的驱逐令明显违背《维也纳外交关系公约》，此举是对保方行为的回应。⑤

---

① 本段数据及引用文字均来源于保加利亚《资本报》新闻网站，2022 年 10 月 1 日，https：//www. capital. bg/biznes/energetika/2022/09/28/4396041_ sled_ vtoroto_ otkrivane_ na_ interkonektora_ s_ gurciia_ gaz/，检索日期：2023 年 2 月 26 日。

② 保加利亚新闻网站 mediapool. bg，2022 年 6 月 28 日，https：//www. mediapool. bg/bulgaria-shte-izgoni-70-ruski-diplomati-navednazh-obnovena-news337163. html，检索日期：2023 年 2 月 26 日。

③ 保加利亚外交部官网，2022 年 6 月 28 日，https：//www. mfa. bg/bg/news/34391，检索日期：2023 年 2 月 26 日。

④ 保加利亚新闻网站 factcheck. bg，2022 年 6 月 28 日，https：//factcheck. bg/izgonvaneto-na-70-ruski-diplomati-ot-balgariya/，检索日期：2023 年 2 月 26 日。

⑤ 保加利亚外交部官网，2022 年 8 月 5 日，https：//www. mfa. bg/bg/news/34714，检索日期：2023 年 2 月 26 日。

（三）保加利亚正式为乌克兰提供直接军事援助

2022 年 3 月 18 日，美国国防部长奥斯汀（Lloyd Austin）访问保加利亚，要求保加利亚为乌克兰提供武器，尤其是 S-300 防空导弹系统，因为北约成员国中只有斯洛伐克、保加利亚和希腊拥有苏联的 S-300 防空导弹系统，但希腊的系统版本与乌克兰此前使用的有所不同，并非最佳选项，可选的只有斯洛伐克和保加利亚。当天，保加利亚总理和总统都明确表示不会提供任何武器。但随着保加利亚国内政治局面变动，大国外部势力施压，11 月 3 日，在保加利亚国民议会多数党派支持的情况下，议会最终通过了对乌克兰直接提供军事援助的提案。12 月 9 日，议会以 148 票“支持”、46 票“反对”和 1 票“弃权”通过了援乌武器清单，具体内容加密。① 但据俄罗斯《消息报》和德国《世界报》2023 年 1 月的报道，虽然保加利亚与乌克兰一直没有签署正式的武器援助协议，但保加利亚自 2022 年春起就一直通过其他北约国家的中介机构秘密向乌克兰供应武器、弹药及柴油。②

（四）保加利亚无缘于2023年加入申根区

根据欧洲议会于 2022 年 10 月 18 日以压倒性票数通过的决议，欧盟委员会应在 2022 年底前通过关于保加利亚和罗马尼亚加入申根区的决定。③ 但由于荷兰和奥地利的反对，12 月 8 日，欧盟委员会驳回了保加利亚加入申根区的请求。重要时间节点梳理如下。

2022 年 3 月，为加强互信并确认 2011 年以来有关申根规则落实的新进展，保加利亚和罗马尼亚与欧盟委员会发表了一份联合声明。两国在欧盟委

① 保加利亚新闻网站 actualno. com，2022 年 12 月 9 日，https：//www. actualno. com/politics/okonchatelno- izprashtame - oryjie - na - ukrajna - parlamentyt - odobri - tajnija - spisyk - news _ 1860544. html，检索日期：2023 年 2 月 26 日。

② 《保加利亚“秘密援乌”行动曝光：曾提供武器弹药柴油》，新浪军事，2023 年 1 月 23 日，https：//mil. news. sina. com. cn/world/2023-01-24/doc-imyceezm4789626. shtml，检索日期：2023 年 2 月 26 日。

③ 保加利亚新闻网站 Dnevnik，2022 年 10 月 8 日，https：//www. dnevnik. bg/evropa/2022/10/18/4404360_ evropeiskiiat_ parlament_ prizova_ za_ priemaneto_ na/，检索日期：2023 年 4 月 5 日。

员会的协调下，自愿邀请专家小组调研申根规则的最新适用情况。10 月，经专家小组证实，两国在落实申根规则方面表现优异，不仅持续执行申根新规，还全面深化了申根架构的应用。①

2022 年 10 月 18 日，欧洲议会敦促申根区各成员国“毫不拖延地”允许保加利亚和罗马尼亚成为欧盟无边界申根区的一部分。10 月 20 日，荷兰议会通过决议，反对保加利亚和罗马尼亚加入申根区，原因是“（两国的加入）会给有关国家的边境管制带来严重问题，从而对荷兰和整个申根区的安全构成风险”。②

2022 年 11 月 16 日，欧盟委员会再次呼吁申根区各成员国政府在 12 月的投票中同意保加利亚、罗马尼亚和克罗地亚三国加入申根区。根据欧盟内政事务专员公布的调查报告，三国已经达到加入申根区的标准。③

2022 年 12 月 2 日，奥地利因“移民危机”反对保加利亚和罗马尼亚加入申根区。奥地利总理表示，40%的偷渡者和人口走私犯从土耳其经保加利亚—罗马尼亚—匈牙利路线进入欧盟，最后抵达奥地利，因此“奥地利目前不同意将申根区扩展到罗马尼亚和保加利亚”。④

2022 年 12 月 8 日，欧盟理事会驳回了保加利亚和罗马尼亚加入申根区的申请。奥地利反对保加利亚和罗马尼亚的申请，而荷兰只反对保加利亚加入申根区。保加利亚总统拉德夫呼吁，保加利亚越快加入申根区，就能越快地将部队和资金从与希腊和罗马尼亚的边境转移到欧盟与土耳其的外部边界。⑤

---

① 欧盟委员会，2022 年 11 月 16 日，https：//ec. europa. eu/commission/presscorner/detail/en/ip_22_ 6945，检索日期：2023 年 2 月 23 日。

② Euractiv，2022 年 10 月 21 日，https：//www. euractiv. com/section/justice-home-affairs/news/dutch-parliament-votes-against-bulgaria-and-romania-joining-schengen/，检索日期：2023 年 2 月 23 日。

③ Euractiv，2022 年 11 月 16 日，https：//www. euractiv. com/section/justice-home-affairs/news/eu-ministers-must-welcome-croatia-bulgaria-and-romania-to-schengen/，检索日期：2023 年 2 月 23 日。

④ 德国之声网站（西班牙语版），2022 年 12 月 2 日，https：//www. dw. com/es/austria-rechaza-acceso-a-schengen-de-rumania-y-bulgaria/a-63973723，检索日期：2023 年 2 月 23 日。

⑤ 保加利亚国家电视台网站，2022 年 12 月 8 日，https：//bntnews. bg/news/radev-kolkoto-po-barzo-se-prisaedinim-kam-shengen-tolkova-po-barzo-shte-mozhe-da-zasilim-ohranata-na-granicata-s-turciya-1216504news. html，检索日期：2023 年 2 月 23 日。

四 社会与文化

（一）乌克兰难民涌入，政府援助政策引发社会不满

2022 年 2 月底俄乌冲突爆发后，大量乌克兰难民涌入保加利亚。据联合国难民事务高级专员公署（UNHCR）驻保加利亚代表披露，2022 年共有约 110 万名乌克兰难民过境保加利亚，超过 15 万人在保登记申请临时庇护。① 截至 2022 年 12 月 7 日，还有 5.1 万名乌克兰难民在保，以妇女和儿童为主。②

保加利亚政府对乌克兰难民施以援手，很快通过了对乌克兰难民的人道主义援助政策，宣布从 2022 年 3 月起为接待难民的酒店每日补贴 40 列弗/人的食宿费。除食宿补贴外，保加利亚政府还设立“团结”（Солидарност）项目以帮助难民获取经济收入。截至 2022 年 10 月 6 日，申请临时庇护的难民共签署了 9167 份就业合同。③

保加利亚政府难民收容政策及接待酒店补助金额公布后，引发社会强烈不满。公众在社交网络、网络论坛等处宣泄不满情绪，认为政府应该首先考虑提高本国公民生活质量和福利的政策，而不应该将有限的资源大量投入难民援助。民众最为不满之处在于难民补贴金额超过了本国公民的特殊补贴和平均收入：2022 年初政府给老年人发放的新冠疫情补贴仅为每月 60 列弗/人，儿童补助金也仅为每月 40 列弗/人，都与酒店每日 40 列弗/人的补贴金额相

---

① 保加利亚国家广播台官网，2023 年 2 月 22 日，https：//bnr.bg/radiobulgaria/post/101783573/za-edna-godina-prez-balgaria-sa-preminali-nad-edin-milion-ukrainski-bejanci，检索日期：2023 年 4 月 6 日。

② 保加利亚政府下设乌克兰难民援助事务官网，https：//ukraine.gov.bg/bg/，检索日期：2022 年 12 月 7 日。

③ 保加利亚新闻网站 investor.bg，2022 年 10 月 6 日，https：//www.investor.bg/a/516-politika/361468-87-ot-ukraintsite-na-koito-balgariya-e-predostavila-zashtita-sa-zheni-i-detsa，检索日期：2023 年 2 月 26 日。

距甚远；一个月的难民收容补贴是 1200 列弗/人，而保加利亚公民的平均月收入仅为 710 列弗。[①]

2022 年 6 月，执政仅 6 个月的联合政府下台，受保加利亚国内政治变动影响，难民援助费用大幅缩减，参与难民住宿计划的酒店数量也有所减少，政府给酒店的补贴减少为每日 10～15 列弗/人，[②] 此政策一直延续至 2022 年末。

（二）逐步放松疫情管控至全面解禁

2022 年 2 月，保加利亚首席卫生检察官呈上报告，认为新冠疫情对公众健康的危害已显著降低，建议分三步逐步放松疫情相关的限制措施。第一步是自 2 月 22 日起，由保加利亚民营场所的所有人或负责人自行决定是否仍然需要访客出示“绿色通行证”，并放宽对于中小学校线下教学的人数限制。第二步是自 3 月 10 日起，保加利亚取消原来对世界各国的疫情分级中“深红”区域的标识，保加利亚各社会场所的访客均不再需要出示“绿色通行证”。自 3 月 21 日起，各社会场所的工作人员也不再需要出示“绿色通行证”；保进一步放宽对高校和中小学线下教学的限制，允许 50%的课程线下进行，至此疫情管控放开的第二步完成。第三步是 4 月 1 日，保加利亚政府和卫生部宣布解除国家紧急状态并取消了大部分限制性社会措施，但仍建

---

① 保加利亚新闻网站 OFFNews. bg，2022 年 3 月 10 日，https：//offnews. bg/analizi-i-komentari/ne-ne-se-davat-po-40-lv-na-den-na-bezhanetc-a-na-priiutilite-gi-hot-772128. html，检索日期：2023 年 2 月 26 日。

② 保加利亚新闻网站 nova. bg，2022 年 6 月 1 日，https：//nova. bg/news/view/2022/05/23/369838/%D1%89%D0%B5-%D0%BF%D1%80%D0%BE%D0%B4%D1%8A%D0%BB%D0%B6%D0%B0%D1%82-%D0%BB%D0%B8-%D1%85%D0%BE%D1%82%D0%B5%D0%BB%D0%B8%D0%B5%D1%80%D0%B8%D1%82%D0%B5-%D0%B2-%D1%81%D0%BB%D1%8A%D0%BD%D1%87%D0%B5%D0%B2-%D0%B1%D1%80%D1%8F%D0%B3-%D0%B4%D0%B0-%D0%BF%D1%80%D0%B8%D0%B5%D0%BC%D0%B0%D1%82-%D0%B1%D0%B5%D0%B6%D0%B0%D0%BD%D1%86%D0%B8-%D1%81%D0%BB%D0%B5%D0%B4-1-%D1%8E%D0%BD%D0%B8/，检索日期：2023 年 2 月 26 日。

议 80 岁以上人群积极接种疫苗。自 4 月 12 日起，取消来自保加利亚周边国家[①]旅客的防疫入境限制，即除签证必需材料外不再需要旅客出示疫苗注射证明、核酸或抗原阴性证明；取消对世界各国的疫情分级。自 5 月 1 日起，取消来自其他国家旅客的防疫入境限制，防疫政策完全取消。

五　与中国的关系

2022 年国际形势多变，国际关系复杂，全球经济复苏乏力，但中保关系始终保持健康稳定发展，双边贸易额逆势增长，文化教育领域的交流合作朝更深更广方向发展。

2022 年，中保关系经受住了新一轮考验，8 月，佩洛西窜访中国台湾地区，台海局势紧张之际，保加利亚在涉及中国核心利益的问题上秉持了公正的立场，坚持一个中国原则。

经贸往来方面，2022 年，在全球经济下行的总趋势下，2022 年中保双边贸易额达 41.2 亿美元，同比增长 0.3%，其中中方对保出口额为 28.5 亿美元，自保进口额为 12.7 亿美元。中资企业在保项目方面，据中国驻保大使馆信息，济南锅炉集团生物质发电厂项目于 2022 年初开工建设，预计在 2023 年上半年进入全厂调试验收阶段。[②]

文化交流方面，2022 年中保两国的文化交流成果较为丰富。

2022 年 6 月 29 日，保加利亚国家与世界经济大学和天津外国语大学本科双学位管理中心正式成立，双学位联合办学填补了中保教育领域交流合作的一项空白。[③]

---

① 包括北马其顿、土耳其、罗马尼亚、塞尔维亚、匈牙利、波兰、捷克、斯洛伐克、以色列和埃及。

② 《中国同保加利亚的关系》，中华人民共和国外交部，https：//www.fmprc.gov.cn/web/gjhdq_676201/gj_676203/oz_678770/1206_678916/sbgx_678920/，检索日期：2023 年 5 月 11 日。

③ 《驻保加利亚大使董晓军出席保加利亚国家与世界经济大学和天津外国语大学本科双学位管理中心成立仪式》，中国驻保加利亚大使馆，2022 年 6 月 30 日，http：//bg.china-embassy.gov.cn/chn/sgxxs/dtxws/202206/t20220630_10712639.htm，检索日期：2023 年 2 月 26 日。

2022 年 9 月 29 日，《保加利亚人眼中的中国》（*Китай през погледа на българите*）新书发布会在索非亚中国文化中心举行，中国驻保大使董晓军和保加利亚副总统约托娃（Илияна Йотова）、旅游部副部长莫德娃（Мариела Модева）出席并致辞。发布会开始前，董晓军大使与保副总统约托娃举行会见，就中保关系等议题交换意见，约托娃表示希望恢复双方各领域交往势头，推动更多务实合作项目落地，进一步丰富中保战略伙伴关系内涵。①

2022 年 10 月 20 日，中保友好之家启动仪式在中国驻保大使馆举办，保第 43、第 44 届国民议会保中友好小组主席博伊切夫，前副外长多布雷夫，外交部联合国司司长、保前任驻华大使波罗扎诺夫，交通部欧洲协调与国际合作司司长布霍娃，保“一带一路”全国联合会主席扎哈里埃夫等保加利亚各界代表及旅保侨胞代表参加仪式。② 中保友好之家由中国驻保大使馆倡议，力求搭建一个以从事中保友好事业人士为主体、组织机制灵活的开放性联谊交流平台，旨在推动中保各领域友好交往与合作，增进两国人民友谊，促进共同发展。中保友好之家开展的活动形式不限，主要分为综合性活动和主题性活动。两国各界友好人士可通过该平台结交朋友、拓宽合作视野、丰富务实合作。参与者可发起组织活动，丰富交流合作内容。

---

① 《驻保加利亚大使董晓军同保副总统约托娃举行会见》，中国驻保加利亚大使馆，2022 年 9 月 30 日，http://bg.china-embassy.gov.cn/chn/sgxxs/dtxws/202209/t20220930_10775688.htm，检索日期：2023 年 2 月 26 日。

② 《中国驻保加利亚使馆举办中保友好之家启动仪式》，中国驻保加利亚大使馆，2022 年 10 月 21 日，http://bg.china-embassy.gov.cn/chn/sgxxs/dtxws/202210/t20221021_10789228.htm，检索日期：2023 年 2 月 26 日。

B.10
北马其顿

淡恬旖*

摘　要： 2022年，北马其顿政局相对稳定。重组后的政府以推动入盟进程、应对能源危机、维持物价稳定为工作重点平稳运行，但是执政党与反对党之间的政党斗争在下半年愈演愈烈，与此同时，第二大执政党内部出现了分歧。经济领域，受全球能源和食品价格攀升的影响，北马其顿2022年居民消费价格指数显著上升，政府出台了一系列经济政策作为反危机措施，以减缓通货膨胀对经济的影响，保护公民正常生活水平。为应对能源危机，北马其顿开展了多元化的能源项目建设以实现能源转型。外交与安全领域，北马其顿在俄乌冲突中与欧盟和北约的步调保持一致；入盟谈判正式开启，但由于入盟需以完成保障保加利亚族权利的修宪为前提，北马其顿后续的入盟进程依然困难重重。社会与文化领域，2022年北马其顿社会抗议活动频发；为规范协会注册，避免名称滥用，北马其顿政府修改《公民协会和基金会法》。2022年，北马其顿与中国继续在中国－中东欧国家合作框架下保持政治互信，深化各领域务实合作，加强人文交流。

关键词： 北马其顿　能源危机　入盟谈判　北马其顿－保加利亚关系

* 淡恬旖，北京外国语大学欧洲语言文化学院欧洲语言文化专业硕士研究生，主要研究方向为巴尔干研究。

一 国内政治形势

2022年初，北马其顿完成了政府改组，新的联合政府致力于应对能源危机、维持物价稳定、推动入盟进程。改组后的政府在2022年只能勉强维持其执政地位，较小政党对政府的支持以修改选举模式为条件，反对党对政府的合法性反复质疑，要求提前举行议会选举；与此同时，执政联盟内第二大党阿尔巴尼亚族融合民主联盟党出现了内部分歧。进入下半年后，反对党与执政党之间斗争的迹象日益明显，双方针对彼此的指责占据了新闻媒体头条，执政党的腐败丑闻被曝光。

（一）新政府执政

2022年1月16日，北马其顿议会以62票赞成、46票反对的结果确认了北马其顿新的政府组成。① 迪米塔尔·科瓦切夫斯基（Dimitar Kovacevski）任总理，4位副总理分别是第一副总理兼政治体系和民族间关系部长阿尔坦·格鲁比（Artan Grubi）、主管反腐事务的副总理斯拉维卡·格尔科芙斯卡（Slavica Grkovska）、主管经济事务的副总理法特米尔·比蒂克伊（Fatmir Bitiji）和主管欧洲事务的副总理博扬·马里契奇（Bojan Maricic）。执政联盟包括社会民主联盟党（SDSM，以下简称“社民盟党”）、阿尔巴尼亚族融合民主联盟党（DUI，以下简称“阿民盟党”）和选择党（Alternativa）。

新政府以解决持续的能源危机为首要任务，承诺在能源价格飙升、经济危机、健康危机的情况下致力于维护人民的生活水平和企业的正常运营。根据《政府工作方案（2022~2024）》，政府计划的主要优先事项为实现经济可持续增长、促进社会包容、发展人力资本、巩固法治与善政、促进民主与

① 北马其顿政府官网，https：//vlada. mk/node/18031？ ln=en-gb#collapse0，检索日期：2022年3月4日。

自由、履行作为北约成员国的责任和义务，以及推动入盟进程。[①]

在重新组建政府的过程中，支持政府的几个小政党提出修改选举模式。2002 年以来，北马其顿依照比例代表制选出国会议员，通过应用汉狄法（D'Hondt）实现 120 个议会席位的分配。现行的选举模式划定了 6 个选区，民主联盟党（Democratic Union）和另外 4 个小政党提出了单一选区模式，这种选举模式可以增加更多小政党赢得议会席位的机会。修改《选举法》的提议早在 2021 年就曾被提及，但是在 2021 年和 2022 年，议会都没有正式展开对选举模式的修改。

（二）阿尔巴尼亚族融合民主联盟党内部动荡

阿尔巴尼亚族融合民主联盟党是北马其顿执政联盟中的第二大党，也是该国第三大政党、最大的阿尔巴尼亚族政党，一直由阿里·阿赫麦提（Ali Ahmeti）担任党主席。阿民盟党的内部稳定在 2022 年下半年受到内部权力斗争的威胁，党内反对派“火力集团”（Fire Group）不满权力集中在党组织秘书阿尔坦·格鲁比及其支持者一方。经过党内领导层选举，此次动荡得以平息。

“火力集团”由阿民盟党元老之一伊济特·梅季提（Izet Mexhiti）领导，支持者包括国防部副部长巴什金·哈萨尼（Bashkim Hasani）和北马其顿前副总理穆萨·贾菲里（Musa Xhaferi）。“火力集团”不满党组织秘书兼北马其顿副总理阿尔坦·格鲁比及其支持者在政府中占据更多重要职位，认为本派在基层选民中得到的支持并没有在党内体现出来。“火力集团”以“党内民主减弱、决策集中、缺乏民主保障机构、选民钝化”[②] 为由要求与党主席阿里·阿赫麦提进行面对面会谈，以改变当下的党内运作方式，否则将考虑离开阿民盟党。2022 年 10 月 15 日，阿民盟中央委员会召开会议，会议选举了新的领

---

① 北马其顿政府官网，2022 年 1 月 11 日，https：//vlada.mk/sites/default/files/programa/2022-2024/programme_of_the_government_2022-2024.pdf，检索日期：2022 年 3 月 4 日。

② 巴尔干观察，2022 年 9 月 27 日，https：//balkaninsight.com/2022/09/27/junior-ruling-party-turmoil-could-shake-north-macedonia-govt/，检索日期：2023 年 3 月 4 日。

导层，阿尔坦·格鲁比不再担任党组织秘书，但仍是党主席团的成员。“火力集团”接受了新的党内领导组织，阿民盟党内动荡得以平息。

（三）党派分歧向政党斗争发展

2022 年，北马其顿在野党马其顿内部革命组织—民族统一民主党（VMRO-DPMNE，以下简称“内革党”）批评政府工作不力，多次要求提前举行议会选举。内革党的批评主要指向社民盟党，然而，两党之间的辩论逐渐发展为政党斗争，内革党曝光了多起执政党成员的腐败丑闻。

内革党曾在 2021 年 10 月对北马其顿政府发起不信任动议，但以失败告终，2022 年，该党继续向政府发起抗议。6 月 18 日，内革党组织了一次抗议，要求提前举行原定于 2024 年举行的议会选举，数千人参加了抗议。对政府的指控包括：政府对健康危机的处理不力，政府在面对经济和金融危机时的不作为导致了持续的价格上涨和高通胀率，联合政府执政以来的公共债务大幅增加，外国投资处于极低的水平，司法腐败，不负责任的外交。社民盟党指责内革党的领导人仅仅为了“个人和政党利益”而发起抗议。抗议后的第二天，执政联盟组织了一次会议，科瓦切夫斯基总理在会后强调，执政联盟稳定，不会提前举行选举。

社民盟党和内革党在内政、外交问题上相互批评不断，尤其在北马其顿正式开启入盟谈判后，两党在修宪问题上展开了言辞激烈的争论，指责甚至指向政党的意识形态。内革党反对将保加利亚族纳入北马其顿宪法，使其成为该国的少数民族。当内革党提议关闭国内的保加利亚文化俱乐部“国王鲍里斯三世”（Tsar Boris Treti），而未对另一个保加利亚俱乐部“伊万·米哈伊洛夫”（Ivan Mihailov）提出同样的要求时，社民盟党通过新闻稿指责内革党在伊万·米哈伊洛夫的人物定性上态度暧昧，称内革党是法西斯意识形态的拥护者。两党之间的言语攻击愈演愈烈，2022 年 11 月 15 日，北马其顿新闻网“360 度”（360 stepeni）发表了一篇题为《哪个政党“更保加利亚”——VMRO-DPMNE 或 SDSM?》的文章，反映了两党在修宪和与之相关的问题上难以调和的分歧。

政党斗争的趋势还体现在内革党接连曝光的执政党成员腐败丑闻中，这些丑闻不仅指向社民盟党，还指向包括阿民盟党在内的整个执政联盟。2022年10月24日，内革党通过新闻发布会指控社民盟党和阿民盟党的成员拥有隐藏资产①，这些人中，有的是国家官员，有的是委员会主席、机构董事、经理等，共计123人，隐藏资产的总价值约3000万欧元。② 不久，内革党又曝光了"寄生虫"事件，"寄生虫"指享受着高薪资待遇的政府官员，内革党暗指执政党存在贪污腐败行为。以上曝光的丑闻虽然都没有正式立案，却反映出执政党和反对党在国家关键问题上的争论逐渐偏向纯粹的人身攻击。

二　经济发展状况

（一）宏观经济数据

北马其顿2022年全年国内生产总值（GDP）为7947.98亿第纳尔（Denars），③ 全年GDP增速缓慢，四个季度的GDP增长率依次为2.4%④、2.8%⑤、2%⑥和0.6%⑦。进出口贸易方面，2022年1~12月北马其顿货物贸易出口总额5114.44亿第纳尔（82.99582亿欧元），同比增长19.9%；进口总额7471.91亿第纳尔（121.25228亿欧元），同比增长25.8%；贸易逆

① 隐藏资产主要是指未申报的房产，包括公寓、度假屋和营利性用地。

② 北马其顿新闻网"360度"，2022年10月24日，https：//360stepeni.mk/funktsioneri-od-sdsm-i-dui-krijat-imot-vreden-30-milioni-evra-obvinuva-vmro-dpmne-vo-aferata-tajni-imoti/，检索日期：2023年3月4日。

③ 北马其顿国家统计局官网，2023年3月2日，https：//www.stat.gov.mk/pdf/2023/3.1.23.02_mk.pdf，检索日期：2023年3月27日。

④ 北马其顿国家统计局官网，2022年6月9日，https：//www.stat.gov.mk/pdf/2022/3.1.22.08_mk.pdf，检索日期：2023年3月27日。

⑤ 北马其顿国家统计局官网，2022年9月2日，https：//www.stat.gov.mk/pdf/2022/3.1.22.12_mk.pdf，检索日期：2023年3月27日。

⑥ 北马其顿国家统计局官网，2022年12月2日，https：//www.stat.gov.mk/pdf/2022/3.1.22.18_mk.pdf，检索日期：2023年3月27日。

⑦ 北马其顿国家统计局官网，2023年3月2日，https：//www.stat.gov.mk/pdf/2023/3.1.23.02_mk.pdf，检索日期：2023年3月27日。

差为2357.47亿第纳尔（38.25646亿欧元）。北马其顿共和国最重要的贸易伙伴为德国、英国、希腊、塞尔维亚和保加利亚。①

2022年，北马其顿物价显著上升。居民消费价格指数（CPI）同比上升14.2%，零售价格指数上升12.6%。② 劳动力市场相对稳定，全年就业率47.3%，失业率14.4%。③ 国内旅游业迅速回暖，全年游客总人数同比增长38.0%，其中国外游客同比增长82.8%。④

（二）经济政策

2022年初，北马其顿财政部公布了《经济改革方案（2022~2024）》，该方案被认为是与欧盟委员会进行经济对话的最重要文件，自2014年以来北马其顿每年都在准备，这是欧盟协调未来成员国参与欧盟经济政策机制的一部分。《经济改革方案（2022~2024）》确定了北马其顿的中期财政策略，即重新设计和改善公共财政结构，通过增加资本支出的份额，以及逐步巩固财政，减少预算赤字占GDP的百分比。⑤ 根据该方案，北马其顿2022年预算的总收入预计为2389亿第纳尔，比2021年增长7.4%；而支出预计为2724亿第纳尔，比2021年增长1.4%。⑥

---

① 北马其顿国家统计局官网，2023年2月8日，https://www.stat.gov.mk/pdf/2023/7.1.23.02_mk.pdf，检索日期：2023年3月27日。

② 北马其顿国家统计局官网，2023年1月9日，https://www.stat.gov.mk/pdf/2023/4.1.23.02_mk.pdf，检索日期：2023年3月27日。

③ 北马其顿国家统计局官网，2023年3月17日，https://www.stat.gov.mk/pdf/2023/2.1.23.05_mk.pdf，检索日期：2023年3月27日。

④ 北马其顿国家统计局官网，2023年2月13日，https://www.stat.gov.mk/pdf/2023/8.1.23.03_mk.pdf，检索日期：2023年3月27日。

⑤ 北马其顿财政部官网，2022年1月29日，https://finance.gov.mk/2022/01/29/economic-reform-program-proposed-by-mof-adopted-key-reforms-focusing-on-green-and-digital-transition-boosting-the-competitiveness-and-strengthening-the-human-capital/?lang=en，检索日期：2023年3月4日。

⑥ 北马其顿财政部官网，2022年1月29日，https://finance.gov.mk/2022/01/29/economic-reform-program-proposed-by-mof-adopted-key-reforms-focusing-on-green-and-digital-transition-boosting-the-competitiveness-and-strengthening-the-human-capital/?lang=en，检索日期：2023年3月4日。

2022 年 7 月 19 日，议会通过了《2022 年补充预算草案》。该草案将 2022 年预算总收入修改为 2458 亿第纳尔，将 2022 年预算总支出修改为 2885 亿第纳尔，预算赤字因此为 427 亿第纳尔，占 GDP 的 5.3%。《2022 年补充预算草案》旨在实现两个目标：一是维持经济稳定；二是支持经济，使其能够回到疫情前水平，以及维护公民的社会保障。[①] 补充预算用于增加养老金、为弱势群体提供资金、增加公共部门工资、为私营企业提供工资增长补贴、为农民提供补助金，以及用于新的反危机措施以保护公民的生活水平和经济状况免受持续通货膨胀的影响。[②]

为了提高税收公平性、扩大税基、设计合理的“绿色”（环境）税收政策，北马其顿财政部在 2022 年 8 月围绕税制改革进行了为期一个月的辩论，8 月底推出了更新后的《税收制度改革战略（2021～2025）》。该战略宣布对多个领域的税收法规进行修订。根据修订，企业和公民的税收负担可能会增加，因为税收法规规定的某些免税和税收优惠将被废除或限制。[③]

（三）能源危机

北马其顿在 2021 年秋冬季经历的能源危机延续到了 2022 年，主要原因是能源基础设施落后，国内能源产量低，高度依赖能源进口。北马其顿政府在俄乌冲突的最初阶段就加入欧盟对俄罗斯的制裁，这给北马其顿的能源供应带来了前所未有的压力。

为应对俄乌冲突，北马其顿开展了多元化的能源项目建设以实现能源转型，并与周边国家进行能源项目合作以填补俄罗斯天然气供应中断产生的

① 北马其顿财政部官网，2022 年 7 月 19 日，https://finance.gov.mk/2022/07/19/parliament-adopted-the-supplementary-budget-higher-wages-pensions-agricultural-subsidies-and-new-anti-crisis-measures/?lang=en，检索日期：2023 年 3 月 4 日。

② 北马其顿财政部官网，2022 年 7 月 11 日，https://finance.gov.mk/2022/07/11/besimi-supplementary-budget-supports-increase-of-pensions-wages-new-anti-crisis-measures-and-development-projects/?lang=en，检索日期：2023 年 3 月 4 日。

③ 普华永道北马其顿官网，2022 年 8 月，https://www.pwc.com/mk/en/news/tax-alert-updated-strategy-for-the-reform-of-the-tax-system-2021-2025.html，检索日期：2023 年 3 月 4 日。

空白。

2021 年，北马其顿加入“助力淘汰煤炭联盟”（PPCA），并承诺到 2027 年停止使用煤炭发电。受能源危机的影响，2022 年 1 月，北马其顿环境与区域规划部长纳塞尔·努雷迪尼（Naser Nuredini）宣布，北马其顿将推迟告别火力发电，到 2030 年再关闭两个大型火力发电厂。实际上，北马其顿 65%的电力都来自该国最大的两个火力发电厂——比托拉火力发电厂（Rek Bitola）和奥斯洛梅伊火力发电厂（Rek Oslomej）。在能源危机的背景下，北马其顿不仅无法摆脱煤炭发电，相反还开采了两个新的褐煤矿坑，以保证能源充分供应。

虽然告别火力发电无法实现，但北马其顿还是把向可再生能源过渡视为一项艰巨的任务，希望从煤炭主导的能源供应过渡到天然气、太阳能、风能和水力发电。根据《经济改革方案（2022~2024）》，北马其顿将可再生能源份额目标定为 46%，2022 年中期目标为 34%。2022~2024 年计划在可再生能源领域投资 3500 万欧元。① 2022 年，北马其顿完成了从内戈蒂诺（Negotino）到比托拉的天然气管道建设，在奥斯洛梅伊火力发电厂附近建造了新的太阳能发电厂，新的太阳能发电厂的年产量为 15~17 吉瓦，相当于 2800 户家庭所需的电能。②

能源危机期间，北马其顿与周边国家展开了积极的能源项目合作。2022 年 10 月 31 日，北马其顿与保加利亚签署了天然气管道互连协议《丘斯滕迪尔—支迪洛沃连接点间供应与分配的跨系统连接协议》。该协议确定了在连接点保加利亚丘斯滕迪尔市和北马其顿支迪洛沃村之间，保加利亚向北马其顿输送天然气。对北马其顿而言，该协议的签署非常重要，因为它将实现北马其顿天然气供应来源的多样化，为北马其顿输送更多的天然气。

① 北马其顿财政部官网，2022 年 1 月，https：//finance. gov. mk/wp-content/uploads/2022/01/ERP-2022-2024_ MKD. pdf，检索日期：2023 年 3 月 4 日。

② 巴尔干绿色能源新闻网站 Balkan Green Energy News，2022 年 4 月 7 日，https：//balkangreenenergynews. com/north-macedonia-completes-first-solar-park-on-abandoned-coal-pit/，检索日期：2023 年 3 月 4 日。

2022年下半年，北马其顿政府又投入3.5亿欧元,[①] 采取一揽子反危机措施以应对新一轮的能源危机，减轻弱势群体的用电压力，维持企业的稳定运行。

三　外交与安全

（一）在俄乌冲突中的立场与行动

2022年，北马其顿总理科瓦切夫斯基在新政府施政100天的述职报告中说，北马其顿在俄乌冲突中“站在了历史正确的一边”[②]，这句话基本概括了北马其顿在俄乌冲突期间的立场和实际行动，即遵循北约和欧盟的官方路线。

2022年2月24日俄乌冲突爆发当天，北马其顿总统府、政府、外交部相继发布公告，声援乌克兰，谴责俄罗斯的军事行动违反了国际法，破坏了乌克兰的领土主权和完整性。政治建制派的主流政党社民盟党、阿民盟党等也采取了与北约和欧盟一致的立场，表示完全支持对俄罗斯的经济制裁,[③] 最大反对党内革党也声明支持北约的立场和行动。[④] 唯一偏离官方路线的政党是左翼政党莱维卡党（Levica），其批评政府对北约和欧盟的屈从，反对基于经济和反帝国主义的理由制裁俄罗斯。[⑤] 非主流政党“民族马其顿”党（Rodina Macedonia）甚至组织了一场100多人参与的集会，支持俄罗斯，希

① 北马其顿政府官网，2023年10月9日，https://vlada.mk/node/30448，检索日期：2023年3月4日。

② 北马其顿政府官网，2022年4月26日，https://vlada.mk/node/28534，检索日期：2023年3月4日。

③ 北马其顿政府官网，2022年4月3日，https://vlada.mk/node/27978，检索日期：2023年3月4日。

④ 《VMRO-DPMNE：我们完全支持北约在乌克兰和俄罗斯冲突问题上的立场》，北马其顿新闻网“360度”，2022年2月24日，https://360stepeni.mk/vmro-dpmne-vo-tselost-go-poddrzhuvame-stavot-na-nato-za-konfliktot-megu-ukraina-i-rusija/，检索日期：2023年3月4日。

⑤ 莱维卡党官网，2022年2月24日，https://levica.mk/programski-sektori/sanktsii-za-rusija-edinstveno-bi-nashtetile-na-makedonskata-ekonomija/，检索日期：2023年3月4日。

望俄罗斯和乌克兰实现和解。[①]

俄乌冲突期间，为了更有效地开展对乌克兰的人道主义援助，北马其顿外交部与红十字会签署了合作备忘录。截至 2022 年 5 月 30 日，北马其顿红十字会为乌克兰提供了总计约 3290000 第纳尔的人道主义物资援助。与此同时，北马其顿政府还向乌克兰提供军事援助，包括捐赠坦克和 4 架苏-25 攻击机。[②]

此外，北马其顿还采取各种政治行动表达对乌克兰的支持。2022 年 10 月 2 日，北马其顿总统彭达罗夫斯基签署了《中东欧北约成员国总统关于俄罗斯企图非法吞并乌克兰领土的联合声明》，该声明重申支持乌克兰的主权和领土完整，不承认俄罗斯对乌克兰的任何领土诉求，鼓励所有北约成员国大幅增加对乌克兰的军事援助。[③] 作为对俄罗斯的制裁，北马其顿外交部在 2022 年 4 月 15 日发表声明，宣布 6 名俄罗斯外交官为“不受欢迎的人”。[④] 5 月 17 日，北马其顿政府做出了撤回同意任命俄罗斯驻比托拉荣誉领事的决定，此举无异于关闭荣誉领事馆。[⑤] 即使高度依赖俄罗斯天然气，北马其顿还是完全接受并履行了欧盟的决定，不以俄罗斯卢布支付从俄罗斯天然气工业股份公司获得的天然气。[⑥] 6 月，由于北马其顿与保加利亚、黑山关闭领空，抵制俄

---

① 《一百人在斯科普里参加支持俄罗斯的集会》，美国之声，2022 年 3 月 12 日，https：//mk. voanews. com/a/sobir-vo-skopje-za-poddrska-na-rusija/6482267. html，检索日期：2023 年 3 月 4 日。

② 巴尔干观察，2022 年 8 月 4 日，https：//balkaninsight. com/2022/08/04/north-macedonia-maintains-silence-over-jet-donation-to-ukraine/，检索日期：2023 年 3 月4 日。

③ 北马其顿总统府官网，2022 年 10 月 2 日，https：//pretsedatel. mk/en/izjava_ 02102022-2/，检索日期：2023 年 3 月 4 日。

④ 北马其顿外交部官网，2022 年 4 月 15 日，https：//mfa. gov. mk/en/page/13/post/2923/north-macedonia-declares-additional-six-russian-diplomats-persona-non-grata，检索日期：2023 年 3 月 4 日。

⑤ 北马其顿新闻网“360 度”，2022 年 8 月 12 日，https：//360stepeni. mk/rusija-negoduva-na-odlukata-na-makedonskite-vlasti-za-zatvorane-na-ruskiot-pochesen-konzulat-vo-bitola/，检索日期：2023 年 3 月 4 日。

⑥ 北马其顿新闻网“360 度”，2022 年 5 月 11 日，https：//360stepeni. mk/bekteshi-vojnata-vo-ukraina-vlijae-vrz-ekonomijata-no-ke-prodolzhime-so-merki-za-zachuvuvane-na-zhivotniot-standard/，检索日期：2023 年 3 月 4 日。

外长拉夫罗夫访问塞尔维亚，谢尔盖·拉夫罗夫不得不取消了访问贝尔格莱德的计划。①

（二）"法国提案"通过，入盟谈判正式开启

2022年6月，法国在即将结束欧盟轮值主席国任期之际向北马其顿和保加利亚当局提交了一份提案，旨在让保加利亚取消对北马其顿开启入盟谈判的否决，该提案被广泛称作"法国提案"。所谓的"法国提案"的全称是《北马其顿加入欧盟的议定书框架》，该框架由三份文件组成，包括欧盟理事会的结论草案、谈判框架和双边议定书。根据双边议定书，北马其顿正式启动入盟谈判的前提是完成保障保加利亚族权利的修宪。北马其顿总理科瓦切夫斯基最初以不可接受为由拒绝了该提议，不过，随着保加利亚议会通过"法国提案"并决定取消对北马其顿开启入盟谈判的否决，加之欧盟委员会主席冯德莱恩（Ursula von der Leyen）在北马其顿议会的演讲中呼吁其抓住机遇，以及美国国务院驻西巴尔干地区特别代表加布里埃尔·埃斯科瓦尔（Gabriel Escobar）在美国-北马其顿的战略对话展开后表达了对法国总统推动入盟进程的支持，7月16日，北马其顿议会最终以68票赞成、1票反对②通过"法国提案"，同意修宪。北马其顿开启入盟谈判的障碍被扫清。

2022年7月19日，欧盟正式启动与北马其顿的入盟谈判，并举行了第一次政府间会议。第一次政府间会议的纪要包含了一份北马其顿提交的声明，该声明强调马其顿语有着悠久的传统，北马其顿与欧盟缔结的任何协议

---

① 北马其顿新闻网"360度"，2022年6月5日，https：//360stepeni. mk/severna-makedonija-bugarija-i-tsrna-gora-go-zatvorija-neboto-za-avionot-na-sergej-lavrov/，检索日期：2023年3月4日。

② 修宪问题在北马其顿引发严重的政治动荡和社会危机。针对修宪问题，北马其顿两个反对党内革党和莱维卡党向议会发出公投提案，未获批准。2022年7月2日至16日，超5万名民众在北马其顿首都斯科普里举行抗议活动，反对政府接受"法国提案"。投票当天，120名议员中仅有69人出席并投票，包括反对党内革党所有议员在内的51名议员全部缺席，拒绝投票。

和文件的马其顿语版本，都应该明确表示所用语言是“马其顿语”，而不应对语言本身有任何解释或脚注说明。① 10 月，北马其顿与欧盟以马其顿语签署了边防协议，冯德莱恩表示，马其顿语版本的边防协议与其他 24 种欧盟官方语言版本的协议具有同等的法律地位。②

北马其顿接受欧盟为北马其顿和保加利亚提出的提案，进行了与欧盟的第一次政府间会议，入盟谈判开启，但这并不意味着来自保加利亚的阻碍因素不复存在，北马其顿后续的入盟进程依旧困难，因为还需要完成保障保加利亚族权利的修宪。而修宪问题一度在北马其顿引发严重的政治动荡和社会危机，未来也会是北马其顿入盟之路上的重要阻力。

（三）在“开放巴尔干”倡议框架下开展区域合作

对于北马其顿而言，除了履行作为北约成员国的义务、推进入盟进程外，积极发展区域合作也是一项重要的外交计划，北马其顿因此在“开放巴尔干”（Open Balkans）倡议框架下与塞尔维亚、阿尔巴尼亚积极开展交流。

2022 年的“开放巴尔干”峰会在北马其顿奥赫里德市（Ohrid）召开，北马其顿、阿尔巴尼亚、塞尔维亚三国领导人在此次会议上签署了一系列文化、旅游、文凭互认、税务等领域的合作协议。③ 在“开放巴尔干”倡议框架下，还在塞尔维亚首都贝尔格莱德举办了国际葡萄酒展会，展会旨在宣传

---

① 北马其顿新闻网“360 度”，2022 年 7 月 21 日，https：//360stepeni. mk/marichik-skringot-treba-da-zavrshi-vo-noemvri-2023-godina/，检索日期：2023 年 3 月 4 日。

② 冯德莱恩推特，2022 年 10 月 26 日，https：//twitter. com/vonderleyen/status/1585328978667401217? ref_ src = twsrc%5Etfw%7Ctwcamp%5Etweetembed%7Ctwterm%5E1585328978667401217%7Ctwgr%5Eb2bdc24b918c0c0ac2840add8e92431ea22e2e9c%7Ctwcon%5Es1_ &ref_ url = https%3A%2F%2F360stepeni. mk%2Ffon-der-lajen-dogovorot-za-fronteks-pokazhuva-deka-nema-somnezh-deka-makedonskiot-e-vash-jazik-i-go-pochituvame-toa%2F，检索日期：2023 年 3 月 4 日。

③ 北马其顿新闻网“360 度”，2022 年 6 月 8 日，https：//360stepeni. mk/samit-na-otvoren-balkan-potpishani-dogovori-za-zaemno-priznavane-diplomi-sorabotka-vo-kulturata-turizmot-i-danochnite-upravi/，检索日期：2023 年 3 月 4 日。

塞尔维亚、阿尔巴尼亚和北马其顿的葡萄酒和美食，促进三国旅游业的发展。①

四　社会与文化

（一）马其顿东正教会独立

1913 年瓦尔达尔马其顿并入塞尔维亚后，马其顿地区的奥赫里德大主教区由塞尔维亚东正教会接管。马其顿东正教会在 1967 年单方面宣布从塞尔维亚东正教会中独立出来，但在过去的 55 年里，马其顿东正教会的自主权一直未得到主流东正教会的认可。2022 年 5 月 9 日，君士坦丁堡普世宗主教区接受了马其顿东正教会的共融，承认北马其顿为其正统领土。塞尔维亚东正教会、俄罗斯东正教会分别于 5 月 24 日、8 月 25 日宣布承认马其顿东正教会的自主地位。马其顿东正教会至此结束了徘徊于东正教世界之外的处境。

（二）社会抗议活动频发

2022 年，随着通货膨胀的加剧，市民的不满情绪逐渐上升，社会抗议活动频繁发生。

1. 工资抗议

2022 年 1 月，由于能源和基本食品成本的急剧上涨，以及 2 年疫情导致的经济恶化，北马其顿陷入持续的停滞性通货膨胀中，贫困人数上升。北马其顿工会联合会在 1 月发起抗议，要求将最低工资提高到每月 18000 第纳尔。2 月，北马其顿议会以 101 票赞成接受了政府的提议，以简化程序通过了《最低工资法》的修正案，其于 4 月 1 日正式开始实施。新的最低工资

① 北马其顿政府官网，2022 年 9 月 1 日，https：//vlada. mk/node/30015，检索日期：2023 年 3 月 4 日。

为每月 18000 第纳尔，与之前每月 15194 第纳尔的最低工资相比提高了 18%，该措施使 80000 名公民受惠。

2022 年 4 月，北马其顿公立幼儿园、中小学教师要求工资提高 18.4%。约 2.5 万名教师在北马其顿教育、科学和文化工人工会（SONK）的组织下举行罢工，导致许多中小学和幼儿园暂停了教学活动。北马其顿教育和科学部与 SONK 进行会谈，但是后者无法接受教育和科学部提出的加薪 10%的解决方案，即使如此，罢工活动还是在两周后结束了。

2022 年 6 月，公共部门雇员也发起了一次总罢工。他们的第一个诉求是将公共部门雇员的月工资增加 2806 第纳尔，与最低工资的增长保持一致，以应对通货膨胀率连续 8 个月的上涨；第二个诉求是恢复年假工资。在首都斯科普里市中心，抗议者象征性地在议会前留下了 120 把空椅子，对应北马其顿的 120 名议会议员。来自全国各地的警察、医护人员、市政雇员和其他公共部门的工作人员参加了罢工，致使基本服务仅以紧急人员配备的水平（10%在岗人数）运行。罢工行动持续了 4 天，作为罢工行动的一部分，北马其顿工会联合会还封锁了斯科普里的部分街道。尽管如此，政府未能满足北马其顿工会联合会的任何要求。在数月的抗议无果后，北马其顿工会联合会在 9 月 2 日以“公共部门雇员受到歧视”为由对政府提起了诉讼。

2. 学生补助抗议

2022 年 11 月，《学生标准法》修正案在学生中引发了抗议活动。修改后的法案将减少有资格获得每日学生膳食经济补助的学生人数，毕业年级学生、领取奖学金者、家庭月收入高于最低工资水平的学生都无法领取该补助。一个名为“学生抵抗”（Student Resistance）的学生团体组织了抗议活动，参加抗议活动的学生要求政府为学生膳食提供更多资金、提供更好的教育、改善学生宿舍的生活条件以及增加奖学金。《学生标准法》修正案最终被撤销。

（三）修改《公民协会和基金会法》

2022 年 4 月和 9 月，两家保加利亚文化俱乐部在北马其顿比托拉市和奥赫里德市先后成立，分别取名为“伊万·米哈伊洛夫”和“国王鲍里斯三世”，这两个名称由于涉及北马其顿与保加利亚之间有争议的历史，在北马其顿社会引起了强烈不满。

为了制定更加规范的协会注册条例，避免名称滥用，北马其顿政府于2022年11月推出了修改后的《公民协会和基金会法》。新的法案严格限制法西斯主义、国家社会主义和纳粹主义的宣传。其第4条第2款明确写道：“禁止成立这样的组织：它的计划、目标、活动及其行动旨在暴力破坏北马其顿共和国的宪法秩序，煽动军事侵略，煽动民族、种族、宗教仇恨或其他不容忍，煽动仇恨、种族灭绝、极端主义，传播或支持、煽动法西斯主义、纳粹主义、国家社会主义和第三帝国，从事与恐怖主义有关的活动，从事违反宪法或法律的活动，从事破坏他人自由和权利的活动。”其第8条第2款对协会、基金会等的名称做出了如下规定：“组织名称、简称、化名、缩写及首字母禁用以下这类人物的名字：其行为在过去无论以何种理由、方式或形式，涉及种族、宗教、民族之间的歧视、仇恨，或传播支持法西斯主义、纳粹主义、国家社会主义及第三帝国理念。”法律生效后，所有组织、协会、基金会、联盟等有三个月的期限根据法律规定调整名称。①

五　与中国的关系

2022年，北马其顿与中国继续在中国-中东欧国家合作框架下保持政治互信，深化各领域务实合作，加强人文交流。

2022年初，中国驻北马其顿大使张佐会见了北马其顿总理科瓦切夫斯基，就双边关系、务实合作等进行了友好交流。科瓦切夫斯基总理感谢中方在抗疫和经济社会发展中给予北马其顿的支持，表示愿同中方深化各领域务

① 《议员们在没有一票反对的情况下批准了关于社团和政党的法律修正案》，北马其顿新闻网“360度”，2022年11月2日，https：//360stepeni.mk/bez-nitu-eden-protiv-pratenitsite-gi-izglasaa-izmenite-na-zakonite-za-zdruzhenija-i-za-politichki-partii/，检索日期：2023年4月3日。

实合作，推动中国-中东欧国家合作取得更多务实成果。①

在“一带一路”倡议和中国-中东欧国家合作框架下，2022 年中国与北马其顿在基础设施建设方面的合作稳步推进。中国电建集团国际工程有限公司承建的北马其顿法里什（Farish）—德雷诺沃（Drenovo）段快速路项目左幅隧道于 6 月 17 日顺利贯通。② 该项目的施工路段是北马其顿格拉德斯科（Gradsko）—普里莱普（Prilep）快速路难度最大的路段之一，施工完成后将进一步完善北马其顿公路网络，为北马其顿提供更多交通便利。③

中国是北马其顿第六大贸易伙伴国、第四大进口来源国。2022 年，中国与北马其顿的双边贸易总额为 10.52 亿美元，同比增长 11.5%。其中，北马其顿对华出口 0.58 亿美元，同比减少 68.4%；自华进口 9.94 亿美元，同比增长 30.82%。④

2022 年，中国驻北马其顿大使馆与北马其顿总统府就文化保护项目展开了合作。2022 年 7 月 20 日，中国驻北马其顿大使与北马其顿总统府办公厅主任、北马其顿国家文化保护中心主任签署合作协议，支持加利奇尼克村（Galichnik）名人故居改造项目。加利奇尼克村是北马其顿著名的历史文化圣地，那里的传统婚俗文化活动已延续了 60 年，是北马保护文化遗产的例证。⑤

---

① 《驻北马其顿大使张佐会见北马总理科瓦切夫斯基》，中华人民共和国驻北马其顿共和国大使馆，2022 年 3 月 2 日，http://mk.china-embassy.gov.cn/chn/sgxw/202203/t20220303_10647450.htm，检索日期：2023 年 3 月 4 日。

② 《中国电建北马其顿法里什-德雷诺快速路项目左幅隧道顺利贯通》，中国电建集团国际工程有限公司官网，2022 年 6 月 21 日，https://www.powerchina-intl.com/show/9/2523.html，检索日期：2023 年 3 月 4 日。

③ 《驻北马其顿大使张佐陪同北马总理科瓦切夫斯基考察 FD 快速路项目》，中华人民共和国驻北马其顿共和国大使馆，2022 年 11 月 28 日，http://mk.china-embassy.gov.cn/chn/sgxw/202211/t20221129_10982448.htm，检索日期：2023 年 3 月 4 日。

④ 《北马其顿 2022 年外贸总额 214.86 亿美元》，中华人民共和国驻北马其顿共和国大使馆经济商务处，2023 年 4 月 11 日，http://mk.mofcom.gov.cn/article/jmxw/202306/20230603416784.shtml，检索日期：2023 年 7 月30 日。

⑤ 《驻北马其顿大使张佐同北马方签署加利奇尼克村名人故居改造合作协议》，中华人民共和国驻北马其顿共和国大使馆，2022 年 7 月 20 日，http://mk.china-embassy.gov.cn/chn/sgxw/202207/t20220720_10725219.htm，检索日期：2023 年 3 月 4 日。

B.11
波　黑

陈慧稚*

摘　要： 政治领域，2022年波黑大选过后，民主行动党在波黑国家层面失去执政地位，被八党联盟取代；国际社会驻波黑高级代表在选举日当晚颁布波黑选举法和波黑联邦宪法修正案，引发巨大争议；波黑塞族继续要求依据《代顿和平协议》强化塞族共和国职权。经济领域，2022年，波黑主要经济指标继续向好，但物价水平受到俄乌冲突影响，再创新高。外交与安全领域，波黑2022年获欧盟候选国地位。社会与文化领域，2022年，波黑"拉夫纳戈拉"组织成员首次因仇恨罪获刑。对华关系领域，中国和波黑两国2022年各方面关系稳定发展，多领域合作再结新果。

关键词： 波黑政治　波黑经济　欧洲一体化　中国-波黑关系

一　国内政治形势

（一）民主行动党大选后失去国家层面执政地位

2022年10月波黑大选过后，以社会民主党（SDP）、人民与正义党（NiP）和我们的党（NS）三党为核心的波族八党联盟①和克族及塞族政党

---

* 陈慧稚，硕士，首都师范大学国别区域研究院特聘研究员，从事巴尔干研究，主攻波黑研究。

① 波族八党联盟还包括"为波黑党"（SBiH）、人民欧洲联盟（NES）、波黑倡议（BHI）、民主行动运动（PDA）和"为了新世代"（ZNG）。其中，人民欧洲联盟是2021年由民主活动党（A-SDA）和独立波黑名单（NBL）合并而成的新政党。

组建新一届波黑政府，民主行动党（SDA）被排除在外，这是自 2000~2002 年短暂失去执政地位之后民主行动党再次失去执政地位。而此番大选之后上台的波族八党联盟，其包含的政党数量也是战后历届波黑政府中最多的。

波黑新一届政府的组阁过程比较顺利，因为选前就有 11 个波族政党宣布在波黑主席团波族成员竞选中支持民主行动党候选人巴基尔·伊泽特贝戈维奇（Bakir Izetbegović）的最大对手、来自社会民主党的丹尼斯·贝契罗维奇（Denis Bećirović），贝契罗维奇最终胜选。但波族八党联盟内部并不稳定，因为对塞族阵营的独立社会民主人士联盟（SNSD）立场更强硬，八党联盟中两个影响力比较大的政党“为波黑党”（SBiH）和人民欧洲联盟（NES）很快便宣布退出波黑层面执政联盟。新一届波黑部长会议（政府）人员构成见表 1。

表 1　2022 届波黑部长会议（政府）人员构成

职务	姓名	所属政党
部长会议主席	博里亚娜·克里什托（Borjana Krišto）	波黑克族民主共同体（HDZ BiH）
外交部长、部长会议副主席	埃尔梅丁·科纳科维奇（Elmedin Konaković）	人民与正义党
财政部长、部长会议副主席	佐兰·特盖尔蒂亚（Zoran Tegeltija）	独立社会民主人士联盟
对外贸易和经济关系部长	斯塔沙·科沙拉茨（Staša Košarac）	独立社会民主人士联盟
通信和交通部长	埃丁·福尔托（Edin Forto）	我们的党
司法部长	达沃尔·布诺扎（Davor Bunoza）	波黑克族民主共同体
安全部长	内纳德·内希奇（Nenad Nešić）	民主人民联盟（DNS）
国防部长	祖坎·海莱兹（Zukan Helez）	社会民主党

续表

职务	姓名	所属政党
民政部长	杜布拉夫卡·博什尼亚克（Dubravka Bošnjak）	波黑克族民主共同体
人权和难民事务部长	塞夫利德·胡尔蒂奇（Sevlid Hurtić）	波黑绿党（BH Zeleni）*

*2022 年 3 月从波黑塞族共和国政党“多博伊独立名单”（DNL）更名而来的新政党，在 2022 年波黑大选中作为波族政党联盟“为国运动”（Pokret za državu）的一员在塞族共和国参选。

从波黑议会代表院和波黑联邦议会代表院选举结果来看，民主行动党仍是波族第一大党（见表 2 和表 3）。该党在 2022 年大选后扩容的波黑联邦议会民族院也占有 23 个议席中的 11 个，远超其他波族政党。此次大选过后，波黑克族民主共同体和独立社会民主人士联盟在克族和塞族阵营中的领导地位得到巩固，但独立社会民主人士联盟继 2018 年地方选举之后，再次在波黑塞族共和国第一大城市巴尼亚卢卡（Banja Luka）受到来自反对党的强劲挑战，其主要反对党联盟的塞族共和国总统候选人耶伦娜·特里维奇（Jelena Trivić）在当地所得的选票数超过最终当选该职位的独立社会民主人士联盟领导人米洛拉德·多迪克（Milorad Dodik）。

表 2　波黑议会代表院议席分配结果（共 42 个）

单位：个

	政党或政党联盟	2022 年	2018 年
波黑联邦	民主行动党	8	8
	社会民主党	5	5
	波黑克族民主共同体等	4	5
	民主阵线—公民联盟(DF-GS)	3	3
	人民与正义党	3	—
	我们的党	2	2
	人民欧洲联盟—“为了新世代”(NES-ZNG)	2	1(A-SDA)
	波黑倡议(BHI)	1	—

续表

	政党或政党联盟	2022 年	2018 年
塞族共和国	独立社会民主人士联盟	6	6
	塞族民主党(SDS)	2	3
	民主进步党(PDP)	2	2
	为了法治和秩序(ZPR)	1	—
	民主联盟(DEMOS)	1	—
	民主行动党	1	1
	统一塞族共和国党(US)	1	—

注："2018 年"一列显示的是 2022 年获得议席的政党在 2018 年所得的席位数。因 2018 年获得议席的政党中，有的在 2022 年并没有获得议席，所以总数会有出入。

资料来源：波黑中央选举委员会，https://www.izbori.ba/Rezultati_izbora/?resId=32&langId=1#/2/1/0/0/0/0，检索日期：2023 年 1 月 22 日；陈慧稚《波黑》，载赵刚主编《中东欧国家发展报告（2018~2019）》，社会科学文献出版社，2019，第 218~219 页。

表 3　波黑联邦议会代表院议席分配结果（共 98 个）

单位：个

政党或政党联盟	2022 年	2018 年
民主行动党	26	27
社会民主党	15	16
波黑克族民主共同体等	15	16
民主阵线—公民联盟	12	10
人民与正义党和波黑退休者党(SPU BiH)	7	2(NiP)
我们的党	6	6
人民欧洲联盟	5	2(A-SDA)
"为波黑党"	4	—
克族民主共同体 1990(HDZ 1990)	3	2
民主行动运动(PDA)	1	4
波黑倡议	1	—
克族共和党(HRS)	1	—
克族民族进步党(HNP)	1	—
现代和活跃的克拉伊纳运动(POMAK)	1	—

注："2018 年"一列显示的是 2022 年获得议席的政党在 2018 年所得的席位数。因 2018 年获得议席的政党中，有的在 2022 年并没有获得议席，所以总数会有出入。

资料来源：波黑中央选举委员会，https://www.izbori.ba/Rezultati_izbora/?resId=32&langId=1#/4/0/0/0/0/0，检索日期：2023 年 1 月 22 日；陈慧稚《波黑》，载赵刚主编《中东欧国家发展报告（2018~2019）》，社会科学文献出版社，2019，第 219 页。

（二）波黑联邦议会民族院议席分配新方案引争议

2022 年 10 月 2 日，国际社会驻波黑高级代表[①]（下称“高级代表”）克里斯蒂安·施密特（Christian Schmidt）使用其“波恩权力”[②]，颁布波黑选举法和波黑联邦宪法修正案，其中对争议已久的波黑联邦议会民族院议席分配方案[③]做出了修正。根据新方案，原本包括波族、塞族和克族三个波黑主体民族各 17 人以及其他民族 7 人在内的 58 人波黑联邦议会民族院扩员至 80 人，包括波族、塞族和克族各 23 人以及其他民族 11 人。2022 年 11 月，波黑中央选举委员会依据高级代表颁布的波黑选举法修正案重新分配了波黑联邦议会民族院议席（见表 4）。

表 4　波黑联邦议会民族院议席分配新方案

单位：个，人

州名	民族	议席数	2013 年人口*
乌纳-萨纳州	波族	3	246012
	克族	1	5073
	塞族	3	8452
	其他	1	11539

① 根据《代顿和平协议》附件 10，联合国安理会向波黑指派一名高级代表，其职责是监督和协调波黑各方落实协议中民事方面的内容。从 2002 年开始，高级代表由欧盟理事会（Council of the EU）任命。高级代表为落实《代顿和平协议》而在波黑颁布的法律具有临时效力，在波黑议会投票通过同一文本的法案之后正式生效。

② 1995 年 12 月，在英国伦敦举行的波黑和平实施会议上成立了和平实施委员会（Peace Implementation Council），该委员会 1997 年在德国波恩召开的会议上进一步明确了高级代表可在何种事项上使用《代顿和平协议》赋予其在解释协议中民事方面内容上的最终权威。根据此授权，高级代表可在波黑各政党无法达成共识时采取临时措施，包括颁布法律。

③ 2014 年 9 月，时任波黑议会代表院议长、克族议员博若·柳比奇（Božo Ljubić）要求波黑宪法法院审查波黑选举法若干条款的合宪性，认为波黑联邦议会民族院议席分配方案未能依据波黑联邦各民族人口的实际分布落实民主原则，这表现为克族和波族在波黑联邦某些州被过度代表或代表性严重不足。波族对波黑联邦议会民族院议席分配方案没有异议，斥责克族意欲借此进一步将其在波黑联邦的政治权力集中化。争议焦点主要在于波黑联邦议会民族院究竟是代表波黑联邦各州还是各民族，是仅抽象代表各民族还是应严格反映各民族人口结构，以及如何更好地平衡两者之间的关系。波黑宪法法院在 2017 年 7 月的判决中部分支持柳比奇，要求重新制订波黑联邦议会民族院议席分配方案。波黑中央选举委员会在 2018 年 12 月曾出台一份新方案，但克族仍然不满，波黑选举法修订工作也未能在波黑议会启动。

续表

州名	民族	议席数	2013 年人口*
波萨维纳州	波族	1	8252
	克族	1	33600
	塞族	1	831
	其他	1	459
图兹拉州	波族	5	392356
	克族	1	23592
	塞族	3	7058
	其他	1	17815
泽尼察-多博伊州	波族	4	299452
	克族	2	43819
	塞族	2	5543
	其他	1	12808
波斯尼亚-波德里涅州	波族	1	22314
	克族	1	24
	塞族	1	885
	其他	1	426
中波斯尼亚州	波族	2	146652
	克族	4	97629
	塞族	1	3043
	其他	1	5240
黑塞哥维那-内雷特瓦州	波族	1	92005
	克族	5	118297
	塞族	2	6432
	其他	1	3054
西黑塞哥维那州	波族	1	719
	克族	4	93725
	塞族	1	101
	其他	1	124
萨拉热窝州	波族	4	346575
	克族	1	17520
	塞族	5	13300
	其他	2	28075
第十州	波族	1	8037
	克族	3	64604
	塞族	4	10905
	其他	1	298

* 2013 年人口数据引自陈慧稚《巴尔干国家概览：波黑》，世界知识出版社，2020，第 37~39 页。

这次，克族未对这一新方案提出挑战，但波族以及亲波族人士甚为不满，认为这两项修正案仅代表波黑克族民主共同体单一政党的利益，有失公允。[①] 波黑伊斯兰共同体也发声批评高级代表的有关决定罔顾波族这一波黑最大民族的诉求，只会加剧波黑分化。[②] 高级代表施密特在波黑大选投票结束当晚颁布这两项修正案，也令一些人感到不满，认为此举有违公平选举原则。民主行动党和民主阵线是反对施密特所颁修正案最激烈的两个政党，但波族八党联盟在该问题上并未过多纠缠。

（三）塞族就"国家财产"所有权问题采取单方面行动

尽管波黑宪法法院此前已在多份判决中判定国家财产[③]属于波黑国家事权，波黑塞族共和国人民议会仍在 2022 年 2 月通过了《用于公共行政的不动产法》，其中规定该波黑实体的公共行政主体对用于公务的不动产[④]拥有所有权。当年 4 月，包括伊泽特贝戈维奇和贝契罗维奇在内的 6 名时任波黑议会民族院议员就该法向波黑宪法法院提请进行合宪性审查，指责波黑塞族共和国作为波黑一实体试图占据波黑国家依法享有处置权的"国家财产"，但波黑塞族共和国人民议会认为所谓波黑"国家财产"事权归国家所有在

---

① "Džaferovićugostio Schmidta i nabrojao mu zašto se protivi njegovom nametanju izbornog zakona"，波黑 klix. ba 新闻网，2022 年 10 月 12 日，https：//www. klix. ba/vijesti/bih/dzaferovic - ugostio - schmidta-i - nabrojao - mu - zasto - se - protivi - njegovom - nametanju - izbornog - zakona/221012122；"Alkalaj žestoko kritikovao Schmidta u obraćanju pred Vijećem sigurnosti UN-a"，波黑 klix. ba 新闻网，2022 年 11 月 2 日，https：//www. klix. ba/vijesti/bih/alkalaj - zestoko - kritikovao - schmidta-u-obracanju-pred-vijecem-sigurnosti-un-a/221102143，检索日期：2023 年 1 月 23 日。

② "Islamska zajednica reagovala na izjave Escobara：Na ra čun BiH se prave ustupci ruskim saveznicima"，波黑 klix. ba 新闻网，2022 年 11 月 11 日，https：//www. klix. ba/vijesti/bih/islamska-zajednica-reagovala - na - izjave - escobara - na - racun - bih - se - prave - ustupci - ruskim - saveznicima/221111039，检索日期：2023 年 1 月 23 日。

③ 波黑宪法法院认为波黑国家财产是指波黑按照国际协议从南斯拉夫继承的以及波黑社会主义共和国拥有处置权的动产和不动产，但应仅包括楼房等，不涉及自然资源等体现波黑国家属性、主权和领土完整的公共物品。参见波黑宪法法院 U - 10/22 号案件判决书，https：//www. ustavnisud. ba/uploads/odluke/U-10-22-1342532. pdf，检索日期：2023 年 1 月 24 日。

④ 该法律所指的不动产是塞族共和国各级政府自《代顿和平协议》签署以来用于公共行政的不动产。参见波黑宪法法院 U-10/22 号案件判决书，https：//www. ustavnisud. ba/uploads/odluke/U-10-22-1342532. pdf，检索日期：2023 年 1 月 24 日。

波黑宪法中没有依据，且波黑以往在私有化的立法和实践中已经认可各实体为“国家财产”的所有者。[①] 争议的关键在于波黑塞族和波族对于波黑国家和实体的职权分配以及波黑国家性质的看法不同。

2022 年 9 月，波黑宪法法院判决塞族共和国《用于公共行政的不动产法》有违波黑宪法，再次确认波黑国家财产事权仅归波黑国家所有，否认波黑实体具有在未获国家授权的前提下立法处置“国家财产”的权力。然而，塞族共和国对此判决表示不服，2022 年 12 月，一份名称相同的法案又在该实体议会表决通过。相比早些时候通过的法律，这部新法律对于其所指称的不动产的范围做了进一步界定，明确其不包括 1991 年 12 月 31 日之前波黑社会主义共和国政府登记在册的拥有处置权的不动产。[②]

塞族共和国此举遭到包括独立社会民主人士联盟的新波族盟友在内的波族朝野政党以及波黑伊斯兰共同体的一致谴责，也直接导致“为波黑党”和人民欧洲联盟退出国家层面执政联盟。近年来坚持推动塞族共和国收回转移给波黑国家职权的独立社会民主人士联盟领导人多迪克称，在实体不动产立法问题上绝不会让步，且并不认为这破坏了该党和波族八党联盟签署的联合执政协议。[③]

二　经济发展状况

（一）主要经济指标继续上扬

2022 年波黑的国内生产总值（GDP）达 455.1 亿马克（约合人民币

① 参见波黑宪法法院 U-10/22 号案件判决书，https：//www.ustavnisud.ba/uploads/odluke/U-10-22-1342532.pdf，检索日期：2023 年 1 月 24 日。

② “Neustavna odluka Dodikovih poslanika：NSRS usvojila zakon o nepokretnoj imovini”，波黑 klix.ba 新闻网，2022 年 12 月 28 日，https：//www.klix.ba/vijesti/bih/neustavna-odluka-dodikovih-poslanika-nsrs-usvojila-zakon-o-nepokretnoj-imovini/221228110，检索日期：2023 年 1 月 24 日。

③ “Dodik：Imovinu ne damo，ali ostajemo na princpima potpisanog sporazuma s Osmorkom”，波黑 klix.ba 新闻网，2022 年 12 月 29 日，https：//www.klix.ba/vijesti/dodik-imovinu-ne-damo-ali-ostajemo-na-princpima-potpisanog-sporazuma-s-osmorkom/221229052，检索日期：2023 年 1 月 24 日。

1850.1 亿元），同比增长 4.1%。①

波黑 2022 年外贸形势持续向好，进出口贸易总额继 2021 年之后再创历史新高，其中出口总额 171 亿马克，同比增长 25.9%；进口总额 280.6 亿马克，同比增长 32.6%。欧盟和中欧自由贸易协定（CEFTA）国家②仍为波黑的最大贸易伙伴。2022 年，波黑出口欧盟国家总额 130.2 亿马克，同比增长 27.2%，从欧盟国家进口总额 160.3 亿马克，同比增长 28%；出口中欧自由贸易协定国家总额 30.3 亿马克，同比增长 37.3%，从这些国家进口总额 30.5 亿马克，同比增长 27.3%。③

2022 年，有色金属及其制品、矿产品、石油产品和纸品等历年进出口总量较大商品的进出口总额继 2021 年之后保持较高速增长，其中煤、焦炭和煤砖进口总额 9.9 亿马克，较 2021 年暴增 101.1%；无机化学品进出口总额较 2021 年大幅增长，出口 8.2 亿马克，增长 50.9%，进口 1.8 亿马克，增长 136.5%。此外，受国际市场粮价波动的影响，波黑 2022 年谷物进口总额 6.5 亿马克，比 2021 年增长 39.1%，涨幅明显高于 2021 年。④

波黑政府 2022 年 5 月 26 日开始解除此前颁布的所有有关防止新冠病毒传播的出入境防疫措施，波黑旅游业继续复苏。波黑 2022 年全年入境外国旅客人数达 90.8 万人次，比 2021 年增长 80.8%，⑤ 这一数据已经逼近疫情前 2019 年的 119.8 万人次。

（二）居民消费价格水平再创新高

受俄乌冲突的影响，2021 年已经经历过一轮物价大涨的波黑的 2022 年

---

① 波黑统计局官网，https：//bhas.gov.ba/data/Publikacije/Saopstenja/2023/NAC_ 02_ 2022_ Y1_ 0_ BS.pdf，检索日期：2023 年 8 月 21 日。

② 指除波黑外的阿尔巴尼亚、北马其顿、塞尔维亚、黑山和摩尔多瓦。

③ 波黑统计局官网，https：//bhas.gov.ba/data/Publikacije/Saopstenja/2023/ETR_ 01_ 2022_ 12_ 1_ HR.pdf，检索日期：2023 年 1 月 22 日。

④ 波黑统计局官网，https：//bhas.gov.ba/data/Publikacije/Saopstenja/2023/ETR_ 01_ 2022_ 12_ 1_ HR.pdf，检索日期：2023 年 1 月 22 日。

⑤ 波黑统计局官网，https：//bhas.gov.ba/data/Publikacije/Saopstenja/2023/TUR_ 02_ 2022_ 12_ 1_ BS.pdf，检索日期：2023 年 2 月 9 日。

居民消费价格指数继续大幅上涨，从 11 月开始有明显回落。波黑 2022 年全年居民消费价格指数同比上涨 14%，其中食品、家用能源和私人交通工具使用方面的价格指数分别上涨 22.3%、16.5%和 30.4%，这是波黑近 10 年来物价水平最不稳定的一年。[①]

以 98 号汽油价格为例，波黑该产品 2022 年 3 月的价格从 2 月的每升 2.5 马克涨至每升 2.8 马克，在当年 7 月和 8 月达到全年最高的每升 3.2 马克，此后有所回落，但在当年 12 月仍达每升 2.9 马克。[②] 与此同时，波黑人使用以汽车为主的私人交通工具的开支在 2022 年 3 月开始暴涨，当月该项价格同比上涨 30.3%，环比上涨 12.4%，直到 12 月同比涨幅才基本回到年初水平。[③]

2022 年，波黑食用油价格从 3 月的每升 3.8 马克跳升至 4 月的每升 5.1 马克，在当年 5 月和 6 月达到全年最高的每升 5.7 马克，随后价格开始逐渐回落，在 12 月回落至每升 4.1 马克，仍远高于 2021 年 12 月每升 3.3 马克的水平。[④] 随之而来的是食品价格的持续上涨，4 月，波黑食品价格环比上涨 6.2%，[⑤] 此后同比涨幅有所回落，9 月之后才真正企稳。

---

① 波黑统计局官网，https：//bhas.gov.ba/data/Publikacije/Saopstenja/2023/PRI_01_2022_12_1_BS.pdf，检索日期：2023 年 1 月 25 日。

② 波黑统计局官网，https：//bhas.gov.ba/data/Publikacije/Saopstenja/2022/PRI_02_2022_02_1_BS.pdf，https：//bhas.gov.ba/data/Publikacije/Saopstenja/2022/PRI_02_2022_03_1_BS.pdf，https：//bhas.gov.ba/data/Publikacije/Saopstenja/2022/PRI_02_2022_07_1_BS.pdf，https：//bhas.gov.ba/data/Publikacije/Saopstenja/2022/PRI_02_2022_08_1_BS.pdf，检索日期：2023 年 1 月 25 日。

③ 波黑统计局官网，https：//bhas.gov.ba/data/Publikacije/Saopstenja/2022/PRI_01_2022_03_1_BS.pdf，https：//bhas.gov.ba/data/Publikacije/Saopstenja/2023/PRI_01_2022_12_1_BS.pdf，检索日期：2023 年 1 月 25 日。

④ 波黑统计局官网，https：//bhas.gov.ba/data/Publikacije/Saopstenja/2022/PRI_02_2022_03_1_BS.pdf，https：//bhas.gov.ba/data/Publikacije/Saopstenja/2022/PRI_02_2022_04_1_BS.pdf，https：//bhas.gov.ba/data/Publikacije/Saopstenja/2022/PRI_02_2022_05_1_BS.pdf，https：//bhas.gov.ba/data/Publikacije/Saopstenja/2022/PRI_02_2022_06_1_BS.pdf，https：//bhas.gov.ba/data/Publikacije/Saopstenja/2022/PRI_02_2022_12_1_BS.pdf，检索日期：2023 年 1 月 25 日。

⑤ 波黑统计局官网，https：//bhas.gov.ba/data/Publikacije/Saopstenja/2022/PRI_01_2022_03_1_BS.pdf，https：//bhas.gov.ba/data/Publikacije/Saopstenja/2023/PRI_01_2022_04_1_BS.pdf，检索日期：2023 年 1 月 25 日。

2022 年波黑家用天然气和取暖用柴火的价格也经历暴涨，前者价格一路上涨，从年初的每立方米 0.8 马克涨至年底的每立方米 1.4 马克；后者价格在 1 月为每立方米 88 马克，在 12 月已达每立方米 106.2 马克。[①] 2022 年 12 月，波黑家用能源价格同比上涨 20.2%。[②] 俄罗斯是波黑天然气唯一进口来源国，但波黑 2022 年天然气供应未受俄乌冲突的影响，只是进气价格受到国际市场天然气价格波动的影响。

为缓解通胀给居民生活带来的压力，波黑议会 2022 年尝试通过一项调整增值税税率和取消燃油税的法案，但因为议员在是否应将取消燃油税限期一个月执行方面有分歧，该法案最终未能通过。由于波黑人冬季取暖常用的木颗粒价格飞涨，2022 年 11 月，波黑两个实体政府商定将木颗粒价格限定为每吨 480 马克（不含增值税），相当于当年 4 月的价格水平，而在当年 9 月，木颗粒价格已经暴涨至每吨 700~750 马克。[③] 与此同时，波黑政府决定将部分木材产品的临时出口禁令延长至 2023 年 1 月底。波黑两实体政府还分别采取了其他措施，包括为退休和低收入群体提供一次性小额补助、提高退休金、限制民生商品物价涨幅、加强市场价格监管等。由于波黑 2021 年和 2022 年间接税税收总额连创新高，[④] 波黑实体政府在通胀压力下的民生保障预算比较充裕，[⑤] 波

① 波黑统计局官网，https://bhas.gov.ba/data/Publikacije/Saopstenja/2022/PRI_02_2022_01_1_BS.pdf，https://bhas.gov.ba/data/Publikacije/Saopstenja/2022/PRI_02_2022_12_1_BS.pdf，检索日期：2023 年 1 月 25 日。

② 波黑统计局官网，https://bhas.gov.ba/data/Publikacije/Saopstenja/2023/PRI_01_2022_12_1_BS.pdf，检索日期：2023 年 1 月 25 日。

③ “Tonu peleta smo prošle godine plaćali 300 km, a danas je vise od 700 km”，波黑 klix.ba 新闻网，2022 年 9 月 20 日，https://www.klix.ba/biznis/privreda/tonu-peleta-smo-prosle-godine-placali-300-km-a-danas-je-vise-od-700-km/220920040，检索日期：2023 年 1 月 25 日。

④ 波黑 2022 年全年间接税税收总额再创历史新高，达 90.0 亿马克，比 2021 年（80.4 亿马克）增长 11.9%，其中 70.8 亿马克分配给了波黑国家、两实体和布尔奇科特区政府，比 2021 年增加 9.1 亿马克。“Rekordni prihodi od indirektnih poreza”，波黑间接税管理局官网，2023 年 1 月 5 日，https://www.uino.gov.ba/portal/bs/novosti/rekordni-prihodi-od-indirektnih-poreza-2/，检索日期：2023 年 1 月 26 日。

⑤ “‘Rastom plata smo peglali inflaciju ištitili standard građana’ Viškovićponosan na rad Vlade Srpske u njegovom mandatu”，Srpskainfo，2022 年 8 月 17 日，https://srpskainfo.com/rastom-plata-smo-peglali-inflaciju-i-stitili-standard-gradjana-viskovic-ponosan-na-rad-vlade-u-njegovom-mandatu/，检索日期：2023 年 1 月 26 日。

黑联邦当年财政预算达史上最高的 56 亿马克。[①]

2022 年，波黑人的全年平均月工资（净收入）继续上涨，同比涨幅创下近年新高（见图 1）。

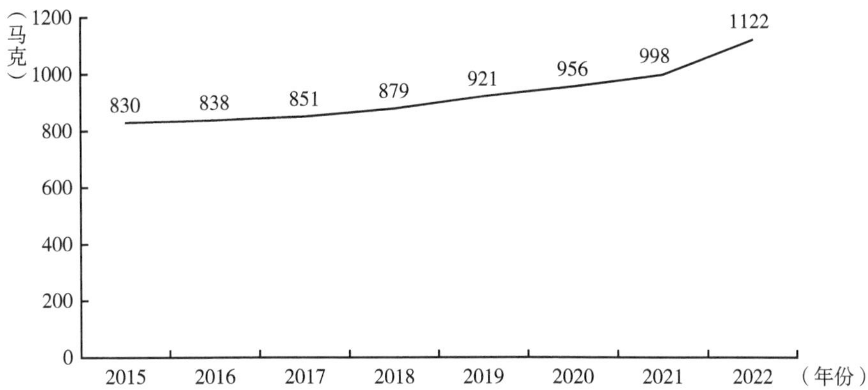

图 1　2015~2022 年波黑人全年平均月工资（净收入）

资料来源：波黑统计局官网，https：//bhas. gov. ba/data/Publikacije/VremenskeSerije/LAB_02. xls，检索日期：2023 年 2 月 21 日。

三　外交与安全

（一）获欧盟候选国地位

俄乌冲突爆发后，波黑国内外关于欧盟给予波黑候选国地位的呼声经历一波高涨。虽然欧盟成员国之间对于波黑是否满足成为欧盟候选国的条件有不同看法[②]，但总体上还是做出了积极的回应。2022 年 12 月，波黑正式获得欧盟候选国地位，在入盟进程上又迈进一步。

---

① “Mjere Vlade Federacije BiH u borbi s inflacijom”，波黑 klix. ba 新闻网，2022 年 11 月 14 日，https：//www. klix. ba/vijesti/bih/mjere - vlade - federacije - bih - u - borbi - s - inflacijom/221114128，检索日期：2023 年 1 月 26 日。

② 有意见认为给予波黑欧盟候选国地位可促使波黑聚焦改革而非政治纷争，也有意见认为塞族共和国的分裂倾向导致波黑政治不稳定，因此波黑不具备成为欧盟候选国的条件。

从欧盟对波黑出具的2022年国别报告和候选国推荐意见来看，要完成欧盟对其的入盟改革要求，波黑还任重道远。欧盟2019年5月在对波黑出具的入盟意见书中对波黑提出了涉及多领域的14项关键优先改革目标，但截至2022年底，波黑只是在若干领域采取了改革努力，[①] 2022年只有通过波黑公共采购法修正案这一项对标欧盟要求，获得欧盟首肯。[②] 2022年10月，欧盟委员会（European Commission，下称“欧委会”）在建议给予波黑候选国地位时对波黑改革明确提出八大要求，涉及司法、公共行政、打击腐败和有组织犯罪、边境和移民管理等方面，要求波黑制订关于接受欧盟法律的国家计划，[③] 实际上，在欧盟决定给予波黑候选国地位时，这些要求中的绝大多数波黑都并没有完成。欧委会重申，只有波黑完成14项关键优先改革目标才会建议开启与波黑的入盟谈判。[④]

欧委会2022年10月提出的八大要求中的大多数是2022年6月波黑主要政党在欧盟主持下签署的一份政治协议中涉及的内容[⑤]，但波黑克族民主共同体以不愿和波黑主席团克族成员、民主阵线主席热利科·科姆希奇

① “Bosnia and Herzegovina 2022 Report”, European Commission, October 12, 2022, https://neighbourhood-enlargement.ec.europa.eu/system/files/2022-10/Bosnia%20and%20Herzegovina%20Report%202022.pdf，检索日期：2023年1月29日。

② “Sattler podržao usvajanje zakona o javnim nabavkama: Što prije usvojiti i preostala tri”，波黑klix.ba新闻网，2022年8月29日，https://www.klix.ba/vijesti/bih/sattler-podrzao-usvajanje-zakona-o-javnim-nabavkama-sto-prije-usvojiti-i-preostala-tri/220829119，检索日期：2023年2月9日。

③ “2022 Communication on EU Enlargement Policy”, European Commission, October 12, 2022, https://neighbourhood-enlargement.ec.europa.eu/system/files/2022-10/2022%20Communication%20on%20EU%20Enlargement%20Policy-v3.pdf，检索日期：2023年1月29日。

④ “2022 Communication on EU Enlargement Policy”, European Commission, October 12, 2022, https://neighbourh ood-enlargement.ec.europa.eu/system/files/2022-10/2022%20Communication%20on%20EU%20Enlargement%20Policy-v3.pdf，检索日期：2023年1月29日。

⑤ “Political Agreement on Principles for Ensuring a Functional Bosnia and Herzegovina that Advances on the European Path”, European Council, June 12, 2022, https://www.consilium.europa.eu/hr/press/press-releases/2022/06/12/political-agreement-on-principles-for-ensuring-a-functional-bosnia-and-herzegovina-that-advances-on-the-european-path/，检索日期：2023年2月9日。

(Željko Komšić)[①]同桌会谈为由，没有签署该协议，而且也没有其他波黑克族政党参与会谈。该协议中特别提到当年3月联合国大会通过的谴责俄罗斯的有关乌克兰问题的第ES-11/1号决议[②]，但签署协议的塞族政党对该内容持保留意见。

（二）欧盟部队续驻一波三折

2022年11月，联合国安理会一如既往地如期通过决议，决定将欧盟驻波黑多国稳定部队[③]“木槿花”行动（EUFOR-Althea）续设12个月，但欧盟部队在波黑存续的问题在当年一度引发争议。

俄乌冲突爆发后，虽然波黑国内并未出现暴力冲突迹象，但欧盟部队为维护波黑稳定仍然强化了其在当地的军事存在。2022年3月，波黑多地有欧盟部队军人进行武装巡逻，法国和意大利派出军机在波黑开展空巡。在波黑塞族共和国，有地方官员对欧盟部队军人出现在学校附近表示抗议，称这将勾起当地人的战争记忆，并引起恐慌。[④] 时任波黑主席团塞族成员多迪克也一改此前对欧盟部队的支持态度，一度表示欧盟部队必须在2022年退出波黑。然而，当有消息称俄罗斯欲在联合国安理会否决在波黑续设这支部队之后，多迪克又改变了立场，甚至亲自劝说普京在联合国安理会支持续设该部队。[⑤] 有分析认为，担心欧盟部队不再续设之后北约

---

① 亲波族的克族政客，其领导的政党成员大多为波族人，不被波黑克族政党视为己类。

② 波黑和塞尔维亚都是该决议的赞成国。

③ 根据结束波黑战争的《代顿和平协议》附件1-A（关于军事问题的协议），联合国安理会授权成立一支执行该决议的多国部队（Implementation Force，IFOR），这支部队的一年任期结束后，安理会决定成立接替该部队的波黑稳定部队（Stabilisation Force，SFOR），仍由北约领导。安理会2004年决定，由欧盟驻波黑多国稳定部队（EUFOR）接手波黑稳定部队的任务，欧盟部队和北约在波黑的存在力量均被视为波黑稳定部队的合法继承者。

④ “Pripadnici EUFOR-a došli na Sokolac, Bjelica ih zamolio da ne budu kod škole”，波黑klix.ba新闻网，2022年3月17日，https://www.klix.ba/vijesti/bih/pripadnici-eufor-a-dosli-na-sokolac-bjelica-ih-zamolio-da-ne-budu-kod-skole/220317074，检索日期：2023年2月10日。

⑤ “Dodik：Rusija će podržati produženje misije EUFOR-a u BiH”，波黑klix.ba新闻网，2022年9月21日，https://www.klix.ba/vijesti/bih/dodik-rusija-ce-podrzati-produzenje-misije-eufor-a-u-bih/220921051，检索日期：2023年2月10日。

部队将填补波黑安全空白是俄罗斯和波黑塞族共和国支持欧盟部队在波黑存续的原因。[①]

（三）波黑代表在联合国激烈批评高级代表

联合国安理会在讨论欧盟部队在波黑续驻的当天，也讨论了高级代表施密特关于波黑情况的报告，波黑常驻联合国代表斯文·阿尔卡拉伊（Sven Alkalaj）[②] 在该场合对高级代表进行了激烈批评，此举在波黑外交史上极为罕见。阿尔卡拉伊批评高级代表在波黑大选过后颁布波黑选举法修正案是对波黑民主法治的践踏以及对政党和选民的欺骗，认为其中的波黑联邦议会民族院议席分配新方案造成种族歧视，谴责高级代表为克罗地亚以及该国的“外国引导者”的利益破坏波黑稳定，但声明波黑支持国际社会继续在波黑派驻高级代表。[③]

对于高级代表施密特改革波黑选举法的工作，美国和英国在 2022 年多次表态支持，这两个国家也被视为有关改革的幕后推手，美国似乎对阻碍有关改革的主要势力越来越失去耐心，尤其是对多次凭借波族选民选票当选波黑主席团克族成员的科姆希奇。阿尔卡拉伊在联合国安理会发言当天早些时候，美国驻波黑大使馆撰文警告波黑政治领导人应配合高级代表提高波黑联邦政府运转效率的工作，“国际社会必须让拒绝这样做的人付出代价”[④]。阿

① “Rusija sprema veto na mandat EUFOR-a, Dodik ide moliti Putina da to ne radi, a NATO priprema teren”，波黑 klix. ba 新闻网，2022 年 9 月 9 日，https：//www. klix. ba/vijesti/bih/rusija-sprema-veto-na-mandat-eufor-a-dodik-ide-moliti-putina-da-to-ne-radi-a-nato-priprema-teren/220909028，检索日期：2023 年 2 月 10 日。

② 2019 年被科姆希奇任命为波黑常驻联合国代表，和科姆希奇关系密切。

③ “Alkalaj žestoko kritikovao Schmidta u obraćanju pred Vijećem sigurnosti UN-a”，波黑 klix. ba 新闻网，2022 年 11 月 2 日，https：//www. klix. ba/vijesti/bih/alkalaj-zestoko-kritikovao-schmidta-u-obracanju-pred-vijecem-sigurnosti-un-a/221102143，检索日期：2023 年 1 月 23 日。

④ “Pragmatizam, a ne poziranje：bosanskohercegovački lideri treba da prionu na posao”，美国驻波黑大使馆博客，2022 年 11 月 2 日，https：//usembassysarajevo. blogspot. com/2022/11/pragmatizam-ne-poziranje. html？fbclid=IwAR3CanCCCVw_ FeIAm20d93aEYgnLWmW65W85ccq-LnlZYfdxm9r8gESbIB4，检索日期：2023 年 2 月 22 日。

尔卡拉伊的立场并不一定代表波黑外交部的立场,① 波黑塞族在高级代表问题上和波族的分歧也仍然存在,② 显示出波黑外交政策的高度不确定性。

四 社会与文化

(一)莫斯塔尔游击队员纪念墓园遭严重损毁

莫斯塔尔的大型知名二战纪念设施——游击队员纪念墓园在 2022 年 6 月被大面积损毁，墓园中的 600 余块墓碑几乎完全被砸成碎石，这被认为是该墓园 1965 年落成以来遭受的最严重的破坏。③ 该墓园在波黑战争中遭到破坏，战后得到重建，但长期疏于管理，不断遭到大小破坏，最近一次重修是在 2018 年。由于该墓园周边无监控设施，进行破坏的嫌疑人未能被缉拿归案，但鉴于此次破坏事件过后波黑国内的巨大谴责声浪，莫斯塔尔市及其所在的波黑联邦黑塞哥维那-内雷特瓦州内务部终于在墓园周边安装了监控摄像头。波黑联邦政府决定拨款 20 万马克用于墓园的重修。

相比波族朝野政党对墓园遭破坏事件的一致谴责，没有任何克族政党在此事件上发声。非但如此，波黑克族民主共同体和其他克族政党 2022 年两次在莫斯塔尔市议会试图推动将莫斯塔尔包括铁托大街在内的所有以南斯拉夫时期人物命名的街道更名，但由于波族政党的一致反对，其未能成功。

---

① “Pozadina nervoze uoči sjednice Vijeća sigurnosti UN-a: Koja je veza Alkalaja, Escobara i Turkovića”，波黑 klix. ba 新闻网，2022 年 11 月 2 日，https://www. klix. ba/vijesti/bih/pozadina-nervoze-uoci-sjednice-vijeca-sigurnosti-un-a-koja-je-veza-alkalaja-escobara-i-turkovic/221102092，检索日期：2023 年 2 月 22 日。

② “Alkalaj: Imamo pravo tražiti uklanjanje diskriminacije, Dodik ne pripada tim vrijednostima”，波黑 klix. ba 新闻网，2022 年 11 月 5 日，https://www. klix. ba/vijesti/bih/alkalaj-imamo-pravo-traziti-uklanjanje-diskriminacije-dodik-ne-pripada-tim-vrijednostima/221105036，检索日期：2023 年 2 月 22 日。

③ “Partizansko groblje u Mostaru devastirano kao nikad prije: Svih 700 spomen-ploča razbijeno”，波黑 klix. ba 新闻网，2022 年 6 月 15 日，https://www. klix. ba/vijesti/bih/partizansko-groblje-u-mostaru-devastirano-kao-nikad-prije-svih-700-spomen-ploca-razbijeno/220615010，检索日期：2023 年 1 月 26 日。

（二）“拉夫纳戈拉”[①]组织成员首次因仇恨罪获刑

2022年12月，波黑法院终审宣判，杜尚·斯拉多耶维奇（Dušan Sladojević）、斯拉夫科·阿莱克西奇（Slavko Aleksić）和里斯托·莱契奇（Risto Lečić）等三名波黑“拉夫纳戈拉”组织成员因仇恨罪被判入狱5个月。这是波黑首次有这类组织成员因仇恨罪获刑[②]。

此案可追溯至2019年3月10日波黑“拉夫纳戈拉”组织在塞族共和国维舍格拉德（Višegrad）举行的一场大集会[③]，包括三名被告在内的集会参与者被指控在活动期间使用军事术语，发表歌颂“拉夫纳戈拉”运动的言论，以及公开播放和演唱宣扬暴力和威胁他人的歌曲并由此引发其他波黑公民的恐慌。[④] 原告是萨拉热窝州政府和一家女性反战组织。

然而，在此案审理期间以及终审判决出台之后，波黑“拉夫纳戈拉”组织都未停止公开活动。三人被宣判之后，在波黑塞族共和国的特雷比涅（Trebinje），当地的老兵组织还发动了一场半官方性质的群众集会，反对判决结果，声援三人。[⑤]

---

① 拉夫纳戈拉（Ravna Gora）位于塞尔维亚，是二战期间“切特尼克”运动的发源地。

② 目前在波黑塞族共和国共注册有16家“拉夫纳戈拉”组织，这些塞族极端民族主义组织以宣扬“切特尼克”意识形态及其代表人物德拉查·米哈伊洛维奇（Draža Mihajlović）为特点，其一些头面人物曾因波黑战争期间所犯罪行获刑。波黑安全部曾在国家安全形势报告中点名一些“拉夫纳戈拉”组织，指这些组织普遍在意识形态上激进否定波黑国家的合法性，曾有在波黑活动的塞尔维亚“拉夫纳戈拉”运动人物因对波黑国家安全造成威胁被限制入境波黑。

③ 1946年3月13日，“切特尼克”运动领袖德拉查·米哈伊洛维奇被捕；7月15日，米哈伊洛维奇被指控的叛国罪和战争罪等多项罪名成立，两日后即被南斯拉夫当局处以死刑。该集会是为纪念米哈伊洛维奇被捕日而举行的。

④ “Dokumenti otkrivaju vezu članova ravnogorskih i četni čkih udruženja sa ratnim zlo činima i ekstremizmom”，波黑 detektor 新闻网，2021年2月5日，https：//detektor.ba/2021/02/05/dokumenti-otkrivaju-vezu-clanova-ravnogorskih-i-cetnickih-udruzenja-sa-ratnim-zlocinima-i-ekstremizmom/，检索日期：2023年1月26日。

⑤ “U Trebinju održan skup podrške ‘ravnogorcima’ osuđenim za širenje mržnje”，波黑 detektor 新闻网，2023年1月8日，https：//detektor.ba/2023/01/08/u-trebinju-odrzan-skup-podrske-ravnogorcima-osudjenim-za-sirenje-mrznje/，检索日期：2023年1月26日。

五 与中国的关系

（一）双边政治关系稳定前行

2022 年，波黑政界对于同中国合作以及中国-中东欧国家合作总体上继续持开放、欢迎和合作的态度。

2022 年 7 月，波黑部长会议表示已建立一个跨部门协调小组，旨在促进与中国的合作。成立该小组的倡议由波黑对外贸易和经济关系部发起，参加的部门有外交部、通信和交通部及财政部，该小组受命协调和促进波黑与中国、中东欧国家与中国的友好合作，直接向波黑部长会议报告。[①] 上届波黑部长会议主席特盖尔蒂亚和对外贸易和经济关系部长科沙拉茨在新一届波黑部长会议中留任。

2022 年 8 月，时任波黑主席团波族成员、民主行动党高层政治人物舍菲克·扎费罗维奇（Šefik Džaferović）表示，波黑愿继续在“一带一路”倡议和中国-中东欧国家合作框架下，同中方深化各领域交流与合作，推动两国关系取得更大进展。[②]

（二）双边经贸关系稳步发展

根据波黑统计局数据，2022 年波黑出口中国总额 3812.4 万马克，同比增长 4.7%；从中国进口总额 23.3 亿马克，同比增长 36.7%。中国仍是波黑的第五大进口来源国。[③]

---

① 《波黑政府成立促进波黑与中国合作跨部门小组》，新华网，2022 年 7 月 30 日，http://www.news.cn/2022-07/30/c_1128877139.htm，检索日期：2022 年 2 月 22 日。

② 《波黑主席团轮值主席：波黑愿在中国-中东欧国家合作框架下深化与中国关系》，新华网，2022 年 9 月 1 日，http://m.news.cn/2022-09/01/c_1128969069.htm，检索日期：2023 年 2 月 22 日。

③ 波黑统计局官网，https://bhas.gov.ba/data/Publikacije/Saopstenja/2022/ETR_01_2021_12_1_HR.pdf，检索日期：2022 年 1 月 22 日。

2022 年，中国和波黑两国间的多个重大经济合作项目稳步推进。4 月，中国电建水电七局与波黑利夫诺（Livno）索尔布斯有限公司签署了波黑索尔布斯 132MW 光伏发电项目 EPC 合同，该项目是波黑目前最大的光伏发电项目，建成后每年可向当地提供约 1.8 亿度电量。8 月，由中国建筑股份有限公司承建的武科萨夫列—布尔奇科高速公路项目启动，该项目采用融资加设计施工模式，合同总额 6.5 亿马克。12 月，由中国电建与通用技术联合投资的波黑伊沃维克风电项目荣获波黑外国投资促进署（FIPA）“2022 年最佳外国投资者”奖项，这是首次有中国企业获此奖。

（三）人文交流和民间友谊结新果

2022 年，波黑的中文教育又有新发展。2022 年秋季学期，巴尼亚卢卡大学汉学系首届新生入学，该校成为继东萨拉热窝大学之后波黑第二所提供汉语学历教育的高校。2022 年 5 月，“汉语桥”世界小学生中文秀波黑赛区比赛首次在巴尼亚卢卡大学孔子学院举办。

2022 年北京冬奥会为波黑和中国贡献了一位“意外”的民间交流使者。波黑代表团旗手、男子雪橇运动员米尔扎·尼古拉耶夫（Mirza Nikolajev）在开幕式上对着直播镜头充满亲和力的一眨眼，让他一夜之间成为中国社交网络上最受欢迎的冬奥运动员之一，大家亲切地称呼他为“wink 小哥”（“眨眼小哥”）。受宠若惊的尼古拉耶夫还在社交网站上发布了用中文问候中国人民的视频，受到中国主流媒体报道。回到波黑之后，尼古拉耶夫多次受邀参加中国驻波黑大使馆和波黑-中国友好协会举办的活动，分享冬奥经历，表示希望能有机会再次前往中国。在波黑-中国友好协会组织的一期“咖茶沙龙”上，他和骑行十五国的中国抖音热点少年“湖”相遇，传为佳话。

两国其他民间交往方面，2022 年 4 月，中国驻波黑大使季平出席波斯尼亚-波德里涅州戈拉日代（Goražde）州立医院血液透析中心落成仪式，并向该院捐赠新一批医疗物资。这批物资由中国慈善总会、中国民间组织国际交流促进会及中国和平发展基金会共同捐赠。2020 年 3 月，中国驻波黑大使馆率先向该院捐赠血液透析设备，由此开启了该透析中心的建设工作。

B.12 波 兰

陈思杨*

摘 要： 2022年，政治方面，波兰出台《保卫祖国法》，大幅提升军队战斗力；俄乌冲突成为国内最重要的政治议题；各党派已经开始为在2023年举行的议会选举做宣传。经济方面，波兰经济陷入技术性衰退，面临较为严重的通货膨胀，但失业率依然保持在欧盟国家中的低水平；经济的“去俄化”和“波兰新政”的落实也成为重点。外交与安全方面，波兰积极联美抗俄，支持乌克兰，同时与欧盟和德国在复苏基金、二战赔款问题上产生嫌隙。社会与文化方面，来自乌克兰的难民、奥德河污染事件、新出台的社会政策成为重点议题。对华关系方面，波兰与中国保持了良好的政治往来和经济合作。

关键词： 波兰 俄乌冲突 去俄化 难民

一 国内政治形势

2022年波兰国内政治环境总体较为稳定，重要政治动态主要来自外部危机的影响和2023年选举的相关政治宣传活动。

（一）出台《保卫祖国法》

自克里米亚危机后，波兰一直警惕来自俄罗斯的威胁，试图在地缘政治

* 陈思杨，硕士，中国社会科学院欧洲研究所助理研究员，主要研究方向为中波关系、波兰社会文化。

变化中维护自身安全。2021 年俄罗斯在波白边境危机中的态度和兵力调动，促使波兰将升级国家防务提上日程。2021 年 10 月 26 日，法律与公正党（PiS）向波兰议会提交国防法案——《保卫祖国法》（Obrona Ojczyzny，以下称“法案”）草案。2022 年 2 月俄罗斯对乌克兰采取的特别军事行动让波兰加快了这一进程，2022 年 3 月 18 日，波兰总统杜达（Andrzej Duda）签署通过该法案，4 月 23 日法案正式生效。

该法案废除了 14 项已有法案，并将其合并、修改和扩充为《保卫祖国法》，目的是“激进地”强化现有军事实力，增加国防开支，使波兰成为一个有能力进行有效防御的国家。其中三个重要抓手是实现武装部队的现代化、增强军队的吸引力和树立普遍的防御观念。[①] 而重要的基础是融资机制的改变，除了增加国防开支外，波兰国民经济银行（BGK）的利润和为军队设立的特殊债券都为其军队扩张提供了资金保障。[②]

根据法案的相关描述，波兰士兵人数将增加到约 30 万人（2022 年为 11.5 万人）；到 2024 年波兰的国防开支至少达到国内生产总值的 3%（2022 年为 2.2%。）；[③] 购买新型武器，提升波兰军队整体兵力、火力、远距离行动能力和投射力量；建立应征入伍奖励制度，为士兵加薪，引入新的军衔，以此吸引公民入伍；为服役 25 年以上的士兵增添奖励性机制，留住有经验的士兵；建立网络空间防御部队；等等。

（二）议会选举的动员行动

虽然距离 2023 年下半年的议会选举还有一年之久，但在 2022 年秋季，议会选举的动员行动就已经开始，执政党和反对党都在各个城市进行巡回宣讲。

---

① 波兰政府网站，https：//www.gov.pl/web/obrona－narodowa/ustawa－o－obronie－ojczyzny－－wzmocnienie-sil-zbrojnych-rp，检索日期：2023 年 2 月 17 日。

② 波兰《法律》网站，https：//www.prawo.pl/podatki/finansowanie－wojska－w－ustawie－o－obronie-ojczyzny，511419.html，检索日期：2023 年 2 月 17 日。

③ defence24 网站，https：//defence24.pl/polityka－obronna/rekordowe－wydatki－polski－na－obrone-118-miliardow-z-budzetu-i-nie-tylko，检索日期：2024 年 3 月 5 日。

执政党法律与公正党宣讲的主要内容是总结现任政府4年来的成就，并宣传议会选举中的竞选理念和口号，此番打出的口号是“困难时期的好政府”。其主张如下：建立团结、武装、勇敢的国家；拒绝加入欧元区；对欧盟持怀疑态度，并在有关宪法问题等的分歧上保持强硬；谴责德国，将布鲁塞尔比作柏林的前哨；[①] 批评道德自由主义，特别是日益严重的LGBT群体问题等。[②] 为专心准备选举的相关事宜，法律与公正党领导人卡钦斯基（Jarosław Kaczyński）于6月卸任负责国家安全的副总理一职。

最大的反对派公民纲领党（PO）宣讲的主要内容包括批评现任政府的经济政策和对欧政策，以及宣传自己的理念。公民纲领党主张与欧盟维持良好的关系，继续从欧盟获得足够的资金；在乌克兰问题上保持强硬立场；反对司法改革进程；强调社会包容等。[③] 图斯克（Donald Tusk）的回归[④]使公民纲领党的对外发声更加有力，可以在政治声量上与执政党一较高下。

卡钦斯基在宣传活动中宣布，将波兰地方政府的选举日期从2023年秋季推后至2024年4月30日。[⑤] 虽然执政党的解释是避免两个选举重叠，但该决定依然被反对派抨击为是为了巩固现有势力，维护当前权力阵营。

（三）俄乌冲突引发的国内争论

波兰既是北约东翼防线，又是与俄罗斯飞地加里宁格勒和乌克兰本土都

① 波兰通讯社，https：//www. pap. pl/aktualnosci/news% 2C1453763% 2Cjaroslaw - kaczynski - unia-europejska-nie-moze-byc-szczudlami-dla-niemiec，检索日期：2023年2月19日。

② 法律与公正党官网，https：//pis. org. pl/aktualnosci/pis - zmienia - polske - na - lepsze，检索日期：2023年2月19日。

③ 公民纲领党官网，https：//platforma. org/aktualnosci/spotkanie-otwarte-w-inowroclawiu，检索日期：2023年2月19日。

④ 波兰前总理、欧洲理事会前主席唐纳德·图斯克于2021年7月3日宣布重返波兰政坛，在离开波兰七年后，接任波兰最大反对党公民纲领党主席。

⑤ 波兰tvn24电视台，https：//tvn24. pl/polska/jaroslaw - kaczynski - w - mielcu - na - spotkanie - z - prezesem - pis - znow - mogly - wejsc - tylko - osoby - z - listy - kaczynski - zapowiedzial - zniesienie - immunitetow-formalnych-6097155，检索日期：2023年3月27日。

接壤的欧盟国家，俄乌冲突毫无疑问成为2022年波兰国内政治界最重要的议题之一。在危机的应对上，波兰国内各党派的立场空前一致，差别只是激进与更加激进之分。法律与公正党主张制裁俄罗斯，支援乌克兰，收容难民；公民纲领党党魁图斯克表示，这不是冲突，而是危机，波兰要避免成为国际秩序改变的受害者；左翼联盟（Lewica）也在冲突后的第一时间发布公告表明立场，并表示会在重要问题上与反对派合作[①]。

除此之外，波兰国内还出现了更加激进的政治讨论，比如波兰前陆军司令、国防部前副部长斯克日普查克（Waldemar Skrzypczak）提出，波兰应趁此机会收复在二战后被俄罗斯占领的加里宁格勒。这不仅因为在历史上俄这片飞地一直属于普鲁士和波兰，也因为加里宁格勒没有军事意义，此时是收复的良机。[②] 该言论在国内外引起极大关注和讨论，但并未在政策和政治决定方面造成事实影响。

二 经济发展状况

（一）宏观经济

2022年波兰GDP同比增长4.9%，[③] 其中第一季度的增长率为8.6%，第二季度为5.8%，第三季度为3.6%，第四季度为2%。[④] 波兰经济在后疫情时期快速增长后又开始回落，并且增长率远低于经济预期，波兰全能银行集团经济分析师指出，自2022年第二季度以来，波兰经济就一直处于技术

① 左翼联盟官网，https：//lewica.org.pl/aktualnosci/7295-lewica-zawieszamy-spory-aby-polska-byla-bezpieczna，检索日期：2023年2月18日。

② 波兰《共和国报》网站，https：//www.rp.pl/swiat/art35950691-rosjanie-komentuja-slowa-gen-skrzypczaka-o-kaliningradzie，检索日期：2023年2月18日。

③ 波兰国家统计局，https：//stat.gov.pl/obszary-tematyczne/rachunki-narodowe/roczne-rachunki-narodowe/produkt-krajowy-brutto-w-2022-roku-szacunek-wstepny，2，12.html，检索日期：2023年2月21日。

④ 波兰国家统计局，https：//www.bankier.pl/wiadomosc/PKB-Polski-IV-kwartal-2022-r-dane-wstepne-8489259.html，检索日期：2023年2月28日。

性衰退中。[①] 然而这并不意味着真正的衰退，在欧洲经济整体低迷的大背景下，波兰经济依然表现得较为坚挺。比如，波兰的失业率仍然处于较低水平，根据波兰国家统计局数据，2022 年 12 月的波兰登记失业率为 5.2%，[②] 比疫情前（2020 年 2 月）还要低 0.6 个百分点。2022 年 12 月欧盟统计局公布采用统计局定义计算出的协调失业率，波兰为 3%，欧盟为 6%，欧元区为 6.5%，[③] 波兰排名第二，是欧盟中失业率最低的国家之一。国家财政方面，2022 年波兰政府赤字为 1151.37 亿兹罗提，占 GDP 的 3.7%，政府债务为 15122.27 亿兹罗提，占 GDP 的 49.1%，[④] 波兰十分平稳地度过了外部冲击带来的危机。

受到能源危机和地缘政治危机的影响，欧洲的通货膨胀普遍较为严重。2022 年波兰平均居民消费价格指数（CPI）增长率为 14.37%，远超往年数据。10 月因进入供暖季，CPI 增长率飙升至 17.9%（见图 1）。[⑤] 虽然波兰名义收入在宏观范围内仍在增长，但高通胀导致波兰人的家庭可支配收入下降，进一步带来消费需求总体下降，而国内外需求疲软对企业投资也造成负面影响。

对外贸易方面，2022 年波兰对外贸易出口总额为 16073 亿兹罗提，同比增长 22.1%；进口总额为 16998 亿兹罗提，同比增长 28.5%。贸易逆差为 925 亿兹罗提，2021 年同期逆差为 70 亿兹罗提，贸易逆差持续加大。[⑥]

---

① 波兰《银行家》网站，https://www.bankier.pl/wiadomosc/PKB-Polski-IV-kwartal-2022-r-dane-wstepne-8489259.html，检索日期：2023 年 2 月 28 日。

② 波兰国家统计局，https://stat.gov.pl/podstawowe-dane/，检索日期：2023 年 2 月 28 日。

③ 波兰家庭和社会政策部，https://www.gov.pl/web/rodzina/stopa-bezrobocia-w-grudniu-na-poziomie-52，检索日期：2023 年 2 月 28 日。

④ 波兰国家统计局，https://stat.gov.pl/obszary-tematyczne/rachunki-narodowe/statystyka-sektora-instytucji-rzadowych-i-samorzadowych/komunikat-dotyczacy-deficytu-i-dlugu-sektora-instytucji-rzadowych-i-samorzadowych-w-2022-roku-za-lata-2019-2022,1,36.html，检索日期：2023 年 5 月 10 日。

⑤ 波兰国家统计局，https://stat.gov.pl/，检索日期：2023 年 2 月 28 日。

⑥ 波兰国家统计局，https://stat.gov.pl/en/topics/prices-trade/trade/foreign-trade-turnover-of-goods-in-total-and-by-countries-in-january-december-2022,1,128.html，检索日期：2023 年 5 月 10 日。

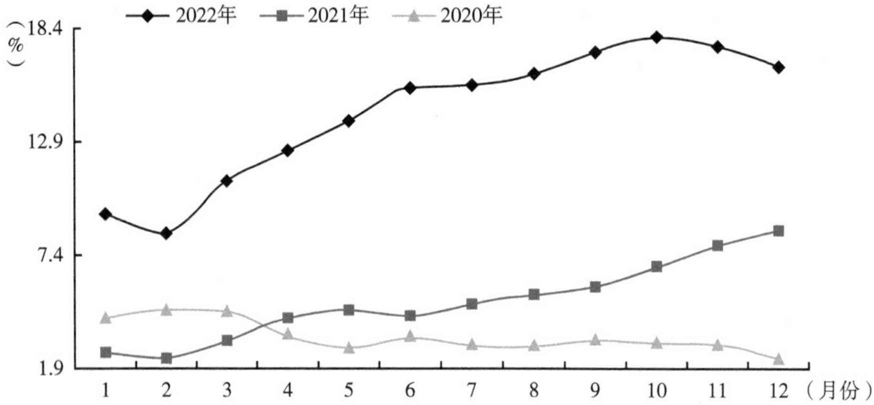

图 1　2020 年、2021 年和 2022 年波兰 CPI 增长率

资料来源：波兰国家统计局，https：//stat. gov. pl/，检索日期：2023 年 2 月 28 日。

（二）波兰经济的“去俄化”

为摆脱俄罗斯对波兰经济的影响并解决俄乌冲突所带来的高通胀等经济问题，波兰政府在 2022 年 3 月提出了以“反普京之盾”（Anti-Putin Shield）政策带动波兰经济“去俄罗斯化”（“De-Russify” Economy，以下简称“去俄化”）的计划。

“反普京之盾”政策主要是通过对“波兰新政”（Polish Deal）的修改和补充来限制通货膨胀率的上升，缓解企业与个人的压力。政策包括以下内容。①

1. 援助农民

在能源危机的影响下，肥料价格飞涨，直接影响到农业生产。在此背景下，政府对农民进行一系列补贴，如从 2021 年 9 月起农民购买的肥料都能够获得国家预算的补贴；每 1 公顷农作物和每 1 公顷草地、牧场分别获得 500 兹罗提和 250 兹罗提的补贴，最多补贴 50 公顷。②

① 波兰《波兰消息》网站，https：//notesfrompoland. com/2022/03/18/poland-announces-plans-to-de-russify-economy-with-anti-putin-shield/，检索日期：2023 年 3 月 1 日。

② 波兰政府网站，https：//www. gov. pl/web/premier/rzad-kontynuuje-wsparcie--dodatkowa-pomoc-dla-rolnikow-i-ochrona-dla-odbiorcow-gazu-przed-niekontrolowanym-wzrostem-cen-do-2027-r，检索日期：2023 年 3 月 1 日。

2. 补助老年人

向老年人和伤残人士发放养老金和提供补助来缓解通货膨胀带来的物价上升，在几周内向近 1000 万人发放额外的第 13 个月的养老金，受惠人数约占总人口的 1/4。

3. 能源价格保护

将能源监管部门对家庭消费者和公益机构的能源价格保护延长至 2027 年，价格保护覆盖 700 万个家庭、小区、公共社区、医院和学校等公共行政单位。

经济的“去俄化”则涉及更广的范围，这也是波兰对俄罗斯进行经济制裁的方式之一。波兰于 2022 年 3 月提出在 2022 年底停止进口俄罗斯原材料，包括石油和天然气，最迟 5 月停止进口煤炭。截至 2022 年底，波兰已停止俄罗斯煤炭和天然气的进口，并计划在 2023 年 1 月停止石油进口。[①] 与此同时，波兰积极扩建波罗的海天然气管道和斯维诺乌伊希切的天然气码头，预计每年可接收超过 80 亿立方米的液化天然气（LNG），[②] 这为减少对俄能源依赖奠定基础。

（三）“波兰新政”的修正

2022 年 1 月 1 日“波兰新政”中关于税收的内容正式生效，这项经济计划对波兰的税制进行了大刀阔斧的改革[③]，其目标是缩小收入差距，帮助低收入人群，减轻企业负担。但制度生效后浮现出新的问题，如需支付大量附加税、薪资计算的不明之处引起汇算混乱等，导致本应从中获益的人的实际收入反而更低了。

为解决上述问题，“波兰新政”的修正案（也被称为“波兰新政”

---

① 截至 2023 年 3 月 27 日撰稿日，波兰暂未完全停止从俄罗斯的石油进口。

② 波兰《波兰消息》网站，https：//notesfrompoland. com/2022/03/15/how-europe-can-become-independent-from-russian-energy/，检索日期：2023 年 3 月 1 日。

③ 改革内容包括但不限于：个人所得税免税额度从 8000 兹罗提提高到 3 万兹罗提；第二阶梯个税起征点从 8. 5 万兹罗提提高到 12 万兹罗提，年收入达到 12 万兹罗提后税率为 32%；2500 兹罗提以下的养老金免于缴税；医疗保险缴费额及计算方法将统一，税率提高到 9%。

2.0）于 2022 年 7 月 1 日正式生效。修正案的变化包括以下方面。

（1）重新设定税率，年收入在 12 万兹罗提以下，税率由 17%降低为 12%，年收入超过 12 万兹罗提，税率为 32%，同时免税金额从 5100 兹罗提降低到 3600 兹罗提。

（2）新增税收抵扣项目，如古迹减免、机器人化减免、工会费用抵扣、使用支付终端等。

（3）四孩及以上家庭的纳税人、26 岁以下的年轻人、退休后仍决定继续参加工作的老年人，以及将纳税地从国外改到波兰的回国人员，均可以获得每年 85528 兹罗提的免税金额。

（4）修改企业所得税（CIT）规则并消除解释中的歧义，如最低所得税的盈利指数将从 1%提高到 2%，并推迟一年生效；对小型纳税人、受监管医疗服务实体等新类型的经济实体授权豁免；将预扣税支付和退款的有效期延长至规定的纳税年度结束日（目前最长三个月）。[①]

三　外交与安全

（一）波俄、波乌关系

由于 2022 年初俄罗斯对乌克兰采取特别军事行动，波兰的恐俄情绪和反俄立场都达到顶峰，并在此次冲突中完全倒向乌克兰，大力支持乌克兰的抗俄行动。

政治上，波兰成为欧盟中反俄援乌的急先锋。2022 年 3 月 15 日，由波兰、捷克和斯洛文尼亚组成的代表团秘密到访基辅，与乌克兰总统泽连斯基（Volodymyr Zelenskyy）会面，这也是俄乌冲突爆发后乌克兰迎来的第一个外交代表团。波兰总理莫拉维茨基（Mateusz Morawiecki）和波兰法律与公

① 波兰税务网站，https：//www. pit. pl/aktualnosci/polski-lad-2-0-najwazniejsze-zmiany-w-rozliczeniach-pit-o-czym-musi-wiedziec-podatnik-1007708，检索日期：2023 年 3 月 4 日。

正党党魁卡钦斯基随团出访，并提出向乌克兰派遣北约国际维和部队的想法。代表团返回后，欧盟即呼吁进一步加强对俄罗斯的制裁。[①] 此外，波兰总统杜达也于2022年2月（冲突发生前几天）、5月、8月3次出访基辅会见泽连斯基，以示对乌克兰的支持；12月，泽连斯基在闪电访美后快速访波，与波交换机密信息，合作十分密切。

而对于俄罗斯，波兰则采取了极为敌对的立场。俄乌冲突伊始，波兰就将俄方的行动定义为“侵略”，并将2021年末波白边境移民危机[②]描述为俄罗斯一手制造的向乌、白边境派兵的机会。[③] 在欧盟商议对俄政策时，波兰多次提出将制裁升级。军事上，波兰多次向乌克兰提供武器援助，帮助其与俄罗斯对抗。截至2022年12月底，波兰已向乌克兰提供军事援助和武器援助约100亿兹罗提。[④] 军事援助包括但不限于300余辆装甲车、250余辆坦克、110余架火箭炮、防空系统、无人机等重型装备及各种先进武器。[⑤] 波乌前所未有的团结，而波俄关系则被地区冲突拖入深渊。

（二）复苏基金仍然是波欧的矛盾点

为共同应对地缘政治威胁，携手度过危机，波兰与欧盟对于复苏基金和法治问题的态度从表面看都有所松动和软化，但双方的矛盾点依旧存在，波兰对欧盟的态度也依旧存疑。

2022年6月1日，欧盟委员会主席冯德莱恩（Ursula von der Leyen）访

---

① 波兰 tvn24 电视台，https：//tvn24. pl/swiat/ukraina-mateusz-morawiecki-i-jaroslaw-kaczynski-w-kijowie-delegacje-polski-slowenii-i-czech-wrocily-bezpiecznie-do-polski-5637257，检索日期：2023年3月10日。

② 2021年11月初，白俄罗斯开放边境，把大量来自中东的移民推向波兰一侧，双方军队在边境对峙，而俄罗斯支持白俄罗斯的相关行动。

③ 波兰政府网站，https：//www. gov. pl/web/border/oficial-information-on-east-border，检索日期：2023年3月10日。

④ 波兰 infor 新闻网站，https：//www. infor. pl/prawo/nowosci-prawne/5635962，Polska-pomoc-dla-Ukrainy-2022-ile-kosztowala. html，检索日期：2023年5月10日。

⑤ 波兰 Oryxspioenkop 网站，https：//www. oryxspioenkop. com/2022/08/a-european-powerhouse-polish-military. html，检索日期：2023年3月10日。

问波兰，并确认欧盟委员会批准了波兰国家复兴计划（KPO，下称“计划”）①。按照欧盟之前的承诺，波兰理应可以从欧盟复苏基金中得到581亿欧元的可支配资金，其中的239亿以补贴形式发放（波兰无须偿还），另外342亿将以贷款形式落实，预计2026年之前欧盟将支付完成。②

但是欧盟提出了资金拨付的要求：复苏基金将分批次拨付，波兰每一批款项的接收都有相应条件，即所谓的“里程碑”，只有在波兰满足要求的情况下欧盟才会拨付资金。根据计划，波兰总共需进行48项改革，其中包含115个“里程碑”，涵盖提高实施计划的机构质量、绿色能源等6个方面。在此要求下，欧委会提出了3个具体的、与法治改革相关的“里程碑”，将之作为第一批资金拨付的条件：（1）波兰最高法院的纪律检查庭必须被撤销，并由其他独立的法庭取代；（2）针对法官的纪律程序需要改革且有争议的法官违纪判决需要撤销；（3）被纪律检查庭判决处分的法官有权在新的司法机构提起新诉讼。波兰需要在2022年第二季度末之前完成以上三点，只有这样欧盟才会支付第一批资金。③ 依据要求，波兰于2022年7月关闭了纪律检查庭，但此前被停职的法官并没有返回岗位，而且最高法院成立了一个名为职业责任庭的新机构，法官直接由总统任命。欧盟认为波兰没有达到要求，所以不予拨付资金。这引起了波兰方面的愤怒，司法部长兹比格涅夫·齐奥布罗（Zbigniew Ziobro）直指这是对波兰的“勒索”，并呼吁波兰政府对欧盟采取更强硬的行动。④

虽然欧盟给波兰提供了7亿兹罗提的资金来帮助波兰安置乌克兰难民，双方的态度在年底出现一些软化，但这似乎并不足以消除波兰与欧盟之间尚未解除的矛盾，复苏基金的拨付在未来一年内依然会成为双方争论的焦点。

---

① 由于波兰在宪法改革问题上与欧盟的争议，该计划于2021年初提交到欧委会后被暂缓审批。

② 波兰政府网站，https：//www. gov. pl/web/planodbudowy/czym-jest-kpo2，检索日期：2023年3月12日。

③ 波兰tvn24电视台，https：//tvn24. pl/polska/kamienie-milowe-w-kpo-czym-sa-i-dlaczego-sa-takie-wazne-do-czego-zobowiazala-sie-polska-5739744，检索日期：2023年3月12日。

④ 波兰Polsat网站，https：//www. polsatnews. pl/wiadomosc/2022-07-13/ziobro-unia-europejska-nas-szantazuje-ostrzegalismy-przed-tym-premiera/，检索日期：2023年3月23日。

（三）要求德国赔偿

2022年9月1日，波兰法律与公正党主席卡钦斯基宣称，波兰政府对二战期间德国入侵和占领波兰造成的损失进行了最新一轮评估，将会对德国提出6.2万亿兹罗提的二战赔偿，同时，波兰还详细列举了在二战期间遭受的物质损失。在12月的演讲中，卡钦斯基宣布"波兰将以150多种方式展示德国在二战中的行为。德国总是标榜自己是道德力量，其应该为此受到名誉上的谴责"。[①] 德国政府则迅速拒绝了波兰的巨额索赔，认为赔偿问题早已结束。德国总理朔尔茨（Olaf Scholz）强调，波兰早在1953年就已放弃索赔。而波兰则认为德国的法律分析是错误的，波兰在1953年与东德达成的协议中受到了苏联的逼迫，并非自愿。[②]

波兰重提赔偿一事的原因很多。其一，表达对德国和欧盟的不满。卡钦斯基直言，布鲁塞尔是柏林的前哨（欧盟做出的都是有利于德国的决定）。[③] 其二，国内政治的反馈。公民纲领党主席图斯克认为，这是在为一年后的议会选举做政治铺垫，因为每当法律与公正党需要建立政治叙事时，关于德国战争赔偿的倡议就会出现，这已经不是第一次了。[④] 其三，对当前叙事的不满。在大众的理解里，波兰是用了欧盟的钱才实现现代化的，但波兰认为这是不对的，因为来自欧盟的钱只占GDP的1%，并且德国通过大企业合作让很多钱又流回了德国。所以目前关于德国给欧盟的很多钱间接给了波兰的说法是不正确的。[⑤]

---

① 波兰通讯社，https：//www.pap.pl/aktualnosci/news%2C1497786%2Cjaroslaw-kaczynski-dominacja-niemiec-droga-do-kryzysu-i-do-nieszczescia，检索日期：2023年3月23日。

② Tok网站，https：//www.tokfm.pl/Tokfm/7，103085，28881798，scholz-o-reparacjach-ta-kwestia-zostala-ostatecznie.html，检索日期：2024年3月5日。

③ 波兰通讯社，https：//www.pap.pl/aktualnosci/news%2C1453763%2Cjaroslaw-kaczynski-unia-europejska-nie-moze-byc-szczudlami-dla-niemiec，检索日期：2023年3月23日。

④ 波兰《波兰日报》网站，https：//www.gazetaprawna.pl/wiadomosci/kraj/artykuly/8528421，tusk-reparacje-niemcy-kampania-polityczna.html，检索日期：2023年3月23日。

⑤ 笔者与波兰学者访谈。

（四）对美关系

由于美国深度介入俄乌冲突，处于反俄前线的波兰与美国的关系显得非常亲密。美国驻波兰大使马克·布热津斯基（Mark Brzezinski）称，这是历史上波美关系最好、最紧密的时期。[①] 2022 年 6 月，在北约峰会期间，美国总统拜登公开承诺，要加强与波兰的军事合作，并将在波兰永久驻军。同时，美国还为波兰提供了 1.92 亿美元的保证金来购买坦克、直升机等军事装备。

但在军事关系中，波美也并非总是铁板一块。此前美英等国称北约决定向乌克兰提供战斗机，只要波兰将自己的米格-29 战斗机转交给乌克兰，就考虑补偿波兰美制 F-16 战斗机。波兰当日就表示准备立即将所有米格-29 战斗机免费转移至德国的美空军基地，全部交由美方处置，并要求美方提供有类似作战能力的二手战斗机。然而美方拒绝接收，并称计划在波兰部署 2 套“爱国者”导弹防御系统。此番操作表明，美国的承诺是虚伪的，只是想将波兰推向冲突前线。

在经济上，美国依然是波兰重要的贸易伙伴。2022 年 11 月，波兰政府通过决议，选择美国西屋电气公司（Westinghouse）作为波兰第一座核电站的技术合作伙伴，核电站项目的花费将为 8000 万至 1 亿兹罗提。[②]

四　社会与文化

（一）接纳和安置乌克兰难民

受俄乌冲突的影响，大量难民逃离乌克兰，作为拥有共同边境的兄弟邻国，截至 2022 年 12 月 31 日，波兰接收了超过 830 万名乌克兰难民，[③] 其中

---

① 波兰通讯社，https：//www.pap.pl/aktualnosci/news%2C1525868%2Cambasador-usa-stosunki-z-polska-najscislejsze-w-historii-beda-kolejne，检索日期：2023 年 3 月 23 日。

② 波兰 money.pl 新闻网，https：//www.money.pl/gospodarka/amerykanie-wybuduja-pierwsza-elektrownie-jadrowa-w-polsce-jest-umowa-6869224901343872a.html，检索日期：2023 年 3 月 23 日。

③ 波兰边防网站，https：//www.strazgraniczna.pl/pl/aktualnosci/11135，Rok-2022-w-Strazy-Granicznej.html？search=568696865，检索日期：2023 年 3 月 20 日。

大约 110 万人留在了波兰,[①] 其中绝大部分是妇女和儿童。波兰从一开始就对接纳难民表现积极，对所有寻求避难而来的乌克兰人完全敞开怀抱。2022 年 3 月 26 日，波兰迅速出台《波兰共和国境内外国人保护法》，并规定该法律的适用期可追溯到 2 月 24 日。所有在波兰境内申请庇护的乌克兰难民都可以获得波兰的居民身份证（PESEL）号码，并在就业安置、职业咨询和培训等方面享有和波兰公民同样的权利。难民还可以申请每人 300 兹罗提的一次性补贴。[②]

但这并非长久之计，波兰不得不应对许多问题。首先，波兰在社会福利方面的压力大。截至 2022 年 10 月，波兰已经为乌克兰难民支付超过 55 亿兹罗提的费用，是此次乌克兰难民危机中为难民花销最大的欧盟国家。其次，波兰政府发现一些有组织的乌克兰诈骗团伙来波兰骗取福利，这产生了不良影响。再次，波兰政府认为，对难民援助的最佳期限是一年，过长则会影响其回归劳动力市场。最后，波兰民众对难民的态度也发生了转变。由于宗教和文化的相似性、对乌克兰人的同情，以及两国通婚所带来的亲缘因素，在俄乌冲突伊始，许多波兰人自发提供车辆和住所给难民使用，但随着难民越来越多，社会态度也逐渐转变。根据民调结果，从 2022 年 6 月开始，有 68%的波兰民众对乌克兰难民的态度转为负面。[③]

为应对上述问题，波兰政府先是于 2022 年 7 月收紧了对难民的补贴，出台了相应的法规，允许社保机构和地方政府发出传票，要求乌克兰公民亲自出庭，如果其没有出现则会失去补贴，以此防范敲诈案例出现。11 月，波兰政府宣布，从 2023 年 2 月 1 日起，在波兰集体住宿中心居住且停留超过 120

---

① 波兰《共和国报》网站，https：//www. rp. pl/polityka/art37286771-polska-wydala-na-pomoc-uchodzcom-z-ukrainy-5-5-mld-zl，检索日期：2023 年 3 月 20 日。

② 波兰政府网站，https：//www. gov. pl/web/udsc-en/the-law-on-assistance-to-ukrainian-citizens-in-connection-with-the-armed-conflict-on-the-territory-of-the-country-has-entered-into-force，检索日期：2023 年 3 月 20 日。

③ 波兰《共和国报》网站，https：//www. rp. pl/spoleczenstwo/art37927281-badanie-zmienia-sie-nastawienie-polakow-do-uchodzcow-z-ukrainy，检索日期：2023 年 3 月 20 日。

天的乌克兰难民需缴纳 50%的生活费用，而自 2023 年 5 月 1 日起，将需缴纳 75%的生活费用。①

（二）奥德河污染事件

2022 年 8 月，波兰最重要的河流之一奥德河（Odra River）发生前所未有的重大污染事件，导致数十吨鱼类和水生物死亡，引起波兰国内和国际社会的极大关注。

奥德河发源于捷克，流经波兰西部和德国东部，最终汇入波罗的海，构成波兰与德国之间长达 187 公里的西北部边界。奥德河全长 854 公里，波兰段为 742 公里（包括德国与波兰之间的部分边界），流域面积达 118861 平方公里。② 该河是波兰境内第二长的河流，也是中欧地区最重要的淡水河之一。

2022 年 7 月 26 日，奥德河第一批死鱼报告出现；8 月初，各种死鱼图片迅速在网络上流传，引发热议；8 月 11 日，政府才发出官方警告，随后禁止民众在奥德河游泳、捕捞；9 月底，波兰政府提交了灾害的报告。根据相关调查，河水的氯化物和硫酸盐含量超标、气温升高，以及管制影响河水流动并使河水呈现出死水的特征，上述原因导致水中的金藻产生大量毒素，致使水生物死亡。而水中含盐量的上升是由采矿、工业化的盐水排放导致的，属于人为灾害。③ 奥德河的生态系统重建可能需要 10~15 年的时间，④ 对于沿线的生产和生活影响甚大。

为解决河水污染问题，波兰政府推出“恢复奥德河生态系统和生物多样性”基金，提供总计 1400 万兹罗提的补贴以助力生态系统恢复。⑤

① 波兰《波兰日报》网站，https：//www.gazetaprawna.pl/wiadomosci/kraj/artykuly/8579282，uchodzcy-ukraina-osrodki-oplaty-koszty-utrzymania.html，检索日期：2023 年 3 月 20 日。

② 维基百科，https：//pl.wikipedia.org/wiki/Odra，检索日期：2023 年 3 月 18 日。

③ 世界自然基金会（波兰），https：//www.wwf.pl/rzeki-zanieczyszczane-w-majestacie-prawa，检索日期：2023 年 3 月 18 日。

④ 波兰 noizz 网站，https：//noizz.pl/ekologia/martwe-ryby-w-odrze-odbudowa-ekosystemu-zajmie-dlugie-lata/jtkz51s，检索日期：2023 年 3 月 18 日。

⑤ 波兰政府网站，https：//www.gov.pl/web/uw-opolski/14-mln-zlotych-na-odbudowe-ekosystemu-rzeki-odry，检索日期：2023 年 3 月 18 日。

（三）惠民的“首套房政策”

2022 年 12 月 16 日，波兰发展与技术部宣布出台一项名为“首套房政策”的新住房政策，旨在缓解年轻人的经济压力，满足年轻人的购房需求。该政策于 2023 年 7 月 1 日起正式实施。

该政策为 45 岁以下的人提供了两种支持购房的形式。其一是利率补贴，即购买首套房的人只要贷款利率超过 2%，超出的部分就由国家补贴，贷款补贴将持续 10 年之久，并且没有购房平方米数限制。单人家庭的最高额度为 50 万兹罗提，而已婚夫妇或有孩子的家庭的最高额度为 60 万兹罗提。其二是设立住房储蓄账户，这是为购房而单独设立的，每人每个月可以向账户支付 500～2000 兹罗提的费用，支付期限为 3～10 年，每年需至少支付 11 次，但在此期间可以随时变更额度或暂停支付。如果在支付结束后的 5 年之内用这笔储蓄购买住房，则会获得国家提供的奖金。除了首套房需求者，居住在小房子且拥有多孩的家庭（50 平方米 2 孩、75 平方米 3 孩、90 平方米 4 孩、5 孩及以上不限平方米）也可以设立该账户。①

五　与中国的关系

（一）政治往来

受俄乌冲突、美国对华遏制升级、中欧关系趋于复杂等因素的影响，2022 年中国－中东欧国家合作面临的阻力显著上升，中波关系面临重大考验。波兰作为中东欧地区影响力和国土面积最大的国家，其对华态度成为其他国家的参考，对中国－中东欧国家合作产生较大的影响。

虽然存在挑战，但中波之间依然保持了良好的政治往来和互动，也没有迹象表明波兰会效仿波罗的海国家“退群”。2022 年 2 月 6 日，中国国家主席

① 波兰通讯社，https://www.pap.pl/aktualnosci/news%2C1509853%2Cprogram-pierwsze-mieszkanie-dla-osob-do-45-roku-zycia-podano-szczegoly，检索日期：2023 年 3 月 20 日。

习近平在人民大会堂会见来华出席北京2022年冬奥会开幕式的波兰总统杜达，双方在扩大对波投资、加强中国-中东欧国家合作方面达成共识。① 6月10日，时任国务委员兼外交部长王毅同波兰外长兹比格涅夫·拉乌（Zbigniew Rau）以视频连线方式举行中波政府间合作委员会第三次全体会议。拉乌表示，波兰欢迎中国企业赴波兰投资兴业，支持加强中欧合作、中国-中东欧国家合作，愿成为中欧合作之门。② 7月29日，波兰总统杜达与中国国家主席习近平通电话，并就中国-中东欧国家合作10周年、经贸合作、赴波兰投资等议题交换意见。③ 双方依然重视中国-中东欧国家合作，但在复杂的国际局势下，中波关系已经开始从以多边合作为主导的模式重新回归双边合作轨道。

（二）经贸合作

2022年，中国依然是波兰第二大进口国，1~12月中国商品的进口额占到波兰总进口额的14.8%，进口额达到566亿美元，同比增长超过20%。④ 2022年上半年，波兰对中国的出口大幅下降8%。⑤ 这导致中国对波兰的贸易顺差继续加大。

虽然中波间的陆路运输（中欧班列）受到区域冲突影响，货运量有所下降，但中波之间依然在积极寻求经济合作。波兰投资与贸易局（PAIH）

---

① "Xi Jinping Meets with Polish President Andrzej Duda", Ministry of Foreign Affairs of the People's Republic of China, February 6, 2022, https://www.fmprc.gov.cn/eng/zxxx_662805/202202/t20220206_10639505.html，检索日期：2023年3月18日。

② "Wang Yi and Polish Foreign Minister Zbigniew Rau Hold the Third Plenary Session of the China-Poland Intergovernmental Cooperation Committee," Ministry of Foreign Affairs of the People's Republic of China, June 10, 2022, https://www.fmprc.gov.cn/eng/zxxx_662805/202206/t20220611_10701937.html，检索日期：2023年3月18日。

③ "Xi Jinping Speaks with President of Poland Andrzej Duda on the Phone", Ministry of Foreign Affairs of the People's Republic of China, July 29, 2022, https://www.fmprc.gov.cn/eng/zxxx_662805/202207/t20220730_10730783.html，2023年3月18日。

④ 波兰国家统计局，https://stat.gov.pl/en/topics/prices-trade/trade/foreign-trade-turnover-of-goods-in-total-and-by-countries-in-january-december-2022,1,128.html，检索日期：2023年3月27日。

⑤ 波兰interia网站，https://biznes.interia.pl/gospodarka/news-nasz-bilans-handlowy-z-chinami-pogorszyl-sie-z-powodu-wojny-,nId,6441418，检索日期：2023年3月20日。

积极宣介 11 月 15~19 日在广东深圳举办的 2022 年中国国际高新技术成果交易会，波兰驻广州总领事馆和波兰投资与贸易局驻华办事处共同组织和管理波兰展位，并支持波兰企业参与线上展会。[①] 波兰也积极参与 11 月 5~10 日在上海举行的第五届中国国际进口博览会，虽然受到出行限制的影响，参展企业数量有所下滑，但依然有 7 家波兰企业在线上参展（虚拟馆），主要是珠宝商、工具制造商和糖果制造商。[②]

---

① 波兰政府网站，https：//www. gov. pl/web/zhongguo/polska-na-targach-wysokich-technologii-w-shenzhen3-cn，检索日期：2023 年 3 月 20 日。

② 波兰政府网站，https：//www. gov. pl/web/zhongguo/v - edycja - targow - importowych - w - szanghaju-cn，检索日期：2023 年 3 月 20 日。

B.13
黑　山

丁予涵　彭月函*

摘　要： 2022年，黑山政局动荡，一年内两届政府接连下台；总统、政府和议会冲突激烈，新政府组阁遥遥无期；政局长期不稳定和《总统法》修正案的签署引发民众抗议。2022年，黑山政府采取一系列措施恢复经济，宏观经济各项指标均有所增长，支柱产业旅游业发展势头良好，但仍面临诸多挑战。外交与安全领域，黑山在加入欧盟上没有取得突破性进展，国内政局动荡阻碍其入盟步伐；2022年黑山庆祝加入北约5周年，双方关系日益紧密；黑山与欧盟和北约在对俄政策上立场一致，但因各政党意见不一，对俄制裁措施延迟实施；2022年黑山积极参与地区事务和活动，发展与塞尔维亚的关系成为黑山政府的优先事项。社会与文化方面，黑山单日风力发电占比居欧洲首位，坚持推动能源转型和可持续发展。中黑关系方面，双方进出口贸易额显著增加；中国路桥集团承建的黑山南北高速公路优先段顺利通车，加深了两国友谊；双方在文化和教育领域多次合作，越来越多的黑山民众感受到中华文化的魅力，双方文化互通进一步加深。

关键词： 黑山　欧盟　北约　俄乌冲突　中黑关系

* 丁予涵，北京外国语大学欧洲语言文化学院克罗地亚语专业本科生；彭月函，北京外国语大学欧洲语言文化学院克罗地亚语专业教师，主要研究方向为克罗地亚语言文学、克罗地亚教育等。

一　国内政治形势

（一）两届政府接连下台

2022 年黑山政局动荡，政府更迭频繁，总统、政府和议会三方的矛盾和冲突不断。在一年时间内，黑山两届政府接连下台。

2020 年上台执政的是所谓的“专家政府”，但它在司法建设、打击犯罪、解决腐败问题、维护人权、实现言论自由等领域取得的成果都十分有限，黑山社会局势日益紧张，政治两极分化日益加剧。2022 年 1 月 19 日，时任黑山副总理德里坦·阿巴佐维奇（Dritan Abazović）领导的联合改革运动党（Ujedinjena reformska akcija）与阿尔巴尼亚族和波什尼亚克族的一些小党组成联盟，在总统米洛·久卡诺维奇（Milo Đukanović）领导的社会主义者民主党（Demokratska partija socijalista Crne Gore）和其他反对党的支持下，向议会提交了对政府不信任案。[①] 2 月 4 日，黑山议会以 43 票赞成、11 票反对的表决结果，通过了对政府不信任案，执政 14 个月的专家政府就此下台。[②] 2 月 7 日，黑山议会举行了特殊会议，反对党和联合改革运动党领导的“白纸黑字”联盟（Crno na bijelo）投票罢免了时任黑山议长阿莱克萨·贝契奇（Aleksa Bečić）。

阿巴佐维奇在提交对政府不信任案前对媒体说，他将承担解决国家政治危机的责任，倡议组建少数派政府。少数派政府将主要由联合改革运动党、阿尔巴尼亚族党、波什尼亚克族党等小党组成，并希望得到两个最大政党——总统久卡诺维奇领导的社会主义者民主党和以塞尔维亚族政党为主的民主阵线（Demokratski front）的支持，但社会主义者民主党和民主阵线不

① 《黑山联合改革运动欲成立少数派政府》，中华人民共和国驻黑山大使馆经贸之窗，2022 年 1 月 20 日，http：//me. mofcom. gov. cn/article/jmxw/202201/20220103238463. shtml，检索日期：2023 年 2 月 4 日。

② 《黑山议会通过对政府不信任案》，中华人民共和国驻黑山大使馆经贸之窗，2022 年 2 月 5 日，http：//me. mofcom. gov. cn/article/jmxw/202202/20220203278159. shtml，检索日期：2023 年 2 月 4 日。

得参与组阁。[①] 4 月 28 日，在社会主义者民主党的支持下，黑山议会以 45 票赞成、3 票反对的表决结果，批准了新政府组阁人、联合改革运动党主席阿巴佐维奇提交的内阁成员名单和政府施政纲领，标志着黑山少数派政府成立。[②] 同日，社会主义人民党（Socijalistička narodna partija Crne Gore）议员达妮耶拉·久罗维奇（Danijela Đurović）当选黑山议会新议长，成为黑山 2006 年恢复独立后首位女性议长。[③]

然而，少数派政府的成立并没有给黑山政局带来长期的稳定。2022 年 8 月 3 日，黑山总理阿巴佐维奇和塞尔维亚东正教牧首波尔菲里耶·佩里奇（Porfirije Perić）在波德戈里察签署了《黑山与塞尔维亚东正教会基本协议》。协议签署前，黑山的大量东正教建筑归国家所有，而该协议旨在保证黑山境内东正教的教堂和修道院的所有权归属于塞尔维亚东正教。阿巴佐维奇说此举旨在保证黑山的所有宗教团体拥有相同的权利。在协议签署几个小时后，黑山总统久卡诺维奇领导的社会主义者民主党以及议会中的社会民主党（Socijaldemokratska partija）、社会民主者党（Socijaldemokrate Crne Gore）、阿尔巴尼亚族民主联盟等小党派，以协议违反宪法、审批不合规等为由，随即提交了对政府不信任案。[④] 8 月 19 日，黑山议会以 50 票赞成、1 票反对的表决结果，通过了对政府不信任案，执政 115 天的少数派政府就此下台，[⑤] 成为黑山政治史上执政时间最短的政府。

---

① 《黑山联合改革运动欲成立少数派政府》，中华人民共和国驻黑山大使馆经贸之窗，2022 年 1 月 20 日，http://me.mofcom.gov.cn/article/jmxw/202201/20220103238463.shtml，检索日期：2023 年 2 月 4 日。

② 《黑山少数派政府成立》中华人民共和国驻黑山大使馆经贸之窗，发布时间：2022 年 4 月 29 日，http://me.mofcom.gov.cn/article/jmxw/202204/20220403308483.shtml，检索日期：2023 年 2 月 4 日。

③ 《久罗维奇当选黑山新议长》，中华人民共和国驻黑山大使馆经贸之窗，2022 年 4 月 29 日，http://me.mofcom.gov.cn/article/jmxw/202204/20220403308482.shtml，检索日期：2023 年 2 月 4 日。

④ 《黑山议会将举行对政府不信任案投票》，中华人民共和国驻黑山大使馆经贸之窗，2022 年 8 月 4 日，http://me.mofcom.gov.cn/article/jmxw/202208/20220803338428.shtml，检索日期：2023 年 2 月 4 日。

⑤ 《黑山议会通过对政府不信任案》，中华人民共和国驻黑山大使馆经贸之窗，2022 年 8 月 20 日，http://me.mofcom.gov.cn/article/jmxw/202208/20220803342551.shtml，检索日期：2023 年 2 月 4 日。

（二）看守政府状态下政局混乱

两届政府接连下台后，黑山政府进入看守状态，看守政府继续由阿巴佐维奇领导。之后，下一届政府组阁的过程困难重重，各个政党之间不断推拉，政局陷入混乱。2022 年 9 月 19 日，黑山议会多数派宣布组建新政府并推选自由保守派政党民主联盟（Demokratski savez，DEMOS）的创始人和现任主席米奥德拉格·莱基奇（Miodrag Lekić）担任新一任总理。该提案需要在 9 月 19 日午夜之前得到超过半数议员的签名，之后再经总统久卡诺维奇授权。所有程序结束后提案才正式生效，新政府组建才算完成。但是在提案提交的截止时间前，因为有些政党仅表达了口头支持，该提案没有得到 41 名议员的签名（黑山议会总共有 81 名议员），[①] 因而总统授权莱基奇组建新政府的条件未能达成。

2022 年 9 月 20 日，总统久卡诺维奇向议长久罗维奇提交了关于缩短黑山第 27 届议会任期的提案，说这是在当前政治局势下的最佳解决方案，符合黑山公民的利益。同日，议会多数派向总统提交了由 41 名议员签署的新政府组建提案，要求久卡诺维奇撤回缩短议会任期的提案并授权莱基奇上台组阁，否则将认为总统企图发动政变。9 月 22 日，议会多数派征集到 41 名议员的签名，向议长久罗维奇提交了解除黑山总统职务的提案，称总统久卡诺维奇违宪。根据《黑山宪法》和《议会议事规则》要求，这种情况下应由黑山宪法法院做出最终决定——先由宪法法院判定总统违宪，之后议会多数派再向议会提交提案，由议会投票决定是否解职总统。但在宪法法院的 7 名法官中，先后有 4 名法官退休，只剩下 3 名法官可以行使职权，未达到法定人数，因此宪法法院无法做出判决。[②] 9 月 30 日，黑山议会对总统久卡诺维奇提出的缩短议会任期的提案进行了投票。共有 80 名议员参与，其中 39

① 黑山国家电视台，https：//www. rtcg. me/vijesti/politika/378297/mandatar-predlozen-potpisa-nema-djukanovic-na-potezu. html，检索日期：2023 年 2 月 4 日。

② 黑山国家电视台，https：//www. rtcg. me/vijesti/politika/378674/konstatovan-prestanak-funkcije-sudiji-ilickovicu. html，检索日期：2023 年 2 月 4 日。

票赞成，41 票反对，提案未能通过。至此，总统和议会均未能下台，黑山国内政治陷入僵局。

（三）《总统法》修正案引发民众抗议

2022 年 11 月初，由亲塞尔维亚党派联盟民主阵线牵头，在联合改革运动党的支持下，议会多数派首次提交了《总统法》修正案。该修正案重新规定了政府组阁程序，新政府组阁人在获得议会多数票的支持后，可以不经总统授权直接组阁。11 月 9 日，黑山总统久卡诺维奇请求黑山最高法院就《总统法》的修改提出紧急意见，将其退回议会，让议会重新讨论决定。但是，黑山议会于 12 月 12 日再次以 41 票赞成和 3 票反对的投票结果通过了该《总统法》修正案。投票时，社会主义者民主党、社会民主者党、社会民主党、自由党（Liberalna partija）的议员均未到场投票。根据《黑山宪法》，总统在提案第二次通过后必须签署该修正案。

《总统法》修正案的签署在黑山国内引发许多民众的强烈不满。数百名波德戈里察市民于 12 月 12 日举行了“有我们”（Ima nas）抗议活动，聚集在议会大楼前，用汽车封锁了市中心的街道，高呼反对现任政府和总理阿巴佐维奇的口号。这是自议会多数派提交《总统法》修正案后第四次举行的“有我们”抗议活动，总统久卡诺维奇也表示了对该抗议活动的支持。12 月 20 日，民众再次聚集在黑山议会大楼前举行反政府抗议活动，规模扩大到了数千人。参加抗议的人提出了对现任看守政府的四项诉求：撤销《总统法》修正案，与宪法法院对话并恢复其职能，举行特别选举，阻止黑山加入“开放巴尔干”倡议。

二　经济发展形势

（一）宏观经济形势

2022 年黑山经济总体形势良好，多项指标较 2021 年都有所增长。据世界银行报告，2022 年黑山国内生产总值为 61 亿美元，同比增长 6.1%。[①]

2022 年，黑山通货膨胀严重，生活成本直线上涨。据黑山国家统计局的统计，2022 年 12 月黑山居民消费价格指数同比上涨 17.2%；[②] 黑山四口之家最低消费篮子价格从 1 月的 681 欧元[③]增加到 12 月的 800.2 欧元，同比增长 19.1%，环比增长 0.1%。[④]

2022 年，黑山失业率有所下降，但失业人口仍在增加。据黑山国家统计局数据，2022 年黑山劳动人口为 29.44 万人，其中就业人口为 25.12 万人，占比 85.3%，同比增长 18.2%；失业人口为 4.32 万人，占比 14.7%，同比增长 2.4%。[⑤]

财政方面，据黑山财政部的统计，2022 年黑山财政收入为 20.091 亿欧元，预计占国内生产总值的 35.2%，与计划相比增加了 7810 万欧元（4.0%），与去年同期相比增加了 9770 万欧元（5.1%）。2022 年，由于私人消费增长、进口贸易和通货膨胀增长、夏季旅游业增长以及税务登记电子化的影响，黑山增值税收入创历史新高，达到 2.161 亿欧元。增值税收入增加是 2022 年财政总收入增加的主要原因。2022 年黑山财政支出为 22.581 亿欧元，预计占国内生产总值的 39.6%，与计划相比减少了 1.261 亿欧元（5.3%），与去年同期相比增加了 2.472 亿欧元（12.3%）。从 2022 年黑山财政取得的总体成果来看，2022 年黑山财政赤字为 2.49 亿欧元，预计占国

① 世界银行官网，https://data.worldbank.org/indicator/NY.GDP.MKTP.CD?locations=ME，检索日期：2023 年 7 月 31 日。

② 《12 月黑山 CPI 同比上涨 17.2%》，中华人民共和国驻黑山大使馆经贸之窗，2023 年 1 月 30 日，http://me.mofcom.gov.cn/article/jmxw/202301/20230103380966.shtml，检索日期：2023 年 2 月 6 日。

③ 《2022 年 1 月黑山四口之家最低消费篮子价格为 681 欧元》，中华人民共和国驻黑山大使馆经贸之窗，2022 年 3 月 1 日，http://me.mofcom.gov.cn/article/jmxw/202203/20220303283690.shtml，检索日期：2023 年 2 月 6 日。

④ 《12 月黑山四口之家最低消费篮子价格为 800.2 欧元》，中华人民共和国驻黑山大使馆经贸之窗，2023 年 1 月 30 日，http://me.mofcom.gov.cn/article/jmxw/202301/20230103380967.shtml，检索日期：2023 年 2 月 6 日。

⑤ 黑山国家统计局，https://www.monstat.org/cg/novosti.php?id=3959，检索日期：2023 年 4 月 3 日。

内生产总值的 4.4%。①

2022 年，作为黑山支柱产业的旅游业持续发展，上半年旅游业的收入几乎与 2019 年持平。根据黑山国家统计局数据，2022 年黑山接待游客人数为 218.4 万人次，其中，国外游客 203.6 万人次，占 93.2%；国内游客 14.8 万人次，占 6.8%。游客过夜人数为 1242.9 万人次。在游客过夜人数中，外国游客占 95.5%，国内游客占 4.5%。在过夜外国游客结构中，2022 年过夜游客中塞尔维亚游客最多，占比为 25.5%，其次是俄罗斯游客（16.4%）和波黑游客（9.9%）。在按旅游地类型划分的过夜游客结构中，2022 年选择在沿海城镇过夜的游客最多，占比为 93.8%。② 8 月，黑山入选英国《卫报》（*The Guardian*）巴尔干地区旅游胜地。③

对外贸易方面，据黑山国家统计局数据，2022 年黑山对外贸易总额为 42.4 亿欧元，同比增长 44.1%。其中，出口额为 7 亿欧元，增长 60.2%；进口额为 35.4 亿欧元，增长 41.3%。黑山主要出口商品为有色金属、电力和木材，主要进口商品为石油及成品油、公路车辆和电力。黑山前三大出口目的国为塞尔维亚、瑞士和波黑，前三大进口来源国为塞尔维亚、中国和希腊。④

国际信用评级机构标准普尔维持对黑山的主权信用评级，其为 BB 级，前景稳定。⑤ 但根据美国智库“传统基金会”2022 年报告，黑山经济自由

---

① 黑山财政部官网，https：//www.gov.me/clanak/izvjestaj-o-izvrsenju-budzeta-crne-gore-za-januar-decembar-2022-godine，检索日期：2023 年 3 月 20 日。

② 黑山国家统计局，https：//www.monstat.org/cg/novosti.php？id=3939，检索日期：2023 年 3 月 9 日。

③《黑山入选〈卫报〉巴尔干地区旅游胜地》，中华人民共和国驻黑山大使馆经贸之窗，2022 年 8 月 8 日，http：//me.mofcom.gov.cn/article/jmxw/202208/20220803339085.shtml，检索日期：2023 年 2 月 6 日。

④《2022 年黑山对外贸易额》，中华人民共和国驻黑山大使馆经贸之窗，2023 年 1 月 31 日，http：//me.mofcom.gov.cn/article/jmxw/202301/20230103381416.shtml，检索日期：2023 年 2 月 5 日。

⑤《标准普尔维持对黑山 BB 级主权信用评级》，中华人民共和国驻黑山大使馆经贸之窗，2022 年 3 月 14 日，http：//me.mofcom.gov.cn/article/jmxw/202203/20220303285215.shtml，检索日期：2023 年 2 月 5 日。

度下降，在全球经济自由度排名中得分 57.8 分，在 177 个国家中居第 103 位，在欧洲 45 个国家中居第 41 位，总分低于欧洲和世界的平均水平，比 2021 年报告中的得分减少 5.6 分，排名下降 23 位。[①]

（二）经济恢复措施

黑山政府于 2021 年 11 月开始实施的“欧洲就在现在”（Europe Now）计划在 2022 年初初见成效。数据显示，2022 年 1~2 月的预算收入比预期高 7%，同比增长约 20%。根据黑山国家统计局的数据，黑山 1 月平均净工资为 686 欧元，比 2021 年 12 月增加了 150 欧元（27.7%）。[②] 2022 年 3 月，黑山政府称“欧洲就在现在”计划的实施成果超出预期，其加强了税务工作的纪律建设，提高了公民的生活质量。

为了进一步恢复经济，促进经济支柱产业旅游业的发展，黑山政府于 2022 年 3 月出台了旅游发展战略，通过了 2022~2025 年国家旅游发展战略和 2022 年行动计划。根据该战略，黑山将削弱季节性影响，缩小区域性差异，突出旅游业在各项政策中的优先性，扩大旅游投资，以实现“到 2025 年，使黑山成为享誉全球的旅游目的地”的总体目标。2022 年行动计划包含 16 项措施和 76 项活动，总预算为 2700 万欧元，而政府为实现 2025 年目标，自 2023 年起还需从预算中支出 500 多万欧元。[③]

为支持企业发展、提升企业竞争力、改善整体营商环境、进一步鼓励经济恢复和发展，黑山政府于 2022 年 2 月通过了三项经济支持计划，计划投

---

① 《黑山经济自由度下降》，中华人民共和国驻黑山大使馆经贸之窗，2022 年 2 月 17 日，http://me.mofcom.gov.cn/article/jmxw/202202/20220203280879.shtml，检索日期：2023 年 2 月 5 日。

② 黑山政府官网，https://www.gov.me/clanak/implementacija-programa-evropa-sad-iznad-ocekivanja，检索日期：2023 年 2 月 6 日。

③ 《黑山政府出台旅游发展战略》，中华人民共和国驻黑山大使馆经贸之窗，2022 年 3 月 18 日，http://me.mofcom.gov.cn/article/jmxw/202203/20220303286768.shtml，检索日期：2023 年 2 月 6 日。

入资金总额为52万欧元。该经济支持计划旨在改善中小微企业的业务，对手工业和加工业的发展做出更大贡献。[①] 2022年6月，在欧盟入盟前援助计划（IPA）框架下，黑山经济发展和旅游部与欧洲复兴开发银行合作，推出黑山中小微企业服务平台，为企业提供行业信息咨询服务，实现企业在线申请教育培训、财政补贴、贷款等商业支持项目，以进一步改善黑山商业环境，提高创新水平和竞争力。[②]

三 外交与安全

（一）与欧盟的关系

2022年黑山没有在入盟方面取得实质性进展，但加入欧盟仍是黑山外交的首要目标。在地缘冲突不断的背景下，黑山采取更积极的政策推进欧洲一体化进程，始终与欧盟的外交政策保持一致。2022年8月，为了加大在入盟进程中的改革力度，提高改革质量，更好地适应欧洲一体化进程，黑山政府建立了入盟谈判的新结构。[③] 12月6日，黑山总统久卡诺维奇应欧洲理事会主席米歇尔（Charles Michel）的邀请，参加了欧盟-西巴尔干国家峰会。欧盟在会议上重申了对西巴尔干国家加入欧盟的承诺。[④] 欧洲理事会声称政治不稳定拖慢了黑山入盟谈判的脚步，呼吁黑山的所有政治行为体表现出责任感，不要采取任何可能进一步加深体制危机的行动；黑山应进行的最重要、最紧迫的改革是恢复主要司法机构的运作和信誉，解决关键司法机构

① 黑山政府官网，https：//www. gov. me/clanak/novih-5-miliona-eura-podrske-privredi，检索日期：2023年2月7日。

② 《黑山推出中小微企业服务平台》，中华人民共和国驻黑山大使馆经贸之窗，2022年6月16日，http：//me. mofcom. gov. cn/article/jmxw/202206/20220603319402. shtml，检索日期：2023年2月6日。

③ 黑山政府官网，https：//www. gov. me/clanak/nova-struktura-za-pregovore-o-pristupanju-eu-za-bolju-dinamiku-i-kvalitet-reformi，检索日期：2023年2月7日。

④ 黑山国家电视台，https：//www. rtcg. me/vijesti/politika/389109/ubrzati-proces-pristupanja-eu-zasnovan-na-zaslugama. html，检索日期：2023年2月7日。

职能停滞的问题；黑山应更努力加强言论自由，打击腐败和犯罪，稳定经济增长，减少公共债务。①

2022 年黑山与欧盟在经济方面的合作继续加深。欧盟于 6 月向黑山提供了 120 万欧元的资金，以用于加强基础设施建设，其中包括建设和改善污水处理系统、技术更新和开发黑山互联网宽带基础设施。② 此外，黑山政府还和欧洲投资银行在交通部门重点项目、提高中小企业竞争力、《欧洲绿色协议》、能源和教育等领域进行了合作。③ 自黑山开启入盟谈判以来，黑山共获得约 5 亿欧元的欧盟资金，该资金在基础设施建设、农业等多个领域投入使用。④

2022 年 1 月，黑山咨询机构“DeFacto”进行了一项“公民对欧洲一体化和入盟进程态度”的调查。结果显示，75.5%的黑山公民对欧盟持积极态度，比 2021 年 6 月增加了近 4 个百分点。支持黑山入盟的公民人数也有所增加，占 74.6%，而强烈支持黑山入盟的公民人数达 41.7%。但超过半数（53.6%）的受访者认为黑山入盟的速度缓慢，相较于 2020 年底的调查增加了 13 个百分点。⑤

（二）与北约的关系

2022 年 6 月 5 日是黑山加入北约 5 周年纪念日，黑山多名政要发文庆祝。黑山总统久卡诺维奇在社交媒体推特上感谢朋友、伙伴和盟友对黑山发

---

① 黑山国家电视台，https：//www.rtcg.me/vijesti/politika/389163/politicka-nestabilnost-usporila-pregovore.html，检索日期：2023 年 2 月 7 日。

② 黑山政府官网，https：//www.gov.me/clanak/crnoj-gori-dodatnih-12-miliona-eura-za-pripremu-novih-infrastrukturnih-projekata，检索日期：2023 年 2 月 7 日。

③ 黑山政府官网，https：//www.gov.me/clanak/evropska-investiciona-banka-vlada-pruza-priliku-da-se-pomogne-crnoj-gori-u-dostizanju-punopravnog-clanstva-u-eu，检索日期：2023 年 2 月 7 日。

④ 黑山政府官网，https：//www.gov.me/clanak/crna-gora-iz-eu-fondova-dobila-oko-500-miliona-eura，检索日期：2023 年 2 月 8 日。

⑤ 黑山政府官网，https：//www.gov.me/clanak/tri-cetvrtine-gradana-ima-pozitivan-stav-o-eu-802-podrzalo-bi-pristupanje-crne-gore-eu-na-referendumu，检索日期：2023 年 2 月 8 日。

展的支持，感谢其支持黑山达到北约成员标准。[①] 黑山总理阿巴佐维奇对黑山加入北约予以充分肯定，称北约是一个“民主的、有价值的、稳定的共同体”。[②] 次日，黑山国防部和外交部举行了庆祝典礼，总统久卡诺维奇受邀参加，[③] 出席活动的还有总理阿巴佐维奇、议长久罗维奇、众多部门部长和外交使团成员。黑山副总理兼国防部长拉什科·科涅维奇（Raško Konjević）在典礼上声称，加入北约是黑山官方政策中最好和最明智的决定之一。[④]

2022 年 11 月 29~30 日，黑山总理阿巴佐维奇出席了在罗马尼亚首都布加勒斯特举办的北约外长会议，[⑤] 在会议期间与美国国务卿安东尼·布林肯（Antony Blinken）[⑥] 及负责欧洲和欧亚地区事务的助理国务卿卡伦·唐弗里德（Karen Donfried）进行了交谈。阿巴佐维奇说，黑山作为北约可靠的成员国，致力于为欧洲-大西洋的稳定与安全做出贡献，以及减轻俄乌局势的破坏性影响。他指出，与美国的战略伙伴关系是巴尔干地区维持睦邻关系、促进区域合作和维护西方价值观的坚实基础，黑山应朝着实现繁荣、培养欧洲视角和保障公民福祉的方向发展。[⑦]

（三）与俄罗斯的关系

黑山作为北约成员国和欧盟候选国，与欧盟的外交和安全政策一直保持

① 黑山新闻在线网，https：//www. vijesti. me/vijesti/politika/607385/peta－godisnjica－clanstva－crne－gore－u－nato－cestitali－djukanovic－abazovic－djurovic－ambasada－sad－ministri，检索日期：2023 年 2 月 8 日。

② 黑山政府官网，https：//www. gov. me/clanak/abazovic－buducnost－crne－gore－je－sigurna－mi－smo－nato，检索日期：2023 年 2 月 8 日。

③ 黑山总统官网，https：//www. predsjednik. me/novosti/1976，检索日期：2023 年 2 月 8 日。

④ 黑山政府官网，https：//www. gov. me/clanak/konjevic－na－proslavi－petogisnjice－clanstva－crne－gore－u－nato－datum－znacajan－kao－21－maj，检索日期：2023 年 2 月 8 日。

⑤ 黑山政府官网，https：//www. gov. me/clanak/abazovic－u－bukurestu－sa－stoltenbergom－pocinje－nato－ministarski－sastanak，检索日期：2023 年 2 月 8 日。

⑥ 黑山国家电视台，https：//www. rtcg. me/vijesti/politika/388098/abazovic－razgovarao－sa－blinkenom. html，检索日期：2023 年 2 月 8 日。

⑦ 黑山国家电视台，https：//www. rtcg. me/vijesti/politika/388214/bilateralni－susret－abazovica－i－donfrid－u－bukurestu. html，检索日期：2023 年 2 月 8 日。

统一。乌克兰危机升级后，黑山跟随欧盟的脚步，加入制裁俄罗斯的国家行列。但最初由于国内各个政党立场不统一，且黑山总理和内阁成员之间存在分歧，黑山政府在前两次内阁会议中都没能通过对俄实施制裁的决定。2022年3月1日，黑山政府根据欧盟理事会的政策出台了一系列措施以制裁俄罗斯，其中包括针对部分俄罗斯政要的制裁和对俄经济制裁。经济制裁涉及金融、能源、交通、技术和签证等领域，如：在金融领域，限制俄罗斯资本进入资本市场；在能源领域，禁止向俄罗斯出售、转让或出口用于提纯石油的特定商品和技术；在交通领域，对俄罗斯飞机关闭领空，对其航空航天业的商品和技术实施制裁；在技术领域，对军民两用商品和技术，以及国防和安全部门的某些商品的出口施加额外限制；在签证领域，俄罗斯外交官、其他官员和商人无法再享受与签证有关的便利政策等。[①] 虽然制裁措施已出台，但是黑山政府内部尚未达成统一，制裁措施也迟迟没有实施。3月15日，由时任副总理阿巴佐维奇担任主席的黑山政府政治制度委员会（Komisija za politički sistem Vlade Crne Gore）一致通过了对俄罗斯的一揽子制裁措施，[②] 而直到4月8日，黑山政府召开第三次内阁会议，对俄制裁措施才正式生效。[③]

2022年9月29日，黑山外交部驱逐了俄罗斯驻黑山大使馆的6名外交官，称他们为“不受欢迎的人”。[④] 俄罗斯驻黑山外交使团当天宣布，由于黑山当局的“敌对行为”，俄罗斯驻黑山大使馆将无限期暂停领事部门的工作。[⑤] 为回应黑山9月驱逐俄罗斯外交官的行为，俄罗斯外交部于10月14日宣布禁

---

① 黑山政府官网，https：//www. gov. me/clanak/crna-gora-se-pridruzila-svim-ekonomskim-i-individualnim-sankcijama-eu-protiv-rusije，检索日期：2023年2月8日。

② 黑山新闻在线网，https：//www. vijesti. me/vijesti/politika/594964/vladina-komisija-usvojen-paket-sankcija-rusiji-na-spisku-putin-misustin-lavrov-kadirov-medvedev，检索日期：2023年2月8日。

③ 黑山新闻在线网，https：//www. vijesti. me/vijesti/politika/598972/kako-su-glasali-clanovi-vlade-crne-gore-sedam-za-sankcije-rusiji-jedan-uzdrzan，检索日期：2023年2月8日。

④ 黑山国家电视台，https：//www. rtcg. me/vijesti/politika/379647/sest-ruskih-diplomata-proglaseni-personama-non-grata. html，检索日期：2023年2月8日。

⑤ 黑山国家电视台，https：//www. rtcg. me/vijesti/politika/379682/ambasada-rusije-u-cg-obustavila-rad-konzularnog-odjeljenja. html，检索日期：2023年2月8日。

止黑山外交部长和国防部长入境。[①] 作为反制裁的措施之一，俄罗斯取消了飞往黑山的直飞航班，黑山旅游业损失严重，外国直接投资也有所下降。2022年1~10月，在酒店和其他住宿场所登记的俄罗斯游客人数为24096人次，同比下降17%；俄罗斯游客过夜人数为89703人次，同比减少32%。在外国直接投资方面，2022年前9个月，来自俄罗斯的外国直接投资总额为8980万欧元，同比下降6.1%，占2022年外国直接投资总流入量的10.6%。[②]

（四）与西巴尔干其他国家的关系

2022年黑山与西巴尔干其他国家继续发展睦邻友好关系，积极与各国领导人和政要交流，投身于各项区域合作中。2022年6月8日，"开放巴尔干"峰会开幕式在北马其顿城市奥赫里德举行，黑山总理阿巴佐维奇出席并发言。阿巴佐维奇称："开放巴尔干"有助于建设更美好的未来，"开放巴尔干"的理念应基于经济进步、商业发展、公民间更大的流动性、各领域更多的合作和各国间深厚的友谊；黑山政府将支持每一项能带来发展或和解的倡议和机制，西巴尔干各国要做的第一步就是建立关系、友好谈话。[③] 9月2日，阿巴佐维奇参加了在塞尔维亚首都贝尔格莱德举办的"开放巴尔干"峰会。他在会上说，希望黑山可以很快成为"开放巴尔干"倡议的一员。[④]

此外，阿巴佐维奇政府十分重视发展黑山与塞尔维亚的关系。2022年5月25日，在世界经济论坛期间，阿巴佐维奇单独会见了塞尔维亚总统阿莱克桑达尔·武契奇（Aleksandar Vučić）。阿巴佐维奇说，发展与塞尔维亚的

---

① 俄罗斯卫星通讯社，https：//lat. sputnikportal. rs/20221014/sefu-diplomatije-crne-gore-i-ministru-odbrane-zabranjen-ulazak-u-rusiju-1144565594. html，检索日期：2023年2月8日。

② 俄罗斯卫星通讯社，https：//lat. sputnikportal. rs/20221224/zbog-sankcija-rusiji-crnogorski-turizam-izgubio-46-miliona-pale-i-investicije-1147973599. html，检索日期：2023年2月9日。

③ 黑山政府官网，https：//www. gov. me/clanak/pratite-uzivo-otvaranje-samita-inicijative-open-balkan-govori-pet-lidera-sa-zapadnog-balkana，检索日期：2023年2月9日。

④ 黑山新闻在线网，https：//www. vijesti. me/vijesti/politika/619788/abazovic-ocekujem-da-crna-gora-uskoro-postane-clanica-open-balkana，检索日期：2023年2月9日。

关系是黑山政府的优先事项，两国准备在有共同兴趣的领域进行深入合作。[①] 5 月 27 日，黑山经济发展和旅游部长戈兰·久罗维奇（Goran Đurović）会见了塞尔维亚商会主席马尔科·查戴日（Marko Čadež）。久罗维奇说，两国的合作质量很高，而黑山政府希望这些合作可以发展得规模更大、质量更高。[②]

四 社会与文化

（一）能源转型

2022 年黑山在能源转型方面继续发力，取得不俗的成绩。

黑山现有两座风力发电站：克尔诺沃（Krnovo）风力发电站装机容量为 72 兆瓦，由奥地利艾维康咨询公司（Ivicom Consulting）和法国阿库奥能源公司（Akuo Energy）共同投资建设；莫茹拉（Možura）风力发电站装机容量为 46 兆瓦，由上海电力公司投资建设。黑山拥有得天独厚的气候条件，可以充分发展光伏发电和风力发电，近年来，黑山致力于通过电力行业结构转型助力欧盟实现减碳目标。[③]

2022 年 3 月 3 日，黑山资本投资部宣布，在欧洲复兴开发银行的技术支持下，资本投资部计划启动一项综合计划，提高太阳能和风力发电在黑山能源结构中的份额。该计划将使黑山能以具有竞争力的价格开发风能和太阳能资源，促进更广泛地使用可再生能源。[④]

---

① 黑山政府官网，https://www.gov.me/clanak/abazovic-se-sastao-sa-vucicem-u-davosu-odnosi-sa-srbijom-prioritetni，检索日期：2023 年 2 月 9 日。

② 黑山政府官网，https://www.gov.me/clanak/ministar-durovic-zelimo-da-saradnja-privreda-crne-gore-i-srbije-bude-i-veca-i-bolja，检索日期：2023 年 2 月 9 日。

③《黑山单日风力发电占比居欧洲首位》，中华人民共和国驻黑山大使馆经贸之窗，2022 年 4 月 18 日，http://me.mofcom.gov.cn/article/jmxw/202204/20220403306071.shtml，检索日期：2023 年 2 月 10 日。

④ 黑山政府官网，https://www.gov.me/clanak/u-planu-pokretanje-sveobuhvatnog-programa-koji-se-odnosi-na-povecanje-udjela-solarnih-i-vjetroelektrana-u-miksu-energetskih-izvora-zemlje，检索日期：2023 年 2 月 10 日。

2022 年 4 月 17 日，欧洲风能协会（Wind Europe）数据显示，黑山单日风力发电量占全国发电总量的 45%，风力发电占比居欧洲首位。12 月 14 日，黑山资本投资部称，根据东南欧能源共同体秘书处发布的 2022 年年度实施报告，黑山在东南欧能源共同体成员国中的整体成绩最好。①

（二）可持续发展

2022 年黑山积极参与各项可持续发展项目，努力实现《欧洲绿色协议》的目标。6 月，黑山生态、空间规划与城市化部长阿娜·诺瓦科维奇·久罗维奇（Ana Novaković Đurović）对外宣称，黑山设定了到 2030 年减少 35% 温室气体排放量的新目标，黑山已经通过《气候变化法》，准备制订国家能源和气候计划，以增强气候变化和能源领域各部门综合规划的能力。② 7 月 16 日，在联合国可持续发展高级别政治论坛（Politički forum na visokom nivou za održivi razvoj，HLPF）上，黑山提交了《第二次国家报告：黑山与 2016～2021 年可持续发展目标》，以加快落实联合国提出的《2030 年可持续发展议程》。

（三）一揽子改善民生计划

2022 年，黑山政府为支持经济发展制订了一揽子计划，通过法律机制维持居民的生活水平。2022 年 3 月，黑山制订了一揽子支持经济发展和公民生活的计划，投入最高达 5000 万欧元。该计划主要包括如下几个方面：暂时取消面粉和食用油的增值税，将盐的增值税税率从 21%下调至 7%，将燃料消费税税率降低 40%；为粮食生产者提供 35 万欧元的额外补贴，为蔬菜生产者提供价值 50 万欧元的免费温室等。③ 2022 年 6 月，黑山政府出台

① 黑山政府官网，https：//www. gov. me/clanak/crna-gora-ima-najbolji-ukupni-rezultat-u-energetskoj-zajednici，检索日期：2023 年 2 月 10 日。

② 黑山政府官网，https：//www. gov. me/clanak/crna-gora-aktivno-radi-na-ostvarenju-ciljeva-iz-eu-zelene-agende，检索日期：2023 年 2 月 11 日。

③ 黑山政府官网，https：//www. gov. me/clanak/utvrdeni-paketi-podrske-privredi-uz-zakonske-mehanizme-za-ocuvanje-zivotnog-standarda，检索日期：2023 年 2 月 6 日。

政策以限制面粉、油、糖和盐的利润，暂时将批发商店的利润率限制为5%，将零售商店的利润率限制为7%。①

五 与中国的关系

（一）经贸和投资合作

2022年，中国和黑山的贸易往来进一步加深。尽管新冠疫情的影响仍在持续，但双边贸易额较2021年实现了显著增长。2022年，中国与黑山的进出口贸易额为3.4亿欧元，同比增长36.9%。其中，中国对黑山出口额为3.3亿欧元，增长34.8%；中国从黑山进口额为1285万欧元，增长126.1%。② 与2021年相比，中国和黑山的贸易友好关系进一步加深，中国的排名上升一位，成为黑山第二大进口来源国。

2022年中国在黑山投资的项目取得重大成果，中国路桥集团承建的黑山南北高速公路优先段顺利通车。黑山南北高速公路优先段全长约41公里，共有16座隧道、20座桥梁、互通立交桥3座，项目桥隧比例约为60%，于2021年11月30日竣工，是南北高速公路项目中技术和施工难度最大的一段。通车仪式于2022年7月13日黑山国庆日举行，黑山总统久卡诺维奇、总理阿巴佐维奇、资本投资部长埃尔文·伊布拉希莫维奇（Ervin Ibrahimović）和中国驻黑山大使馆临时代办华亚芳共同按下了通车按钮。华亚芳在致辞中说，黑山历史上的首条高速公路可谓一项“世纪工程”，其开通不仅为黑山带来了畅通南北的“发展之路”，也将成为深化中黑合作的“友谊之路”。③ 阿巴佐

① 黑山政府官网，https://www.gov.me/clanak/vlada-ogranicila-marze-na-brasno-ulje-secer-i-so，检索日期：2023年2月6日。

② 《2022年黑山对外贸易额》，中华人民共和国驻黑山大使馆经贸之窗，2023年1月31日，http://me.mofcom.gov.cn/article/jmxw/202301/20230103381416.shtml，检索日期：2023年2月18日。

③ 《驻黑山使馆临时代办华亚芳出席黑山南北高速公路优先段通车仪式》，中华人民共和国驻黑山大使馆，2022年7月13日，http://me.china-embassy.gov.cn/sghd/202207/t20220714_10719621.htm，检索日期：2023年2月18日。

维奇在致辞中说，南北高速公路的通车不仅代表一条道路的开通，更为黑山的经济和未来开辟了新的前景，将黑山与世界联系在了一起。

（二）文化和教育合作

2022 年，中国和黑山继续在文化和教育领域加强合作，双方开展了许多文化活动。在中国国庆节到来之际，中黑艺术家在“云端合奏”共庆中华人民共和国成立 73 周年；黑山国家电视台于 9 月 21 日滚动播出中国《丝路故事》微纪录片，实时收看人次高达黑山总人口的 1/5。

中国驻黑山大使馆积极组织和参加弘扬中华文化的活动，促进文化互通，推动当地人民了解中华文化的魅力。黑山大学孔子学院和下戈里察大学旅游孔子课堂于 4 月 20 日同步举办“国际中文日”活动，当地人可以在活动中体验多种中华传统技艺，深入了解中华传统文化的悠久历史。5 月 22 日，中国驻黑山大使馆举办了“2022 波德戈里察春季市场 · 中国日”活动，黑山人民可以在活动中品尝特色中餐，聆听中国传统民乐，了解中国特色礼品。9 月 30 日，中国驻黑山大使馆与黑山波德戈里察市施坦帕尔 · 玛卡里耶小学共同举办了“我眼中的中国”绘画比赛颁奖仪式暨作品展，黑山的少年儿童积极参与活动，从不同角度描绘了他们眼中的中国之美。黑山人民对中国和中华文化有着浓厚的兴趣，积极参与各项活动。黑山选手陈静在第十五届“汉语桥”世界中学生中文比赛中通过层层考验，斩获全球总冠军。陈静在获奖感言中说，自己学习中文的故事刚刚开始，她将继续努力，学习、了解更多的中文知识。

B.14
捷　克

覃方杏*

摘　要： 2022年，捷克执政联盟在地方选举中获胜，公民民主党成最大赢家；2023年总统大选候选人注册完成，彼得·帕维尔成为最热门人选。2022年捷克经济同比增长2.4%，然而通胀率飙升至15.1%，仅次于1993年水平。受能源价格及需求的影响，全年贸易呈现逆差。能源价格和通胀率的飙升导致财政赤字继续飞涨。外交与安全方面，捷克在2022年下半年担任欧盟轮值主席国，其与欧盟和北约之间的合作得到深化，其与俄罗斯的相互依存度大大降低；俄乌冲突爆发后，捷克加大了对乌克兰的支持力度以及对俄罗斯的制裁力度。社会与文化方面，能源价格急剧上升和乌克兰难民大量涌入引发数次大规模抗议游行，捷克最新人口普查（2021）结果公布，捷克新增8处国家文化古迹。对华关系方面，双边贸易同比增长，但新政府对华外交政策发生转变，部分政客继续在涉台问题上挑战中国的底线，对双边关系造成恶劣影响。

关键词： 捷克　捷克选举　捷克经济　捷克外交　中捷关系

* 覃方杏，国际与外交学研究博士，北京外国语大学欧洲语言文化学院讲师，主要研究方向为捷克政治、中国中东欧关系及中捷关系。

一　国内政治形势

（一）地方选举

2022 年 9 月 23 日至 24 日，捷克在 6254 个市镇举行地方选举。此次地方选举在捷克全境的市镇级单位举行（含直辖市布拉格，其为州级单位），共有 430 个党派参加选举，有 195428 名候选人，其中男性占 66.68%，女性占 33.32%，平均年龄为 47.64 岁。平均选民投票率为 46.07%[①]，自20 世纪 90 年代后半期以来，这一数字在 44.46%和 48.50%之间徘徊。[②]

与国家层面的参众两院的选举相比，地方选举的情况显著不同，无党派候选人一直为地方选举的主流。选举结果显示，反对党 ANO 2011 运动（简称“ANO 2011”）为最大赢家，在 8 个州取得胜利。由中右翼的基督教民主联盟—捷克斯洛伐克人民党（简称“人民党”）、公民民主党（简称“公民党”）以及 TOP 09 党组成的执政联盟 SPOLU（意为“一同”，取团结之意）赢得 5 个州[③]。从选举后的席位数来看，执政联盟拥有最多席位。偏中左翼的社会民主党（简称“社民党”）以及捷克和摩拉维亚共产党（简称“捷摩共”）表现不佳，两党在地方选举中的席位流失数均在千个以上，体现了捷克近年来政治中出现的一种趋势，即左翼不兴，传统左翼政党的支持率仍在持续下滑，难挡颓势，选民流向中右翼的保守甚至民粹主义党派（见表 1）。

① 捷克广播网，https：//www.irozhlas.cz/volby/komunalni-volby-2022，检索日期：2023 年 2 月 11 日。

② 捷克统计局网站，https：//www.volby.cz/，检索日期：2023 年 2 月 11 日。

③ 捷克电视台网站，https：//ct24.ceskatelevize.cz/domaci/3531743-komunalni-volby-ano-zvitezi-ve-vice-krajskych-mestech-praha-a-brno-jsou-od-secteni？kv=kandidati-v-obcich，检索日期：2023 年 2 月 11 日。

表 1　2022 年捷克地方选举中的主要政党席位数变化情况

单位：个

	2022 年席位数	2018 年席位数	席位数变化
无党派候选人	47372	44125	3247
人民党	3252	3633	-381
公民党	2294	2590	-296
市长与独立者联盟运动（简称“市长联盟运动”）	1854	2750	-896
ANO 2011	1748	1675	73
社民党	799	1937	-1138
自由与直接民主运动	492	158	334
捷摩共	466	1473	-1007
TOP 09 党	428	483	-55
捷克海盗党	274	353	-79
绿党	129	182	-53

资料来源：捷克统计局网站，https：//www. volby. cz/pls/kv2022/kv? xjazyk = CZ&xid = 1，https：//www. volby. cz/pls/kv2018/kv? xjazyk = CZ&xid = 1，检索日期：2023 年 2 月 11 日。

此外，地方选举体现了明显的城乡差异。前总理巴比什领导的 ANO 2011 虽然在政党中总席位数仅列第四，但在大城市的优势明显。在捷克前 13 大城市中，ANO 2011 在布拉格、布尔诺、比尔森等 12 个大城市均斩获最多席位，仅在南捷克州首府布杰约维采以微弱劣势输给公民党。但从整体结果来看，ANO 2011 在此次地方选举中的表现似与 2021 年众议院选举（政府换届选举）中的情况近乎相同，尽管在大城市的市议员席位数领先，但并未摘得此次地方选举的最大果实。其他政党联手角逐市政府换届选举，公民党在第一大城市布拉格、第二大城市布尔诺等多个城市均后来居上，通过协调多党联合执政，取得市长位置，在此次地方选举中取得巨大胜利。①

① 捷克实时新闻网，https：//zpravy. aktualne. cz/domaci/vysledky - komunalni - volby - 2022/r ~ a296be00277411eda5920242ac11000b/，检索日期：2023 年 2 月 11 日。

（二）2023年总统大选最热门人选出炉

2022 年捷克政坛最受瞩目的事件为参加 2023 年 1 月初总统大选人士的辩论与路演。2022 年 11 月 25 日，捷克内政部完成 2023 年总统大选的候选人注册。最受瞩目的候选人为北约军事委员会前主席彼得·帕维尔（Petr Pavel）将军，截至 2022 年 12 月底，帕维尔的民调排名第一。[①]

帕维尔曾多次公开表达其亲西方的政治主张，主张对俄罗斯和中国强硬，支持继续军援乌克兰，其立场与捷克现任总理菲亚拉（Petr Fiala）领导的右翼政府相近。帕维尔视中国为安全威胁，他曾指出中国在经济、科技和军事方面有潜力，但其价值观和战略目标与捷克不同，发展双边关系要小心，并强调人权问题。[②]

二　经济发展状况

（一）宏观经济发展态势

2022 年，捷克经济状况明显改善。上半年，由于疫情限制的取消，第一季度的经济增长良好。下半年，俄乌冲突对经济的影响开始显现，经济增长放缓。根据捷克统计局发布的数据，2022 年捷克国内生产总值（GDP）同比增长 2.4%，较 2021 年增速（3.6%）放缓（见表 2）。[③] 其中，2022 年第四季度的 GDP 增速仅为 0.2%，环比下降 0.4%，连续两个季度出现环比下降。2022 年经济增长的主要动力来自出口和国外投资。但家庭最终消费支出相较 2021 年有所降低，对经济发展产生负面影响。中长期来看，结构

① 捷克 MEDIAN 网站，https：//www. median. eu/cs/？ p=2990，检索日期：2023 年 2 月 15 日。

② 捷克 E15 日报 YouTube 栏目，https：//www. youtube. com/watch？ v=We5RJckTBSk，检索日期：2023 年 2 月 15 日；捷克实时新闻网，https：//zpravy. aktualne. cz/domaci/pavel-tecka-za-zeman em-diplomacie/r~92591d2ca6fd11edbc030cc47ab5f122/，检索日期：2023 年 2 月 15 日。

③ 捷克统计局网站，https：//www. czso. cz/csu/czso/cri/tvorba-a-uziti-hdp-4-ctvrtleti-2022，检索日期：2023 年 3 月 15 日。

上过度依赖外部市场与资金、人口老龄化加速等问题使捷克的经济脆弱性上升。

表 2 2016~2022 年捷克经济增长情况

单位：十亿克朗，%

	2016 年	2017 年	2018 年	2019 年	2020 年	2021 年	2022 年
名义 GDP	4797	5111	5411	5791	5709	6109	6783
实际 GDP 增长	2.5	5.2	3.2	3.0	-5.5	3.6	2.4

资料来源：捷克统计局网站，https：//apl. czso. cz/pll/rocenka/rocenka. presmsocas，检索日期：2023 年 3 月 15 日；捷克财政部，https：//www. mfcr. cz/cs/verejny - sektor/makroekonomika/makroekonomicka - predikce/2023/makroekonomicka-predikce-leden-2023-50123，检索日期：2023 年 3 月 15 日。

2022 年，供求两端共同推动了捷克通胀率的不断上升。2022 年捷克的平均通胀率为 15.1%（见表 3）。仅次于 1993 年水平（20.8%）。一方面，高通胀由捷克国内劳动力市场紧张和疫情后家庭需求增加所造成的供求不平衡导致；另一方面，俄乌冲突造成的能源危机也显著推升了居民消费价格指数。同时，全球供应链阻隔导致原材料短缺，工业生产者价格指数高涨，这些因素也助推了捷克的通胀率。虽然捷克央行持续大幅提高利率以期稳定物价，但收效尚不明显。①

表 3 2014~2022 年捷克通胀率

单位：%

年份	2014	2015	2016	2017	2018	2019	2020	2021	2022
通胀率	0.4	0.3	0.7	2.5	2.1	2.8	3.2	3.8	15.1

资料来源：捷克统计局网站，https：//www. czso. cz/csu/czso/mira_ inflace，检索日期：2023 年 3 月 15 日。

① 捷克央行网站，https：//www. cnb. cz/cs/verejnost/servis - pro - media/komentare - cnb - ke - zverejnenym-statistickym-udajum-o-inflaci-a-hdp/Inflace-v-prosinci-2022-zpomalila/，检索日期：2023 年 3 月 15 日。

2022年，受俄乌冲突的影响，能源和燃料价格急剧飙升，物价上涨逐渐渗透到捷克整个国内经济中，并引导经济周期进入下行阶段。而更高的社会转移支付（包括乌克兰难民潮带来的支出），能源成本飙升，国家日常运营成本更高，计划投资价格上涨，[①] 以及内、外部不利因素叠加对捷克公共财政造成负面影响。2022年，捷克财政赤字达到2475亿克朗（约合106亿美元），占GDP的3.6%，但较2021年GDP占比的5.1%有所下降。[②] 2022年，捷克政府债务达29971亿克朗（约合1283亿美元），占GDP的比重较2021年上涨2.1个百分点，达到44.1%。[③] 虽然2022年捷克政府的负债呈不断上涨趋势，但是在中东欧区域，捷克仍然是国家主权信用评级最高、外债负担较轻、司法体系较完善、廉政指数较高、经商环境较好的国家。捷克在国际三大评级机构的国家主权信用评级为：标准普尔AA（稳定）、穆迪Aa3（负面）、惠誉AA-（负面）。[④]

就业方面，捷克失业率常年处于欧盟最低水平。2022年第四季度的捷克就业率为75.8%，同比上升0.6%；失业率为2.2%，同比下降0.1%。在捷克人口结构中，15~64岁年龄段的人数占总人口的63.75%。目前第一、第二、第三产业就业人数的分布格局是第一产业占5%，第二产业占40%，第三产业占55%。[⑤]

2022年，捷克外贸进出口总额为9.02万亿克朗，其中进口总额为4.61万亿克朗（约合2095亿美元），同比增长18.6%，进口总额强劲增长的主

① 《2022年捷克共和国经济发展》，捷克统计局网站，第41页，https://www.czso.cz/documents/10180/164606736/32019322q4a8.pdf/5ffa8b3d-2e8d-4497-8965-6a7e58e8e320?version=1.1，检索日期：2023年3月15日。

② 捷克统计局网站，https://www.czso.cz/csu/czso/cri/deficit-a-dluh-vladnich-instituci-4-ctvrtleti-2022，检索日期：2023年4月10日。

③ 捷克统计局网站，https://www.czso.cz/csu/czso/cri/deficit-a-dluh-vladnich-instituci-4-ctvrtleti-2022，检索日期：2023年4月10日。

④ 《2022捷克共和国国家债务管理报告》，捷克财政部网站，第17页，https://www.mfcr.cz/assets/cs/media/2022-12-31_Zprava-o-rizeni-statniho-dluhu-CR-2022_v01.pdf，检索日期：2023年3月15日。

⑤ 捷克统计局网站，https://www.czso.cz/csu/czso/cri/zamestnanost-a-nezamestnanost-podle-vysledku-vsps-4-ctvrtleti-2022，检索日期：2023年3月15日。

要动因是原材料和能源价格的上涨；出口总额为 4.41 万亿克朗（约合 2004 亿美元），同比增长 13.7%。进口增速超过出口，贸易逆差为 2000 亿克朗（约合 98 亿美元）。贸易逆差的出现主要与全球市场中的石油和天然气价格上涨以及捷克能源商品进口量的增加有关。[①]

（二）政府经济战略

近年来，捷克政府制定了《国家经济战略（至 2030 年）》及《国家复苏与韧性计划》，并将之作为国家改革计划的附件提交给欧盟委员会，以从欧盟新冠复苏基金中获得援助及欧盟借款，用于数字化、教育、育儿、医疗保健和高效能源领域。[②]《国家复苏与韧性计划》作为捷克国家改革的重要文件，指导未来 10 年的经济转型，而经济战略将以科技创新和教育科研为基础，规划未来 10 年捷克的能源、工业与交通运输结构。

2022 年，《国家复苏与韧性计划》进入具体实施阶段，计划补贴总金额达 2000 亿克朗（约合 80 亿欧元），其中的 1720 亿克朗（约合 70 亿欧元）来自欧盟基金，280 亿克朗来自捷克政府补贴；同时，捷克配套贷款总金额达 4050 亿克朗（约合 162 亿欧元）。[③] 这些资金将被优先分配给以下六个领域：（1）数字化转型；（2）基础设施与绿色转型；（3）教育和劳动力市场；（4）应对疫情的机构的法规及业务支持；（5）研究、发展及创新；（6）人口健康与可持续。这六大核心领域是依据核心发展趋势、欧盟的要求和政策以及劳动生产率增长的重要性确立的。这些领域应当为经济优先发展领域创造条件，以刺激整体经济增长，合理解决脱碳化、数字化和支持欠

---

① 《2022 年捷克共和国经济发展》，捷克统计局网站，第 21～23 页，https：//www.czso.cz/documents/10180/164606736/32019322q4a8.pdf/5ffa8b3d-2e8d-4497-8965-6a7e58e8e320?version=1.1，检索日期：2023 年 3 月 15 日。

② 捷克政府网，https：//www.vlada.cz/cz/media-centrum/aktualne/narodni-ekonomicka-rada-vlady-se-zapoji-do-priprav-narodni-hospodarske-strategie-do-roku-2030-182727/tmplid-47/，检索日期：2023 年 2 月 15 日。

③ 捷克商业信息网，https：//www.businessinfo.cz/clanky/cesko-uz-dostalo-od-evropske-unie-o-bilion-korun-vic-nez-zaplatilo/，检索日期：2023 年 3 月 15 日。

发达地区发展等长期问题。[①] 六大核心领域的详细内容如下。[②]

1. 数字化转型

捷克《国家复苏与韧性计划》将数字化转型作为重要部分，旨在深化捷克市场内的互联互通，使公民或私人实体与国家行政部门之间的沟通更加高效。这包含司法部门内的数字服务引入、医疗保健系统电子化、电子政务的进一步发展、网络安全和5G网络、支持创新创业公司，以及为企业数字化转型创造条件，推进建筑许可证程序的数字化等方面。数字化转型约占捷克《国家复苏与韧性计划》预算的14%，总预算金额约为280亿克朗（约合11.2亿欧元）。

2. 基础设施与绿色转型

《国家复苏与韧性计划》将基础设施与绿色转型视为一个整体。目标是实现基础设施现代化和深化区域内的互联互通，同时为实现2050年碳中和的目标奠定坚实的基础。基础设施与绿色转型包括着力推动多式联运、铁路、清洁能源系统和循环经济的发展，以及降低碳排放和促进生物多样性的发展。基础设施与绿色转型预算约占捷克《国家复苏与韧性计划》预算的45.5%，总预算约为910亿克朗（约合36.4亿欧元）。

3. 教育和劳动力市场

捷克《国家复苏与韧性计划》将推动教育系统的全面改革，包括提高社会包容度、培训新技能、采用现代教育技术和方法、实现社会保障制度的现代化等。教育和劳动力市场预算约占捷克《国家复苏与韧性计划》预算的20.5%，预算总额约为410亿克朗（约合16.4亿欧元）。

4. 应对疫情的机构的法规及业务支持

重点关注在抗疫和防疫中发挥重要作用的机构，为其提供法规及业务上的支持，保证抗击疫情的持续有效推进。该项预算约占总预算的6%，合计

---

① 捷克 Euroskop 网站，https：//euroskop.cz/2023/03/06/nextgenerationeu-dva-roky-od-prijeti-balicku-nastroje-pro-oziveni-a-odolnost/，检索日期：2023年3月15日。

② 捷克《国家复苏与韧性计划》网站，https：//www.planobnovycr.cz/pilire-a-komponenty，检索日期：2023年3月15日。

约为 120 亿克朗（约合 4.8 亿欧元）。

5. 研究、发展及创新

捷克《国家复苏与韧性计划》将推动技术成果转化，让企业参与到教育系统及技术研发中来，实现将技术创新成果转移到企业实践中，其中特别关注环境和交通领域的研发，这对捷克的未来发展及其竞争力至关重要。该项预算约占捷克《国家复苏与韧性计划》预算的 6.5%，预算总额约为 130 亿克朗（约合 5.2 亿欧元）。

6. 人口健康与可持续

着力应对和处理公共卫生领域的挑战。这一部分内容包括健全卫生保健系统，使其更有弹性。捷克《国家复苏与韧性计划》希望在加强预防、创伤后治疗和健康教育的同时，保障良好的卫生保健系统。该项预算约占捷克《国家复苏与韧性计划》预算的 7.5%，预算总额约为 150 亿克朗（约合 6 亿欧元）。

三　外交与安全

2022 年，受新一届内阁国内政策和外交政策修订以及 2 月爆发的俄乌冲突等外部地缘政治事件的影响，捷克外交政策发生重大变化，主要表现为深化与欧盟和北约的合作，对俄罗斯采取强硬政策，降低对俄罗斯的依存度，积极支持乌克兰。

（一）与欧盟和北约的关系

捷克于 2022 年 7 月 1 日至 12 月 31 日担任欧盟理事会轮值主席国。在其六个月的轮值主席国任期中，捷克在欧盟层面积极发挥作用，成功使欧盟在俄罗斯问题上保持了高度的统一，包括扩大对俄制裁以及对乌克兰的财政和军事支持。在此期间共举行了 14 次非正式部长级会议，取得了许多重大成果，其中最重要的是：批准对俄罗斯的第七、第八和第九轮制裁措施，暂停与俄罗斯签订的签证便利化协议，批准向乌克兰提供财政支持，批准欧盟气候控制 Fit for 55 一揽子计划的所有气候条款，推动成员国在天然气价格上限的问题上达成广泛共识。[①] 在捷克担任轮值主席国期间，欧盟在司法及内务领域的主要事项是同意克罗地亚加入申根区，并在俄乌冲突的背景下延长了对乌克兰难民的临时保护，启动了与乌克兰当局的结构化安全对话。[②] 在经济及能源领域，欧盟完成了 2023 年欧盟预算谈判；建立 RePower EU 一揽子计划，主要目标是投资提高整个欧盟能源系统弹性的项目。捷克将获得近 160 亿欧元，用于减少对俄罗斯化石燃料的依赖。[③] 此外，在此期间欧盟还通过了《2023~2026 年欧洲文化工作计划》和《欧洲媒体自由法案》。[④] 2022 年 11 月 29 日在布鲁塞尔举行的欧盟文化部长会议成功讨论了这两个文件。

2022 年，捷克继续将北约作为军事与安全的重要保障，并强化了和北约在军事与安全事项上的合作。在捷克担任欧盟轮值主席国期间，布拉格每月定期向北约代表介绍欧盟的共同安全与防务政策，促进欧盟与美国加强军事联系。2022 年 4 月，捷克派遣 400 多名士兵加入北约在斯洛伐克的多国战斗群，与德国、荷兰、美国以及其他国际伙伴一起组成所谓“增强前沿存在”的军事力量。[⑤] 捷克应斯洛伐克的呼吁，在该战斗群中担任领导角色，这是捷克首次领导北约的军队，被视为加强与北约协作的象征性事件。[⑥] 另一个极具象征意义的事件是，2022 年 4 月 21 日，美国驻捷克大使馆发布公告，

---

① 捷克欧盟 2022 网站，https://czech-presidency.consilium.europa.eu/cs/program/vysledky-ceskeho-predsednictvi-v-rade-eu/，检索日期：2023 年 3 月 15 日。

② 捷克欧盟 2022 网站，https://czech-presidency.consilium.europa.eu/cs/program/vysledky-ceskeho-predsednictvi-v-rade-eu-puvodni-korenova-stranka/rada-pro-spravedlnost-a-vnitrni-veci/，检索日期：2023 年 3 月 15 日。

③ 捷克欧盟 2022 网站，https://czech-presidency.consilium.europa.eu/cs/program/vysledky-ceskeho-predsednictvi-v-rade-eu-puvodni-korenova-stranka/rada-pro-hospodarske-a-financni-zalezitosti/，检索日期：2023 年 3 月 15 日。

④ 捷克欧盟 2022 网站，https://czech-presidency.consilium.europa.eu/cs/program/vysledky-ceskeho-predsednictvi-v-rade-eu-puvodni-korenova-stranka/rada-pro-vzdelavani-mladez-kulturu-a-sport/，检索日期：2023 年 3 月 15 日。

⑤ 捷克广播网英语频道，https://english.radio.cz/czech-contingent-prepares-head-multinational-battlegroup-slovakia-8746748，检索日期：2023 年 3 月 15 日。

⑥ 捷克 AMO 网站，https://www.amo.cz/en/agenda-for-czech-foreign-policy/agenda-for-czech-foreign-policy-2022/，检索日期：2023 年 3 月 15 日。

宣布捷美双方将启动《部队地位协定》的谈判，这一协定将使美国军队能够部署在捷克领土上。[①] 除了在安全领域与美国加深合作外，捷克新政府对美国主导的“印太战略”进行了积极响应。2022 年 6 月，捷克外交部在布拉格举办了“印度洋-太平洋问题高级别对话”。[②] 捷克外交部长声称欧洲-大西洋的安全与印度洋-太平洋的安全密不可分，印太地区是捷克担任欧盟轮值主席国期间的优先关注点之一。[③] 2022 年 9 月，捷克政府批准了捷克的“印太战略”，将印太地区视为影响未来安全与国际关系的重要区域。[④]

（二）在俄乌冲突中的立场和行动

2022 年 2 月俄乌冲突爆发后，捷克就对俄罗斯采取了强硬的外交政策，如促成欧盟对俄罗斯的多轮制裁，停止向俄罗斯人发放签证，禁止持有申根签证的俄罗斯人入境等[⑤]。亲俄的泽曼总统也在俄乌冲突爆发后对俄罗斯进行了指责，称俄罗斯此举是疯狂且不可接受的。[⑥]

在谴责俄罗斯的同时，捷克政府在财政、外交和军事上给予乌克兰大量支持，并给予乌克兰难民人道主义援助。

2022 年 3 月，在俄乌冲突爆发之初，捷克总理菲亚拉便同波兰和斯洛文尼亚两国总理一起访问基辅，与乌克兰总统泽连斯基（Volodymyr Zelenskyy）重点讨论了对乌克兰的安全保障、对俄罗斯的制裁和乌克兰的

① 捷克外交部网站，https：//cz. usembassy. gov/opening-of-u-s-czech-republic-defense-cooperation-agreement-negotiations/，检索日期：2023 年 3 月 15 日。

② 捷克 Deník N 网站，https：//denikn. cz/900891/v-indo-pacifiku-cesko-ponekud-tape/，检索日期：2023 年 3 月 15 日。

③ 捷克通讯社网站，https：//www. ceskenoviny. cz/zpravy/lipavsky-ruska-invaze-ovlivnuje-i-bezpecnostni-situaci-v-asii-ci-indo-pacifiku/2218713，检索日期：2023 年 3 月 15 日。

④ 捷克 BusinessINFO 网站，https：//www. businessinfo. cz/clanky/vlada-schvalila-strategie-pro-pusobeni-ceska-v-africe-a-pro-spolupraci-s-indo-pacifikem/，检索日期：2023 年 3 月 15 日。

⑤ 捷克电视台网站，https：//ct24. ceskatelevize. cz/domaci/3538722-rusove-nesmi-do-ceska-ani-se-schengenskym-vizem，检索日期：2023 年 3 月 15 日。

⑥ 捷克 iDNES. cz 网站，https：//www. idnes. cz/zpravy/domaci/prezident-milos-zeman-projev-ukrajina-rusko. A220224_ 073600_ domaci_ knn，检索日期：2023 年 3 月 15 日。

欧盟候选国地位问题。① 10月31日，捷克总理菲亚拉率领内阁成员赴乌克兰首都基辅进行访问，与乌克兰总统泽连斯基及乌政府多位部长举行政府联席会议，② 重点讨论了乌克兰战后重建、对乌军事及人道主义援助、捷克境内乌克兰难民处置问题，以及推动乌克兰融入欧盟与北约的进程等问题。双方签署了两国外交部和政府间合作备忘录，以加强乌克兰和捷克之间的经济和政治对话。迄今为止，捷克仅与斯洛伐克、波兰和以色列以此方式举行过政府联席会议，这也显示出捷克政府对与乌政府双边合作的重视程度。

捷克还是欧盟向乌克兰提供军事物资的主要支持者之一。俄乌冲突爆发后的一年中，捷克向乌克兰交付了包括几十辆坦克、战斗装甲车在内的价值逾400亿克朗（约合19亿美元）的重型武器和设备。③

在乌克兰难民接收和安置方面，捷克表现得也很积极。捷克接纳的乌克兰难民数量在欧洲国家中位居第三，仅次于波兰和德国。然而，如果按乌克兰难民数量占所在国总人口的比例计算，捷克为欧洲最高。④ 根据捷克内政部提供的统计数据，从2022年2月俄乌冲突爆发到2022年末，捷克共向473216名乌克兰难民发放了临时保护签证。⑤ 捷克政府的临时保护政策给予乌克兰难民免费的医疗与教育等国民待遇，并允许乌克兰难民进入捷克劳动力市场。此外，捷克政府还为乌克兰难民提供住宿便利，如免费住宿或房租补贴。此临时保护政策原定于2023年3月31日到期，但经捷克参议院批准

① 捷克 iDNES. cz 网站，https://www.idnes.cz/zpravy/domaci/premier-fiala-valka-na-ukrajine-zelenskych-morawiecki-jansa-kyjev.A220315_083127_domaci_kop，检索日期：2023年3月15日。

② 捷克政府网，https://www.vlada.cz/cz/media-centrum/tiskove-zpravy/premier-petr-fiala-s-dalsimi-cleny-vlady-prijel-do-kyjeva-v-ramci-cesko-ukrajinskych-mezivladnich-konzultaci-200230/，检索日期：2023年3月15日。

③ 《捷克在俄罗斯入侵乌克兰的一年内向乌克兰运送了数百套价值数百亿美元的重型军事系统》，捷克驻沪总领事馆网站，2023年2月24日，https://www.mzv.cz/shanghai/zh/news/x2023_02_24.html，检索日期：2023年3月15日。

④ 捷克新闻流网站，https://www.newstream.cz/politika/cr-ma-nejvice-uprchliku-z-ukrajiny-v-prepoctu-na-obyvatele-dve-petiny-chteji-zustat，检索日期：2023年2月28日。

⑤ 捷克通讯社网站，https://www.ceskenoviny.cz/zpravy/2305214，检索日期：2023年2月11日。

已延长至2024年3月31日。据捷克财政部的数据，捷克政府2022年在乌克兰难民援助方面的总支出约为257亿克朗（约合12亿美元）。[①]

四 社会与文化

（一）难民问题及大范围街头抗议

2022年9月3日至4日，10万多名捷克民众走上首都布拉格的街头，以大规模集会和游行的形式抗议越来越高的生活成本和日益增大的社会压力，并表达对执政联盟政策的不满。[②] 在接下来的两个国家假日9月28日（捷克国家日）与10月28日（捷克国庆日）抗议游行再次爆发。示威者的主要口号为“捷克共和国第一!”，认为政府对乌克兰难民的过度保护损害了捷克公民的利益，认为当局没有充分应对能源危机与创纪录的高通胀。部分抗议者要求官方媒体不再片面报道俄罗斯是俄乌冲突中的唯一过错方，并要求政府与莫斯科直接谈判、扩大能源供应并保持军事中立。[③]

此外，抗议者要求捷克政府更多关注本国公民的关切，而不是更多关注北约和欧盟。抗议者要求政府不加入欧元区，要求政府支持捷克中小企业而不是跨国公司，支持国内农业生产以加强粮食安全和自给自足，支持国内能源生产商。尽管捷克是欧洲最大的电力出口国之一，但捷克人民仍遭受着电价和天然气价格飞涨的困扰。抗议运动强调需要通过退出设在德国莱比锡的欧洲能源交易所来修改电力分配系统，以改变本来拥有电力自给自足能力的捷克由电力出口导致的国内能源价格飙升的窘境。同时，部分抗议者要求重

---

① 捷克Refreshernews网站，https://refresher.cz/131528-Rok-valky-na-Ukrajine-nas-stal-pres-25-miliard-korun-Na-co-slo-nejvice-penez-ze-statniho-rozpoctu，检索日期：2023年3月15日。

② 捷克伏尔塔瓦新闻网，https://vltava.news/noviny.php?datum=2022-09-04，检索日期：2023年2月11日。

③ 捷克《布拉格日报》官网，https://prazsky.denik.cz/zpravy_region/praha-demonstrace-vaclavskenamesti-vlada-demise-20221028.html，检索日期：2023年2月11日。

启与俄罗斯的能源合作关系，参考匈牙利模式，在天然气供应和核能领域与俄罗斯签订合同，优先考虑本国民众的民生问题而非欧盟制裁及政府间的对抗政治。①

（二）2021年人口普查数据公布

2022 年初，2021 年人口普查数据公布。官方统计显示，捷克总人口为 10524167 人，较 2011 年人口普查增加了约 9 万人。② 中捷克地区的居民人数明显增加，而捷克东部和西北部的居民人数减少。人口平均年龄为 42.7 岁，比 10 年前增加了 1.7 岁。③ 人口仍然以女性为主，女性占总人口的 50.7%。居住在捷克的外国人约为 49400 名，占总人口的 0.47%，其中大部分是乌克兰公民。这些居住在捷克的外国人接受过高等教育的比例高于全国平均水平。在捷克，18.7%的人口接受过高等教育，这一数据较 2011 年有所上升。此外，捷克的宗教信仰人口长期下降，只有不到 140 万名居民表示属于某个教会或宗教团体，而超过 500 万名居民表示没有宗教信仰。

（三）新增8处国家文化古迹

2022 年 11 月 23 日，捷克文化部公布了最新一期《国家文化古迹名录》，8 处具有非凡价值的文化古迹入选，分别为比尔森州皮沃纳的奥古斯丁修道院，乌斯季州的耶泽日城堡和植物园、鲁德尼采的奥古斯丁修道院，南摩拉维亚州的韦韦日城堡、奥古斯丁修道院和圣母升天教堂④、摩拉夫斯基克鲁姆洛夫城堡、罗西斯城堡，奥洛穆茨地区的普卢姆洛夫城堡。

① 捷克 iDNES. cz 网站，https://www. idnes. cz/zpravy/domaci/demonstrace-nenasilna-revoluce-cesko-na-1-miste-pozadavek-odvolani-vlady. A221028_ 063433_ domaci_ kop，检索日期：2023 年 2 月 11 日。

② 捷克统计局网站，https://www. czso. cz/csu/scitani2021/vysledky-prvni，检索日期：2023 年 3 月 15 日。

③ 捷克 Novinky. cz 网站，https://www. novinky. cz/clanek/domaci-statisticky-urad-predstavuje-vysledky-scitani-lidu-40383824，检索日期：2023 年 3 月 15 日。

④ 博物学家和现代遗传学之父孟德尔曾在这里进行了著名的“豌豆杂交实验”。

迄今为止，捷克共有国家文化古迹362处，文化古迹数量最多的前三个城市分别为布拉格（60处）、布尔诺（11处）和奥洛穆茨（10处）。

五 与中国的关系

（一）双边贸易情况

根据捷克统计局2023年2月6日发布的2022年对外贸易初始数据，2022年中捷双边贸易总额为6330亿克朗（约合287亿美元），同比增长20.3%，占捷克外贸进出口总额的6.3%。捷克自中国进口5891亿克朗（约合268亿美元），同比增长22.4%，占捷克进口总额的12.6%；捷克对中国出口439亿克朗（约合20亿美元），同比下降2.7%，占捷克出口总额的0.98%。捷方贸易逆差为5452亿克朗（约合248亿美元）。①

（二）对华外交政策发生重大转变

自2021年底捷克新政府上台以来，捷克对华外交政策发生重大转变，无论是参众两院还是外交部，均重返价值观外交，对华态度日趋强硬。一方面鼓噪捷克退出中国-中东欧国家合作机制，另一方面不断在涉台问题上挑战中国的底线。

2022年5月，捷克议会外交事务委员会一致通过决议，呼吁捷克退出中国-中东欧国家合作机制。② 7月，应捷克参议院主席米洛什·维斯特奇尔（Miloš Vystrčil）邀请，台湾当局"立法院长"游锡堃窜访捷克。③ 9月，捷克参议院教育、文化、科技、人权和请愿委员会主席伊日·德拉霍什（Jiří

① 捷克统计局网站，https：//www.czso.cz/csu/czso/zahranicni-obchod-cr-se-zbozim-podle-cz-cpa-ctvrtletni-udaje-4-ctvrtleti-2022，检索日期：2023年3月15日。

② 路透社，https：//www.reuters.com/world/czechs-considering-all-options-regarding-chinas-161-group-2022-05-20/，检索日期：2023年3月15日。

③ 捷克广播网，https：//www.irozhlas.cz/zpravy-svet/tchaj-wan-ceska-republika-senat-navsteva-milos-vystrcil_2207201518_bko，检索日期：2023年3月15日。

Drahoš）率 14 人代表团窜访中国台湾地区。[①] 中方对此表示强烈不满，直指捷方此类活动是“对‘台独’分裂势力和分裂活动的公然支持，严重侵犯中国国家主权和领土完整，严重违背国际关系基本准则和双边政治承诺，严重损害中捷合作的前提和政治基础”[②]。9 月，捷克外交部公布其“印太战略”，重返价值观外交。[③] 同时，将中国视为影响“印太地区”地缘政治、经济和安全的不利因素。该战略强调，捷克在这一地区的亲密盟友是美国，捷克与欧盟保持一致，将中国视为合作伙伴、经济上的竞争对手和系统性的敌手。[④] 一方面，捷克此举大有联手美国利用台湾地区刺激中国，树立其“捍卫自由和人权”美名的意图；另一方面，它反映出目前西方国家的两面性，即既希望同中国开展经贸活动，又试图在政治上对中国施压。涉台问题仍将继续成为中捷两国间建立政治互信、深化多领域合作的重要障碍。

① 捷克外交部网站，https：//www.mzv.cz/taipei/cz/obcho_a_ekonomika/aktuality/drahosova_delegace_podporila_na_tchaj.html，检索日期：2023 年 3 月 15 日。

② 《驻捷克使馆发言人就捷克议会参议员将率团窜访中国台湾地区答记者问》，中国驻捷克大使馆，2022 年 9 月 18 日，http：//cz.china-embassy.gov.cn/chn/zxdt/202209/t20220918_10767490.htm，检索日期：2023 年 3 月 15 日；《驻捷克使馆发言人就游锡堃窜访捷克答记者问》，中国驻捷克大使馆，2022 年 7 月 20 日，http：//cz.china-embassy.gov.cn/zxdt/202207/t20220720_10725048.htm，检索日期：2023 年 3 月 15 日。

③ 捷克外交部网站，第 6 页，https：//www.mzv.cz/file/4852335/Strategie_CR_k_Indo_Pacifiku.pdf，检索日期：2023 年 3 月 15 日。

④ 捷克外交部网站，第 3 页，https：//www.mzv.cz/file/4852335/Strategie_CR_k_Indo_Pacifiku.pdf，检索日期：2023 年 3 月 15 日。

B.15
克罗地亚

欧阳子仪　刘羽乔*

摘　要： 2022年，克罗地亚政局整体平稳，政治领域的主要大事为五位政府部长的更换。经济方面，克罗地亚宏观经济指标整体表现良好，受俄乌冲突的影响，物价大幅上涨，通胀率屡创新高，下半年经济增速放缓。加入欧元区的最终谈判完成，有望为克罗地亚日后的经济发展带来利好。外交与安全方面，俄乌冲突爆发后，克罗地亚积极配合欧盟对俄罗斯实施制裁，向乌克兰提供援助；坠毁在首都萨格勒布的军用无人机使克罗地亚的安全受到威胁，引起广泛关注；2022年克罗地亚获批于2023年1月1日加入申根区，实现了入盟以来的关键外交战略目标，在欧洲一体化进程中迈出重要步伐。社会与文化方面，2022年克罗地亚政府逐步取消防疫措施，居民生活恢复正常；十年一度的人口普查结果公布，人口负增长再次引起社会热议。2022年，克罗地亚续写了在俄罗斯世界杯中的辉煌，在卡塔尔世界杯中以季军成绩完美收官；在传统强势体育项目上也取得了可喜成绩。中克关系方面，2022年是中克建交30周年，两国以此为契机开展高层密切交流与系列外交活动；同时，中克经贸、文化合作硕果累累，为两国关系献上了美好的周年礼物。

关键词： 克罗地亚　欧元区　申根区　俄乌冲突　中克建交30周年

---

* 欧阳子仪，北京外国语大学欧洲语言文化学院克罗地亚语教师，主要研究方向为南部斯拉夫语语言学、南部斯拉夫地区社会语言学；刘羽乔，北京外国语大学欧洲语言文化学院克罗地亚语专业学生。

一　国内政治形势

2022 年并非克罗地亚的选举年，且由于反对派比较弱势，党际竞争并不激烈，国内政治领域的最主要事件为五位政府部长的更换。

2022 年克罗地亚政府内先后有五位部长辞职或被解雇，分别是来自执政党民主共同体（HDZ）的空间规划、建设和国有资产部长达尔科·霍尔瓦特（Darko Horvat），劳动、养老金制度、家庭、社会政策部长约西普·阿拉德罗维奇（Josip Aladrović），经济和可持续发展部长托米斯拉夫·乔里奇（Tomislav Čorić），以及来自独立塞尔维亚民主党（SDSS）的副总理博里斯·米洛舍维奇（Boris Milošević）和无党派成员、副总理兼财政部长兹德拉夫科·马里奇（Zdravko Marić）。

其中马里奇的主动辞职最引人关注。此前作为财政部长，他一直是自安德烈·普连科维奇（Andrej Plenković）政府 2016 年上台执政以来的政府核心人物，曾发起并实施多轮税制改革，稳定克罗地亚在新冠疫情期间的公共财政，率领政府成员完成克罗地亚加入欧元区的谈判，为克罗地亚的政府运作、公共财政管理、经济发展做出了较大贡献。加入欧元区这一大事基本尘埃落定之后，他表示自己已经如愿以偿，无意留在政界。[①]

除马里奇外，其余四位部长卸任的直接原因均为腐败丑闻，这引发了公众对政府、执政党能力的质疑。克罗地亚总理普连科维奇认为部长卸任属于正常政治进程，表示“克罗地亚在新形势和新挑战下应该做出一些调整与更新，以饱满的精力和热情解决问题”[②]。

---

① 路透社，https：//www. reuters. com/world/europe/croatias - outgoing - finmin - i - dont - see - myself-politics-anymore-2022-07-07/，检索日期：2023 年 2 月 10 日。

② 克罗地亚政府网站，https：//vlada. gov. hr/vijesti/u - novim - okolnostima - i - izazovima - koje - hrvatska - ima - dobro - je - napraviti - odredjene - promjene - i - osnaziti - vladu/35144，检索日期：2023 年 2 月 11 日

二　经济发展状况

（一）宏观经济指标整体表现良好

2022年克罗地亚经济继续保持复苏与增长态势，宏观经济指标整体表现良好。根据克罗地亚国家统计局的数据，2022年全年GDP增长率为6.3%，[①] 增速居欧盟前列。上半年克罗地亚经济增长强劲，下半年经济受俄乌冲突的影响，增速放缓。

2022年克罗地亚全年货物进出口总额为4936亿库纳（约合656亿欧元），同比增长40.3%。其中，出口总额为1805亿库纳（约合240亿欧元），同比上升30.5%；进口总额为3131亿库纳（约合416亿欧元），同比上升46.5%。外贸逆差扩大，达1326亿库纳（约合176亿欧元）。[②] 2022年政府债务为3472亿库纳（约合461亿欧元），占GDP比重从2021年的78.4%下降至68.3%；[③] 财政盈余为19.74亿库纳（约合2.62亿欧元），占GDP的0.4%。[④] 就业市场情况良好，失业率较低，2022年全年失业率为7.1%。[⑤]

（二）出台政策应对能源危机导致物价上涨和高通货膨胀

2022年，受俄乌冲突和欧盟对俄制裁的影响，克罗地亚基本食品价格

① 克罗地亚国家统计局网站，https：//podaci. dzs. hr/2022/hr/29146，检索日期：2023年4月8日。

② 克罗地亚国家统计局网站，https：//podaci. dzs. hr/2022/hr/29546，检索日期：2023年4月8日。

③ 克罗地亚国家银行网站，https：//www. hnb. hr/statistika/statisticki-podaci/opca-drzava/dug-opce-drzave，检索日期：2023年4月9日。

④ 克罗地亚国家统计局网站，https：//podaci. dzs. hr/2023/hr/58257，检索日期：2023年7月29日。

⑤ 克罗地亚国家统计局网站，https：//podaci. dzs. hr/hr/podaci/trziste-rada/，检索日期：2023年4月8日。

急剧上升，通胀率屡创新高。根据克罗地亚国家统计局的数据，2022 年 12 月，居民消费价格指数（CPI）同比上涨 13.1%，其中食品和非酒精饮料的价格上涨 19.0%，酒店和餐饮的价格上涨 17.1%，服装和鞋类的价格上涨 12.1%，住房、水、电、气和其他燃料的价格上涨 16.0%，家具、家用设备和日常家庭维护的价格上涨 16.1%，杂项商品和服务的价格上涨 11.5%。① 全年通胀率达创纪录的 10.8%。② 克罗地亚 2013~2022 年的通胀率如表 1 所示。

表 1　2013~2022 年克罗地亚通胀率

单位：%

	2013 年	2014 年	2015 年	2016 年	2017 年	2018 年	2019 年	2020 年	2021 年	2022 年
通胀率	2.2	-0.2	-0.5	-1.1	1.1	1.5	0.8	0.1	2.6	10.8

资料来源：克罗地亚国家银行网站，https：//www.hnb.hr/statistika/glavni-makroekonomski-indikatori，检索日期：2023 年 4 月 17 日。

为应对物价飙升和通货膨胀，欧盟在欧洲层面协调出台了总体应对方案，克罗地亚政府除配合欧盟实施的措施外，还在 2022 年针对国情出台并实行了一揽子计划，包括限制能源零售价格，降低能源电力产品等部分产品的增值税税率，向天然气供应商提供国家援助，提供天然气价格补贴，实行电力价格改革，向弱势家庭增发电费优惠券，向利用可再生能源发电的企业提供财政援助，设置多种基本食品的价格上限，向退休公民、学生和失业人员等群体发放补助等。政府还计划增强液化天然气接收能力，将克尔克岛液化天然气接收站产能从 29 亿立方米提高到 61 亿立方米。③

① 克罗地亚国家统计局网站，https：//podaci.dzs.hr/2022/hr/29202，检索日期：2023 年 2 月 12 日。

② 克罗地亚国家银行网站，https：//www.hnb.hr/statistika/glavni-makroekonomski-indikatori，检索日期：2023 年 4 月 8 日。

③《克罗地亚计划将克尔克液化天然气站产能提高至 61 亿立方米》，中华人民共和国商务部，2022 年 9 月 30 日，http：//hr.mofcom.gov.cn/article/jmxw/202209/20220903353216.shtml，检索日期：2023 年 2 月 12 日。

（三）获批加入欧元区

2013 年加入欧盟以来，加入欧元区一直是克罗地亚的重要战略目标。2020 年，克罗地亚获批加入欧洲汇率机制。2022 年 5 月 13 日，克罗地亚议会通过了《引入欧元作为克罗地亚官方货币法》。同年 6 月 1 日，欧盟委员会在发布的《2022 年趋同报告》中表示，克罗地亚已经满足物价稳定、公共财政、汇率和长期利率四项相关标准，已做好自 2023 年 1 月 1 日起使用欧元的准备。① 7 月 12 日，欧盟理事会正式批准克罗地亚于 2023 年 1 月 1 日加入欧元区，明确欧元对库纳的汇率为 1：7. 53450。② 克罗地亚政府随后启动了从库纳到欧元的过渡进程，自 9 月 5 日起以库纳和欧元双币种标价，居民账户中的库纳将根据前述官方固定汇率自动转化为欧元。

克罗地亚总理安德烈·普连科维奇表示，引入欧元符合克罗地亚的国家利益，将使克罗地亚经济更具韧性，持续提高克罗地亚公民的生活水平。面对危机，欧元区国家的身份能给克罗地亚人民带来更大的安全感。③

国际信用评级机构惠誉于 2022 年 7 月 13 日将克罗地亚的投资信用评级上调至“BBB+”，展望“稳定”，此举是欧盟理事会 12 日批准克罗地亚加入欧元区的直接结果。④

（四）克罗地亚国家石油公司损失超10亿库纳

2022 年 8 月下旬，克罗地亚打击腐败和有组织犯罪办公室（Ured za

① 欧盟委员会，https：//ec. europa. eu/commission/presscorner/detail/en/ip_ 22_ 3312，检索日期：2023 年 2 月 12 日。

② 欧洲理事会和欧盟理事会，https：//www. consilium. europa. eu/en/press/press-releases/2022/07/12/croatia-set-to-join-the-euro-area-on-1-january-2023-council-adopts-final-required-legal-acts/，检索日期：2023 年 2 月 12 日。

③ 克罗地亚国家银行网站，https：//www. hnb. hr/-/hrvatska-uvodi-euro-1-sijecnja-2023，检索日期：2023 年 2 月 12 日。

④《惠誉上调克罗地亚投资信用评级至“BBB+”》，中华人民共和国商务部，2022 年 9 月 30 日，http：//hr. mofcom. gov. cn/article/jmxw/202209/20220903353307. shtml，检索日期：2023 年 2 月 18 日。

suzbijanje korupcije i organiziranog kriminaliteta，USKOK）逮捕了 5 名嫌疑人，其罪名是联合诈骗克罗地亚国家石油公司（Industrija Nafte，INA）超 10 亿库纳。主犯达米尔·什库戈尔（Damir Škugor）是克罗地亚国家石油公司天然气贸易部门主管，涉嫌以远低于市场价的价格将天然气卖给他人名下的小公司，后者再以高价将其出售给外国买家，参与者共享利润。① 由于涉及金额庞大，该事件成为 2022 年克罗地亚最大的经济丑闻之一。由于什库戈尔是克罗地亚民主共同体成员，该事件也被怀疑牵涉国内高层政治人物。

三　外交与安全

（一）俄乌冲突中的立场和态度

2022 年俄乌冲突爆发后，克罗地亚积极配合欧盟，谴责和制裁俄罗斯。截至 2022 年底，欧盟已对俄罗斯实施九轮制裁，涵盖银行金融、新闻媒体、能源和采矿等多个行业。2022 年 4 月 11 日，克罗地亚宣布驱逐 18 名俄罗斯外交官以及 6 名俄罗斯驻克罗地亚使馆行政技术人员。② 俄罗斯公民在克罗地亚寻求庇护的申请全部遭到拒绝。③

俄乌冲突爆发当日，克罗地亚政府就宣布全力声援乌克兰，并批准了价值 910 万库纳（约 120.77 万欧元）的对乌紧急援助。④ 克罗地亚议会通过了《关于乌克兰的声明》（Deklaracija o Ukrajini），普连科维奇政府成立了跨部门工作组以接收和安置难民，向乌克兰提供人道主义援助，并宣布向乌

---

① 克罗地亚打击腐败和有组织犯罪办公室网站，https：//uskok. hr/hr/priopcenja/doneseno-rjesenje-o-provodenju-istrage-protiv-petero-okrivljenika-i-jednog-trgovackog，检索日期：2023 年 2 月 15 日。

② 俄罗斯卫星通讯社，https：//sputniknews. cn/20220411/1040613284. html，检索日期：2023 年 2 月 18 日。

③ 半岛电视台网站，https：//balkans. aljazeera. net/news/balkan/2023/1/25/gotovo-2000-ruskih-drzavljana-dosad-trazilo-azil-u-hrvatskoj，检索日期：2023 年 2 月 18 日。

④ 安德烈·普连科维奇官方网站，https：//www. andrejplenkovic. hr/article. php? id=4382，检索日期：2023 年 2 月 18 日。

克兰运送防护装备和步兵武器。为表示对乌克兰的支持，2022 年 5 月 8 日，克罗地亚总理普连科维奇亲赴基辅，与乌克兰总统泽连斯基举行会谈。截至 2022 年 12 月 31 日下午 6 时，克罗地亚共接收了 22407 名乌克兰难民。[①] 除政府组织外，克罗地亚民间也自发为难民组织公益捐款并提供物资援助。

虽然克罗地亚执政党和反对党都采取支持乌克兰的总体立场，但在具体支持程度上，克罗地亚总统和总理的意见有所不同。总统佐兰·米拉诺维奇（Zoran Milanović）来自克罗地亚最大反对党、中左翼政党社会民主党（SDP），支持政府挺乌反俄的整体立场，对俄罗斯表示谴责，但不赞同美国和欧盟对俄实施制裁，并利用自己的政治影响力阻止了议会通过在克罗地亚领土上训练乌克兰士兵的提案。米拉诺维奇认为："乌克兰不是克罗地亚的盟友"，帮助训练乌克兰士兵会使克罗地亚卷入战争；[②] 美国和北约正在借乌克兰对俄罗斯发动代理人战争；美国和欧盟对俄罗斯实施制裁是荒谬的，不可能取得任何成果。[③] 总统的观点遭到了总理及其领导的民主共同体的激烈批评。

（二）无人机坠毁事件引发克罗地亚对北约防空系统的不满与质疑

2022 年 3 月 10 日晚，一架无人机坠毁在克罗地亚首都萨格勒布。经调查，该无人机为苏制图-141 军用无人侦察机，从乌克兰境内起飞，在克罗地亚坠毁前曾飞越罗马尼亚和匈牙利领空。坠毁地区附近有学生宿舍、居民楼等人员密集场所，所幸无人员伤亡。后续调查发现，该无人机经过改装，载有 120 公斤的炸弹。[④] 在俄乌冲突爆发的背景下，无人机飞越三个北约成

---

① 克罗地亚内务部网站，https：//hrvatskazaukrajinu. gov. hr/，检索日期：2023 年 4 月 8 日。

② 克罗地亚《国家》杂志网站，https：//www. nacional. hr/predsjednik-milanovic-opet-na-naslovnici-ruskog-medija-ukrajina-nije-nas-saveznik/，检索日期：2023 年 2 月 17 日。

③ 克罗地亚《国家》杂志网站，https：//www. nacional. hr/hdz-ostro-napao-milanovica-zbog-izjave-da-sad-i-nato-sudjeluju-u-posrednickom-ratu-protiv-rusije/，检索日期：2023 年 2 月 17 日。

④ 克罗地亚国家广播电视台网站，https：//vijesti. hrt. hr/hrvatska/tko-ju-je-lansirao-izvucena-letjelica-koja-se-srusila-u-zagrebu-slijedi-istraga-6070078，检索日期：2023 年 2 月 17 日。

员国领空却未被北约察觉，这引发了克罗地亚对北约防空系统的不满与质疑。2022 年末，克罗地亚国防部长马里奥·巴诺日奇（Mario Banožić）表示克罗地亚政府已知晓无人机发射者，但该信息被列为机密。[①]

（三）获批加入申根区

克罗地亚于 2015 年正式提交加入申根区的申请，2019 年已满足加入申根区的所有技术条件，但由于其与斯洛文尼亚的边界争端和波黑边境移民问题，克罗地亚加入申根区的进程受到拖延。

2022 年 5 月 24 日，欧盟委员会发布《2022 年申根区状况报告》，称克罗地亚已满足资格标准，呼吁欧盟理事会批准克罗地亚加入申根区。12 月 8 日，欧盟成员国一致同意克罗地亚于 2023 年 1 月 1 日加入申根区，成为第 27 个申根国家。这也是申根区 11 年以来的首次扩员。

总理普连科维奇对此表示，克罗地亚政府实现了加入申根区的战略目标，克罗地亚公民和经济将从中受益。[②] 加入申根区将加快克罗地亚与其他申根国家间人员与货物的自由流动，简化经贸程序，并进一步促进克罗地亚的旅游业发展。

四　社会与文化

（一）第四次人口普查最终结果公布

2021 年 9 月 13 日至 11 月 14 日，克罗地亚开展第四次人口普查。2022 年 9 月，克罗地亚国家统计局公布了此次人口普查的最终结果。结果显示，克罗地亚总人口为 3871833 人，比 2011 年减少了 413056 人，10 年间人口下

---

① 克罗地亚《早报》网站，https://www.jutarnji.hr/vijesti/hrvatska/morh-banozic-nije-rekao-da-zna-tko-je-lansirao-dron-koji-je-pao-na-zagreb-15281770，检索日期：2023 年 2 月 17 日。

② 克罗地亚《晚报》网站，https://www.vecernji.hr/vijesti/plenkovic-o-ulasku-u-schengen-najvecu-korist-imat-ce-hrvatski-gradani-i-gospodarstvo-1640193，检索日期：2023 年 2 月 18 日。

降了 9.64%，萨格勒布市和所有省份的人口均在不同程度上下降。自 1991 年总人口达到峰值的 4784265 人后，克罗地亚人口一直呈下降趋势，[①] 30 年间人口已经减少近 100 万人。

普连科维奇总理在评价人口普查结果时表示，导致人口负增长的原因是多方面的：2013 年克罗地亚加入欧盟后，克罗地亚公民可在没有配额和工作许可的情况下去其他欧盟国家寻求就业机会，这导致了人才流失；相较于许多通过吸纳移民来补偿低人口自然增长的西欧国家，克罗地亚接收的移民较少；利用欧盟资金改善人口问题的行动也晚于其他一些中东欧国家。但克罗地亚正在前进，政府将尽一切努力缓解负增长趋势。[②]

（二）取消疫情相关限制措施

在历经两年多的新冠疫情蔓延与管控后，2022 年克罗地亚取消了几乎所有与疫情相关的限制措施，新冠疫情逐渐淡出克罗地亚公众视野。2022 年 2 月底，克罗地亚民防总部宣布放宽室内和室外聚集性活动的限制措施，取消在民众出入公共机构时强制其出示新冠检测报告或新冠疫苗接种数字证书的要求。4 月 1 日起，来自欧盟成员国的旅客在入境克罗地亚时不再需要出示新冠疫苗接种数字证书。5 月 2 日，入境限制再一次被放宽，所有入境克罗地亚的旅客都无须再出示新冠检测报告或新冠疫苗接种数字证书。此外，克罗地亚民防总部宣布于 2022 年 4 月 8 日晚 12 点取消包括佩戴口罩在内的几乎所有防疫措施，只有医疗机构员工和患者、社会福利机构员工和访客仍需佩戴口罩。

（三）世界杯荣获季军，传统强势体育项目成绩喜人

2022 年卡塔尔世界杯是“后疫情时代”第一场举世瞩目的全球体育盛

---

① 克罗地亚国家统计局网站，https：//dzs. gov. hr/vijesti/objavljeni-konacni-rezultati-popisa-2021/1270，检索日期：2023 年 2 月 18 日。

② 克罗地亚 N1 网站，https：//n1info. hr/vijesti/uzivo-plenkovic-komentira-porazavajuce-rezultate-popisa-stanovnistva/，检索日期：2023 年 2 月 18 日。

宴。继四年前在俄罗斯世界杯上夺得亚军后，克罗地亚国家队在卡塔尔世界杯赛场上续写传奇，一路闯入三、四名决赛，以 2：1 战胜摩洛哥队，荣获季军，拿下了队史上的第三枚世界杯奖牌。

除足球外，2022 年克罗地亚在水球这一传统优势项目上也收获一枚金牌。9 月 10 日，克罗地亚国家队作为东道主在斯普利特举行的欧洲水球锦标赛中夺得冠军，这是克罗地亚在该项赛事中第二次夺冠。

五　与中国的关系

（一）高层政治交往密切

2022 年是中克建交 30 周年，两国以此为契机开展高层密切交流与系列外交活动。2 月 4 日，克罗地亚前总统、国际奥委会委员科琳达·格拉巴尔-基塔罗维奇（Kolinda Grabar-Kitarović）出席北京冬奥会开幕式。行前，基塔罗维奇会见中国驻克罗地亚大使齐前进，表示国际奥委会对北京冬奥会的各项筹备工作非常满意，期待亲眼见证北京冬奥会的精彩，并强调她愿继续致力于中克友好，推动两国关系发展。[①]

2022 年，中克双方以建交 30 周年为契机深化双边交流，高频开展系列外交活动。3 月 22 日，全国人大常委会委员长栗战书在北京人民大会堂以视频方式同克罗地亚议长戈尔丹·扬德罗科维奇（Gordan Jandroković）举行会谈。5 月 13 日，国家主席习近平同克罗地亚总统米拉诺维奇、国务院总理李克强同克罗地亚总理普连科维奇、国务委员兼外长王毅同克外长戈尔丹·格尔里奇·拉德曼（Gordan Grlić Radman）互致贺电，庆祝两国建交 30 周年。习近平主席在贺电中强调其高度重视中克关系发展，愿同米拉诺维奇总统一道努力，以建交 30 周年为契机，巩固两国政治互信，加强发展

① 《驻克罗地亚大使齐前进会见克前总统、国际奥委会委员基塔罗维奇女士》，中华人民共和国驻克罗地亚共和国大使馆，2022 年 1 月 29 日，http：//hr. china-embassy. gov. cn/dsxx/202201/t20220129_ 10636760. htm，检索日期：2023 年 2 月 19 日。

战略对接，共同引领中克关系实现更大发展，造福两国和两国人民。米拉诺维奇表示，中克建交以来，两国各领域互利合作成效显著。相信双方将继续携手努力，深化伙伴关系，拓展合作领域，推动两国关系不断取得新成果。[①] 9 月 29 日，中国驻克罗地亚大使馆举行庆祝中华人民共和国成立 73 周年暨中克建交 30 周年招待会，中国驻克罗地亚大使齐前进、克议会三位副议长、克前总统伊沃·约西波维奇（Ivo Josipović）、克外交部国务秘书，以及驻克使节、各界人士、中资机构、华侨华人及中外媒体记者等 200 余人出席。

（二）经贸合作深入发展

2022 年中克经贸合作硕果累累。

在经贸领域，中克双边贸易总额继续增长，商品进出口总额为 24.242 亿美元，同比增长 4.8%。其中，中国对克罗地亚出口商品总额为 22.655 亿美元，同比增长 14.8%；但受欧洲通胀高企等多种因素的影响，中国自克罗地亚进口商品总额为 1.587 亿美元，同比下降 53.3%。[②]

在工程项目合作方面，中企承建的克罗地亚佩列沙茨大桥正式通车。由中国路桥公司牵头的中国企业联合体于 2018 年 1 月中标合同金额达 2.8 亿欧元的佩列沙茨跨海大桥及其连接线一期工程项目，这是中国企业首次中标欧盟基金项目，该项目是中克共建“一带一路”和中国-中东欧国家合作的标志性项目，也是中国企业在克罗地亚承建的最大规模的基础设施项目。大桥位于克罗地亚南部，连接该国领土的大陆部分和隔海相望的佩列沙茨半岛，实现克罗地亚人民连接南北国土的多年夙愿。

中国企业克服疫情、地震等重重困难，保障佩列沙茨大桥项目主体工程

---

① 《习近平同克罗地亚总统米拉诺维奇就中克建交 30 周年互致贺电》，新华网，2022 年 5 月 13 日，http://www.news.cn/politics/leaders/2022-05/13/c_1128648186.htm，检索日期：2023 年 2 月 19 日。

② 《（2）2022 年 12 月进出口商品国别（地区）总值表（美元值）》，中华人民共和国海关总署，2023 年 1 月 18 日，http://www.customs.gov.cn/customs/302249/zfxxgk/2799825/302274/302277/302276/4807727/index.html，检索日期：2023 年 4 月 9 日。

于2022年6月顺利通过竣工交验。7月26日，佩列沙茨大桥顺利通车。当日晚，大桥通车仪式在克罗地亚南部的科马尔纳举行，中国国务院总理李克强以视频方式出席通车仪式并发表致辞，克总统米拉诺维奇、总理普连科维奇、议长扬德罗科维奇，中国驻克罗地亚大使齐前进以及中国企业代表等千余人现场出席通车仪式。克罗地亚媒体对通车仪式全程进行直播报道，通车仪式盛况空前。

齐大使表示，佩列沙茨大桥顺利通车将为中克、中欧合作树立新的典范，必将进一步深化中克政治互信，加强双方发展战略对接，扩大经贸等各领域合作，推动中克全面合作伙伴关系迈上新台阶。①

（三）人文交流与合作成果丰硕

2022年，中克两国人文交流与合作领域成果颇丰。

在教育领域，《平“语”近人——习近平总书记用典》克罗地亚文版新书发布会于5月26日在克罗地亚萨格勒布大学举行。中国驻克罗地亚大使齐前进、克罗地亚科教部国务秘书帕利亚克、萨格勒布大学校长博拉斯、克罗地亚大学出版社主编希克奇，以及克罗地亚政界、学界、出版界近50人参加活动。帕利亚克表示，该书是克罗地亚民众了解中国的又一重要“窗口”，将进一步增进两国人民传统友谊。克方愿同中方加强教育、出版等领域交流与合作，助力中克关系向前发展。②

在执法安全领域，7月，第三次中克警务联巡在克启动，8名中国警员同克方警员一起在萨格勒布、扎达尔、普利特维采湖国家公园和杜布罗夫尼克开展为期1个月的警务联巡。这是中克两国时隔两年再次开展旅游季警务联巡，也是新冠疫情以来中国警方首次赴海外执行联合巡逻任务。中国驻克

① 《中企承建的克罗地亚佩列沙茨大桥举行通车仪式》，新华网，2022年7月27日，http://www.news.cn/silkroad/2022-07/27/c_1128867620.htm，检索日期：2023年2月19日。

② 《〈平“语”近人——习近平总书记用典〉克罗地亚文版新书发布会在萨格勒布举行》，新华网，2022年5月27日，http://www.news.cn/politics/leaders/2022-05/27/c_1128690266.htm，检索日期：2023年2月19日。

罗地亚大使齐前进表示，克罗地亚是首个与中国开展警务联巡的中东欧国家，联巡活动能够更好地服务来克旅游的中国公民和旅克华侨华人，深化两国旅游合作，推动中克执法安全领域合作走深走实。[①]

在文化领域，12 月 14 日，中克建交 30 周年系列庆祝活动、首届克罗地亚中国电影节在萨格勒布隆重开幕。中国驻克罗地亚大使齐前进、克前总理马泰沙、克总统教育顾问扎尔科维奇、萨格勒布大学副校长帕维契奇、《欧洲时报》文化传媒集团总裁张晓贝，以及克政府代表、大中学生、媒体人士等近 200 人出席。萨格勒布大学副校长帕维契奇表示，电影是增进相互了解的重要文化渠道，相信此次电影节展映的高水平影片将为克民众带来了解中国文化和社会发展的独特视角，进一步密切两国文化交流和人民友谊。[②]

① 《第三次中国与克罗地亚警务联巡启动》，新华网，2022 年 7 月 17 日，http：//www. news. cn/2022-07/17/c_ 1128838867. htm，检索日期：2023 年 2 月 19 日。

② 《驻克罗地亚大使齐前进出席首届克罗地亚中国电影节开幕式》，中华人民共和国外交部，2022 年 12 月 15 日，https：//www. mfa. gov. cn/web/gjhdq_ 676201/gj_ 676203/oz_ 678770/1206_ 679306/1206x2_ 679326/202212/t20221219_ 10992244. shtml，检索日期：2023 年 2 月 19 日。

B.16

拉脱维亚

黄 珊　王一然　杨若飞*

摘　要： 2022年拉脱维亚举行议会选举，新团结党牵头组阁成功，与“联合名单”和民族联盟组建中右翼执政联盟，总理卡林什（新团结党）得以连任。在俄乌冲突和欧洲能源危机的背景下，拉脱维亚全年经济总体小幅增长，但通货膨胀高企，贸易逆差进一步增大。为应对物价飞涨，拉脱维亚上调了最低工资标准，同时寻求能源独立的途径。拉脱维亚在俄乌冲突中积极援助乌克兰，坚持制裁俄罗斯，并致力于进一步提升北约在本地区安全防务中的重要性和存在感。拉脱维亚拆毁境内多座苏联时期纪念碑的行为引发国内俄族民众不满；同时，基础教育中的“去俄语化”政策继续推进，拉脱维亚基础教育向拉脱维亚语教学全面过渡。中拉关系在2022年出现重大转折，拉脱维亚政府退出中国－中东欧国家合作机制，寻求在双边和中欧合作框架下继续发展对华关系。

关键词： 拉脱维亚　议会选举　通货膨胀　能源独立　俄乌冲突

* 黄珊，清华大学国际与地区研究院博士研究生，主要研究方向为波罗的海地区的政治发展；王一然，北京外国语大学拉脱维亚语专业本科生，主要研究方向为国际新闻传播；杨若飞，北京外国语大学拉脱维亚语专业本科生，主要研究方向为区域国别学。

一　国内政治形势

（一）议会选举

2022 年是拉脱维亚四年一度的议会选举年，议会选举是这一年拉脱维亚国内最重要的政治事件。受 2022 年初时任政府应对新冠疫情的措施变化、俄乌冲突爆发以来的国内及地区政治发展，以及选举前拉脱维亚国内通货膨胀高企等因素的影响，拉脱维亚国内各大政党的支持率在选举前波动巨大，呈现愈发碎片化的趋势，这让选举结果充满变数。

第 14 届议会选举于 2022 年 10 月 1 日举行。与此前舆论担心的民众参与度不足的情况不同，59.41%的有投票权的拉脱维亚公民参与了选举，[①] 选举活跃度高于 2018 年举行的第 13 届议会选举（54.6%）和 2014 年举行的第 12 届议会选举（58.85%）。共有 7 个政党和政党联盟在选举中获得超过 5%的选举门槛的选票，从而进入新一届议会。这 7 个政党和政党联盟分别是新团结党（26 个席位）、绿色农民联盟（16 个席位）、“联合名单”（由拉脱维亚绿党、拉脱维亚地区协会和利耶帕亚党组成的竞选联盟，获得 15 个席位），民族联盟（13 个席位）、“为了稳定！”党（11 个席位）、进步党（10 个席位）和“拉脱维亚第一”党（9 个席位）。[②] 前后两届议会席位变化情况详见表 1。

表 1　拉脱维亚第 13、第 14 届议会席位变化情况

单位：个

	2018 年第 13 届议会席位	2022 年第 14 届议会席位
新团结党	8	26
绿色农民联盟	11	16
和谐党	23	

① 拉脱维亚选举委员会官网，https：//www.cvk.lv/lv/14-saeimas-velesanas? utm_ source=https%3A%2F%2Fwww.google.com%2F，检索日期：2024 年 3 月 5 日。

② 《拉脱维亚邮报》官网，https：//www.vestnesis.lv/op/2022/202.2，检索日期：2023 年 3 月 19 日。

续表

	2018 年第 13 届议会席位	2022 年第 14 届议会席位
“为了稳定!”党		11
民族联盟	13	13
“拉脱维亚第一”党		9
保守党	16	
进步党		10
“为了发展”党	13	
“联合名单”		15
“谁拥有国家”党	16	
总计	100	100

资料来源：《拉脱维亚邮报》官网，https：//www. vestnesis. lv/op/2022/202. 2，检索日期：2023年3月19日。

从表 1 可以看出，上一届议会中席位排名前三的政党均未能在此届议会选举中取得成功，仅有三个上一届议会成员（新团结党、绿色农民联盟和民族联盟）留在了新一届议会当中，超过 1/3 的议会成员是第一次入选议会。新团结党原为上一届议会中的最小派别，在当时和谐党、民族联盟和保守党均未能组阁成功的背景下由该党党首克里什亚尼斯·卡林什（Krišjānis Kariņš）牵头成功组建了上一届内阁。在此届议会选举中，新团结党迅速成长为议会中的第一大党。之前四届议会选举中民众支持率都高居前列的和谐党，在此届选举之前支持率剧烈下滑，最终未能获得超过 5%的选票进入议会。和谐党的最大票仓原本是拉脱维亚讲俄语的选民，在此届选举中，他们主要流向了成立刚满一年的民粹主义和疑欧主义政党“为了稳定!”党。

（二）政府组建

在拉脱维亚选举委员会确认第 14 届议会选举结果之后，由于没有政党在选举中获得绝对多数的选票，拉脱维亚总统埃吉尔斯·莱维茨（Egils Levits）授权新团结党领袖、拉脱维亚现任总理卡林什就新一届政府的组建与各方展开磋商。

组阁谈判的主要矛盾焦点在于构建由三个还是四个政党组成的执政联

盟。从议会席位分布来看，新团结党、“联合名单”和民族联盟已经可以完成组阁，但卡林什（新团结党）希望能够和进步党一起建立更加广泛的执政联盟。进步党是中左翼政党，主张实施累进税制、减少社会不平等、创建福利国家；新团结党、“联合名单”和民族联盟都是中右翼政党，在之前的政府中有过合作。由于政治立场上的分歧，“联合名单”和民族联盟并不希望进步党进入执政联盟当中。①

由于双方互不妥协，组阁谈判持续了很长时间。最终，在 2022 年 12 月 14 日正式组建了由新团结党、“联合名单”和民族联盟组成的中右翼执政联盟，并获得议会投票通过，总理卡林什（新团结党）得以连任。卡林什总理称，新政府执政计划的重点是在当前经济增长放缓的背景下进行广泛的经济转型，包括重组经济结构和改善居民福利。组成新政府的各方在联合声明中同意，新政府的五大优先事项将是国家安全和外交政策，教育，能源、气候变化与环境，竞争力，以及居民生活质量。

拉脱维亚新一届政府由总理卡林什和 14 位部长构成（见表 2）。在新团结党的倡议下，议会十年来首次同意在政府中增设新的部门，即气候和能源部，部长为新团结党成员雷蒙兹·丘达尔斯（Raimonds Čudars），主要负责拉脱维亚气候政策和能源政策的组织工作，以及数字化转型、环境保护、区域发展、地方政府的发展和监督、领土发展规划和土地管理等工作。此前，拉脱维亚的能源政策由经济部负责。

表 2　拉脱维亚新政府成员名单

职务	姓名	所属党派
总理	克里什亚尼斯·卡林什	新团结党
国防部长	伊娜拉·穆尔涅采(Ināra Mūrniece)	民族联盟
外交部长	埃德加斯·林克维奇斯(Edgars Rinkēvičs)	新团结党

① 拉脱维亚公共媒体网，https://www.lsm.lv/raksts/zinas/zinu-analize/taktiskie-vingrojumi-par-koalicijas-modeli-piekapties-negrib-ne-karins-ne-as-un-na.a479257/，检索日期：2023 年 3 月 19 日。

续表

职务	姓名	所属党派
经济部长	伊尔泽·因德里克松内(Ilze Indriksone)	民族联盟
财政部长	阿维尔斯·阿舍拉登斯(Arvils Ašeradens)	新团结党
内政部长	马里斯·库钦斯基斯(Māris Kučinskis)	"联合名单"
教育和科技部长	安达·查克莎(Anda Çakša)	新团结党
气候和能源部长	雷蒙兹·丘达尔斯	新团结党
文化部长	瑙里斯·蓬图里斯(Nauris Puntulis)	民族联盟
福利部长	埃维卡·西莉娜(Evika Siliņa)	新团结党
交通部长	亚尼斯·维滕伯格斯(Jānis Vitenbergs)	民族联盟
司法部长	伊内斯·利比娜-埃格耐瑞(Inese Lībiņa-Egnere)	新团结党
卫生部长	莉加·格尔松内(Līga Meņģelsone)	"联合名单"
环境保护和地区发展部长	马里斯·斯普林朱克斯(Māris Sprindžuks)	"联合名单"
农业部长	迪吉斯·史密茨(Didzis Šmits)	"联合名单"

资料来源：拉脱维亚公共媒体网，https：//www.lsm.lv/raksts/zinas/zinu-analize/taktiskie-vingrojumi-par-koalicijas-modeli-piekapties-negrib-ne-karins-ne-as-un-na.a479257/，检索日期：2023年3月19日。

二　经济发展状况

（一）宏观经济数据

拉脱维亚中央统计局（Centrālā statistikas pārvalde）的数据显示，拉脱维亚2022年国内生产总值（GDP）为390.8亿欧元，同比增长2.0%。①

生产方面，2022年拉脱维亚的第一、第二产业增加值出现1.1%的负增长，第三产业增加值则有4.2%的正增长。其中，农、林、渔业增加值（以下无特别说明时均指增加值）上涨7.0%，采矿业下降0.5%。制造业增加值上涨2.7%，为整体的经济增长贡献0.3个百分点。电力、燃气、供暖和供冷产业的各细分行业数据都有下滑，整体下降14.3%。建筑业继续萎缩，同比下降11.3%。零售贸易增长4.3%，批发贸易则大幅下降18.7%。运输

① 拉脱维亚中央统计局，https：//stat.gov.lv/lv/statistikas-temas/valsts-ekonomika/ikp-istermina/preses-relizes/12251-iekszemes-kopprodukts-2022，检索日期：2023年3月3日。

和仓储产业增长 2.3%，餐饮服务业大幅增长 57.5%。信息通信业增长 14.0%，对 2022 年经济增长贡献最大（0.7 个百分点）。金融保险业下降 3.1%，专业、科学和技术服务行业增长 12.9%，行政和支持服务业增长 25.7%，艺术、娱乐和休闲行业增长 26.6%。2022 年的商品税（主要是增值税、消费税和关税）下降 0.2%。[①]

2022 年，拉脱维亚居民消费支出总额同比增长 8%。其中，交通、住宿和餐饮服务消费支出分别增长 2.6%、40.3%，住房支出则下降 9.6%。食品支出增长 0.2%，娱乐和文化支出增长 37.1%。政府消费增长 2.8%。固定资本形成总额小幅增长 0.7%，其中对住房与其他建筑物、构筑物的投资下降 11.0%，对机械设备（含车辆）的投资增长 9.0%，对知识产权产品的投资增长 21.2%。[②]

外贸方面，拉脱维亚 2022 年的进出口总额均创下新高。拉脱维亚中央统计局公布的初步统计数据显示，2022 年拉脱维亚的进出口总额达 477.7 亿欧元，同比增长 32.8%。其中，出口总额为 212.7 亿欧元，同比上涨 29.3%；进口总额为 265 亿欧元，同比上涨 35.8%。主要出口商品有木材、木制品和木炭，化石燃料、石油及其精炼制品，电器与电气设备等。立陶宛、爱沙尼亚、德国、俄罗斯和瑞典是拉脱维亚最主要的五个出口对象国，销往这五国的商品额占其出口总额的 48.1%。主要的进口商品有化石燃料、石油及其精炼制品，电器与电气设备，机件与机械设备等。其排名前五的进口伙伴国分别是立陶宛、爱沙尼亚、德国、波兰和俄罗斯，从这五国进口的商品额占其进口总额的 60.3%。[③] 值得注意的是，拉脱维亚进出口总额之间的缺口相比 2021 年进一步扩大，贸易逆差持续增大可能会给拉脱维亚经济带来消极影响。[④]

---

① 拉脱维亚中央统计局，https：//stat. gov. lv/lv/statistikas – temas/valsts – ekonomika/ikp – istermina/preses–relizes/12251–iekszemes–kopprodukts–2022，检索日期：2023 年 3 月 18 日。

② 拉脱维亚中央统计局，https：//stat. gov. lv/lv/statistikas – temas/valsts – ekonomika/ikp – istermina/preses–relizes/12251–iekszemes–kopprodukts–2022，检索日期：2023 年 3 月 2 日。

③ 拉脱维亚中央统计局，https：//stat. gov. lv/lv/statistikas – temas/tirdznieciba – pakalpojumi/areja–tirdznieciba/preses–relizes/16589–svarigakas，检索日期：2023 年 3 月 19 日。

④ 拉脱维亚中央统计局，https：//stat. gov. lv/lv/statistikas – temas/tirdznieciba – pakalpojumi/areja–tirdznieciba/5682–latvijas–areja–tirdznieciba，检索日期：2023 年 3 月 19 日。

（二）最低工资标准上调

2022 年，欧洲大多数国家都经历了物价上涨，拉脱维亚等波罗的海国家的通货膨胀程度更是位居欧盟前列。2022 年 2 月至 9 月，拉脱维亚的通货膨胀率从 8.7%一路上涨至 22.2%，之后虽有小幅回落，但始终维持在 20%以上。[①] 物价高速上涨、消费者购买力下降、居民生活压力增加等问题促使拉脱维亚当局进一步上调最低工资标准。

拉脱维亚自 2022 年 1 月起实施的最低工资标准为 500 欧元/月。2022 年 10 月 27 日，拉脱维亚议会通过《劳动法》修正案，决定进一步上调最低工资标准。此次修订后，拉脱维亚最低工资标准将从 2023 年 1 月起由 500 欧元/月上调到 620 欧元/月，从 2024 年 1 月起进一步上调到 700 欧元/月。[②]

随着通货膨胀问题逐渐凸显，拉脱维亚出台了多项经济措施以尝试应对通货膨胀所带来的一系列影响，频繁上调最低工资标准也可以视作尝试对冲物价上涨压力的措施之一。

（三）平抑能源价格，寻求能源独立

2022 年初俄乌冲突爆发后，拉脱维亚在能源领域持续推进与俄罗斯脱钩。2022 年 7 月，拉脱维亚议会通过《能源法》修正案，旨在加强天然气供应路线多样化，确保天然气的战略储备，决定从 2023 年 1 月 1 日起禁止从俄罗斯进口天然气。[③] 在电力等其他能源领域，拉脱维亚也计划对《电力市场法》等进行类似修订。[④] 面对愈发攸关的能源议题，拉脱维亚采取了多

---

① 拉脱维亚中央统计局，https：//stat. gov. lv/lv/statistikas－temas/valsts－ekonomika/paterina－cenas/2389－paterina－cenu－parmainas，检索日期：2023 年 3 月 25 日。

② 拉脱维亚议会官网，https：//www. saeima. lv/lv/aktualitates/saeimas － zinas/31546 － no － nakama－gada－minimala－alga－bus－620－eiro，检索日期：2023 年 2 月 20 日。

③ 拉脱维亚公共媒体网，https：//www. lsm. lv/raksts/zinas/ekonomika/latvija － aizliedz － dabasgazes－piegades－no－krievijas. a465404/，检索日期：2023 年 2 月 20 日。

④ 拉脱维亚公共媒体网，https：//www. lsm. lv/raksts/zinas/ekonomika/latvija－plano－aizliegt－komercialas－elektribas－plusmas－no－krievijas. a477557/，检索日期：2023 年 2 月 20 日。

种措施以平抑上涨的能源价格，强化能源自主性，寻求能源独立。

面对短期的能源价格问题，拉脱维亚出台了一系列措施以平抑上涨的能源价格，保障居民生活。[①] 其中的家庭用电与供暖补贴措施是面向全国所有居民的普惠性措施，包含电力、集中供暖、取暖用电、燃气、燃料等方面。以电力补贴为例，从2022年10月至2023年4月，拉脱维亚每户家庭每月使用的前100度电的价格将固定为0.16欧元/千瓦时，这部分电费与当前市场价的差价将由国家财政直接补贴给电力公司。集中供暖、取暖用电、燃气、燃料等方面也有类似的补贴措施，超出政府规定价格标准的能源费用将部分或全部由国家财政兜底。[②]

在中远期规划方面，面对与俄罗斯能源进一步脱钩后的能源缺口，拉脱维亚致力于强化其能源自主性，寻求能源独立，大力推进斯库尔特（Skulte）液化天然气接收站与拉脱维亚风能园（Latvijas Veja parki）的建设。

截至2022年底，波罗的海地区只有立陶宛建有已投入使用的液化天然气接收站。拉脱维亚曾规划在其首都里加以北约40公里的斯库尔特建立液化天然气接收站，并将之与不远处的欧盟第三大储气设施——茵楚山地下储气库（Inčukalns UGS）连通，但长期以来进展缓慢。[③] 俄乌冲突爆发后，拉脱维亚的天然气供应等能源问题愈发凸显，拉脱维亚议会于9月底通过了具有"国家利益攸关地位"的决议以推进该天然气接收站的建设，要求其在2024年9月15日之前投入使用。[④]

2022年6月，拉脱维亚议会批准了拉脱维亚国家电力集团（Latvenergo）

---

① 拉脱维亚信息网，https：//lvportals.lv/skaidrojumi/345366-energoresursu-cenu-pieauguma-daleja-kompensacija-velreiz-par-kopejo-atbalsta-grozu-apkures-sezonai-2022，检索日期：2023年3月19日。

② 拉脱维亚信息网，https：//lvportals.lv/skaidrojumi/345208-likuma-noteikti-papildu-pasakumi-energoresursu-cenu-pieauguma-kompensacijai-majsaimniecibam-un-uznemejiem-2022，检索日期：2023年3月19日。

③ 斯库尔特液化天然气接收站官网，https：//www.skultelng.lv/en/regional_lng_terminal/，检索日期：2023年3月19日。

④ 拉脱维亚议会官网，https：//www.saeima.lv/en/news/saeima-news/31456-saeima-supports-law-on-the-skulte-terminal，检索日期：2023年3月19日。

与拉脱维亚国有林业公司（Latvijas Valsts mezi）的合资企业拉脱维亚风能园成立。据称，这家合资企业将投资逾十亿欧元用以建设拉脱维亚最大的风力发电园区，从而增强拉脱维亚能源自主性。[①]

三　外交与安全

（一）积极援助乌克兰，坚持制裁俄罗斯

2022 年 2 月爆发的俄乌冲突对拉脱维亚与俄罗斯之间的双边关系产生了根本性的影响。拉脱维亚随后关闭了境内的两家俄罗斯领事馆，驱逐了多名俄罗斯外交官，绝大多数双边往来被降至最低限度，甚至被终止。[②]拉脱维亚强烈谴责俄罗斯的行为，对俄实施了一系列覆盖广泛的制裁措施，涉及能源、投资、交通等领域。这些制裁措施成为限制俄罗斯军事行动、增加其为引发战争而付出的政治和经济代价的最重要的工具之一。

拉脱维亚强调必须尊重和恢复乌克兰的领土和主权完整，并持续向乌克兰提供各种形式的援助。冲突爆发后不到 10 天，拉脱维亚议会就于 3 月 3 日通过了关于对乌克兰平民提供援助的临时法案。该法案对因俄乌冲突而无法返回或离开乌克兰的公民及其家庭成员提供帮助，且在整个俄乌冲突期间保持有效。[③] 在冲突爆发一个月后，拉脱维亚议会议长穆尔涅采于 3 月 24 日前往乌克兰首都基辅会见乌克兰总统、议会议长和总理。访问期间，波罗的海三国和乌克兰议会议长签署联合声明，谴责俄罗斯的侵略行为，并支持

① 拉脱维亚国家电力集团官网，https：//latvenergo. lv/lv/jaunumi/preses - relizes/relize/nacionalais-kopuznemums-sia-latvijas-veja-parki-latvijas-energetiskajai-neatkaribai-drosibai-un-stabilitatei，检索日期：2023 年 3 月 18 日。

② 拉脱维亚外交部官网，https：//www. mfa. gov. lv/lv/latvijas - republikas - un - krievijas - federacijas-divpusejas-attiecibas，检索日期：2023 年 3 月 2 日。

③ 拉脱维亚议会官网，https：//saeima. lv/en/news/saeima-news/30703-saeima-adopts-law-to-support-ukrainian-civilians，检索日期：2023 年 2 月 12 日。

乌克兰走“快速通道”加入欧盟。① 4月7日，议会通过《乌克兰平民援助法》的紧急修正案，加大对乌克兰平民在住房方面的援助力度。6月16日，议会再次通过修正案，保证在2022年底前向逃离家园的乌克兰人提供食宿方面的基本援助。② 8月11日，议会通过一项声明，将俄罗斯对乌克兰平民的暴力行为视作恐怖主义，认为俄罗斯是恐怖主义的支持者。③ 9月9日，拉脱维亚总统莱维茨抵达基辅进行为期两天的访问，莱维茨也成为俄乌冲突以来第一位在乌克兰首都过夜的西方领导人。④

自俄乌冲突爆发伊始，拉脱维亚就向乌克兰提供了全面的支持，包括政治、军事、金融援助和一系列人道主义救援，拉脱维亚对乌克兰的支持力度在世界范围内位居前列，其援助总额达国内生产总值的0.93%，超过3.14亿欧元，包括武器、个人装备、干粮、弹药及其他设备。截至2022年12月，拉脱维亚接收的乌克兰难民达34000人。拉脱维亚还举办了多项公益活动，号召公众参与捐赠。⑤

（二）进一步提升北约在地区安全防务中的重要性

为应对俄乌冲突给区域和全球安全局势带来的巨大影响，2022年拉脱维亚更加积极地参与到北约行动当中，推动更加广泛的区域安全建设。

提升北约在拉脱维亚的存在感是拉脱维亚在外交与安全领域发出的关键信息之一，也是其对俄乌冲突做出的回应。2022年6月，拉脱维亚外交部

---

① 拉脱维亚议会官网，https://saeima.lv/en/news/saeima-news/30828-speaker-of-the-saeima-visits-kyiv-to-meet-with-ukrainian-leaders，检索日期：2023年2月12日。

② 拉脱维亚议会官网，https://saeima.lv/en/news/saeima-news/31207-ukrainians-fleeing-the-war-to-be-provided-basic-assistance-until-the-end-of-the-year，检索日期：2023年2月12日。

③ 拉脱维亚议会官网，https://saeima.lv/en/news/saeima-news/31309-saeima-adopts-statement-declaring-russia-a-state-sponsor-of-terrorism，检索日期：2023年2月12日。

④ 拉脱维亚公共媒体网，https://www.lsm.lv/raksts/zinas/arzemes/levits-kluvis-par-pirmo-kara-laika-kijiva-naksnojuso-rietumu-valstsviru.a473117/?utm_source=lsm&utm_medium=theme&utm_campaign=theme，检索日期：2023年2月6日。

⑤ 拉脱维亚外交部官网，https://www.mfa.gov.lv/lv/jaunums/arlietu-ministra-ikgadejais-zinojums-par-paveikto-un-iecereto-darbibu-valsts-arpolitika-un-eiropas-savienibas-jautajumos-2022-gada，检索日期：2023年2月2日。

长林克维奇斯在西班牙马德里举行的北约峰会上表示，通过加强北约在波罗的海的存在，拉脱维亚将处于更加安全的状态。拉脱维亚和加拿大国防部长根据北约马德里峰会做出的决定，签署了关于加强和进一步发展北约在拉脱维亚的战斗群的宣言，将北约成员国在拉脱维亚的常驻士兵人数提高到一个旅（约 2500 人）。[①] 拉脱维亚时任国防部长阿尔蒂斯·帕布里克斯（Ardis Pabriks）与爱沙尼亚国防部长在峰会期间签署了关于购买中程防空系统的意向书，以增强拉脱维亚的防空能力，弥补拉脱维亚当前防务领域中的最大漏洞。[②]

俄乌冲突爆发以来，北约多国已通过增加部队人数、定期参与北约波罗的海空中巡航任务、提升部队营级来提高北约在其东翼的防御和威慑力，同时通过提供武器装备和资金、基础设施援助等手段，协助加强拉脱维亚在各个层面应对外部安全挑战的准备。2022 年 4 月 22 日，北约海军舰艇抵达里加港，作为快速反应部队保护拉脱维亚的空域安全。[③] 9 月 6 日，美国海军最大的舰艇之一“基尔萨奇”号抵达里加港，旨在促进波罗的海地区海上安全。[④] 10 月 28 日，北约第一常设海上集群的军舰抵达里加港，与拉脱维亚海军共同在波罗的海举行演习。[⑤] 此外，美国政府 2022 年还向拉脱维亚拨款 2 亿美元，将之作为安全援助和合作资金，为发展拉脱维亚军事能力提供

---

① 拉脱维亚公共媒体网，https：//www. lsm. lv/raksts/zinas/latvija/kanada-kopa-ar-sabiedrotajiem-paplasinas-un-pastiprinas-savu-klatbutni-latvija. a463448/，检索日期：2023 年 3 月 9 日。

② 拉脱维亚公共媒体网，https：//www. lsm. lv/raksts/zinas/arzemes/latvija - un - igaunija - vienojas-kopa - pirkt - pretgaisa - aizsardzibas - sistemas. a463612/? utm_ source = lsm&utm_ medium=theme&utm_ campaign=theme，检索日期：2023 年 3 月 9 日。

③ 拉脱维亚公共媒体网，https：//www. lsm. lv/raksts/zinas/latvija/rigas - osta - piestaj - nato - karakugi. a453543/? utm_ source=lsm&utm_ medium=theme&utm_ campaign=theme，检索日期：2023 年 2 月 12 日。

④ 拉脱维亚公共媒体网，https：//www. lsm. lv/raksts/zinas/latvija/riga - ieradies - viens - no - lielakajiem-asv-juras-speku-kugiem. a472549/? utm_ source=lsm&utm_ medium=theme&utm_ campaign=theme，检索日期：2023 年 2 月 12 日。

⑤ 拉脱维亚公共媒体网，https：//www. lsm. lv/raksts/zinas/latvija/rigas - osta - uz - kartejam - macibam-ieradusies-nato-karakugi. a480119/? utm_ source=lsm&utm_ medium=theme&utm_ campaign=theme，检索日期：2023 年 2 月 12 日。

财政支持。[①] 2022 年 8 月 9 日，美国国防部长劳埃德·奥斯汀（Lloyd Austin）对拉脱维亚进行访问，并与时任拉脱维亚国防部长阿尔蒂斯·帕布里克斯会面，这也是美国国防部长 20 多年来首次对拉脱维亚进行访问。该次访问的主要目的在于强调美国在拉脱维亚地区的长期军事存在，以此来保卫北约盟友。[②]

（三）主办“三海倡议”峰会

2022 年 6 月 20 日至 21 日，“三海倡议”峰会暨商业论坛在拉脱维亚首都里加举行。拉脱维亚、奥地利、保加利亚、克罗地亚、捷克、爱沙尼亚、匈牙利、立陶宛、波兰、罗马尼亚、斯洛伐克和斯洛文尼亚等 12 个欧盟成员国领导人出席峰会，美国、德国和欧盟委员会（EC）作为合作伙伴参加了峰会。与峰会同时举行的“三海倡议”商业论坛中，来自与会各成员国和国际货币基金组织（IMF）、欧盟委员会、经济合作与发展组织（OECD）、欧洲投资银行（EIB）、欧洲复兴开发银行（EBRD）、日本国际协力银行（JBIC）、美国国际开发金融公司（DFC）、拉脱维亚银行、北方投资银行、3JI 投资基金，以及波兰国营能源集团奥伦石油公司（PKN Orlen）、劳斯莱斯（Rolls-Royce）、阿特金斯（Atkins）、谷歌（Google）和绿能科技（Greenergy）等国际组织和企业的 500 多名代表出席并进行讨论。

此次里加峰会的主要议题之一是通过利用现有基础设施和建设新的基础设施，寻求新的能源解决方案，保证向该地区国家进行平衡和安全的能源供应。最大的挑战是在规划新供应走廊时为俄罗斯能源资源找到最佳替代方案。在运输领域，峰会重点讨论了跨境多式联运，强调了贯穿爱沙尼亚、拉脱维亚、立陶宛并连接波兰的“波罗的海铁路”项目在经济和安全方面的

---

① 拉脱维亚外交部官网，https://www.mfa.gov.lv/lv/jaunums/arlietu-ministra-ikgadejais-zinojums-par-paveikto-un-iecereto-darbibu-valsts-arpolitika-un-eiropas-savienibas-jautajumos-2022-gada，检索日期：2023 年 2 月 2 日。

② 拉脱维亚共和国政府官网，https://www.mod.gov.lv/lv/zinas/vizite-latvija-ieradisies-asv-aizsardzibas-sekretars-loids-ostins，检索日期：2023 年 2 月 17 日。

重要性。此外，峰会的焦点还集中在乌克兰的战后重建及其借助“三海倡议”向西方靠拢的方式上。[①]

四 社会与文化

（一）拆毁多座苏联时期的纪念碑引发争议

受俄乌冲突的影响，2022 年 6 月 16 日，拉脱维亚议会通过一项法律，规定禁止在拉脱维亚境内展示歌颂苏联和纳粹政权的物品，并决定拆除境内的苏联纪念碑。该法律不适用于阵亡士兵纪念碑和遇难者纪念地。拆除工作的资金主要来自捐赠，其他必要资金将由国家和市政预算平摊。[②]

拉脱维亚与白俄罗斯边界的道加瓦皮尔斯市纪念碑的拆除过程引发较大社会骚乱和舆论关注。该市政府提交宪法申请，质疑该法律的合宪性，市议会也对拆除纪念碑的决定表示抗议和抵制。纪念碑拆除前夕，当地民众纷纷在纪念碑前献上鲜花和点燃蜡烛。拆除过程中，部分民众出现过激行为，并与警方发生冲突，约有 200 人停留在封锁区外，并通过各种行为表达自己的不满。最终，道加瓦皮尔斯市的两座苏联纪念碑于 11 月 18 日被拆除。

拉脱维亚境内共有约 300 座苏联纪念碑或其他纪念设施，截至 2022 年底，已拆除至少 120 座，包括首都里加胜利公园中的纪念碑。部分拆除物品被转移到被占领时期博物馆中。[③]

（二）拉脱维亚基础教育逐步向拉脱维亚语教学过渡

2022 年 9 月 29 日，拉脱维亚议会通过了教育和科技部提交的《教育

① 拉脱维亚公共媒体网，https：//www. lsm. lv/raksts/zinas/arzemes/tris - juru - samita - riga - vienojas- par - lielaku - atbalstu - ukrainai. a462343/? utm _ source = lsm&utm _ medium = theme&utm_ campaign=theme，检索日期：2023 年 3 月 10 日。

② 拉脱维亚议会官网，https：//saeima. lv/en/news/saeima-news/31206-saeima-passes-a-law-to-dismantle-sites-glorifying-the-soviet-and-nazi-regimes，检索日期：2023 年 1 月 28 日。

③ 拉脱维亚公共媒体网，https：//www. lsm. lv/raksts/zinas/latvija/video - lsmlv - 2022 - gada - notikumu-apskats. a489586/，检索日期：2023 年 1 月 28 日。

法》和《普通教育法》修正案，规定在三年内（至2025年9月）拉脱维亚学前和小学阶段的教育逐步分级过渡到只使用拉脱维亚语教学。①

该修正案规定，从2023年9月1日起，学前教育和小学一、四、七年级将使用拉脱维亚语教学。从2024年9月1日起，二、五、八年级将完全用拉脱维亚语教学。从2025年9月1日起，三、六、九年级也将全部使用拉脱维亚语教学，分批实现国家语言在普通教育阶段的全覆盖。

早在2018年，拉脱维亚就曾通过《教育法》和《普通教育法》修正案，在普通中等教育阶段逐步过渡到只使用国家语言教学。这一过程计划已于2021/2022学年完成，意味着在中学阶段，拉脱维亚学生使用国家语言学习所有学科。新法案的通过则意味着小学一至六年级的学生至少在50%的课程中使用拉脱维亚语学习，七至九年级的比例则提高到至少80%。据估计，该项修正案还将对17%的教师和24%的少数民族学生产生影响。

为推动法案的落实，政府已经出台一系列配套支持措施，其中包括开设提升教师语言技能的培训课程、开展教学方法经验交流咨询和设立支持小组。对于少数民族学习者，国家将提供预算资金用于购买少数民族语言兴趣教育学科的教材，以保证少数民族学生以兴趣课程的方式学习本民族的语言和文化历史。②

（三）文体动态

在2022年欧洲沙滩排球锦标赛中，蒂娜·格罗迪娜（Tina Graudina）和阿纳斯塔西娅·萨莫伊洛娃（Anastasija Samoilova）夺冠，第二次成为欧洲沙滩排球锦标赛冠军。拉脱维亚国家男子篮球队在篮球世界杯欧洲区资格赛中表现强劲，获得2023年篮球世界杯门票。③

在艺术领域，拉脱维亚也有出色表现。拉脱维亚电影《一月》

---

① 拉脱维亚议会官网，https：//saeima. lv/en/news/saeima-news/31457-saeima-supports-transition-to-latvian-as-the-only-language-of-instruction，检索日期：2023年1月28日。

② 拉脱维亚财政部官网，https：//www. fm. gov. lv/lv/media/10136/download? attachment，检索日期：2023年2月20日。

③ 拉脱维亚公共媒体网，https：//www. lsm. lv/raksts/zinas/latvija/video-lsmlv-2022-gada-notikumu-apskats. a489586/，检索日期：2023年1月27日。

（*Janvāris*）在美国翠贝卡电影节上进行全球首映，获得最佳外国电影奖，并在华沙国际电影节和罗马国际电影节上获得多个奖项。国家电影中心已提名该片代表拉脱维亚参加美国奥斯卡最佳国际影片的评选。①

拉脱维亚海滨城市利耶帕亚凭借其丰富的文化传统、多样的娱乐设施和高质量的文化产品从9个候选城市中胜出，获2027年“欧洲文化之都”称号。这是自首都里加（2014）之后，拉脱维亚第二个获得该称号的城市。

五　与中国的关系

经贸往来方面，根据中国外交部网站公布的数据，2022年中拉贸易总额为14亿美元，同比增长1.1%，其中，中方出口总额10.25亿美元，同比下降10.5%；进口总额3.75亿美元，同比增长57%。截至2022年12月底，中国对拉脱维亚累计投资2111万美元；拉在华项目64个，累计投资420万美元。②

政治外交方面，2022年，拉脱维亚对华外交政策发生重大变化。8月11日，拉脱维亚外交部发表声明，宣布退出“中国－中东欧国家合作机制”，“并在双边和欧中合作框架内加强未来合作”。③ 此外，拉脱维亚国家安全局、拉脱维亚宪法保卫局和拉脱维亚外交部先后在其发布的年度报告中提及中国，反复渲染“中国威胁论”。拉脱维亚外交部在12月发布的《2022年度外交政策报告》中，甚至将中国列为合作伙伴之外经济上的竞争者和制度性的对手，认为中国“将经济压力作为政治工具来对付个别欧盟成员国，从而影响欧盟的共同市场”。中国驻拉脱维亚大使馆发言人对相关涉华内容予以了驳斥，并重申：中方视拉脱维亚为平等的合作伙伴，而不是

① 拉脱维亚公共媒体网，https：//www.lsm.lv/raksts/sports/basketbols/pasaules－kausa－finalturnira－jau－iekluvusi－latvijas－basketbola－izlase－uzveic－ari－britus.a482541/，检索日期：2023年1月29日。

② 《中国同拉脱维亚的关系》，中华人民共和国外交部，https：//www.fmprc.gov.cn/web/gjhdq_676201/gj_676203/oz_678770/1206_679330/sbgx_679334/，检索日期：2023年3月22日。

③ 拉脱维亚外交部官网，https：//www.mfa.gov.lv/lv/jaunums/latvija－partrauc－dalibu－centralas－un－austrumeiropas－valstu－sadarbibas－formata－ar－kinu，检索日期：2023年3月22日。

所谓的“对手”，希望拉方有关机构摒弃意识形态偏见和冷战思维，客观理性看待中国的发展和中拉正常交往。[①]

地方合作方面，2022 年，中国驻拉脱维亚大使馆官员先后与拉脱维亚里加、文茨皮尔斯、道加瓦皮尔斯等城市的市长会面，并受邀访问文茨皮尔斯市，表达了希望继续发展友好城市关系，促进经贸、文化、体育、旅游等多领域交流合作，丰富地方合作内涵的意愿。

文体交流方面，在 2022 年 2 月举办的北京冬奥会中，拉脱维亚代表队共派出 57 名运动员，参加 11 个项目的比赛，在雪橇团体接力赛中获得铜牌。8 月，拉脱维亚汉学家、拉脱维亚大学孔子学院拉方院长贝德高（Pēteris Pildagovičs）教授的新书《唐诗选译》发布，中国驻拉脱维亚大使梁建全，拉脱维亚常驻联合国代表安德雷斯·贝德高（Andrejs Pildegovičs）等外交官，拉脱维亚大学、里加理工大学、里加三十四中等学校负责人，拉脱维亚学界和教育界人士出席了新书发布会。《唐诗选译》是拉脱维亚出版的第一部唐诗译作，是中拉文化交流的最新成果。作者贝德高教授是拉脱维亚首任驻华代办，也是拉脱维亚知名汉学家、教育家，曾出版《我的中国日记》《汉语拉脱维亚语大词典》等书。[②] 10 月，由中国商务部主办、山东外贸职业学院承办的拉脱维亚乒乓球海外培训班开班，中国驻拉脱维亚大使馆经济商务参赞孙金焕、山东省商务厅对外投资与经济合作处副处长范遵智出席线上开班仪式并致辞，拉脱维亚乒乓球协会主席伊娜·约瑟夫森（Ina Jozepsone）女士作为学员代表发言。培训班持续 21 天，来自拉脱维亚的 40 名乒乓球教练员、运动员和乒乓球爱好者参训。[③]

---

① 《驻拉脱维亚使馆发言人就拉政府年度外交政策报告涉华内容发表谈话》，中华人民共和国驻拉脱维亚大使馆，2022 年 12 月 28 日，http://lv.china-embassy.gov.cn/xwdt/202212/t20221228_10997509.htm，检索日期：2023 年 3 月 25 日。

② 《梁建全大使出席拉脱维亚汉学家贝德高教授新书〈唐诗选译〉发布仪式》，中华人民共和国驻拉脱维亚大使馆，2022 年 8 月 26 日，http://lv.china-embassy.gov.cn/xwdt/202208/t20220827_10756565.htm，检索日期：2023 年 3 月 25 日。

③ 《梁建全大使出席拉脱维亚乒乓球协会年度颁奖仪式》，中华人民共和国驻拉脱维亚大使馆，2023 年 1 月 7 日，http://lv.china-embassy.gov.cn/xwdt/202301/t20230107_11003960.htm，检索日期：2023 年 3 月 22 日。

B.17
立陶宛

马宋若文　王惟晋*

摘　要： 2022年，立陶宛政府面临较大施政压力，国内改革进程缓慢，民众不满情绪蔓延。受国际环境、地缘政治等因素的影响，2022年立陶宛经济整体呈现先升后降的态势。外交事务方面，立陶宛不断深化对美安全合作，同俄罗斯的冲突全面升级，并维持与其他欧盟成员国的务实协作。社会民生方面，难民危机、性别平等是立陶宛政府关注的重点领域。2022年立陶宛继续在涉台问题、贸易问题上激化同中国的矛盾，中立关系紧张。

关键词： 立陶宛　政治局势　经济波动　对外战略　中立关系

一　国内政治形势

（一）政府官员受贿事件

2022年3月9日，立陶宛特别调查局考纳斯委员会（The Kaunas Board of the Special Investigation Service）宣布针对考纳斯市政管理局局长希利亚斯卡斯（Vilias Šiliauskas）的受贿指控开展审前调查。根据立陶宛特别调查局官网信息，考纳斯委员会认为希利亚斯卡斯受贿于一家私营公司董事，并在

* 马宋若文，牛津大学社会科学学院博士研究生，主要研究方向为中美关系、中欧关系、中国外交；王惟晋，博士，广东外语外贸大学国际关系学院副教授，主要研究方向为中欧关系、中国外交。

其签订、执行相关建筑合同时徇私舞弊，受贿金额达 140000 欧元，创历史新高。① 考纳斯市议会随即解除希利亚斯卡斯的职务。②

（二）国内改革面临阻碍

2022 年立陶宛在推行公务员制度改革、税制改革上遭遇瓶颈。立陶宛政府曾就公务员聘用规则、待遇标准等方面制定一揽子法律，但是被国会以“部分条款违背国家宪法”为由先后两次否决。2022 年 11 月，立陶宛政府第三次向国会提交相关修正案，③ 并等待国会在 2023 年春季会议上对此开展讨论。在税制改革方面，立陶宛政府于 2022 年 12 月公布新的财产税计划。该计划规定在对个人财产征税时，需以登记中心的估价而非实时市场价值为依据。虽然立陶宛财政部随后多次强调这一改革有助于抑制过高的房价、促进社会公正，但仍有反对者认为这是一项“复杂且难以理解”的税制，直言其不会对缓解立陶宛房地产价格产生实质性影响。④

（三）执政联盟压力增加

立陶宛将于 2023 年开展地方选举，并将在 2024 年举行国会与总统选举。因此，2022 年对于当前的执政联盟而言极为关键。立陶宛总理希莫尼

---

① “Director of Kaunas City Municipality Administration Is Suspected of Taking a Bribe of 140 000 Euros”, Special Investigation Service of the Republic of Lithuania, https://www.stt.lt/en/news/7481/director-of-kaunas-city-municipality-administration-is-suspected-of-taking-a-bribe-of-140-000-euros:3343，检索日期：2023 年 2 月 20 日。

② “Korupcija itariamas V. Šiliauskas-laisvėje, jam skirta apykojė ir piniginis užstatas”, СЛАВА УКРАЇНІ!, https://www.15min.lt/naujiena/aktualu/nusikaltimaiirnelaimes/korupcija-itariamas-v-siliauskas-laisveje-jam-skirta-apykoje-ir-piniginis-uzstatas-59-1673952，检索日期：2023 年 2 月 20 日。

③ “Lithuania Political Briefing: Overview Lithuania's Domestic Politics in 2022”, China-CEE Institute, https://china-cee.eu/2023/01/04/lithuania-political-briefing-overview-lithuanias-domestic-politics-in-2022/，检索日期：2023 年 2 月 20 日。

④ Irma Janauskaitė, “Lithuanian Government Unveils Plans for Property Tax”, LRT.lt, https://www.lrt.lt/en/news-in-english/19/1835147/lithuanian-government-unveils-plans-for-property-tax，检索日期：2023 年 2 月 21 日。

特（Ingrida Šimonytė）也表示“2022 年是本届政府能做出关键政策决定的最后机会”①。然而，2022 年执政联盟在国内物价上涨、工作岗位减少等重要问题上未能采取及时和有效的应对措施，使得人们的不满情绪蔓延。2022 年 8 月立陶宛媒体发布的民调数据显示，约 73%的民众希望在选举后更换政府。②

二 经济发展状况

（一）宏观经济数据

2022 年立陶宛国内生产总值（GDP）整体呈增长态势，为 671 亿欧元，同比增长 2.2%。③ 但受俄乌冲突、外部市场需求疲软等因素的影响，2022 年第四季度的 GDP 转为负增长（-1.7%），成为同期经济增速下降幅度最大的欧元区国家。④ 此外，2022 年立陶宛通货膨胀率仍然处于高位，达到 18.9%。⑤ 其中，消费品价格同比上涨 25.2%，服务价格同比上涨 13.2%，食品价格同比上涨 34.7%，极大地限制了立陶宛民众的购买力，造成其内部经济发展缺乏动力。⑥

① “Šimonytė: 2022 Will Be Year of Reform for Lithuania”, BNN, https://bnn-news.com/simonyte-2022-will-be-year-of-reform-for-lithuania-231364，检索日期：2023 年 4 月 3 日。

② 《立陶宛 8 月份通胀率达 22.4% 超七成民众希望换掉政府》，环球网，2022 年 9 月 15 日，https://world.huanqiu.com/article/49eyj9M6ocs，检索日期：2023 年 2 月 21 日。

③ “Lithuania Reports Resilient GDP Growth, Though Recession May Be Around the Corner”, LRT. It, https://www.lrt.lt/en/news-in-english/19/1879402/lithuania-reports-resilient-gdp-growth-though-recession-may-be-around-the-corner，检索日期：2023 年 2 月 21 日。

④ 《欧元区 2022 年四季度 GDP 环比初值为 0.1%》，新华财经，2023 年 1 月 31 日，https://www.cnfin.com/hs-lb/detail/20230131/3795072_1.html，检索日期：2023 年 2 月 24 日。

⑤ “Economic Forecast for Lithuania”, European Commission, https://economy-finance.ec.europa.eu/economic-surveillance-eu-economies/lithuania/economic-forecast-lithuania_en#:~:text=Nevertheless%2C%20following%2018.9%25%20inflation%20in,2023%20and%202.1%25%20in%202024，检索日期：2023 年 2 月 24 日。

⑥ “Lithuania Reports Resilient GDP Growth, Though Recession May Be Around the Corner”, LRT. It, https://www.lrt.lt/en/news-in-english/19/1879402/lithuania-reports-resilient-gdp-growth-though-recession-may-be-around-the-corner，检索日期：2023 年 2 月 21 日。

2022 年，立陶宛政府债务呈上升趋势，政府债务从 1 月的 24.1 亿欧元上升到 12 月的 25.2 亿欧元。[①] 不过，立陶宛的财务状况在中东欧国家中表现尚可。12 月 2 日，国际信用评级机构惠誉（Fitch Group）确认立陶宛长期外币发行人违约评级为 A，认为立陶宛在财政记录、政策治理等方面表现良好，总体前景稳定。[②]

2022 年立陶宛国内失业率整体呈下降趋势，从 1 月的 10.9%降至 12 月的 8.3%。青年失业率有所提升，从 1 月的 11.8%升至 12 月的 12.4%。[③] 经济合作与发展组织（OECD）2022 年 12 月 15 日发布的报告显示，立陶宛政府在劳动力与就业问题上面临一系列结构性挑战，主要包括弱势群体被排除在劳动力市场之外、长期失业者比重增加、劳动力健康状况堪忧、就业技能不匹配以及教育鸿沟等。[④]

2022 年立陶宛商品进出口总额约为 918.14 亿欧元，其中出口额约为 417.72 亿欧元，进口额约为 500.42 亿欧元。[⑤] 主要出口目的国为拉脱维亚（13%）、波兰（9.1%）、德国（8%）、俄罗斯（6.3%）、爱沙尼亚（5.8%）。[⑥] 主要出口商品包括矿物燃料（17%），家具与建筑器材（7.6%），除火车、有轨电车以外的车辆（6.2%），塑料（6.0%），机械设备与核反应堆（5.8%）。[⑦] 主

---

① "Lithuania Central Government Debt", Trading Economics, https://tradingeconomics.com/lithuania/government-debt，检索日期：2023 年 2 月 27 日。

② "Fitch Affirms Lithuania at 'A'; Outlook Stable", FitchRatings, https://www.fitchratings.com/research/sovereigns/fitch-affirms-lithuania-at-a-outlook-stable-02-12-2022，检索日期：2023 年 2 月 27 日。

③ "Lithuania Unemployment Data", Take-profit.org, https://take-profit.org/en/statistics/unemployment-rate/lithuania/，检索日期：2023 年 2 月 27 日。

④ "OECD Tax Policy Reviews: Lithuania 2022", OECD iLibrary, https://www.oecd-ilibrary.org/sites/53952224-en/index.html?itemId=/content/publication/53952224-en，检索日期：2023 年 2 月 27 日。

⑤ "Trade Data", UN Comtrade Database, https://comtradeplus.un.org/TradeFlow?Frequency=A&Flows=X&CommodityCodes=TOTAL&Partners=0&Reporters=440&period=2022&AggregateBy=none&BreakdownMode=plus，检索日期：2024 年 4 月 23 日。

⑥ "Lithuania Exports By Country", Trading Economics, https://tradingeconomics.com/lithuania/exports-by-country，检索日期：2023 年 2 月 27 日。

⑦ "Lithuania Exports By Category", Trading Economics, https://tradingeconomics.com/lithuania/exports-by-category，检索日期：2023 年 2 月 27 日。

要进口来源国为德国（12%）、波兰（12%）、拉脱维亚（7.8%）、美国（7.6%）、瑞典（5.3%）。[①] 主要进口商品包括矿物燃料（28%），除火车、有轨电车以外的车辆（8.6%），机械设备与核反应堆（7.6%），电子设备（7.1%），塑料（4.2%）。[②]

（二）减轻通货膨胀，增强能源独立的政策举措

2022 年 4 月，立陶宛政府推出以“减轻通货膨胀与增强能源独立”为题的一揽子计划，宣布拨款 22.6 亿欧元用于扶持国内民众、企业和公共项目。具体而言，立陶宛政府将拨款 11.4 亿欧元用于实现“缓解能源价格冲击”与“增加个人收入”两大政策目标，并计划拨款 11.2 亿欧元用于实现立陶宛能源独立，具体包括投资可再生技术、购置先进设备以替代化石燃料锅炉、部署风力发电站等。[③] 12 月 7 日，立陶宛财政部、能源部联合提交“新一代立陶宛”（New Generation Lithuania，NGL）补充计划草案，提出将追加 10 亿欧元的投资用于立陶宛能源独立、可再生能源以及网络安全方面。[④]

三　外交与安全

（一）深化同美国和北约在军事安全领域的合作

2022 年立陶宛政府积极寻求美国在其境内永久驻军。2022 年 2 月 9 日，

---

① “Lithuania Imports By Country”，Trading Economics，https：//tradingeconomics. com/lithuania/imports-by-country，检索日期：2023 年 2 月 27 日。

② “Lithuania Imports By Category”，Trading Economics，https：//tradingeconomics. com/lithuania/imports-by-category，检索日期：2023 年 2 月 27 日。

③ “The EUR 2.26 Billion Package Presented to Counter the Effects of Inflation and to Strengthen Energy Independence”，Ministry of Finance of the Republic of Lithuania，https：//finmin. lrv. lt/en/news/the-eur-2-26-billion-package-presented-to-counter-the-effects-of-inflation-and-to-strengthen-energy-independence，检索日期：2023 年 2 月 27 日。

④ “Plan ‘New Generation Lithuania’：Additional Investment-For Even Greater Energy and Cyber Security”，Ministry of Finance of the Republic of Lithuania，https：//finmin. lrv. lt/en/news/plan-new-generation-lithuania-additional-investment-for-even-greater-energy-and-cyber-security，检索日期：2023 年 2 月 27 日。

立陶宛总统瑙塞达（Gitanas Nausėda）在新一轮北约作战部队部署的轮换欢迎仪式上发表讲话，称将力图实现“美国在立陶宛的轮换部队能永久在立部署”，借此保障立陶宛的国家安全，大幅加大北约在中东欧地区的威慑力度。①

2022 年立陶宛进一步扩大与美国的武器交易。2022 年 12 月 16 日，立陶宛政府称与美国达成一项价值 4.95 亿美元的军火协议，包括购买 M142 高机动性火箭炮系统、射程为 300 公里的陆军战术导弹系统、制导多管火箭系统等，该协议有助于进一步提升立陶宛的防务能力。② 12 月 23 日，立陶宛国防部宣布与美国签署订购弹簧刀 600 型（Switchblade 600）无人机的合同，交易金额达 4800 万美元。截至 2022 年底，立陶宛成为首个购买该型号无人机的欧盟成员国。立陶宛国防部长阿努绍斯卡斯（Arvydas Anusauskas）表示这一举措将使得立陶宛军队有能力在 40 公里开外对敌军展开攻击并摧毁目标。③

（二）与俄罗斯冲突加剧

2022 年立陶宛与俄罗斯的外交关系全面倒退。2022 年 4 月 4 日，俄乌冲突爆发一个多月后，立陶宛外交部长兰茨贝尔吉斯（Gabrielius Landsbergis）宣布降低与俄罗斯的外交关系级别，驱逐俄罗斯驻立大使，召回立陶宛驻俄大使，并关闭俄罗斯在立陶宛克莱佩达市的总领事馆。④ 对此，俄罗斯外交部发言人扎哈罗娃回应称，俄方将制定反制措施。⑤ 10 月 5

---

① 《立陶宛总统宣称寻求美国在立永久驻军　以强化立方和东欧安全》，新华网，2022 年 2 月 10 日，http://www.news.cn/mil/2022-02/10/c_1211563811.htm，检索日期：2023 年 2 月 27 日。

② 《美媒：立陶宛购买美国军火，包括多套“海马斯”》，网易网，2022 年 12 月 17 日，https://www.163.com/dy/article/HOQFQV360514BQ68.html，检索日期：2023 年 2 月 27 日。

③ Rojoef Manuel，“Lithuania Procures Switchblade Kamikaze Drones From US”，The Defense Post，https://www.thedefensepost.com/2022/12/26/lithuania-switchblade-drones/，检索日期：2023 年 2 月 27 日。

④ 《快讯！俄媒：立陶宛将与俄罗斯外交关系降级，并驱逐俄大使》，环球网，2022 年 4 月 4 日，https://world.huanqiu.com/article/47TMBKdMzya，检索日期：2023 年 2 月 27 日。

⑤ 《立陶宛宣布降低与俄罗斯外交关系级别》，新华网，2022 年 4 月 4 日，http://m.news.cn/2022-04/04/c_1128532305.htm，检索日期：2023 年 2 月 27 日。

日，俄罗斯正式宣布将立陶宛驻俄临时代办列为“不受欢迎人士”，并将其驱逐出境。[①]

2022 年立陶宛政府不断渲染“俄罗斯威胁”。2022 年 1 月 19 日，立陶宛国防部长阿努绍斯卡斯发文称俄罗斯与白俄罗斯的联合军事演习严重破坏地区安全局势稳定，并直接威胁立陶宛的国家安全。[②] 1 月 24 日，立陶宛国防部宣布向乌克兰提供“毒刺”防空导弹（FIM-92 Stinger）以及总价值高达 34.2 万欧元（约 37.27 万美元）的热成像仪，用于应对俄罗斯“入侵”意图。[③] 7 月，立陶宛总统瑙塞达在访问乌克兰期间宣布将向乌克兰提供装甲车、反无人机设备、弹药等军事装备，[④] 以展示对乌政府与人民的大力支持。

2022 年，立陶宛政府加大对俄罗斯“飞地”的封锁力度。2022 年 6 月 18 日，立陶宛政府以履行欧盟制裁为由，宣布全面禁止货物经由立陶宛铁路、公路进入俄罗斯加里宁格勒州。[⑤] 加里宁格勒州是俄罗斯的“飞地”，地理位置处于波兰与立陶宛两国之间。6 月 21 日，俄罗斯外交部召见欧盟驻俄罗斯外交使团代表，要求立陶宛立即取消铁路“禁运令”，否则俄方将采取必要反制措施。[⑥]

（三）维持与欧盟的务实协作

2022 年，欧洲投资银行（European Investment Bank，EIB）在立陶宛境

① 《俄罗斯驱逐立陶宛驻俄临时代办》，环球网，2022 年 10 月 5 日，https://world.huanqiu.com/article/49w4jaCEOXJ，检索日期：2023 年 2 月 27 日。

② 《立陶宛国防部长称俄军进入白俄罗斯对立陶宛构成“直接威胁”》，新华网，2022 年 1 月 20 日，http://www.news.cn/mil/2022-01/20/c_1211536088.htm，检索日期：2023 年 2 月 27 日。

③ 《立陶宛将向乌克兰转让毒刺防空导弹　已获美国批准》，海外网，2022 年 1 月 25 日，http://news.haiwainet.cn/n/2022/0125/c3541093-32327560.html，检索日期：2023 年 2 月 27 日。

④ 《立陶宛总统表示将向乌克兰提供 10 辆装甲车等军事装备》，新华网，2022 年 7 月 29 日，http://www.news.cn/mil/2022-07/29/c_1211671628.htm，检索日期：2023 年 2 月 27 日。

⑤ 《立陶宛对俄飞地实施“禁运令”，俄方表示可使立陶宛一半经济“化为乌有”》，人民日报客户端，2022 年 7 月 5 日，https://wap.peopleapp.com/article/6787686/6657406，检索日期：2023 年 2 月 27 日。

⑥ 《最新动态：俄方再次抗议立陶宛“封锁”加里宁格勒　乌方说俄军近期对哈尔科夫州袭击频率大幅增加》，新华网，2022 年 6 月 21 日，http://www.news.cn/2022-06/21/c_1128763546.htm，检索日期：2023 年 2 月 27 日。

内的总投资为 3.03 亿欧元，主要用于立陶宛国内克莱佩达港（Port of Klaipėda）的基础设施建设、医疗卫生项目、物联网科技创新、中小企业扶植等。[①] 除资金支持外，近年来欧盟委员会着力推进“技术支持工具”（Technical Support Instrument，TSI）项目，通过为成员国提供专业知识，助力其设计、创新、实施国家层面的改革。2022 年“技术支持工具”项目委员会共对立陶宛政府的 6 个新改革项目给予扶持，主要涉及公共治理、金融服务、医疗健康、可持续增长等多个领域。[②]

四　社会与文化

（一）难民问题

2022 年 2 月 24 日俄乌冲突爆发后，大量乌克兰难民涌入立陶宛。立陶宛国家统计局数据显示，2022 年全年立陶宛境内共增加 5.4 万名乌克兰难民。[③] 根据国际移民组织（IOM）2022 年 12 月公布的调查结果，42%的受访乌克兰难民表示暂无返回乌克兰的打算。[④] 乌克兰难民在立陶宛面临语言障碍、租房困难、经济不能独立、无法接受教育等众多难题。而短时间内大量难民的涌入也给立陶宛基础设施供给、社会治理等方面带来巨大考验。

为解决上述问题，立陶宛政府推出一系列针对乌克兰难民的资金支持和政策保障措施。2022 年 3 月，立陶宛政府表示将提供 400 万欧元的储备金，

---

① 《欧洲投资银行 2022 年在波罗的海国家投资 7.75 亿欧元》，新华财经，2023 年 2 月 16 日，https://www.cnfin.com/hs-lb/detail/20230216/3805962_1.html，检索日期：2023 年 2 月 27 日。

② “Supporting Reforms in Lithuania”，European Commission，https://reform-support.ec.europa.eu/supporting-reforms-lithuania-tsi-2022_en，检索日期：2023 年 2 月 27 日。

③ “Lithuania's Population Increases by 54000 due to Ukrainian Refugee Influx”，LRT.lt，https://www.lrt.lt/en/news-in-english/19/1867505/lithuania-s-population-increases-by-54-000-due-to-ukrainian-refugee-influx#:~:text=Refugees%20from%20Ukraine%20pushed%20the，due%20to%20the%20refugee%20influx，检索日期：2023 年 2 月 27 日。

④ “Portrait of a Ukrainian Refugee：Intentions and Needs”，International Organization for Migration，https://lithuania.iom.int/news/portrait-ukrainian-refugee-intentions-and-needs，检索日期：2023 年 2 月 27 日。

用于援助乌克兰难民。① 同月，立陶宛宣布持有生物识别护照的乌克兰难民无须签证即可进入立陶宛境内并停留长达 90 天。在此期间，乌克兰难民可以向立陶宛移民局递交申请，获得立陶宛居留、工作许可证后，即可在立陶宛享受子女教育、医疗保险等服务。② 9 月 5 日，社会保障与劳动部代表劳拉·佩雷维齐乌特（Laura Perevičiūtė）强调，由于国内住房紧缺，立政府正在考虑将更多的医院、学校、体育馆作为安置乌克兰难民的场所。③

（二）性别平等指数大幅提高

2022 年 10 月，欧洲性别平等研究所（European Institute for Gender Equality，EIGE）发布最新性别平等指数，立陶宛在所有欧盟成员国中得分增幅最大，总分 60.6 分，与 2021 年相比提高 2.2 分。④ 其中，在知识（knowledge）与权力（power）两项评分标准上增幅显著，分别增加了 1.5 分和 6.1 分，这主要得益于 2022 年立陶宛国内高等教育中性别平衡情况的改善，以及政府部门里女性官员比重的上升。⑤

五　与中国的关系

2022 年，立陶宛继续在涉台问题上挑衅中国，中立关系进一步恶化。1

① “Lithuanian Cabinet Allocates Almost 4 Million Euros to Welcome Fleeing Ukrainians”，The Office of the Government of the Republic of Lithuania，https://lrv.lt/en/news/lithuanian-cabinet-allocates-almost-4-million-euros-to-welcome-fleeing-ukrainians，检索日期：2023 年 4 月 11 日。

② “Lithuania：Useful Information for Ukrainian Refugees”，Visit Ukraine Today，https://visitukraine.today/blog/217/lithuania-useful-information-for-ukrainian-refugees，检索日期：2023 年 4 月 3 日。

③ “Amid Housing Shortage，Lithuania to Place Ukrainian Refugees in Schools，Hospitals”，LRT.lt，https://www.lrt.lt/en/news-in-english/19/1772859/amid-housing-shortage-lithuania-to-place-ukrainian-refugees-in-schools-hospitals，检索日期：2023 年 4 月 11 日。

④ “Gender Equality Index”，EIGE，https://eige.europa.eu/gender-equality-index/2022/LT，检索日期：2023 年 2 月 27 日。

⑤ “Gender Equality Index：Lithuania Posts Highest Increase But Remains in 20th Place”，Delfi.lt，https://www.delfi.lt/en/politics/gender-equality-index-lithuania-posts-highest-increase-but-remains-in-20th-place.d?id=91576073，检索日期：2023 年 2 月 27 日。

月，立陶宛违背与中国建交承诺，单方面宣布将在台北开设“立陶宛贸易代表处”。中国政府提出严正抗议，立陶宛政府一意孤行，11月7日宣布该贸易代表处正式运营。[①] 此外，立陶宛部分政府官员还于8月、9月两次率团窜访中国台湾，公然挑战一个中国原则，中国政府对访台主要官员立陶宛交通与通讯部副部长瓦伊丘凯维丘特（Agnė Vaiciukevičiūtė）实施了严厉制裁，同时中断了与立陶宛交通与通讯部的任何往来。[②]

在经贸问题上，立陶宛大肆鼓吹“中国胁迫”。[③] 受经贸关系恶化的影响，2022年立陶宛与中国维持着有限的经济往来。2022年立陶宛同中国的双边贸易总额为18.8亿美元，同比下降28.4%。2022年立陶宛自华进口额为17.9亿美元，同比下降18.4%；对华出口额仅为0.9亿美元，同比下降79%。[④] 此外，2022年中立两国在教育、医疗、文化领域的交流均处于停滞状态。

① 《立陶宛在台北设立贸易办事处》，法新社，2022年11月7日，https：//www.rfi.fr/tw/%E5%9C%8B%E9%9A%9B/20221107-%E7%AB%8B%E9%99%B6%E5%AE%9B%E5%9C%A8%E5%8F%B0%E5%8C%97%E8%A8%AD%E7%AB%8B%E8%B2%BF%E6%98%93%E8%BE%A6%E4%BA%8B%E8%99%95，检索日期：2023年3月1日。

② 《外交部发言人宣布中方针对立陶宛交通与通讯部副部长瓦伊丘凯维丘特实施制裁》，中华人民共和国外交部，2022年8月12日，https：//www.mfa.gov.cn/fyrbt_673021/dhdw_673027/202208/t20220812_10742446.shtml，检索日期：2023年3月1日。

③ “Finance Minister：China Was Never a Significant Economic Partner for Us”，Delfi.lt，https：//www.delfi.lt/en/business/finance-minister-china-was-never-a-significant-economic-partner-for-us.d?id=91980159，检索日期：2023年3月1日。

④ 《2022年中国与立陶宛双边贸易额与贸易差额统计》，华经情报网，2023年2月10日，http：//huaon.com/channel/tradedata/868565.html，检索日期：2023年4月3日。

B.18
罗马尼亚

徐台杰*

摘　要： 2022年，罗马尼亚政坛虽有纷争，但整体保持稳定。经济总体维持稳步增长，通货膨胀依然高企；为应对能源危机，罗马尼亚政府采取多项措施寻求能源独立。外交与安全领域，罗马尼亚在俄乌冲突的背景下积极开展外交活动以维护本地区安全，并帮助摩尔多瓦应对危机及加入欧盟；此外，罗马尼亚的加入申根区之路再遭阻碍。社会与文化领域的重点事件包括新一轮人口普查初步结果公布、新教育法再度被搁置、在多项国际体育赛事中斩获佳绩、为乌克兰难民提供社会援助等。中罗双边关系方面，两国保持稳定交流，经贸、人文、医疗领域取得新的合作成果。同时，罗方还为在乌华侨撤离行动提供了一定便利。

关键词： 罗马尼亚　能源危机　俄乌冲突　中罗关系

一　国内政治形势

（一）罗马尼亚政局在纷争中维持稳定

近年来，因政党间纷争不断，罗马尼亚多次重新组阁，各届政府的执政时

---

* 徐台杰，北京外国语大学罗马尼亚语专业教师，主要研究方向为应用语言学（外语教材、语言政策与规划）、罗马尼亚社会文化等。

间都较为短暂。2021 年 11 月，由社会民主党（Partidul Social Democrat，PSD，以下简称“社民党”）、国家自由党（Partidul Național Liberal，PNL）和匈牙利族民主联盟党（Uniunea Democrată Maghiară din România，UDMR）共同组建的政府上台。虽然各党纷争在 2022 年并未消失，但政局在这一年整体保持稳定，个别高层成员有一定调整。

国家自由党方面，党主席 F. 克楚（Florin Cîțu）缺少民主性的领导方式以及对罗总理 N. 丘克（Nicolae Ciucă）的抨击引起党内不满，超半数国家自由党人和大部分副主席联名请求免去克楚职务。① 2022 年 4 月 2 日，克楚宣布辞去国家自由党主席职务，但仍担任罗马尼亚参议院议长。在随后召开的党内特别代表大会上，罗总理丘克作为唯一的候选人，以 1060 票赞成、60 票弃权当选国家自由党新一任主席。②

由克楚引起的冲突并未就此停息。2022 年 5 月，克楚称国家自由党应尽快重启与拯救罗马尼亚联盟党（Uniunea Salvaţi România，USR）的合作关系，并将通货膨胀等问题归咎于社民党，认为国家自由党提出的一系列举措都未得到社民党的支持，并向媒体表达了自己对当前执政联盟的不满。这些言论和行动直接影响了克楚个人的政治生涯。③ 6 月，罗总理丘克宣布，为贯彻执政联盟的政治决定及保持政府团结，克楚辞去参议院议长职务。④

罗马尼亚最大反对党——拯救罗马尼亚联盟党也有新的调整。2022 年 2

---

① 罗马尼亚《真理报》网站，https：//adevarul. ro/politica/de-ce-a-fost-obligat-florin-citu-sa-demisioneze-2159581. html，检索日期：2023 年 2 月 17 日。

② 北京外国语大学罗马尼亚研究中心 2022 年 4 月资讯，https：//mp. weixin. qq. com/s/9t55AMICplvup1rD1T-CLw（原报道链接：Digi24 新闻网，https：//www. digi24. ro/stiri/actualitate/politica/congres-pnl-pentru-alegerea-noului-presedinte-nicolae-ciuca-singurul-candidat-1900217），检索日期：2023 年 2 月 17 日。

③ 北京外国语大学罗马尼亚研究中心 2022 年 5 月资讯，https：//mp. weixin. qq. com/s/DYd-IHPcuxo1Y-TDM98mzQ（原报道链接：罗马尼亚通讯社，https：//www. agerpres. ro/politica/2022/05/02/citu-pnl-ar-putea-din-nou-sa-colaboreze-cu-usr-in-viitorul-apropiat-coalitia-cu-psd-nu-e-naturala--910688），检索日期：2023 年 2 月 17 日。

④ 北京外国语大学罗马尼亚研究中心 2022 年 7 月资讯，https：//mp. weixin. qq. com/s/chLsugLAzj4FgjWcauHU1g（原报道链接：罗马尼亚通讯社，https：//www. agerpres. ro/politica/2022/06/29/florin-citu-si-a-dat-demisia-de-la-sefia-senatului--942036），检索日期：2023 年 2 月 17 日。

月，拯救罗马尼亚联盟党主席 D. 乔洛什（Dacian Cioloș）针对该党组织结构和运行机制提出一系列改革措施，并要求该党执行机构全国办公室对其进行投票，但其因遭到多数成员反对而未能获得通过。乔洛什随后宣布辞去党主席的职务。5 月 31 日，乔洛什宣布退出拯救罗马尼亚联盟党，并同其他 4 名欧洲议会议员成立名为“革新罗马尼亚欧洲项目党”（Partidul Reînnoim Proiectul European al României，REPER）的新政党。[①] 之后，交通部前部长 C. 德鲁勒（Cătălin Drulă）当选拯救罗马尼亚联盟党主席，并在当选后抨击由国家自由党和社民党领导的执政联盟增加税收、大幅加息，声称两党成员贪腐敛财成风，并表示拯救罗马尼亚联盟党已发展为成熟政党，将争取在 2024 年议会选举后重新执政，推选该党成员担任总理。[②]

内阁成员方面，罗马尼亚国家反贪局于 2022 年 6 月指控农业部长、社民党众议员 A. 凯斯诺尤（Adrian Chesnoiu）涉嫌滥用职权，泄露公务员考试题目。为证清白，凯斯诺尤随即宣布辞去农业部长职务、暂停社民党成员身份，并请求各政党众议员投票同意取消其豁免权，但否认一切指控。众议院议长、社民党主席 M. 乔拉库（Marcel Ciolacu）表示相信凯斯诺尤，赞赏其决定，并对其担任农业部长期间的工作给予肯定。[③]

---

① 北京外国语大学罗马尼亚研究中心 2022 年 6 月资讯，https：//mp. weixin. qq. com/s/5iHLG14bdvlV0h7JlZyMgw（原报道链接：罗马尼亚通讯社，https：//www. agerpres. ro/politica/2022/05/31/dacian-ciolos-anunta-ca-pleaca-din-usr-si-ca-se-alatura-unui-nou-proiect-politic--927447；https：//www. agerpres. ro/politica/2022/06/02/cererea-de-infiintare-a-partidului-reper-inregistrata-la-tribunal--928658），检索日期：2023 年 2 月 17 日。

② 北京外国语大学罗马尼亚研究中心 2022 年 7 月资讯，https：//mp. weixin. qq. com/s/chLsugLAzj4FgjWcauHU1g（原报道链接：罗马尼亚通讯社，https：//www. agerpres. ro/politica/2022/07/10/catalin-drula-a-castigat-alegerile-pentru-functia-de-presedinte-al-usr--947618），检索日期：2023 年 2 月 17 日。

③ 北京外国语大学罗马尼亚研究中心 2022 年 7 月资讯，https：//mp. weixin. qq. com/s/chLsugLAzj4FgjWcauHU1g（原报道链接：罗马尼亚通讯社，https：//www. agerpres. ro/economic-intern/2022/06/23/chesnoiu-ma-retrag-din-functia-de-ministru-ma-autosuspend-din-psd--939291；罗马尼亚通讯社，https：//www. agerpres. ro/politica/2022/06/23/ciolacu-adrian-chesnoiu-a-ales-cea-mai-onorabila-cale-de-a-si-apara-numele-si-reputatia-profesionala--939362），检索日期：2023 年 2 月 17 日。

（二）罗马尼亚各政党关于未来执政和选举的展望

根据《执政联盟议定书》，罗现任总理丘克将于 2023 年 5 月 25 日结束任期，届时将由社民党提名的总理接任，直至 2024 年议会选举。一些政府部门的官员也将发生变动，由社民党成员担任的副总理、交通部长和财政部长职务及其负责的政府秘书处工作将移交给国家自由党成员，而由国家自由党成员领导的投资与欧洲项目部、司法部和总理办公厅事务将移交给社民党成员。

2022 年 11 月，部分党派对总理人选或 2024 年选举提出展望。社民党主席乔拉库表示，如果社民党认为他是合适的人选，他将于 2023 年 5 月出任罗马尼亚总理。国家自由党主席丘克指出，国家自由党在未来的选举中要自力更生，既不依靠他人，也不依靠执政伙伴。拯救罗马尼亚联盟党发言人 I. 摩什泰亚努（Ionuţ Moşteanu）则传达了德鲁勒的计划，表示 2024 年该党必须成为最大的执政党。[①]

二　经济发展状况

（一）经济增长稳定，但通胀仍然高企

根据罗马尼亚国家统计局数据，2022 年罗马尼亚国内生产总值约为 14100 亿列伊（约合 22571 亿元人民币）[②]，同比增长 4.7%，第一至第四季

---

① 北京外国语大学罗马尼亚研究中心 2022 年 11 月资讯，https：//mp. weixin. qq. com/s/Vpy0-a6ndr0Krz12Wg3FRg（原报道链接：Digi24 新闻网，https：//www. digi24. ro/stiri/actualitate/politica/ciolacu-in-luna-mai-o-sa-fiu-prim-ministrul-romaniei-2146293；罗马尼亚通讯社，https：//www. agerpres. ro/politica/2022/11/19/ciuca - la - viitoarele - alegeri - vom - sta - pe - picioarele-noastre-nu-ne-vom-baza-pe-altii-nici-pe-partenerii-de-guvernare--1016529；罗马尼亚通讯社，https：//www. agerpres. ro/politica/2022/11/19/ionut - mosteanu - in - 2024 - trebuie-sa-fim-cel-mai-mare-partid-de-la-guvernare--1016475），检索日期：2023 年 2 月 17 日。

② Digi24 新闻网，https：//www. digi24. ro/stiri/economie/digi - economic/romania - a - avut - o - crestere-economica-de-47-in-2022-in-scadere-fata-de-estimarea-din-februarie-2308227，检索日期：2023 年 8 月 18 日。

度同比分别增长 6.3%、5.0%、3.7%和 4.5%。经季节性调整后，第一至第四季度同比分别增长 4.9%、4.1%、3.7%、4.0%，环比分别增长 1.6%、1.0%、0.4%和 0.9%。[①] 相较 2021 年，罗马尼亚经济整体增速有所放缓，不过实力依然较强。需要注意的是，罗马尼亚 2022 年通货膨胀仍然高企，12 月该指标值已超 16%。[②]

就业市场方面，罗马尼亚 2022 年各月失业率在 5.1%与 5.7%之间浮动，失业人数（15~74 岁）为 42.25 万~47.5 万人。总体来看，罗马尼亚就业情况与 2021 年水平相近。[③]

（二）积极应对能源危机，寻求能源独立

能源危机是罗马尼亚经济领域近年来面临的关键问题之一。为尽可能减轻能源危机对民生和经贸造成的影响，罗马尼亚政府 2022 年采取一系列新措施。1 月，罗政府决定在 2~3 月加大能源补贴力度并降低价格上限，将天然气和电力价格分别控制在 0.31 列伊/千瓦时和 0.8 列伊/千瓦时以内。[④]

除临时性措施外，罗马尼亚也在积极寻找能源替代方案。继美国总统拜登宣布禁止从俄罗斯进口能源后，欧盟宣布计划在 2030 年前摆脱对俄罗斯天然气的依赖，并在一年内将俄罗斯天然气的进口量减少 2/3。在此背景下，罗马尼亚非常重视国家能源独立问题，从企业收购、法律制定等多方面入手，确保在未来能充分利用黑海等区域的天然气资源。

企业收购方面，罗最大的天然气生产供应商——罗马尼亚天然气公司

---

① 罗马尼亚国家统计局网站，https://insse.ro/cms/sites/default/files/com_presa/com_pdf/pib_tr2r2023.pdf，检索日期：2023 年 8 月 18 日。

② Mediafax 新闻网，https://www.mediafax.ro/economic/ins-inflatia-a-trecut-de-16-la-finalul-anului-2022-21500993，检索日期：2023 年 2 月 17 日。

③ 罗马尼亚国家统计局网站，https://insse.ro/cms/ro/tags/comunicat-somaj-bim，检索日期：2023 年 2 月 17 日。失业率为季节性调整后数据。

④ 北京外国语大学罗马尼亚研究中心 2022 年 1 月资讯，https://mp.weixin.qq.com/s/Xgi7lpG1n2pjZsFB9UsdCQ（原报道链接：Digi24 新闻网，https://www.digi24.ro/stiri/actualitate/politica/premierul-ciuca-anunta-plafonarea-pretului-la-energie-si-la-gaze-1806081），检索日期：2023 年 2 月 17 日。

（Romgaz）于 2022 年 5 月与美国埃克森美孚公司（Exxon Mobil）签订协议，以 10.6 亿美元收购后者在罗子公司及其在黑海的深海海王星天然气项目（Neptun Deep）中持有的所有股份。根据罗媒报道和总理讲话，该项目的天然气储量约为 420 亿至 840 亿立方米，不仅可以满足罗马尼亚及其邻国的天然气需求，还可以向其他欧盟成员国提供天然气，并有望在 2026 年底前投产。①

法律制定方面，罗马尼亚参众两院 2022 年 5 月高票通过《离岸海洋能源开发法》草案（Legea Offshore，以下简称《离岸法案》）。该法案制定了关于在近海石油区和深海岸进行石油矿物勘探和开采的规章制度，确定了罗马尼亚将拥有优先购买天然气的权利。此外，该法案修改了关于能源勘探、开发和放弃开采等方面的税务制度，确定了一系列规范相关财税和石油特许权使用费的措施，明确了天然气开采收益的分配方案，政府和公司将按6：4的比例分成。罗总理丘克和能源部长 V. 波佩斯库（Virgil Popescu）都表示，《离岸法案》将大大推动黑海油气开采，使罗马尼亚最多在五年内实现能源独立，并在地区能源安全中发挥重要作用。②

除上述举措外，罗马尼亚还在国际层面得到一定的援助，并与他国共同推动能源合作。2022 年 10 月，欧盟委员会通过 400 亿欧元援助项目，各国政府可从凝聚力基金中获取拨款，以帮助承担高额能源费用的中小企业和弱势群体，罗马尼亚从中获得 22 亿欧元拨款。同月，罗总理丘克宣布，罗马尼亚与阿塞拜疆能源公司 SOCAR 签署了关于联合投资黑海液化天然气设施的备忘录。根据丘克的讲话，阿塞拜疆在里海拥有丰富的天然气资源，天然

---

① 北京外国语大学罗马尼亚研究中心 2022 年 5 月资讯，https：//mp. weixin. qq. com/s/DYd-IHPcuxo1Y-TDM98mzQ（原报道链接：Antena3 新闻网，https：//www. antena3. ro/politica/nicolae-ciuca-gaze-naturale-program-investitii-marea-neagra-romgaz-638318. html；市场观察新闻网，https：//www. marketwatch. com/story/exxon-mobil-to-sell-romania-based-affiliate-for-more-than-1-billion-2022-05-03），检索日期：2023 年 2 月 17 日。

② 北京外国语大学罗马尼亚研究中心 2022 年 5 月资讯，https：//mp. weixin. qq. com/s/DYd-IHPcuxo1Y-TDM98mzQ（原报道链接："自由欧洲电台"，https：//romania. europalibera. org/a/legea-offshore-adoptata/31856208. html），检索日期：2023 年 2 月 17 日。

气可以通过管道运输至格鲁吉亚黑海港口巴统。经由罗、阿、格三国建造的工厂液化后，天然气通过海运到达罗马尼亚康斯坦察港，在当地的工厂中进行再气化。如液化与再气化的规模足够大，那么所生产的能源既可以满足三国需要，也可以用于出口。①

三 外交与安全

（一）加入申根区之路再遭阻碍

加入申根区是罗马尼亚 2022 年外交领域的主要目标之一。事实上，欧盟委员会 2012 年就已正式宣布罗马尼亚在技术层面符合加入申根区的要求，但正式加入申根区必须获欧盟理事会全体成员国一致同意。法国此前曾与荷兰等国明确表示不同意罗马尼亚加入申根区，理由包括罗马尼亚反腐不力、大量非法移民经土耳其涌入罗马尼亚等。

10 年之后，法国态度发生明显转变。2022 年 1 月 1 日，法国正式接任欧盟轮值主席国。法国驻罗马尼亚大使 L. 奥尔（Laurence Auer）当月在新闻发布会上表示，法国将在其任期内全力支持罗马尼亚加入申根区。②

此外，欧洲议会于 2022 年 10 月在法国斯特拉斯堡的全体会议上通过一项决议，敦促欧盟各成员国允许罗马尼亚和保加利亚立即加入申根区。然而，该项决议不具有法律效力，两国加入申根区还需要取得欧盟理事会全体

① 北京外国语大学罗马尼亚研究中心 2022 年 10 月资讯，https：//mp. weixin. qq. com/s/_oUgAVlbqRb5lRagey_wOg（原报道链接：Digi24 新闻网，https：//m. digi24. ro/stiri/economie/digi-economic/romania-si-azerbaidjan-vor-colabora-intr-un-proiect-de-gaz-natural-lichefiat-la-marea-neagra-2122849；罗马尼亚《真理报》网站，https：//adevarul. ro/blogurile-adevarul/gaz-azer-pentru-romania-cu-ce-garantii-si-cine-2214526. html），检索日期：2023 年 2 月 17 日。

② 北京外国语大学罗马尼亚研究中心 2022 年 1 月资讯，https：//mp. weixin. qq. com/s/Xgi7lpG1n2pjZsFB9UsdCQ（原报道链接：罗马尼亚通讯社，https：//www. agerpres. ro/politica/2022/01/11/video-ambasadoarea-frantei-vom-depune-toate-eforturile-pentru-a-contribui-la-extinderea-spatiului-schengen-primind-si-romania--845240），检索日期：2023 年 2 月 17 日。

成员国一致同意。欧洲议会呼吁欧盟理事会采取一切必要措施，在 2022 年底前批准上述两国加入申根区的请求，并确保在 2023 年上半年取消申根区对上述两国的边境检查措施。①

在上述国家和机构的推动下，罗马尼亚加入申根区似乎已是“板上钉钉”，但奥地利和荷兰最终还是投下了反对票，罗马尼亚和保加利亚加入申根区的请求再次遭到欧盟理事会拒绝。奥地利与荷兰给出的理由是：罗保两国间存在合作协议，所以在加入申根区问题上需要进退一致；尽管罗马尼亚已经符合加入申根区的标准，但保加利亚仍需完善准备工作，直到符合要求。虽然这一结果令罗马尼亚感到沮丧，但罗马尼亚总统 K. 约翰尼斯（Klaus Iohannis）表示，加入申根区仍是罗马尼亚的战略目标。罗总理丘克也表示，罗马尼亚将继续为加入申根区而努力，为达成这一目标，将不惜与保加利亚脱钩。受该事件的影响，罗马尼亚于 2022 年 12 月决定将该国驻奥地利大使 E. 胡雷泽亚努（Emil Hurezeanu）召回国内，将罗马尼亚与奥地利的双边关系降至代办级。②

（二）对俄乌局势的回应

俄乌冲突爆发后，罗马尼亚对俄罗斯表示谴责，向乌克兰提供人道主义援助，并联合盟友保障地区安全。2022 年 2 月 24 日，罗马尼亚申请启动

① 北京外国语大学罗马尼亚研究中心 2022 年 10 月资讯，https://mp.weixin.qq.com/s/_oUgAVlbqRb5lRagey_wOg（原报道链接：罗马尼亚通讯社，https://www.agerpres.ro/romania-in-lume/2022/10/18/parlamentul-european-a-adoptat-rezolutia-care-sustine-aderarea-romaniei-si-a-bulgariei-la-spatiul-schengen--998144），检索日期：2023 年 2 月 17 日。

② 北京外国语大学罗马尼亚研究中心 2022 年 12 月资讯，https://mp.weixin.qq.com/s/K_q_XtBkFqv3-UQMp7dWAQ（原报道链接：罗马尼亚通讯社，https://www.agerpres.ro/romania-in-lume/2022/12/08/surse-consiliul-jai-a-respins-aderarea-bulgariei-si-romaniei-la-spatiul-schengen-austria-si-olanda-au-votat-impotriva--1026385；罗马尼亚通讯社，https://www.agerpres.ro/politica/2022/12/08/romania-schengen-iohannis-atitudinea-regretabila-si-nejustificata-a-austriei-de-astazi-risca-sa-afecteze-unitatea-si-coeziunea-europene--1026591；罗马尼亚通讯社，https://www.agerpres.ro/politica/2022/12/09/romania-schengen-ciuca-vom-continua-demersurile-pentru-aderarea-la-schengen-decuplarea-de-bulgaria-o-masura-pe-care-trebuie-sa-o-analizam--1027117；罗马尼亚通讯社，https://www.agerpres.ro/politica/2022/12/09/mae-ambasadorul-romaniei-in-austria-chemat-in-tara-pentru-consultari--1026940），检索日期：2023 年 2 月 17 日。

《华盛顿条约》中的同盟伙伴间协商机制。25 日，罗马尼亚和波兰两国总统联合主持“布加勒斯特 9 国模式”视频峰会，罗总统提出增设黑海地区的防御哨所。①

2022 年 3 月，罗马尼亚总统约翰尼斯和总理丘克频繁开展外交活动，会见对象先后包括欧盟委员会主席冯德莱恩（Ursula von der Leyen）、波兰总统杜达（Andrzej Duda）、波兰总理莫拉维茨基（Mateusz Morawiecki）、加拿大外交部长乔利（Melanie Joly）、美国副总统哈里斯（Kamala Harris）、摩尔多瓦总统桑杜（Maia Sandu）、摩尔多瓦总理加夫里利策（Natalia Gavriliţa）、以色列外交部长拉皮德（Yair Lapid）、意大利外长迪马约（Luigi Di Maio）、保加利亚总统拉德夫（Rumen Radev）、西班牙首相桑切斯（Pedro Sanchez）和爱沙尼亚总统卡里斯（Alar Karis）等。会谈主题主要包括黑海安全局势、北约军事行动、能源合作、乌克兰难民接收、对俄制裁、援助摩尔多瓦等。同时，北约多国也决定向罗马尼亚增派部队。②

（三）支持并帮助摩尔多瓦应对危机与加入欧盟

摩尔多瓦共和国于 2022 年 3 月 3 日正式提交加入欧盟的申请，罗总统约翰尼斯和总理丘克表示对其给予全力支持。3 月 7 日，27 个欧盟成员国同意启动摩尔多瓦的入盟进程。

2022 年 12 月，罗外交部长 B. 奥雷斯库（Bogdan Aurescu）访问摩尔多瓦，重申罗马尼亚全力支持摩尔多瓦及其公民应对其普遍面临的危机，并坚定帮助摩尔多瓦推进加入欧盟所需改革、消除能源安全领域现有漏洞、提高

---

① 北京外国语大学罗马尼亚研究中心 2022 年 2 月资讯，https：//mp. weixin. qq. com/s/DYfbfBuZ7zMgbHmMYBkFBA（原报道链接：罗马尼亚通讯社，https：//www. digi24. ro/stiri/actualitate/politica/klaus-iohannis-conduce-summitul-b9-am-cerut-sporirea-posturii-de-descurajare-si-aparare-pe-flancul-estic-in-special-la-marea-neagra-1850785），检索日期：2023 年 2 月 17 日。

② 北京外国语大学罗马尼亚研究中心 2022 年 3 月资讯，https：//mp. weixin. qq. com/s/DB08UwaWuhxKQ_ 3qTX3DoQ（根据罗马尼亚通讯社 2022 年 3 月多篇报道整理所得），检索日期：2023 年 2 月 17 日。

公民生活水平。奥雷斯库还表示，罗马尼亚将永远同摩尔多瓦共和国一道，通过最大程度的开放和密切的双边合作，寻找度过困难期的解决方案，以应对前所未有的地缘政治挑战。两国间的跨境电力输送互连也是会谈的重要议题之一。在能源危机严峻时期，罗马尼亚政府迅速采取行动，满足了摩尔多瓦共和国80%以上的电力需求。同时，罗马尼亚还动员欧洲和国际合作伙伴向摩尔多瓦共和国提供援助，包括承诺提供大量的财政支持和一贯的国际支持，如提供加入欧盟所需的专业知识等。[①]

四　社会与文化

（一）新一轮人口普查初步结果公布

受疫情等因素的影响，罗马尼亚 2021 年人口普查工作有所延迟。2022 年末，罗马尼亚国家统计局发布新一轮人口普查初步报告。报告显示，罗马尼亚总人口为 1905. 38 万人，其中男性占 48. 5%，女性占 51. 5%；城镇人口占 52. 2%，农村人口占 47. 8%。同时，人口老龄化程度加深，老年人口与青年人口的比例已上升至 121. 2/100，而这一数值在 2011 年人口普查中为 101. 8/100。民族构成方面，1656. 89 万人提供了民族信息，其中罗马尼亚族 1480. 14 万人（89. 3%）、匈牙利族 100. 2 万人（6. 0%）、罗姆族 56. 95 万人（3. 4%）。其他登记人口超过 2 万人的民族包括乌克兰族（4. 58 万人）、日耳曼族（2. 29 万人）及土耳其族（2. 09 万人）。[②]

（二）新教育法再度被搁置

早在 2014 ~ 2015 年，罗马尼亚时任教育部长 S. 肯佩亚努（Sorin

① 北京外国语大学罗马尼亚研究中心 2022 年 12 月资讯，https：//mp. weixin. qq. com/s/K_ q_ XtBkFqv3 - UQMp7dWAQ（原报道链接：Digi24 新闻网，https：//www. digi24. ro/stiri/actualitate/politica/bogdan-aurescu-la-chisinau-romania-va-sustine-r-moldova-in-gestionarea-crizelor-ample-cu-care-se-confrunta-2189595），检索日期：2023 年 2 月 17 日。

② 罗马尼亚国家统计局网站，https：//insse. ro/cms/sites/default/files/com_ presa/com_ pdf/cp-date-provizorii-rpl2021_ 0. pdf，检索日期：2023 年 2 月 17 日。

Cîmpeanu）就提出制定新教育法。然而，当时罗总统约翰尼斯正同步推进“受教育的罗马尼亚”这一国家级项目，新教育法的制定因此搁置。2021~2022年，肯佩亚努再次担任教育部长，新教育法的制定重新被提上日程。新教育法主要涉及以下方面。

（1）自2030年起，罗马尼亚义务教育将涵盖学前教育阶段。

（2）教育机构须及时给予学生有关学习能力的反馈。对于2023年9月后进入幼儿园大班学习的儿童，教育人员须为每位儿童拟定一份关于认知情感和社会技能的评估报告。在初等教育学前班和一年级结束时，教育人员须给出学生关于认知社会情感发展、语言能力、阅读能力、表述能力、数学计算能力，以及学习态度和能力发展的评估报告。二、四、六年级结束时，学生须参加针对数学能力和沟通交流能力的国家考核。

（3）2022年9月进入七年级的学生可以开始高中入学申请（罗马尼亚初中教育包括五至八年级）。公立高中将有权通过自主举行考试录取90%的学生，其余10%的学生将通过国家考核的方式录取。

（4）关于毕业会考，无论就读何种高中，所有毕业生都要参加统一笔试，笔试包括罗马尼亚语、数学、历史、科学、地理等科目。此外还将对两门国际通用语言进行评估，试卷为欧标B1级别难度。①

新教育法于2022年8月24日完成公众辩论，但后续流程屡遭推迟。9月末，有媒体报道称肯佩亚努曾在2006年剽窃他人学术成果，在公众中掀起轩然大波。随后，肯佩亚努主动辞去教育部长一职，法案推进工作亦因此停滞不前。10月，L. 德卡（Ligia Deca）出任教育部长，而新教育法是否能在未来顺利落地实施，仍有待观察。②

---

① 北京外国语大学罗马尼亚研究中心2022年7月资讯，https：//mp. weixin. qq. com/s/chLsugLAzj4FgjWcauHU1g（原报道链接：欧洲新闻网，https：//www. euronews. ro/articole/noile-legi-ale-educatiei-lansate-in-dezbatere-publica），检索日期：2023年2月17日。

② 欧洲新闻网，https：//www. euronews. ro/articole/legea-educatiei-un-proiect-lasat-in-aer-ministerul-educatiei-nu-a-respectat-nici，检索日期：2023年2月17日；“自由欧洲电台”，https：//romania. europalibera. org/a/demisie-sorin-campeanu/32058276. html，检索日期：2023年2月17日。

（三）在国际体育赛事中频获佳绩

2022 年，罗马尼亚在多项国际体育赛事中取得优异成绩。

游泳选手 D. 波波维奇（David Popovici）连破世界纪录，为最大亮点之一。2022 年 8 月 13 日，在意大利罗马举行的欧洲游泳锦标赛男子 100 米自由泳决赛中，17 岁的 D. 波波维奇以 46 秒 86 的优异成绩夺冠并刷新世界纪录，成为该项目历史上最年轻的世界纪录保持者。8 月 15 日，他又以 1 分 42 秒 97 的成绩在欧洲游泳锦标赛男子 200 米自由泳项目中再次夺冠，创下新的世界纪录。①

此外，罗马尼亚运动员在 2022 年欧洲青少年乒乓球锦标赛中斩获 10 枚奖牌，包括 6 枚金牌、1 枚银牌和 3 枚铜牌。选手 E. 约内斯库（Eduard Ionescu）在决赛中以 4∶1 击败波兰选手夺得青少年单打金牌。在男子双打比赛中，约内斯库和 D. 莫维莱亚努（Darius Movileanu）组合在决赛中以 3∶0战胜法国选手组合获得金牌。②

（四）为入境乌克兰难民提供社会援助

自俄乌冲突爆发至 2022 年 12 月，入境罗马尼亚的乌克兰难民超 300 万人，其中的 10 万余人仍留在该国。③ 为帮助乌克兰难民更好地融入当地社

① 北京外国语大学罗马尼亚研究中心 2022 年 8 月资讯，https：//mp. weixin. qq. com/s/MUeOQnXnoq3JGAfE3plvDg（原报道链接：Digi24 新闻网，https：//www. digi24. ro/stiri/sport/david-popovici-este-cel-mai-rapid-inotator-de-pe-planeta-a-doborat-recordul-mondial-la-100-de-metri-liber-la-ce-de-natatie-de-la-roma-2046969；Digi24 新闻网，https：//www. digi24. ro/stiri/sport/alte-sporturi/david-popovici-medalie-de-aur-si-la-proba-de-200-m-liber-si-nou-record-la-europenele-de-natatie-de-la-roma-2048757），检索日期：2023 年 2 月 17 日。

② 北京外国语大学罗马尼亚研究中心 2022 年 7 月资讯，https：//mp. weixin. qq. com/s/chLsugLAzj4FgjWcauHU1g（原报道链接：罗马尼亚新闻网，https：//newsweek. ro/sport/romani-au-castigat-zece-medalii-6-de-aur-la-europenele-tenis-de-masa-pentru-cadeti-si-juniori），检索日期：2023 年 2 月 17 日。

③ G4Media 新闻网，https：//www. g4media. ro/grafice-situatia-refugiatilor-ucraineni-in-romania-peste-3-milioane-au-trecut-granitele-de-la-inceputul-razboiului-107-000-au-ramas-aproape-jumatate-copii-circa-5-000-au-joburi-inregistrate-120. html，检索日期：2023 年 2 月 17 日。

会，罗马尼亚在保障其基本生活需求的同时，在社会就业和儿童援助等方面亦采取了行动。①

就业方面，乌克兰难民在 2022 年可自由进入罗劳动力市场。3 月 18 日，罗马尼亚劳动部长 M. 布代伊（Marius Budăi）在 Facebook 上发文提到，有意愿在罗马尼亚工作的乌克兰公民在 2022 年内暂时不需要出示工作许可证；在罗马尼亚通过签署全职合同受雇的乌克兰公民，可延长其在罗马尼亚的临时居住期。同时，在罗马尼亚工作的乌克兰人可申请难民身份，从而获得以下权利：以与罗马尼亚公民相同的条件受雇于自然人或法人；与罗马尼亚公民享受同等的社会保险、社会救济和社会健康保险；享受和罗马尼亚公民平等的受教育权，其文凭、资格证书被罗马尼亚政府承认，并且可以凭借相关资格证书在罗马尼亚从事特殊职业。②

与此同时，部分社会机构也关注到乌克兰孤儿院儿童的情况。例如，罗马尼亚希望与儿童之家基金会为 230 名来自乌克兰孤儿院的儿童提供援助，这些儿童分别被布加勒斯特、雅西、普拉霍瓦和布拉索夫的社会援助和儿童保护署接收。截至 2022 年 5 月，该基金会已提供超过 10 万欧元的资金、物流和人道主义支持，用于安置和照顾乌克兰儿童，以及为难民接收中心提供紧急援助。③

① 联合国儿童基金会网站，https：//www. unicef. org/romania/ro/pove% C8% 99ti/ac% C8% 9Biunile-unicef-% C3% AEn-rom% C3% A2nia-% C3% AEn-sprijinul-copiilor-% C8% 99i-familiilor-refugiate-care-sosesc-din，检索日期：2023 年 2 月 17 日。

② 北京外国语大学罗马尼亚研究中心 2022 年 3 月资讯，https：//mp. weixin. qq. com/s/DB08UwaWuhxKQ_ 3qTX3DoQ（原报道链接：Digi24 新闻网，https：//www. digi24. ro/stiri/actualitate/social/ministrul-muncii-ucrainenii-care-se-angajeaza-in-romania-nu-au-nevoie-de-aviz-de-angajare-timp-de-9-luni-1850689），检索日期：2023 年 2 月 17 日。

③ 北京外国语大学罗马尼亚研究中心 2022 年 5 月资讯，https：//mp. weixin. qq. com/s/DYd-IHPcuxo1Y-TDM98mzQ（原报道链接：罗马尼亚通讯社，https：//www. agerpres. ro/social/2022/05/16/3-milioane-de-euro-investiti-in-2021-de-hope-and-homes-for-children-romania-in-sistemul-de-protectie-a-copilului--918820），检索日期：2023 年 2 月 17 日。

五　与中国的关系

（一）友好交往

受疫情等因素的影响，中罗双边互访活动有所减少，但中国驻罗马尼亚大使馆在2022年继续积极同罗马尼亚政、学、商界重要人士开展交流活动，推动中罗友好合作。

2022年12月6日，中国驻罗马尼亚大使会见罗马尼亚副总理H. 凯莱门（Hunor Kelemen），就中罗双边关系和务实合作等共同关心的问题交换意见。凯莱门表示，希望两国进一步加强经贸、文化、旅游等各领域务实合作，扩大罗农产品、乳制品对华出口，造福两国人民。①

此外，中国驻罗马尼亚大使2022年还会见了罗参议院外委会主席、罗众议院欧洲事务委员会主席、罗外交部全球事务总司长、罗外交部国务秘书、罗总统欧洲事务兼外事顾问、罗科学院院长、罗工商会主席、罗农林科学院院长、罗文化院主席、罗奥委会主席、罗众议院外委会主席等重要人士，进一步深化双边理解。②

（二）经贸往来

据中方统计数据，2022年1~12月，中国与罗马尼亚进出口贸易总额约104.7亿美元，同比增长2.5%。其中，中国出口额约74亿美元，同比增长10.3%；进口额约30.7亿美元，同比下降12.3%。③ 据罗方统计数据，中国为罗马尼亚第八大贸易伙伴，非欧盟国家中的第二大贸易伙伴（仅次

① 《韩春霖大使会见罗副总理凯莱门》，中国驻罗马尼亚大使馆官方公众号，2022年12月8日，https：//mp. weixin. qq. com/s/6_ qrxDN9fpVgP ak0BNa DDw，检索日期：2023年2月17日。

② 根据中国驻罗马尼亚大使馆官方公众号信息整理所得。

③ 《2022年1~12月中国与欧洲国家贸易统计表》，中华人民共和国商务部欧洲司，2023年3月22日，http：//ozs. mofcom. gov. cn/article/zojmgx/202303/2023030 3397466. shtml，检索日期：2023年4月28日。

于土耳其）。①

中罗两国在电子商务、基础设施等领域的合作亦有所推进。

1. 罗马尼亚最大电商平台 eMAG 进驻中国市场

2022 年 1 月 20 日，罗马尼亚电商平台 eMAG 与罗中工商会举行“携手合作开发中国市场”招商合作项目启动仪式，标志着 eMAG 正式进驻中国市场。中国方面主要由宁波豪黛国际贸易有限公司对接。eMAG 是罗马尼亚最大的电商平台，业务已覆盖罗马尼亚、保加利亚和匈牙利。宁波豪黛国际贸易有限公司是一家在罗经营多年的中资企业，熟悉罗马尼亚纺织服装市场和客户需求。双方的合作将为中国纺织服装企业进入中东欧市场带来新的机遇，为中罗双边贸易搭建新的平台。②

2. 中土集团中标罗马尼亚高速公路建设项目

2022 年 11 月 25 日，罗马尼亚国家道路基础设施管理公司（CNAIR）宣布，中国土木工程集团有限公司中标布加勒斯特北部环城高速公路（A0 Nord）3 号路段建设项目。该项目标的为伊尔福夫县的阿富马齐—潘泰利蒙（Afumaţi-Pantelimon）路段。项目设计期 12 个月，施工期 18 个月，保修期 10 年，预计耗资约 3.98 亿列伊（不含增值税），由欧盟基金资助。需注意的是，克楚政府曾于 2021 年批准一项紧急政令，禁止来自中国等国家的公司参与竞标。不过，该法案不适用于此前中国公司投标的项目。③

（三）人文交流

2022 年，中罗两国间组织了丰富多彩的人文交流活动，包括“汉语桥”

① 《2020~2022 年罗主要贸易伙伴列表》，中华人民共和国商务部，2023 年 3 月 21 日，http://ro.mofcom.gov.cn/article/ztdy/202303/2023030339 7144.shtml，检索日期：2023 年 4 月 28 日。

② 《罗马尼亚最大电商 eMAG 携手罗中工商会正式开辟中国市场——eMAG 进驻中国市场启动仪式成功举行》，《欧洲时报》中东欧版微信公众号“向东向西”，2022 年 1 月 24 日，https://mp.weixin.qq.com/s/l6YRfT68ZikbKPUX0IAR8A，检索日期：2023 年 2 月 17 日。

③ 北京外国语大学罗马尼亚研究中心 2022 年 11 月资讯，https://mp.weixin.qq.com/s/Vpy0-a6ndr0Krz12Wg3FRg（原报道链接：罗马尼亚通讯社，https://www.agerpres.ro/economic-intern/2022/11/25/o-companie-din-china-a-castigat-contractul-pentru-constructia-lotului-3-afumati-pantelimon-al-autostrazii-de-centura-bucuresti-nord--1020408），检索日期：2023 年 2 月 17 日。

比赛、文艺演出、国际书展、电影节、学术会议等。

2022年5月，第21届“汉语桥”世界大学生中文比赛罗马尼亚赛区比赛在布加勒斯特举行，来自罗马尼亚各地的17名大学生参加角逐。此次比赛由主题演讲、知识问答和才艺展示三部分组成，演讲主题为“天下一家”，选手们从语言学习、文学、电影、音乐、美食等不同角度阐述对“天下一家”的理解。[①]

在2022年“六一”国际儿童节来临之际，中国驻罗马尼亚大使馆邀请中罗两国的儿童艺术团体——罗马尼亚“小快板”合唱团和中国南京小红花艺术团以线上方式共同庆祝“六一”。活动中，两团分别展示了本团最有代表性的3个节目。小红花艺术团表演了歌曲《感恩的心》、舞蹈《敦煌雅韵》和器乐小合奏《忆绘江南》，“小快板”合唱团则上演了《卡特里娜》、《戈尔日的欢呼声》和《我们是老师》等节目。此外，两国艺术团的孩子们还花了2个月时间分别学唱对方国家的歌曲，并在线上同声歌唱。幽默欢快的罗语歌《昨晚我给你买了头巾》和家喻户晓的中文歌《同一首歌》将活动推向高潮，音乐这座桥梁紧密联结了两国儿童的纯真情感和友谊。[②]

2022年6月，罗马尼亚柯林特出版社在布加勒斯特国际书展期间举办“探索中国”新书发布会，推出《中国王冠上的珠宝》《新时代的党建》等7本涉及中国文化和内政外交等内容的新书。布加勒斯特孔子学院罗方院长白罗米（Luminița Bălan）、中国驻罗马尼亚大使馆代表等出席活动并致辞。罗马尼亚柯林特出版社自2017年起开设“探索中国”板块，截至2022年6月已出版介绍中国发展成果、政治制度、文化和历史等方面的各类书籍共32本。[③]

---

① 《“汉语桥”世界大学生中文比赛罗马尼亚赛区比赛举行》，中国驻罗马尼亚大使馆官方公众号，2022年5月29日，https://mp.weixin.qq.com/s/j_ihzr2teEUNOFuwJGKK_w，检索日期：2023年2月17日。

② 《中国南京小红花艺术团和罗马尼亚小快板合唱团开展“六一”线上联欢会》，中国驻罗马尼亚大使馆，2022年5月31日，http://ro.china-embassy.gov.cn/zlgx/202205/t20220531_10696816.htm，检索日期：2023年2月17日。

③ 《罗马尼亚柯林特出版社举办“探索中国”新书发布会》，中国驻罗马尼亚大使馆，2022年6月6日，http://ro.china-embassy.gov.cn/zlgx/202206/t20220606_10699058.htm，检索日期：2023年2月17日。

2022年10月1日，由《欧洲时报》、罗中之家、罗马尼亚国家电影中心联合主办的“中国电影节”在布加勒斯特联盟影院开幕。该电影节于10月1日至7日在罗马尼亚首都布加勒斯特、阿拉德、克卢日-纳波卡三个城市巡映近年来新拍摄的10部中国电影，包括《十八洞村》《红海行动》《无双》《影》《熊出没·变形记》《妖猫传》《超时空同居》《阿拉姜色》《捉妖记2》《明月几时有》。①

2022年11月3日，第七届“中国文化与文明·罗中对话”国际研讨会在阿拉德省佩奇卡市举行。近30名专家学者、艺术家、教师、学生等各界人士以中华文明、中罗对话为主题展开讨论，共百余人参会。② 11月10日，罗马尼亚蒂图列斯库欧洲基金会举办“世界新秩序与中国角色”研讨会，韩春霖大使做题为《统筹发展与安全，为世界和平繁荣做出更大贡献》的主旨讲话。③

（四）医疗合作

中医药在罗马尼亚的影响力稳步扩大。2022年9月1日，由布拉索夫特兰西瓦尼亚大学医学院、布拉索夫医学论坛、罗马尼亚中医药协会共同主办的第五届罗马尼亚全国中医药大会在布拉索夫特兰西瓦尼亚大学召开，来自罗马尼亚、美国、法国、意大利的80余名中医专家齐聚一堂，就中医药在罗马尼亚医疗卫生系统中的发展现状、针灸在传统医学中的作用等议题进行研讨。④

---

① 《韩春霖大使出席“中国电影节”开幕式》，中国驻罗马尼亚大使馆官方公众号，2022年10月3日，https：//mp.weixin.qq.com/s/EM6WmvE3nuqVIQIONw8Gzw，检索日期：2023年2月17日。

② 《“中国文化与文明·罗中对话”国际研讨会在罗马尼亚阿拉德省举办》，中国驻罗马尼亚大使馆官方公众号，2022年11月5日，https：//mp.weixin.qq.com/s/gtbTuklkI0B64EABhJs-Aw，检索日期：2023年2月17日。

③ 《驻罗马尼亚大使韩春霖出席“世界新秩序与中国角色”研讨会》，中华人民共和国外交部，2022年11月12日，https：//www.mfa.gov.cn/web/gjhdq_676201/gj_676203/oz_678770/1206_679426/1206x2679446/202211/t20221112_10973064.shtml，检索日期：2023年2月17日。

④ 《韩春霖大使致信祝贺第五届罗马尼亚全国中医药大会成功举办》，中国驻罗马尼亚大使馆官方公众号，2022年9月3日，https：//mp.weixin.qq.com/s/X7IhwQKZpdQG272m3Nd59w，检索日期：2023年2月17日。

（五）撤侨援助

2022 年 2~3 月，乌克兰当地形势急剧恶化。为保障旅乌中国公民的安全，中国驻乌克兰大使馆组织人员撤离至罗马尼亚、摩尔多瓦、波兰、匈牙利等邻国。中国驻罗马尼亚大使馆积极响应外交部领事保护应急机制，调动多方资源力量，为在乌同胞安全转移至罗马尼亚提供支持与协助。罗马尼亚政府也对中国公民入境给予了便利。自 2 月 26 日起，罗对自乌克兰撤离的第三国公民实行过境免签（可停留 15 天），中国公民持护照等有效旅行证件，均可自“乌—罗”和“摩—罗”边境口岸进入罗境内。[①] 在撤离工作中，罗马尼亚当地各华人社团积极支持驻罗使馆工作，帮助安置撤离人员。在各方的通力合作下，数千名在乌华侨在抵达罗马尼亚首都布加勒斯特后通过多批次包机航班安全回到中国。[②]

① 《关于自乌克兰撤离人员可临时免签入境罗马尼亚的通知》，中国驻罗马尼亚大使馆官方公众号，2022 年 3 月 1 日，https：//mp. weixin. qq. com/s/efhLYc4J9NyolD3OYdVJog，检索日期：2023 年 2 月 17 日。

② 《乌克兰中国撤离人员在罗马尼亚（一）两千多名乌克兰中国撤离人员已搭乘包机安全回到中国》，凤凰欧洲 Media 微信公众号，2022 年 3 月 14 日，https：//mp. weixin. qq. com/s/2XjsPnlFI7Wv12IO0h8bwA，检索日期：2023 年 2 月 17 日。

B.19
塞尔维亚

彭裕超　李卓帆*

摘　要： 2022年，塞尔维亚政局总体平稳，现任总统武契奇领导的前进党尽管未能在总统选举、议会选举和地方选举中取得压倒性胜利，但依旧控制着塞尔维亚的政治局面。经济方面，塞尔维亚的整体经济状况持续复苏，但受到多变的国际形势与不利的自然条件的影响，经济增速较2021年有所放缓。俄乌冲突的爆发使塞尔维亚的外交处境变得艰难，入盟进程几乎停滞。不过，中塞关系发展良好，政治往来密切，经济合作成果丰硕，直航开通，两国全面战略伙伴关系得到推进。

关键词： 塞尔维亚　宪法修正案　科索沃　中塞关系

一　国内政治形势

（一）武契奇竞选连任，新一届政府组建

2022年4月3日，塞尔维亚的总统选举、议会选举与地方选举同时举行。现任总统、前进党主席阿莱克桑达尔·武契奇（Aleksandar Vučić）凭借在首个任期内出色的政治成绩以58.59%的得票率成功蝉联总统，开始第

* 彭裕超，博士，北京外国语大学欧洲语言文化学院副教授，主要研究方向为克罗地亚、塞尔维亚语言文学，中国-中东欧国家文化关系史；李卓帆，北京外国语大学欧洲语言文化学院硕士研究生，主要研究方向为巴尔干问题。

二个总统任期。① 在议会选举中，执政党前进党主导的竞选联盟获得了120个议会席位，继续保持着议会第一大党的地位。但由于席位未能过半，前进党联盟需要与其他政党联合组阁。② 在地方选举中，前进党在12个市镇中获得了过半的议席，仅在首都贝尔格莱德与博尔未能过半。贝尔格莱德的选举活动一度陷入僵局。在部分党派的反对下，贝尔格莱德在部分投票点进行了重新投票，最终前进党获得了多数议席，③ 前进党副主席阿莱克桑达尔·沙皮奇（Aleksandar Šapić）随后被任命为贝尔格莱德市市长。总体而言，武契奇领导的前进党尽管未能在“三合一”竞选中取得压倒性胜利，但依旧控制着塞尔维亚的政治局面。这得益于前任政府对特殊情况出色的应对能力与恰当的内政外交方针。

由于各党派对于新政府的施政方针持有不同意见，新政府的组成与职务分配直到10月23日才终见分晓。现任总理阿娜·布尔纳比奇（Ana Brnabić）将继续出任总理一职。新政府设28名部长，增设了公共投资部，科学、技术发展和创新部，旅游和青年部以及信息和电信部。布尔纳比奇在议会特别会议上阐述了新政府施政纲领，其中包括发展新能源、改善教育体系、加大对科学和创新投入力度等。在外交方面，布尔纳比奇表示，新政府将继续推进加入欧盟进程，通过“开放巴尔干”倡议加强地区合作。④

（二）宪改公投通过，推动司法改革

长期以来，塞尔维亚司法机构独立性的缺失常常为人诟病，法制体系建设的不足也是塞尔维亚加入欧盟的主要障碍之一。在过去的十几年间，旧宪

---

① 塞尔维亚国家统计局网站，https：//publikacije. stat. gov. rs/G2022/Pdf/G20226009. pdf，检索日期：2023年2月2日。

② 塞尔维亚国家统计局网站，https：//publikacije. stat. gov. rs/G2022/Pdf/G20226010. pdf，检索日期：2023年2月2日。

③ 塞尔维亚国民议会网站，https：//www. rik. parlament. gov. rs/zapisnici/289002，检索日期：2023年2月2日。

④《塞尔维亚新一届政府宣誓就职》，新华网，2022年10月27日，http：//www. news. cn/world/2022-10/27/c_1129082072. htm，检索日期：2023年1月20日。

法在司法领域的适用显示出严重的缺陷。为了推动司法改革，促进塞尔维亚立法与欧盟立法相协调，塞尔维亚近年来一直在筹备宪法修订工作。2021年6月，国民议会通过了政府关于修宪的提案。2022年1月16日，塞尔维亚针对宪法修正案举行了全民公投。2月4日，宪改投票结果正式公布，支持宪法改革的选民占59.62%，反对者占39.35%，宪法修正案正式通过。[①] 根据宪法修正案，国民议会对司法的影响力有所降低，国民议会仅选举高级司法委员会、高级检察官委员会及最高检察官办公室的部分成员。宪法修正案还规定法官不得参与政治活动，这增强了司法的独立性。此外，宪法修正案所提出的《法官法》（Zakon o sudijama）及其他相关立法将在两年内陆续通过，其中第一版《法官法》草案已于2022年9月定稿。

（三）科索沃局势紧张

科索沃问题是塞尔维亚内政中最为棘手的问题之一。2022年，双方针对科索沃的主权独立问题与北科索沃自治机构等核心问题爆发了激烈的冲突，这些冲突最终在对话与妥协中得到控制。

为争取国际社会承认，科索沃方面在2022年做出了多次尝试。5月12日，科索沃正式申请加入欧洲委员会，塞尔维亚为此召开了国家安全委员会紧急会议。塞尔维亚总统武契奇指责科索沃“践踏布鲁塞尔协议和联合国安理会第1224号决议”。12月14日，科索沃当局代表维约萨·奥斯马尼（Vjosa Osmani）等人在普里什蒂纳签署加入欧盟的申请。

塞科双方最激烈的冲突围绕车牌问题展开，双方长期互不承认对方的车牌。塞尔维亚与科索沃签订的车牌协议原定于2022年8月1日到期[②]，7月底，科索沃北部塞族平民开始放置路障，科索沃方面随即关闭入境点。经谈判，科索沃政府于8月1日将对塞尔维亚车牌的禁令延期到11月1日。双

① 塞尔维亚选举委员会网站，https：//www. rik. parlament. gov. rs/vest/sr/41691/43-sednica-republicke-izborne-komisije. php，检索日期：2023年1月20日。

② 塞尔维亚与科索沃2011年就使用车牌达成协议，此前挂有塞尔维亚颁发的车牌的汽车在协议到期后需要将之更改为科索沃车牌，该协议已经被多次延期。

方还在 8 月 27 日就出入境问题达成一致，塞尔维亚同意废除科索沃身份证持有人所需的出入境文件，而科索沃也承诺不会要求塞尔维亚身份证持有人出具此类文件，[①] 矛盾暂时缓和。11 月 1 日开始，分阶段替换车牌的工作正式开始，双方关系再度紧张，数百名科索沃塞族官员退出政府机构以示抗议，在科索沃北部的北密特罗维查等地爆发多次抗议活动。双方的矛盾激化，边境发生多起枪击事件，塞尔维亚向北约驻科索沃军队申请派遣军队保护当地塞族人，遭到多方反对，多名塞族警察在此期间被捕入狱。双方在多次协商后达成妥协。12 月 26 日，由于科索沃当局不断单方面激化紧张局势，塞尔维亚总统武契奇下令塞尔维亚军队、警察进入最高级别战备状态，该状态持续至 12 月 29 日。12 月 29 日，科索沃塞族人拆除路障，过境点重新开放。[②]

二　经济发展状况

（一）经济态势总体良好

随着疫情防控政策的进一步放宽，2022 年塞尔维亚经济持续复苏，但受到多变的国际形势与不利的自然条件的影响，经济增速较 2021 年有所放缓。据塞尔维亚国家统计局的统计，塞尔维亚 2022 年 GDP 增长率为 2.3%，低于 2021 年的 7.5%。固定资本形成总额同比增长 10.0%，略低于 2021 年 15.9%的增长率。受干旱天气的影响，2022 年农业部门的生产总值下降 8.0%。工业部门增长 1.5%，其中制造业增长 1.7%，在建工程实际价值同比下降 11.8%。零售业营业额实际增长 6.4%，而批发业营业额名义增长 19.0%。旅游业与餐饮业延续了 2021 年良好的发展态势，酒店业实际增长率为 40.6%，而游客过夜数增长了 37.5%。

① BBC，https：//www.bbc.com/news/world-europe-62702819，检索日期：2023 年 1 月 31 日。

② 塞尔维亚 N1 电视台网站，https：//n1info.rs/vesti/predstavnica-un-pozdravila-mere-za-deeskalaciju-i-uklanjanje-barikada/，检索日期：2023 年 1 月 31 日。

对外贸易方面，2022 年塞尔维亚进出口总额达到 666.14 亿欧元，同比增长 31.0%。其中出口总额 276.05 亿欧元，同比增长 26.2%；进口总额 390.09 亿欧元，同比增长 34.7%。①

塞尔维亚财政结构持续优化。2022 年塞尔维亚财政赤字为 0.24 万亿第纳尔，约占 GDP 的 3.1%，同比约减少 1 个百分点。公共债务占 GDP 的 55.7%，同比减少 1.4 个百分点。②

劳动力调查显示，2022 年平均就业率为 49%，平均失业率为 9.6%。税前平均工资名义增长 14.1%，实际增长 2.0%。③

据塞央行的初步统计数据，2022 年塞尔维亚吸引外资总额达到 44 亿欧元，超越了 2021 年的 39 亿欧元，创造了新的纪录。④ 总体而言，塞尔维亚经济持续向好发展，各项指标已基本超越了疫情前的水平。

（二）部分指标恶化

尽管塞尔维亚 2022 年总体经济形势向好，但部分指标的恶化引起了较为严重的社会问题。受俄乌冲突、全球能源问题、气候干旱以及欧元贬值的影响，2022 年塞尔维亚的通货膨胀率达到 11.9%，⑤ 其中 11 月的通货膨胀率一度高达 15.1%，这是自 2007 年以来的最高值。⑥ 严重的通货膨胀造成

---

① 《塞尔维亚 2022 年进出口额同比继续大幅增加》，中国驻塞尔维亚大使馆经济商务处，2023 年 2 月 3 日，http://yu.mofcom.gov.cn/article/jmxw/202302/20230203382606.shtml，检索日期：2023 年 2 月 10 日。

② 《塞尔维亚 2022 年财政赤字率 3.1%，公债率 55.7%》，中国驻塞尔维亚大使馆经济商务处，2023 年 2 月 8 日，http://yu.mofcom.gov.cn/article/jmxw/202302/20230203383621.shtml，检索日期：2023 年 2 月 10 日。

③ 塞尔维亚国家统计局网站，https://publikacije.stat.gov.rs/G2023/Pdf/G20231047.pdf，检索日期：2023 年 3 月 21 日。

④ 《塞尔维亚 2022 年外国直接投资流入预计达 44 亿欧元》，中国驻塞尔维亚大使馆经济商务处，2023 年 2 月 2 日，http://yu.mofcom.gov.cn/article/jmxw/202302/20230203382599.shtml，检索日期：2023 年 2 月 10 日。

⑤ 塞尔维亚国家统计局网站，https://publikacije.stat.gov.rs/G2022/Pdf/G20221355.pdf，检索日期：2023 年 2 月 10 日。

⑥ 塞尔维亚《政治报》网站，https://www.politika.rs/sr/clanak/532265/Inflacija-u-Srbiji-u-2022-bila-11-9-odsto，检索日期：2023 年 2 月 10 日。

商品价格的急剧上涨，其中表现最为明显的是食品价格与能源价格的上涨。欧洲央行为抑制通货膨胀持续提高再融资利率、边际贷款利率和存款利率，这直接导致了欧元银行同业拆借利率（Euribor）的升高。2022 年 12 月，六个月期的欧元银行同业拆借利率约为 2. 701%，而三个月期的欧元银行同业拆借利率略低于 2. 141%。欧元银行同业拆借利率的升高造成了以可变利率借入欧元的用户在分期付款的过程中所需支付的金额增加，其中受影响最大的是使用了欧元住房贷款的用户。①

三 外交与安全

（一）塞黑关系回暖

2021 年，塞尔维亚与黑山的关系因宗教事务与政治矛盾而紧张。2022 年黑山第 43 届政府组成后这一局面有所缓和。高层对话在两国关系的解冻中起到了重要的作用。2022 年 6 月 29～30 日，黑山新任总理德里坦·阿巴佐维奇（Dritan Abazović）访问贝尔格莱德，与塞尔维亚总统武契奇、总理布尔纳比奇、塞尔维亚东正教牧首波尔菲里耶（Porfirije）展开会晤。双方就经济合作、互派大使、教会关系等问题展开一系列磋商。对此，武契奇表示，两国在困难之时相互帮助，积极会谈以解决争端，这是两国成功合作的开始。② 10 月，武契奇会见了来访的黑山议会议长达妮耶拉·久罗维奇（Danijela Đurović），双方均对两国合作程度的提高表示赞赏，并就加强经济合作与基础设施互联互通达成共识。③ 12 月，塞尔维亚副总理兼外交部长伊维察·达契奇（Ivica Dačić）与黑山副总理兼农业、林业与水资源管理部长

① 塞尔维亚《新报》网站，https：//nova. rs/vesti/biznis/2022－godinu－su－pojele－inflacija－i－kamate－za－kredite－a－ovo－je－prvo－veliko－predvidjanje－za－2023－evo－kada－da－dizete－kredit/，检索日期：2023 年 2 月 10 日。

② “自由欧洲电台”，https：//www. slobodnaevropa. org/a/abazovic － poseta － srbija/31921018. html，检索日期：2023 年 1 月 25 日。

③ 塞尔维亚《今日报》网站，https：//www. danas. rs/vesti/politika/danijela － djurovic － sa － vucicem－o－saradnji/，检索日期：2023 年 1 月 25 日。

弗拉基米尔·约科维奇（Vladimir Joković）会面，双方就深化两国之间的合作达成一致。双方都在尝试使问题回到谈判解决的轨道上，寻找开展合作的可能性，通过对话达成对彼此更有利的结果。

尽管 2022 年塞黑关系有缓和的趋势，两国之间的问题依旧十分复杂。2022 年 8 月 3 日，黑山总理阿巴佐维奇与塞尔维亚东正教牧首波尔菲里耶在波德戈里察签署了《黑山与塞尔维亚东正教会基本协议》，该协议确认了塞尔维亚东正教对黑山境内的许多不动产与历史文化建筑的占有权。协议一经签署便引起了黑山人民的抗议，多个反对党认为阿巴佐维奇违反了国家利益，向议会提出对政府进行不信任投票。8 月 19 日，黑山议会通过对政府不信任案，阿巴佐维奇结束了自己的总理任期，但在新政府组建前依旧作为代总理掌权。此次事件反映出塞黑两国在教会事务、政治关系等核心问题上依旧存在着分歧，两国关系的真正缓和依旧存在巨大的阻力。

（二）塞克关系恶化

近年来塞尔维亚与克罗地亚摩擦不断，两国关系屡屡遇冷。2022 年，两国关系进一步恶化。7 月 17 日，克罗地亚当局以塞尔维亚方面未通过正常程序通知克方访问细节为由禁止塞尔维亚总统武契奇访问亚塞诺瓦茨集中营旧址。双方的外交冲突由此展开。事件发生后，时任塞尔维亚副总理兼矿业和能源部长佐拉娜·米哈伊洛维奇（Zorana Mihajlović）取消了对萨格勒布的访问，塞尔维亚内务部长武林（Aleksandar Vulin）则发表声明称将对到访塞尔维亚的克罗地亚公民进行特殊管控。克罗地亚政客与媒体也对此做出回应，指责武契奇不通过正当的途径访问是企图恶化塞克关系。①

两国在 2022 年 10 月围绕对俄制裁问题爆发了新一轮政治冲突。10 月 5 日，欧盟成员国投票通过了对俄罗斯的第八轮制裁措施，其中包括禁止超过价格上限的俄罗斯石油通过海路运输至第三方。这一措施将导致塞尔维亚无

① BBC 塞尔维亚语版，https：//www.bbc.com/serbian/lat/balkan-62197103，检索日期：2023 年 1 月 25 日。

法通过亚得里亚输油管道（JANAF）进口俄罗斯石油。塞尔维亚对此项制裁措施进行了谴责，并指责克罗地亚未豁免对俄罗斯石油进口的制裁。克罗地亚的这一举措被塞尔维亚视为政治报复与敌对行动。[①] 尽管塞尔维亚社会各界以多种方式对这一决定表达了抗议，禁令仍于 12 月 1 日生效。12 月末亚得里亚石油运输公司宣布与塞尔维亚石油工业公司签订新合同，塞尔维亚将继续通过亚得里亚输油管道进口非俄罗斯开采的石油。

（三）入盟进程持续推进，核心问题有待解决

自 2021 年欧盟同塞尔维亚再次开启两个组别的谈判后，2022 年塞尔维亚入盟进程在多个领域取得进展。根据欧盟委员会发布的《塞尔维亚 2022 年报告》（Serbia Report 2022），塞尔维亚在基本权利保障方面已基本达到欧盟标准，各项经济指标也取得了长足进步。在公共机构改革领域塞尔维亚的进展有限，但宪法修订推动了司法改革的进程。在打击腐败和有组织犯罪方面塞尔维亚虽有进步，但距离欧盟的要求仍有一定差距。在言论自由领域塞尔维亚的发展仍较为停滞。

尽管在部分指标上塞尔维亚距离欧盟的标准更近了一步，但在部分入盟核心问题上塞尔维亚仍未能与欧盟达成一致。在睦邻友好和区域合作方面，塞尔维亚始终致力于改善与其他欧盟候选国、潜在候选国与成员国之间的双边关系，但 2022 年塞克关系的恶化影响了塞尔维亚在该领域的进程。[②] 塞科“关系正常化”在 2022 年也未能取得进展。尽管双方定期举行会谈，但并未就具有约束力的正常化方案达成一致，其中包括 9 月法德两国领导人拟议的正常化方案。此外，在应对俄乌冲突的过程中，塞尔维亚始终未参与欧盟对俄罗斯的制裁，这引起了部分欧盟成员国对塞尔维亚的不满，使欧盟评估工作受到消极影响。

---

① 欧洲商业新闻网站，https：//www. intellinews. com/serbia-and-croatia-spar-over-ban-on-oil-transport-through-janaf-pipeline-258632/，检索日期：2023 年 1 月 25 日。

② 欧盟委员会，https：//neighbourhood-enlargement. ec. europa. eu/serbia-report-2022_ en，检索日期：2023 年 1 月 28 日。

（四）与俄罗斯产生分歧

塞尔维亚与俄罗斯近年来一直保持着较为紧密的合作关系，但俄乌冲突期间复杂的国际和国内环境与国家利益的差异导致两国产生分歧。2022 年 2 月 24 日，俄罗斯对乌克兰发起特别军事行动，25 日塞尔维亚国家安全委员会便递交了会议决议，表示支持乌克兰的领土完整，对东欧发生的冲突表示遗憾，但考虑到塞尔维亚不得不保护自身利益，决定不对俄罗斯实施制裁。[①] 塞尔维亚这一立场受到了来自国内外的巨大压力，欧盟持续对塞尔维亚施压，要求塞尔维亚参与制裁。同时俄罗斯在顿涅茨克与卢甘斯克问题上对科索沃“先例”的使用使得塞尔维亚的处境变得异常艰难，西方媒体利用俄乌冲突对科索沃的国际承认问题施加影响，这也引起了部分塞尔维亚民众对俄罗斯的不满。国际局势的复杂使得双方的分歧日益显现。出于国家利益考量，塞尔维亚在 3 月的联合国大会上对谴责俄罗斯“入侵”乌克兰的决议投了支持票，4 月在美国发起的将俄罗斯驱逐出联合国人权理事会的投票中投了赞成票。而塞尔维亚总理布尔纳比奇曾在发言中将俄罗斯对乌克兰的特别军事行动与一些国家在 1999 年和 2008 年对塞尔维亚的行动相比较，[②] 这一发言受到了俄罗斯外交部的批评。

四　社会与文化

（一）塞尔维亚东正教会与马其顿东正教会达成和解

塞尔维亚东正教会与马其顿东正教会之间的隔阂由来已久。第一次世界大战后，塞尔维亚政府在马其顿采取了强势的同化政策，马其顿的教会活动

---

① 塞尔维亚政府网站，https：//www. srbija. gov. rs/vest/613609/srbija-postuje-norme-medjunarodnog-prava. php，检索日期：2023 年 1 月 28 日。

② 《塞尔维亚对俄立场可能面临调整：从“不制裁”到“暂不制裁”》，首都师范大学文明区划研究中心微信公众号，2022 年 5 月 26 日，https：//mp. weixin. qq. com/s/FYfen7Y1RyQPisTzHPqsuA，检索日期：2023 年 1 月 28 日。

受到比较严重的限制。直到第二次世界大战结束，马其顿成为南斯拉夫的加盟共和国，教会的自由度才随国家的自治权提高而提高。1959 年，塞尔维亚东正教会决定授予马其顿东正教会自治权，恢复奥赫里德大主教职位。马其顿教徒并不满足于这局限性很大的自由，马其顿东正教会于 1967 年单方面宣布脱离塞尔维亚东正教会而独立，但一直未能获得主流东正教会的承认。2022 年 5 月 9 日，君士坦丁堡普世宗主教区神圣会议宣布承认马其顿东正教会。塞尔维亚东正教会也于 5 月 16 日宣布在塞尔维亚宗主教辖区内将完全的自治权归还给大主教，并与马其顿东正教会建立完全的礼仪与规范共融。塞尔维亚东正教牧首波尔菲里耶与马其顿东正教会主教斯特凡（Stefan）于 5 月 19 日在贝尔格莱德圣萨瓦教堂共同主持了礼拜仪式。塞尔维亚东正教牧首波尔菲里耶认为两国东正教会的和解代表着“一个很深的伤口已经痊愈”①，而斯特凡主教则称此次和解是“教会关系史中崭新的一页”②。

不过，马其顿东正教会的名称仍存在争议。君士坦丁堡普世宗主教区明确禁止马其顿东正教会使用“马其顿”及其衍生词自称，而塞尔维亚东正教会则鼓励马其顿东正教会在与希腊及其他教会的直接对话中解决名称问题。此外，塞尔维亚还需处理东正教奥赫里德大主教区的地位问题。该教会于 2002 年建立，由约万（Jovan）大主教领导，在塞尔维亚东正教会内享有自治。

（二）新冠疫情经历高峰期，防控措施逐渐放松

2022 年初，随着传染性更强的奥密克戎毒株的传播，塞尔维亚迎来了自 2020 年 3 月以来最严重的疫情高峰，其间日均感染人数超过 19000 人。

然而随着新冠病毒强度的逐渐减弱，塞尔维亚国内逐步取消了针对疫情的防控措施。2022 年 3 月，塞尔维亚官方宣布取消民众在封闭空间逗留所

① 塞尔维亚《消息快递》网站，https：//www. ekspres. net/vesti/patrijarh－porfirije－nakon－liturgije-zaceljena-je-duboka-rana-19-5-2022，检索日期：2023 年 1 月 31 日。

② 塞尔维亚 N1 电视台网站，https：//n1info. rs/region/arhiepiskop－stefan－patrijarh－porfirije－otvorio-novu-stranicu-u-odnosima-crkava/，检索日期：2023 年 1 月 31 日。

需的新冠通行证，并不再强制民众佩戴口罩，仅仅在卫生机构内保留了佩戴口罩的要求。10 月底，由于患者人数的减少，位于尼什的新冠诊所停止了工作。11 月底，贝尔格莱德的 16 家新冠诊所中，已有 14 家关闭。各医疗机构逐渐恢复了正常的运营方式，疫情管理岗位也被逐步取消。在社会舆论方面，随着塞尔维亚卫生部宣布新冠病毒正在减弱，疫情已不再是广受关注的社会话题，针对防控、疫苗接种的呼吁也逐渐式微。①

五　与中国的关系

（一）政治往来密切

2022 年，中塞两国领导人保持着密切的政治联系。2 月 4 日，塞尔维亚总统武契奇出席了北京冬奥会开幕式，并于 2 月 5 日与习近平主席会晤。4 月 5 日，习近平主席致电武契奇总统，祝贺他连任塞尔维亚共和国总统，并指出愿同武契奇总统一道努力，加强两国战略沟通，巩固双方政治互信，拓展和深化各领域互利合作。② 4 月 8 日，时任国务委员兼外交部长王毅与时任塞尔维亚外交部长塞拉科维奇（Nikola Selaković）通电话，双方就加紧落实两国元首重要共识，推动重点工程的建设达成一致。③ 9 月 21 日，武契奇于第 77 届联大期间同王毅会见，双方就中国-中东欧国家合作交换了看法。10 月 27 日，时任中华人民共和国总理李克强致电塞尔维亚总理阿娜·布尔纳比奇，祝贺她连任塞尔维亚总理。中塞双方在多个场合表达了对于彼此核

---

① BBC 塞尔维亚语版，https：//www. bbc. com/serbian/lat/svet-64186892，检索日期：2023 年 1 月 25 日。

② 《习近平致电祝贺武契奇当选连任塞尔维亚总统》，中国-中东欧国家合作官网，2022 年 4 月 6 日，http：//www. china-ceec. org/chn/zyxw/202204/t20220408_ 10665756. htm，检索日期：2023 年 2 月 11 日。

③ 《王毅同塞尔维亚外长塞拉科维奇通电话》，中华人民共和国外交部，2022 年 4 月 9 日，https：//www. fmprc. gov. cn/web/wjbzhd/202204/t20220409_ 10666098. shtml，检索日期：2023 年 2 月 11 日。

心利益与重要关切的支持，展示了对于继续相互支持，推动两国全面战略伙伴关系不断取得新进展的信心。

（二）经济合作成果丰硕

双边贸易方面，随着新冠疫情后期出入境政策的逐渐放宽，中塞两国经济往来持续推进，中塞两国贸易取得新进展。2022 年，中国是塞尔维亚的第二大贸易伙伴，中塞两国贸易额继续大幅增长，进出口总额为 6856 亿第纳尔，同比增长 35.0%。其中，塞尔维亚对华出口 1293 亿第纳尔，同比增长 37.6%，中国居塞尔维亚出口市场第 9 位；自华进口 5563 亿第纳尔，同比增长 34.4%，中国成为塞尔维亚第一大进口来源国。①

基础设施建设合作取得令人瞩目的成就。2022 年 3 月 19 日，中国与中东欧国家共建“一带一路”的重点项目匈塞铁路贝尔格莱德至诺维萨德段正式开通，列车最高时速达 200 公里。同时，匈塞铁路的诺维萨德至苏博蒂察段进展顺利，2022 年完成了近 40% 的工程量，完工日期有望提前。3 月 20 日，塞尔维亚 E763 高速公路波热加（Požega）—杜加波利亚纳（Duga Poljana）路段项目正式开工，该项目是中国-中东欧国家合作框架下首个落地的基础设施项目，由中国路桥工程有限责任公司承建。② 6 月 15 日，中国电力建设集团承建的贝尔格莱德绕城公路 B5 段通车，武契奇出席了通车仪式。

2022 年，在塞中国企业延续了此前良好的表现，继续在塞尔维亚的国家建设中发挥不可或缺的作用。3 月 10 日，敏实集团洛兹尼察工厂举行开业典礼，该工厂占地 28 万平方米，主要为汽车生产厂商提供铝合金电池盒

---

① 《中塞 2022 年贸易额同比继续大幅增长》，中国驻塞尔维亚大使馆经济商务处，2022 年 2 月 3 日，http://yu.mofcom.gov.cn/article/jmxw/202302/20230203382605.shtml，检索日期：2023 年 2 月 11 日。

② 《驻塞尔维亚使馆临时代办田一澍出席 E763 高速公路波热加—杜加波利亚纳路段项目开工仪式》，中华人民共和国外交部，2022 年 3 月 21 日，https://www.fmprc.gov.cn/gjhdq_676201/gj_676203/oz_678770/1206_679642/1206x2_679662/202203/t20220321_10653769.shtml，检索日期：2023 年 2 月 11 日。

及配件，总投资 3 亿欧元，预计 2025 年前将为当地创造超过 1000 个就业岗位。2022 年前三季度塞尔维亚出口 15 强企业的前三位均为中资企业，分别是塞尔维亚紫金矿业公司、河钢塞尔维亚公司和塞尔维亚紫金铜业公司，其中塞尔维亚紫金矿业公司运营不到一年即跃居首位。中国持续增加对塞尔维亚的投资，2022 年中国对塞尔维亚的直接投资位居榜首，领先于欧盟及其他欧洲投资国家。

2022 年 7 月 16 日，海南航空开通的“北京—贝尔格莱德”航线的首个航班抵达贝尔格莱德尼古拉·特斯拉机场。航班在机场受到“过水门”的礼遇，塞尔维亚总统武契奇出席欢迎仪式。这是塞尔维亚与中国间的首个直飞航班。武契奇强调，塞尔维亚是巴尔干地区首个同中国开通直航的国家，中塞之间的往来将更加便捷。① 12 月 9 日，塞尔维亚航空（Air Serbia）也开通了往返于贝尔格莱德与天津之间的直飞航班。两国间直飞航班的开通将便利两国游客与商务人士往来，进一步促进两国间合作的开展。

① 《塞尔维亚总统武契奇赴机场迎接首班北京—贝尔格莱德直航航班》，中国-中东欧国家合作官网，2022 年 7 月 19 日，http://www.china-ceec.org/chn/jmhz/202207/t20220724_10726710.htm，检索日期：2023 年 2 月 11 日。

B.20
斯洛伐克

张传玮*

摘　要： 2022年，斯洛伐克执政联盟的内部斗争更趋白热化，自由与团结党退出执政联盟，新组建的少数派政府因不信任案而提前下台。这一年，斯洛伐克国内生产总值稳步增长，失业率小幅下降，对外贸易显著增长，通胀水平创历史新高。同年，俄乌冲突的爆发恶化了斯洛伐克的地缘政治环境，斯洛伐克在强硬支持乌克兰之余，进一步加强了同美国的军事合作，反俄政策更趋明显。在中斯合作方面，双边体育合作、经贸合作以及地方合作不断深化。

关键词： 斯洛伐克　少数派政府　通货膨胀　俄乌冲突　中斯合作

一　国内政治形势

（一）财长提案引发危机，三党组建少数派政府

自2020年3月斯洛伐克新一届执政联盟成立以来，由普通公民和独立个人组织（OL'ANO，简称“普通公民党”）、自由与团结党（SAS）、我们是家庭党（SME RODINA）和惠民党（ZA L'UDÍ）组成的右翼执政联盟冲突不断。其中，普通公民党主席伊戈尔·马托维奇（Igor Matovič）和自由与团结党主席里哈德·苏利克（Richard Súlik）因政治分歧和个人敌意长期处于对立状态，

---

* 张传玮，硕士，北京外国语大学欧洲语言文化学院斯洛伐克语教研室讲师，主要研究方向为斯洛伐克内政外交、欧洲一体化。

这导致执政联盟在2021年3月遭遇了总理易人危机，风波直至马托维奇由时任总理转为担任财政部长一职后才暂时平息。2022年，自由与团结党对马托维奇担任财政部长后在应对问题时采取的做法日趋不满，两党之间的嫌隙与斗争日趋白热化，最终导致四党执政联盟的破裂以及少数派政府的垮台。

2022年，受新冠疫情和俄乌冲突的双重影响，斯洛伐克宏观经济形势恶化，国内出现严重通胀。在此背景下，时任财长马托维奇提出一揽子计划以缓解国内通胀情况。5月，马托维奇先是提出高达每年120亿欧元的财政计划以增加对家庭的补贴，例如为抚育孩子的家庭逐步提高补贴额度并减免税收，这一计划在被总统否决后最终在议会得以通过，这导致对该计划持反对态度的自由与团结党极为不满，加剧了执政联盟内部争端。6月，马托维奇又提出为教师增加150欧元月工资的提案，再次引发各方争议。马托维奇的行事风格被批评有“砸钱解决问题”之嫌，也为自由与团结党所反对。该党认为马托维奇提出的一系列缓解通胀的财政计划并没有合理的资金保障，盲目增加支出将有较大可能恶化国内的公共财政情况。6月底，双方在提高教师工资并增加税收的提案上互不让步，自由与团结党先是退出执政联盟会议，其部分议员又要求马托维奇辞去财政部长一职以“平息局势”。7月4日，自由与团结党主席苏利克在接受采访时表示“形势极其危急，执政联盟已经到了要决定其命运”的时刻。7月6日，自由与团结党宣布终止执政联盟协议。苏利克再次表示，马托维奇已成为执政联盟内最大的问题，若其在9月前不辞职，自由与团结党提名的4名内阁部长也将辞职。[①]

在执政联盟内部斗争白热化之际，此前接替马托维奇成为总理的普通公民党成员爱德华·黑格尔（Eduard Heger）始终拒绝辞退马托维奇，声称马托维奇的反通胀方案并未威胁执政联盟协议，黑格尔表示希望和自由与团结党开启关于新的执政联盟协议的谈判，维持现有的四党执政联盟。[②] 处于风

---

① 斯洛伐克SME新闻网，https://domov.sme.sk/c/22954837/matovic-igor-sulik-koalicna-kriza-minuta-po-minute.html，检索日期：2023年2月27日。

② 斯洛伐克SME新闻网，https://domov.sme.sk/c/22959286/sas-uz-nie-je-podla-sulika-sucastou-koalicie-na-vladu-sa-ministri-chystaju.html，检索日期：2023年2月27日。

暴中心的马托维奇也拒绝自由与团结党的指责，坚持自己的反通胀方案，不认同该方案会导致公共财政崩溃。[①] 在总统的介入与调节下，四党在 2022 年 8 月重新开始就反通胀方案内容进行谈判，但普通公民党、自由与团结党始终僵持不下。8 月 31 日，在当日的政府会议结束后，自由与团结党主席、经济部长苏利克提交辞呈，并发出要求马托维奇在 4 天内必须辞职的最后通牒。同日，在与总理黑格尔和议长鲍里斯·科拉尔（Boris Kollár）会面后，总统恰普托娃就当前的政治危机发表声明，希望尽快解决危机。9 月 4 日，普通公民党仍选择保留其主席马托维奇的财政部长职位，并成立少数派政府。9 月 5 日，自由与团结党提名的其他三名部长，外交和欧盟事务部长伊万·科尔乔克（Ivan Korčok），司法部长玛利亚·科莉科娃（Mária Kolíková），教育、科研和体育部长布拉尼斯拉夫·格罗林（Branislav Gröhling）递交辞呈。

自由与团结党提名的 4 名内阁部长退出后，由普通公民党、我们是家庭党、惠民党组建少数派政府。总统恰普托娃于 2022 年 9 月 13 日任命了新的经济部长卡雷尔·希尔曼（Karel Hirman），司法部长威廉·卡拉斯（Viliam Karas）以及外交和欧盟事务部长拉斯蒂斯拉夫·卡采尔（Radislav Káčer），教育、科研和体育部长则暂时由总理黑格尔兼任。10 月 4 日，扬·霍莱茨基（Ján Horecký）被任命为新任教育、科研和体育部长。至此，斯洛伐克的执政联盟危机暂告一段落。

（二）少数派政府终遭解散，议会通过提前大选动议

新组建的少数派政府自成立起便困难重重。由于三党联盟在议会中仅拥有 70 个席位，因此无法达到足以通过提案甚至召开会议的 76 个席位门槛。斯洛伐克宪法规定，议会会议的召开需要 150 名议员中的一半以上投票批准，这意味着执政联盟需要在每次会议召开时从反对党手中获得至少 6 票。9 月伊始，执政联盟在议会一度因缺少 3~6 名议员支持而无法召开会议，议长科拉尔随后宣布休会至 9 月 20 日。在此情况下，执政联盟选择和议会内极右翼反对党议员合作以维持基本的运行。

---

① 斯洛伐克 SME 新闻网，https://domov.sme.sk/c/22983229/sulik-matovic-koalicna-kriza-vlada.html，检索日期：2023 年 2 月 27 日。

自由与团结党在退出执政联盟后并未停止对黑格尔政府的批评，该党曾试图在议会提交议案以罢免马托维奇，后又不断提议对政府发起不信任投票和进行提前选举。12 月 15 日，自由与团结党与议会内反对党民声党（Hlas）共同发起对政府的不信任投票，认为当局在使用欧盟复苏基金、处理国内数百名医生辞职罢工事宜、解决国内乌克兰难民事宜以及起草新年度国家预算草案上存在问题。与苏利克不睦的马托维奇在投票举行前曾一度想提出辞职，以避免进行不信任投票，但最终在进入总统府后选择放弃辞职，未能阻止投票的举行。当日，150 名议员中有 102 名参与了投票，其中 78 名投了不信任票，超过 76 票的半数，至此，步履维艰的少数派政府最终垮台。12 月 16 日，总统恰普托娃宣布解散黑格尔的少数派政府，但暂时委托黑格尔内阁行使有限的政府权力，同时要求各方就 2023 年上半年提前进行大选达成协议。斯洛伐克右翼执政联盟自 2020 年 3 月组建以来，始终风波不断，最终仍未顺利度过四年任期，其民调支持率也显著下跌，这为 2023 年斯洛伐克左翼政党的回归提供可能。

（三）市政、地区选举举行，极右力量遭遇失败

2022 年 10 月 29 日，斯洛伐克举行市政与地区选举，这是斯洛伐克独立后首次同时进行市政与地区选举，其中市政选举的投票率为 46.19%，选出了斯洛伐克境内 2919 个自治市和自治县的市长（县长）及市（县）议会代表；地区选举的投票率达 43.74%，共选出了斯洛伐克 8 个自治州州长及州议会代表。二者的投票率均创下近年新低。从选举结果看，此次市政与地区选举呈现以下三个特点。一是选举结果呈现稳定性与延续性，上一个选举周期的大部分州长、市长成功连任。8 个自治州中，有 6 名州长成功连任，其中班斯卡·比斯特里察州的新任州长为前任州长之子。同时，8 个自治州首府中的 7 个首府的市长同样获得连任。从全国范围看，超过 70%的现任市长和县长赢得了选举。[①] 这体现出斯洛伐克地方政坛的稳定性。二是独立候选人的获选概率增加，这也延续了往年地方选举结果的趋势。没有政党背景的独立候选人在此次选举中斩获了 1 个州长

---

① 斯洛伐克 SME 新闻网，https://domov.sme.sk/c/23057478/vysledky-mapa-volby-2022.html，检索日期：2023 年 3 月 1 日。

职位及4个自治州首府市长的职位，在所有当选的市长中，超过46%的人以独立候选人的身份参选。三是左右翼平分秋色，极右翼政党遭遇失败。此次选举中，右翼政党在地区选举层面获得了胜利，赢得了8个自治州中的4个州长职位，但在市、县层面表现欠佳，这在普通公民党和自由与团结党中表现最为明显。左翼政党在市政选举中则赢得了胜利，社会民主—民声党（Hlas-SD）以及社会民主—方向党（SMER-SD）虽然各自仅赢得了1个州长职位，但共计斩获了1166个市、县长职位，在当选的地方议员数量上也名列前茅。极右翼政党在此次选举中则遭遇失败，共和国党（REPUBLIKAN）和我们的斯洛伐克—人民党（L'SNS）并未斩获任何一个州长职位，在市政选举中也只分别赢得了13个和1个市、县长职位。[①] 有评论指出，此次选举结果彰显了斯洛伐克民众对于市政当局近年来危机处理的信任，民众普遍倾向于选择经验丰富的民主候选人，对民粹主义和极端主义持拒绝态度。总体而言，右翼执政联盟在此次选举中结果不佳，前总理彼得·佩勒格里尼（Peter Pellegrini）领导的社会民主—民声党最为强势，罗伯特·菲佐（Róbert Fico）带领的社会民主—方向党实力不容小觑，这或许昭示了左翼政党在斯洛伐克2023年议会选举中的回归之势。

二　经济发展状况

（一）GDP保持稳定增长，通胀水平创历史新高

2022年第一季度，斯洛伐克经济恢复到疫情前水平。尽管受第四波疫情的影响，国外需求下降，但由于家庭消费和投资活动增加，斯第一季度的经济增长使国内需求保持在3%以上。[②] 斯洛伐克经济在第二、第三季度增速有所放缓，全年仍保持稳定增长趋势，全年GDP达到1096.519亿欧元。具体数据如表1所示。

① 斯洛伐克选举统计网，https：//volby. statistics. sk，检索日期：2023年3月1日。

② 《2022年第一季度斯洛伐克GDP增长3.1%》，中国驻斯洛伐克大使馆经济商务处，2022年6月7日，http：//sk. mofcom. gov. cn/article/jmxw/202206/20220603317082. shtml，检索日期：2023年3月2日。

表 1　2022 年各季度斯洛伐克 GDP 增速

单位：%

	第一季度	第二季度	第三季度	第四季度
GDP 增速	3.0	1.3	1.3	1.2

资料来源：斯洛伐克国家统计局，http：//statdat. statistics. sk，检索日期：2023 年 5 月 9 日。

2022 年，斯洛伐克年平均通胀率高达 12.8%，创下了 2000 年以来的最高水平。斯洛伐克的年平均通胀率自 2005 年后始终保持在 5%以下，在 2021 年仅为 3.2%。2022 年，受俄乌冲突的影响，斯洛伐克境内食品、能源、燃料价格飙升。物价水平的高涨主要是由于斯洛伐克家庭支出中的三大支出领域价格上涨，食品和非酒精类饮料、住房、能源与燃料①的上涨幅度分别为 19.3%、15.5%和 26%。在食品和非酒精类饮料领域，部分日常消费食品（面包、乳制品、鸡蛋和蔬菜）的价格上涨超过 20%，油和脂肪的价格上涨超过 40%。住房和能源与燃料领域的价格上涨主要受电、气价格上涨的影响，住房总体支出的增加也受到建筑材料价格上涨的影响。② 2022 年斯洛伐克通胀率如表 2 所示。

表 2　2022 年 1~12 月斯洛伐克通胀率

单位：%

1 月	2 月	3 月	4 月	5 月	6 月	7 月	8 月	9 月	10 月	11 月	12 月	全年
8.4	9	10.4	11.8	12.6	13.2	13.6	14	14.2	14.9	15.4	15.4	12.8

资料来源：斯洛伐克国家统计局，http：//statdat. statistics. sk，检索日期：2023 年 3 月 2 日。

---

① 斯洛伐克国家统计局将消费者家庭支出 CPI 篮子共分为 12 个领域。

② 斯洛伐克国家统计局，https：//slovak. statistics. sk/wps/portal/ext/products/informationmessages/inf_ sprava _ detail/! ut/p/z1/pZPbjtowEIafpRd7aTx2fMplQrVJWEqVRcCSm8pxnK4LBHZJQ - nT14geF3GQmgvPOJr5NX_ mCy7wEy4a3bnPunXrRi_ 9fV6IT7nMVByTCCAeBpANHsajtH9PkwnHU1zgwjTtpn3G83W51c_ INsg1NdKL9g58sn5debWusWi7edXd_ g66rW0XPjJTMcMYQYZXFjGialQCq5GlnFaCc1nXcJDfGFfhuQyUoMQKX0MZYvyQyZogy7WhlLOwqiSevZn3w0MfsiBL8zh6JIxQXFy2c - zvJ1HK5BBADRMOWZROHsM8CCAK3vSfyB_ 74cwTwW39FwYsLsvPDt_ rioNrGseCKM_ z8XA6hWRK7_ 2QJIHRZALA5c - C30Oq0fsYMjmUucri4GNM8dy7kGdtpgTPOmd3eNIc2Fji8Z8la6JFYCuOoOQSsZpwFNqQIwEUGJGhX3OJU8ADXLhy1duZVQ96RCmhGAjCOZMkBHHA1n15eSkiz - a6ae23Fj - dwukP17l27 - NXvfTJLzT _ eqEML4WqDJJSe0Y50Z66UqDQEFMFnIaCaTy2zYnnfzdH5HnPN4E9uEbubZb_ _ 3_ crFYq2Dvn0OIx_ R6PUD JDSb9U-1307gcbXBAH/dz/d5/L2dBISEvZ0FBIS9nQSEh/，检索日期：2023 年 3 月 2 日。

（二）失业率稳步减少，平均工资小幅增长

2022 年，斯洛伐克失业率呈缓慢下降趋势，全年失业率达 6.1%，低于 2021 年的 6.8%，全年平均每千人失业人口为 170.4 人，各季度失业率如表 3 所示。失业率相对较高的行业包括工业、批发和零售业、建筑业。

表 3　2022 年各季度斯洛伐克失业率

单位：%

	第一季度	第二季度	第三季度	第四季度	全年
失业率	6.4	6.1	6.0	6.0	6.1

资料来源：斯洛伐克国家统计局，http：//statdat.statistics.sk，检索日期：2023 年 3 月 18 日。

斯洛伐克 2022 年月平均工资依然保持增长态势，已经连续几个季度保持较高的增长速度，第四季度增幅明显，全年月平均工资达 1304 欧元，各季度月平均工资如表 4 所示。全年月平均工资最高的行业包括信息通信业（2254 欧元）、金融与保险业（2247 欧元）及能源行业（2106 欧元）。[①] 值得注意的是，尽管月平均工资实现了小幅增长，但由于该年度斯洛伐克消费价格亦显著增长，经通胀调整后的居民实际工资有所下降。

表 4　2022 年斯洛伐克各季度月平均工资

单位：欧元

	第一季度	第二季度	第三季度	第四季度	全年
月平均工资	1212	1291	1296	1418	1304

资料来源：斯洛伐克国家统计局，http：//statdat.statistics.sk，检索日期：2023 年 3 月 18 日。

---

① 斯洛伐克国家统计局，https：//datacube.statistics.sk/#！/view/sk/VBD_ INTERN/pr0205qs/v_ pr0205qs_ 00_ 00_ 00_ sk，检索日期：2023 年 3 月 2 日。

（三）对外贸易持续增长，贸易顺差有所上涨

2022 年，斯洛伐克对外贸易继续保持增长势头，全年进出口总额为 2094.5 亿欧元，同比增长 19.9%。其中全年进口额为 1068.8 亿欧元，同比增长 23.3%，主要进口商品包括工业用品、工业加工制造品、投资品及其零配件、交通设备及其零配件等。与 2021 年同期相比，从欧盟国家的进口增长了 19.1%（占斯洛伐克进口总额的 62.1%），从经合组织国家的进口增长了 12.5%（占斯洛伐克进口总额的 59.1%）。全年出口总额为 1025.7 亿欧元，同比增长 15.8%，主要出口商品包括交通设备及其零配件、机动车辆、工业用品、工业加工制造品等。与 2021 年同期相比，对欧盟国家的出口增长了 16.2%（占斯洛伐克出口总额的 80%），对经合组织国家的出口增长了 16%（占斯洛伐克出口总额的 87.6%）。

2022 年，斯洛伐克全年外贸逆差进一步扩大，为 43.1 亿欧元。① 其中，斯洛伐克最大的贸易逆差国家和地区主要是俄罗斯、韩国、中国大陆、越南、中国台湾、马来西亚和孟加拉国，其中对俄罗斯的出口在 2022 年下降了 59.4%。最大贸易顺差国家和地区主要包括德国、匈牙利、奥地利、法国、捷克、英国、美国、波兰、意大利、西班牙和罗马尼亚。②

① 斯洛伐克国家统计局，https：//datacube. statistics. sk/#! /view/sk/VBD_ INTERN/zo0001ms/v_ zo0001ms_ 00_ 00_ 00_ sk，检索日期：2023 年 3 月 2 日。

② 斯洛伐克国家统计局，https：//slovak. statistics. sk/wps/portal/ext/products/informationmessages/inf_ sprava_ detail/1f34d4a5-d668-4c78-be4f-9ee2d0c56179/! ut/p/z1/rVRdc6IwFP01PsZcSALhEdmKWuu2UFrlZSd8KYuAlRTX_ fUbutPZqR3Fnd28AJOTwz3n3hMc4iUOK9HmayHzuhJb9b0KjW8P5pSPRpoNMJoTmM5u_ cXEGetuwPDzRwBfeDcwfbTvXW9GNaAMhx-2mQkwXfgBwJMP_ q2On3CIw7iSO7nBqzpqxAY1BcqrDIlCDkC91PtSVdNWKWp2e9EeB9A2qSzUU8sITahgKDEMjmhschSlNENWmuoJxMzQTKuj38V5gldXoU_ lfKr3ghx7QnrOu1qfHb_ PO649oeYcgM9dBlN7EnjWAyFgk-v-D2eWDf9UfwcI_ 2ocPgPCy-U9d_ 3qcaCPI7xocteDiwB4Zxj797ptUdf54n0dq6F2dO7PDR2gj8EgeKV8MM8CHGV0m6cHHFTddG-x_ 2dMTZFECSMGYhGzEOVJhISINWRkRpRFZsJoTPAE8AyHeVQOD3E5hCFnlqWZlHEKuqYR3uU2_ _ 7yEtoqXHUl0x8SL9_ TNYBGqkTF6G2nUimTaaniVIpiX6dFXdVlHhcCvaEamRdiAJXY14mK4GssFfK1ED_ rVsh0m54qPem4Zp5XelUgZ30Tp5Tq-zvnbq1ohdx0V0eNl1dxXzLpf15BuzIoOTnm3UKFd-Pxw2O22balE_ Ej2a5_ ASY30a4! /dz/d5/L2dBISEvZ0FBIS9nQSEh/，检索日期：2023 年 3 月 18 日。

三　外交与安全

（一）强硬支持乌克兰，采取激进反俄政策

2022 年 2 月俄乌冲突爆发，严重恶化了欧洲的安全局势。斯洛伐克东北部与乌克兰相邻，处于危机的前沿地带，直接受到安全威胁与社会冲击。斯洛伐克在危机中始终与欧盟和北约立场一致，为乌克兰提供强有力的支持，采取更加激进的反俄政策。斯当局对乌克兰的支持主要体现在以下几个方面。

首先，向乌多次提供大量军事、物资援助。早在 2022 年 2 月 17 日，斯洛伐克就曾向乌克兰提供了价值 170 万欧元的排雷系统和医疗物资。俄乌冲突爆发后，斯洛伐克政府于 2 月 26 日决定向乌克兰捐赠 260 万欧元的军事物资以及价值 840 万欧元的国家储备物资。随后，斯洛伐克政府决定继续向乌克兰提供价值 441 万欧元的军事物资。3 月，斯洛伐克政府决定向乌克兰捐赠 10 万升柴油和 2 万升航空燃料。4 月，斯洛伐克向乌克兰提供了 S-300 防空导弹系统，成为第一个在俄乌冲突中提供关键军事设备的北约成员国。[①] 6 月起，斯洛伐克又相继向乌克兰捐赠了价值 210 余万欧元的军事物资、5 架军用直升机、[②] 30 辆步兵战车、价值 350 万欧元的军事物资等。

其次，为乌克兰难民提供人道主义援助。自 2021 年 10 月俄乌局势恶化以来，斯洛伐克就开始为接收乌克兰难民做准备。俄乌冲突爆发后，斯洛伐克政府实施了一些经济动员措施，以帮助大量涌入斯洛伐克的外国人。[③] 政府建立了 www. pomocpreukrajinu. sk（“帮助乌克兰”）网站以及乌克兰语热

---

① 斯洛伐克 SME 新闻网，https：//domov. sme. sk/c/22881051/slovensko-poslalo-na-ukrajinu-system-s-300-takto-zatial-ukrajine-nepomohla-ziadna-krajina. html，检索日期：2023 年 3 月 4 日。

② 斯洛伐克 SME 新闻网，https：//domov. sme. sk/c/22939189/ukrajina-vojna-rusko-vrtulniky-grad. html，检索日期：2023 年 3 月 4 日。

③ 斯洛伐克 SME 新闻网，https：//domov. sme. sk/c/22852231/slovensko-daruje-ukrajine-motorovu-naftu-a-letecke-palivo-navrh-odsuhlasila-vlada. html，检索日期：2023 年 3 月 4 日。

线电话，提供所有入境斯洛伐克、在斯居住或继续入境其他国家的有关必要信息。

再次，积极呼吁并支持乌克兰加入欧盟。俄乌冲突爆发后，乌克兰于2022年2月28日提交了入盟申请。6月23日，欧盟正式授予乌克兰欧盟候选国地位。在部分欧盟成员国对此持保留意见的情况下，斯洛伐克当局始终积极推动乌克兰入盟事宜。总理顾问、斯洛伐克外交政策协会专家亚历山大·杜莱巴（Alexander Duleba）表示，早在2022年3月，总理黑格尔就在欧盟非正式峰会上成为首位提出支持乌克兰入盟的欧盟国家首脑，他随后至少两次同欧盟国家领导人通话以争取对乌克兰获得欧盟候选国地位的支持。[①] 5月，斯洛伐克总统恰普托娃在与乌克兰总统泽连斯基通话时表示支持乌克兰获得欧盟候选国地位，并提议与对此问题持怀疑态度的其他欧盟成员国进行对话。[②] 她随后在赴基辅访问时又再次在乌克兰议会发表讲话，支持乌克兰尽快入盟。[③]

最后，抗议俄罗斯的军事行动，采取更加激进的反俄政策。在外交领域，斯洛伐克外交和欧盟事务部于2022年2月22日就向俄罗斯驻布拉迪斯拉发大使馆递交了一份抗议照会，拒绝承认顿涅茨克和卢甘斯克独立，谴责俄罗斯违反了国际法。[④] 俄乌冲突爆发后，斯洛伐克外交和欧盟事务部第一时间就乌克兰局势向俄罗斯表达了强烈抗议，随后还暂停了自2000年以来生效的与俄罗斯关于外交护照和公务护照免签的双边协议。3月14日，斯洛伐克驱逐了俄罗斯驻斯使馆的3名外交人员。作为反制措施，3月28日，俄罗斯也驱逐了3名斯洛伐克驻俄外交官员；7月22日，俄罗斯把斯洛伐

① 斯洛伐克 Pravda. sk 新闻网，https：//spravy. pravda. sk/svet/clanok/631552 – sme – europa – zdoraznuje–ukrajina–unia–zatial–suhlasi/，检索日期：2023年3月4日。

② 斯洛伐克 SME 新闻网，https：//domov. sme. sk/c/22909038/caputova – telefonovala – so – zelenskym–pozval–ju–na–navstevu. html，检索日期：2023年3月4日。

③ 斯洛伐克 SME 新闻网，https：//domov. sme. sk/c/22925376/caputova–ukrajina–rusko–vojna–navsteva. html，检索日期：2023年3月4日。

④ 斯洛伐克 SME 新闻网，https：//domov. sme. sk/c/22846596/korcok – uznanim – separatistov – rusko–hrubo–porusilo–medzinarodne–pravo. html，检索日期：2023年3月4日。

克列入对俄不友好国家名单。在军事领域，斯洛伐克开始考虑停止使用俄罗斯米格-29战斗机，将相关技术人员送回俄罗斯，拆除S-300防空导弹系统并装备美国的“爱国者”导弹防御系统。

（二）斯美加强军事合作，《防务协定》备受争议

2022年2月9日，斯洛伐克议会通过与美国之间的《防务协定》，该协定一度在斯洛伐克社会引发巨大争议。斯洛伐克与美国防务合作协议的谈判在2018年就已开启，但双方在上届政府任期内未能达成协议。此届右翼政府自2020年3月执政以来积极发展与美国的关系，并最终推动了《防务协定》的通过。据悉，该协定规定了斯洛伐克加强与美国的伙伴关系和军事合作的法律框架，其中备受争议的内容在于允许美国军队免费使用斯洛伐克境内的两个军用机场以及其他商定的设施与房屋，有效期为10年。在国防部长同美国签订《防务协定》后，该协定得到了时任外长、总理以及总统的支持，表示该协定旨在加强斯洛伐克的安全，充分尊重斯洛伐克主权，是一份标准的国际协定，且北约东部边界所有国家（包括匈牙利和波兰）都已与美国缔结此协定，斯洛伐克是最后一个加入的国家。① 但该协定引发了其他政府机构、反对派乃至民众的强烈不满，认为协定的条款威胁到了斯洛伐克的国家主权。总检察长办公室对该议定提出了35项基本反对意见，议会第一大反对党社会民主—方向党主席罗伯特·菲佐批评该协定意味着将斯洛伐克机场和领空移交给外国武装部队保护，声称要就该协定发起全民公投。最终，在一片争议声中，斯洛伐克议会在2月9日艰难通过《防务协定》。

在《防务协定》通过后，随着乌克兰东部局势的日益紧张，斯洛伐克在外部安全环境恶化的情况下进一步加强了同美国的军事合作。2022年3月17日，斯洛伐克总理黑格尔同美国国防部长劳埃德·奥斯汀（Lloyd Austin）会晤，这是美国国防部长20年来首次访问斯洛伐克，双方就联合

① 斯洛伐克SME新闻网，https：//domov. sme. sk/c/22815747/heger - odmieta - konspiracie - spojene-s-dohodou-o-obrannej-spolupraci-s-usa. html，检索日期：2023年3月4日。

支援乌克兰、在北约内部协调行动以及开展双边军事合作进行沟通。[①] 4月，在斯洛伐克将自身的S-300防空导弹系统提供给乌克兰后，美国向斯洛伐克转移了一个“爱国者”导弹防御系统以填补其防务空缺。9月，以国防部国务秘书玛利安·马耶尔（Marian Majer）为首的斯洛伐克国防代表团访问美国。其间，美国宣布为斯洛伐克军队的进一步现代化提供赠款，并将于2024年第二季度向斯洛伐克交付F-16战斗机。[②]

四 与中国的关系

（一）经贸合作明显增加，绿色合作前景广阔

2022年，中斯政治关系发展相对平稳，但斯洛伐克议会仍在涉台敏感问题上不时发出不当声音。4月26日，斯洛伐克议会外交、卫生委员会通过涉台决议，宣称支持中国台湾地区以观察员身份参加世界卫生大会。中国驻斯洛伐克大使馆发言人就此发表谈话，声明此举违背一个中国原则，公然干涉中国内政，中方对此表示强烈不满和坚决反对。[③]

2022年中斯贸易总额显著增长。根据斯洛伐克国家统计局的数据，中斯贸易总额达106.17亿欧元，同比增长40%。其中，斯对华出口26.09亿欧元，同比增长29.2%；斯自华进口80.08亿欧元，同比增长44.03%。斯对华贸易逆差进一步扩大。[④] 除了传统的食品、汽车行业的合作外，斯洛伐

① 斯洛伐克SME新闻网，https://domov.sme.sk/c/22863882/minister-obrany-usa-potvrdil-spolupr acu-so-slovenskom-pri-vyzbrojovani-ukrajiny.html?ref=av-center，检索日期：2023年3月4日。

② 斯洛伐克SME新闻网，https://domov.sme.sk/c/23009599/prva-dodavka-stihaciek-f-16-by-mala-na-slovensko-dorazit-v-druhom-stvrtroku-2024.html，检索日期：2023年3月4日。

③《驻斯洛伐克使馆发言人就斯洛伐克国民议会外交、卫生委员会通过涉台决议发表谈话》，中国驻斯洛伐克大使馆，2022年4月27日，http://sk.china-embassy.gov.cn/sgxx/dongtai1/202204/t20220428_10674719.htm，检索日期：2023年3月6日。

④ 斯洛伐克国家统计局，https://datacube.statistics.sk/#!/view/sk/VBD_INTERN/zo0011ms/v_zo0011ms_00_00_00_sk，检索日期：2023年3月18日。

克也积极在清洁能源、绿色金融、光伏产业等新兴领域寻求与中国拓展“绿色经济”合作。9月1日，时任斯洛伐克驻华大使杜尚·贝拉（Dušan Bella）在出席2022年太原能源低碳发展论坛分论坛“推进清洁美丽世界建设论坛”时介绍了斯洛伐克的节能减排经验。9月5日，贝拉大使参加第九届中国国际服务贸易交易会2022国际金融创新与合作论坛，重点介绍了斯洛伐克的绿色金融与投资政策。① 9月18日，贝拉大使在“全球无废城市高峰会”上围绕气候变化、绿色经济和低碳发展进行主旨演讲。② 11月5日至10日，斯洛伐克展商参加在上海举行的中国国际进口博览会。③ 12月1日，斯洛伐克企业在安徽省举办的2022中国光伏行业年度大会上进行推介。④

（二）冬奥外交成果显著，地方合作亮点频出

2022年，随着北京冬奥会和冬残奥会的举办，北京成为世界上首座“双奥之城”。作为冰雪运动盛行的国家，斯洛伐克积极参与北京冬奥会及冬残奥会活动，中斯双方围绕“冬奥”主题开展了系列外交活动。1月20

① “Vystúpenie veľvyslanca D. Bellu na Medzinárodnom veľtrhu obchodovania so službami（CIFTIS）”, Veľvyslanectvo Slovenskej Republiky v Pekingu, 2022年9月5日, https://www.mzv.sk/web/peking/pressreleasedetail?p_p_id=sk_mzv_portal_pressrelease_detail_portlet_PressReleaseDetailPortlet&p_p_lifecycle=0&groupId=10182&articleId=13708032，检索日期：2023年3月6日。

② “Veľvyslanec D. Bella na Globálnom energetickom fóre a Inovačnom samite k bezodpadovým mestám v Šanghaji”, Ve ľvyslanectvo Slovenskej Republiky v Pekingu, 2022年9月18日, https://www.mzv.sk/web/peking/pressreleasedetail?p_p_id=sk_mzv_portal_pressrelease_detail_portlet_PressReleaseDetailPortlet&p_p_lifecycle=0&groupId=10182&articleId=14085499，检索日期：2023年3月6日。

③ “5. ročník CIIE 2022 v Šanghaji-najväčšia ázijská importná výstava”, Generálny konzulát Slovenskej Republiky v Šanghaiji, 2022年11月11日, https://www.mzv.sk/web/gksanghaj/pressreleasedetail?p_p_id=sk_mzv_portal_pressrelease_detail_portlet_PressReleaseDetailPortlet&p_p_lifecycle=0&groupId=10182&articleId=15307202，检索日期：2023年3月6日。

④ “Prezentácia Slovenska na výročnom zasadnutí výrobcov solárnych panelov v provincii Anhui”, Veľvyslanectvo Slovenskej Republiky v Pekingu, 2022年12月6日, https://www.mzv.sk/web/peking/pressreleasedetail?p_p_id=sk_mzv_portal_pressrelease_detail_portlet_PressReleaseDetailPortlet&p_p_lifecycle=0&groupId=10182&articleId=15654183，检索日期：2023年3月6日。

日，斯洛伐克奥委会举办了“北京使命，相约2022”北京冬奥会主题邮票发行仪式。1月21日，斯洛伐克奥委会举行“北京冬奥会”专题会议，中国驻斯洛伐克大使孙立杰出席。[①] 2月10日至13日，斯洛伐克奥委会、残奥委会为庆祝北京冬奥会举办了奥林匹克文化节。[②] 在此届冬奥会上，斯洛伐克派出了空前规模的运动代表团，在冬奥会上斩获了1金1铜的佳绩。2022年北京冬残奥会的举办为广大中国冬季运动爱好者了解冰雪项目、了解斯洛伐克提供了契机，为中斯进一步深化体育合作奠定了基础。

2022年，中斯在地方合作上也取得了一定的进展。一是城市外交有所推进。7月14日，斯洛伐克知名文化城市巴尔代约夫（Bardejov）与中国古城丽江签署了《谅解与文化合作备忘录》，将持续推动两城未来在文化、旅游领域的合作。[③] 二是斯洛伐克在2022年担任维谢格拉德集团（V4）轮值主席国期间推动了V4国家与中国地方城市的交流。6月29日，由嘉兴市人民政府和捷克、匈牙利、波兰、斯洛伐克驻上海总领事馆共同主办的嘉兴·V4国际人文交流周在嘉兴市举办，该活动涉及V4国家城市风光直播、特色体育项目比赛、名家绘画艺术作品展、友好城市交流对话和文化旅游推介等，全面展示了V4国家同嘉兴市推进国际交流合作的成果。[④]

---

① 《驻斯洛伐克大使孙立杰出席斯洛伐克奥委会“北京冬奥会”专题会议》，中国驻斯洛伐克大使馆，2022年1月21日，http：//sk.china-embassy.gov.cn/sgxx/dongtai1/202201/t20220121_10631850.htm，检索日期：2023年3月6日。

② 《驻斯洛伐克大使孙立杰出席斯奥林匹克文化节开幕式》，中国驻斯洛伐克大使馆，2022年2月12日，http：//sk.china-embassy.gov.cn/sgxx/dongtai1/202202/t20220212_10641822.htm，检索日期：2023年3月6日。

③ “Prvá fáza podpísania Memoranda o porozumení a kultúrnej spoluprác”，Veľvyslanectvo Slovenskej Republiky v Pekingu，2022年7月14日，https：//www.mzv.sk/web/peking/pressreleasedetail? p_p_id=sk_mzv_portal_pressrelease_detail_portlet_PressReleaseDetailPortlet&p_p_lifecycle=0&groupId=10182&articleId=12779080，检索日期：2023年3月6日。

④ 《V4国际人文交流周在嘉兴举办》，捷克共和国驻沪总领事馆，2022年7月1日，https：//mzv.gov.cz/shanghai/zh/news/x2022_07_01_V4_International_Week_Jiaxing $ 219729.html，检索日期：2023年3月6日。

B.21

斯洛文尼亚

刘阅兵　鲍 捷*

摘　要： 2022年，政治领域，斯洛文尼亚议会选举、总统选举和地方选举先后举行，新政府成立，首位女性总统上台。经济领域，斯洛文尼亚经济在疫情后强劲复苏，进出口贸易恢复活力，但通货膨胀率居高不下。外交与安全领域，乌克兰危机升级后，斯洛文尼亚积极响应欧盟和北约，支持乌克兰，谴责俄罗斯；同时继续助力欧洲一体化进程。社会与文化领域，多行业举行大罢工，两项法律修正案通过公投。中斯关系领域，2022年恰逢北京冬奥会举行、中斯建交30周年、成都与卢布尔雅那缔结友好城市关系40周年，中斯两国以此为契机展开多领域合作。

关键词： 斯洛文尼亚　选举　通货膨胀　欧洲一体化　中斯关系

一　国内政治形势

（一）自由运动党赢得议会选举，党魁戈洛布成功组阁

在经历了一段政治和社会不稳定的动荡期后，2022年4月24日，斯洛

* 刘阅兵，北京外国语大学欧洲语言文化学院斯洛文尼亚语专业本科毕业生；鲍捷，斯洛文尼亚卢布尔雅那大学巴尔干学博士，原北京外国语大学欧洲语言文化学院斯洛文尼亚语讲师。

文尼亚议会选举成功举行。在此次议会选举中，选民积极性非常高，投票率达到 70.97%，创下 2000 年以来的新高。[①]

根据斯洛文尼亚国家选举委员会官方数据，由罗伯特·戈洛布（Robert Golob）领导的自由运动党（Gibanje Svoboda）在此次选举中赢得了 410769 张选票，占比 34.45%，获得 41 个议席，创斯洛文尼亚 1991 年独立以来单一政党在议会中所获席位最高纪录。斯洛文尼亚民主党（Slovenska demokratska stranka，SDS）赢得了 279897 张选票（占比 23.48%），获得 27 个议席；新斯洛文尼亚党－基督教民主党（Nova Slovenija－Krščanski Demokrati，NSi）赢得 81794 张选票（占比 6.86%），获得 8 个议席；社会民主人士党（Socialni Demokrati，SD）赢得 79709 张选票（占比 6.69%），获得 7 个议席；左翼党（Levica）赢得 53234 张选票（占比 4.46%），获得 5 个议席。随后，自由运动党、社会民主人士党和左翼党结成左翼联盟，符合组建政府的最低条件。[②] 5 月 25 日，斯洛文尼亚国民议会以 54 票赞成、30 票反对确认戈洛布成为新一任总理；6 月 1 日，议会以 53 票赞成、28 票反对通过戈洛布提交的组阁申请，第 15 届斯洛文尼亚政府正式成立，[③] 曾经的大选赢家斯洛文尼亚民主党则成为最大的在野党。

在此次大选中获胜的自由运动党成立于 2022 年 1 月，由 2021 年 5 月成立的绿色行动党改组而成。其党魁、此届政府领导人戈洛布曾是一名商人，虽然他的执政经验远不如政坛宿将扬沙，但他也并非部分媒体宣传的政治新手。1999~2002 年他曾在德尔诺夫舍克政府担任环境部负责能源的国务秘

① 本报告中提及的有关 2022 年议会选举、总统选举、地方选举以及公民投票的数据信息均源自斯洛文尼亚国家选举委员会官方网站，后文不再标记。网址：https：//www.dvk-rs.si，检索日期：2023 年 1 月 28 日。

② 斯洛文尼亚共和国国民议会（Državni zbor Republike Slovenije）共有 90 个席位，每四年选举一次，其中 88 席由各政党派出代表参选，其余 2 席由少数族裔即讲意大利语和匈牙利语的斯洛文尼亚人按照波达计数法各自选举产生。议会中的最大党派或党派联盟若占据了半数以上的席位，就具有组建内阁的权力。

③ 斯洛文尼亚通讯社就第 15 届政府成立相关事宜做的系列报道，https：//www.sta.si/v-srediscu/vlada2022，检索日期：2023 年 1 月 28 日。

书，并先后担任积极的斯洛文尼亚党和布拉图舍克党副主席。[①] 戈洛布表示，斯洛文尼亚人民渴望自由与改变，而这也是他的政党将为人民带来的，其还承诺将就医疗、教育、能源危机等问题进行改革。

（二）《政府法（修正案）》通过公投，新政府规模扩大

2022 年 6 月 22 日，斯议会正式通过《政府法（修正案）》，重新规划原有政府部门的职能并增加环境、气候和能源部，团结未来部，高等教育、科学和创新部三个部门。10 月，斯洛文尼亚民主党向议会提出就该法案进行全民公投的请求，并收集了足够多的签名。斯洛文尼亚民主党党员、发展和欧盟凝聚政策不管部前部长兹温科·切尔纳奇（Zvonko Černač）呼吁选民在公投中投出反对票，借此向新政府表明他们正在施行错误的政策，并谴责戈洛布政府带来高税收、高通胀和高物价，使得扬沙政府取得的政绩付诸东流。[②]

2022 年 11 月 27 日，全民公投正式举行，投票率为 41.83%，共收回投票 708615 张，其中合格投票 704905 张，不合格投票 3710 张。在合格选票中，56.69%的选民表示支持《政府法（修正案）》，这意味着此届政府部门的数量将从 17 个增加到 20 个。根据修正案，环境保护工作和环境领域的行政流程将从原环境和空间部中剥离，由新成立的环境、气候和能源部负责，原环境和空间部更名为自然资源和空间规划部；科技和创新领域的工作将从原教育、科学和体育部中剥离，由新成立的高等教育、科学和创新部负责，部分体育相关的工作则由经济、旅游和体育部负责，原教育、科学和体

① 孔田平：《大选与斯洛文尼亚右翼民粹主义的未来》，中国社会科学院欧洲研究所，http://ies.cass.cn/cn/work/comment/202205/t20220512_5407936.shtml，检索日期：2023 年 1 月 28 日。

② 2022 年 10 月，斯洛文尼亚民主党同时要求对《政府法（修正案）》、《长期护理法（修正案）》和《斯洛文尼亚广播电视法（修正案）》进行公投，关于后两项法案的公投的内容放在本报告“社会与文化”部分中。斯洛文尼亚广播电视台，https://www.rtvslo.si/slovenija/sds-vlozil-podpise-za-tri-referendume-v-koaliciji-menijo-da-stranka-ne-razume-izida-volitev/643453，检索日期：2023 年 1 月 28 日。

育部更名为教育部；原外交部更名为外交和欧洲事务部；数字化转型不管部更改为数字化转型部；发展和欧盟凝聚政策不管部更改为凝聚和区域发展部。

2023 年 1 月 24 日，斯议会根据《政府法（修正案）》重新进行了投票，以 55 票赞成、28 票反对通过了政府部门重组的提案。至此，由戈洛布领导的第 15 届政府成员正式确定（见表 1）。

表 1　戈洛布政府部长名单

姓名	中文译名	职务
Tanja Fajon	塔妮娅・法永（女）	副总理兼外交和欧洲事务部长
Luka Mesec	卢卡・梅塞茨	副总理兼劳动、家庭、社会事务和平等机会部长
Danijel Bešič Loredan	达尼耶尔・贝希奇・洛雷丹	副总理兼卫生部长
Klemen Boštjančič	克莱门・博什特扬契奇	财政部长
Marjan Šarec	马尔扬・沙雷茨	国防部长
Dominika Švarc Pipan	多米尼卡・什瓦尔茨・皮潘（女）	司法部长
Sanja Ajanović Hovnik	萨妮娅・阿亚诺维奇・霍夫尼克（女）	公共管理部长，暂兼代理内务部长
Simon Maljevac	西蒙・马列瓦茨	团结未来部长
Bojan Kumer	博扬・库梅尔	环境、气候和能源部长
Darjo Felda	达尔约・费尔达	教育部长
Igor Papič	伊戈尔・帕皮奇	高等教育、科学和创新部长
Matjaž Han	马特亚日・汉	经济、旅游和体育部长
Asta Vrečko	阿斯塔・弗雷奇科（女）	文化部长
Irena Šinko	伊雷娜・欣科（女）	农业、林业和食品部长
Alenka Bratušek	阿伦卡・布拉图舍克（女）	基础设施部长
Uroš Brežan	乌罗什・布雷让	自然资源和空间规划部长
Aleksander Jevšek	阿莱克桑戴尔・耶夫舍克	凝聚和区域发展部长
Emilija Stojmenova Duh	埃米利娅・斯托伊梅诺娃・杜赫（女）	数字化转型部长
Matej Arčon	马特伊・阿尔琼	海外斯洛文尼亚人事务不管部长

资料来源：斯洛文尼亚共和国政府门户网站部长列表，https：//www.gov.si/drzavni-organi/vlada/o-vladi/，检索日期：2023 年 1 月 28 日。

（三）总统与地方选举先后进行，首位女性总统诞生

议会选举落下帷幕四个月后，斯洛文尼亚的选举工作再次启动。

2022 年 10 月 23 日，斯洛文尼亚总统选举正式举行，7 名候选人参与角逐（见表 2），时任总统博鲁特·帕霍尔（Borut Pahor）已连任两届，无法再次参与竞选。

表 2　斯洛文尼亚总统选举候选人名单

单位：张，%

姓名	中文译名	民选得票	得票率
Anže Logar	安热·洛加尔	296000	33. 95
Nataša Pirc Musar	娜塔莎·皮尔茨·穆萨尔	234361	26. 88
Milan Brglez	米兰·波尔格雷茨	134726	15. 45
Vladimir Prebilič	弗拉基米尔·普雷比利奇	92456	10. 60
Sabina Senčar	萨比娜·森查尔	51767	5. 94
Janez Cigler Kralj	亚内兹·慈格勒尔·克莱尔	38113	4. 37
Miha Kordiš	米哈·科尔迪史	24518	2. 81

资料来源：斯洛文尼亚国家选举委员会官方网站，https：//volitve. dvk-rs. si/vp2022/#/rezultati，检索日期：2023 年 1 月 29 日。

由于在此轮选举中没有一位候选人的票数达到超过半数的绝对多数，得票数前两名的斯洛文尼亚民主党候选人安热·洛加尔和独立候选人娜塔莎·皮尔茨·穆萨尔于 2022 年 11 月 13 日进行第二轮选举。在第二轮选举中，穆萨尔以 53. 89%的得票率击败了洛加尔（得票率为 46. 11%），成为斯洛文尼亚共和国的首位女性总统。12 月 22 日，穆萨尔于议会宣誓就任斯洛文尼亚总统，并于第二天上午前往总统府与前总统帕霍尔进行交接。穆萨尔承诺，将维护国家主权和公平正义，使政治为全体公民服务；同时也表示将为多边主义和一个更强大的欧洲做出努力。[①]

① 斯洛文尼亚广播电视台就新任总统就职做的详细报道，https：//www. rtvslo. si/slovenija/ne-bom-se-predala-in-ne-bom-gledala-nazaj-premisljeno-trezno-in-srcno-se-bom-oglasala/651869，检索日期：2023 年 1 月 29 日。

此外，两轮地方选举也于2022年11月20日和12月4日分别进行。卢布尔雅那市长佐兰·扬科维奇（Zoran Janković）、马里博尔市长萨莎·阿尔塞诺维奇（Saša Arsenovič）将继续任职。博扬·斯洛特（Bojan Šrot）则在担任采列市长24年后，败给了马蒂亚·科瓦奇（Matija Kovač）。值得注意的是，各州政党在地方选举中的表现相对较弱，212名市长中有138名是在选民支持的独立名单中选出的。①

二　经济发展状况

（一）宏观经济数据

2022年，斯洛文尼亚经济增长5.4%。在第一、第二季度内，经济增长明显，国内生产总值同比分别增长10.2%和8.6%；第三季度经济呈现疲软态势，国内生产总值同比增长3.3%，季节性调整后的实际国内生产总值同比下降1.3%；第四季度经济增长幅度减缓，同比上升0.2%。斯洛文尼亚宏观经济分析与发展办公室（UMAR）表示，斯洛文尼亚经济增长已达预期值，这主要得益于前两个季度经济的稳步增长以及疫情后的经济复苏形势。②

随着新冠疫情大流行结束，斯洛文尼亚进出口贸易也重新恢复活力。2022年，斯洛文尼亚进出口总额为1097亿欧元。其中出口商品总额529亿欧元，同比增长34.2%；进口商品总额568亿欧元，同比增长36.6%；对外贸易逆差39亿欧元。2022年，瑞士成为斯洛文尼亚最大贸易伙伴，既是其最大进口商品来源国（占比14.6%），也是其最主要的商品出口国（占比21%）。其他重要经贸合作伙伴分别为德国、意大利、克罗地亚和奥地利。③

① 〔斯洛文尼亚〕盖施佩尔·皮尔茨（Gašper Pirc）：《2022年斯洛文尼亚政治状况回顾》，中国-中东欧研究院公众号，https://mp.weixin.qq.com/s/iwHa57AEtwBYygPJsaM5ng，检索日期：2023年1月29日。

② 斯洛文尼亚国家统计局，2023年2月14日，https://www.stat.si/StatWeb/News/Index/10903，检索日期：2023年2月20日。

③ 斯洛文尼亚国家统计局，2023年2月3日，https://www.stat.si/StatWeb/News/Index/10843，检索日期：2023年2月20日。

2022 年，斯洛文尼亚总就业人数为 1083800 人，同比增加 16700 人，增长率为 1.6%。根据斯洛文尼亚国家统计局数据，第一季度失业人数为 44000 人，同比下降 21%；第二季度失业人数不变；第三季度失业人数为 42000 人，同比下降 11.7%；第四季度失业人数再度下降，为 35000 人，同比下降 24%，失业率达到有史以来最低的 3.5%。①

（二）通货膨胀和应对政策

斯洛文尼亚自独立以来，通货膨胀率一直相对稳定，始终保持在 0～5%。2022 年，受俄乌冲突的影响，斯洛文尼亚发生严重的通货膨胀，对经济产生了较大影响。

自 2022 年 6 月起，斯洛文尼亚的通货膨胀率居高不下，维持在 10%左右，7 月、8 月更是达到 11%。其中，食品价格上涨幅度最大，以 12 月为例，斯洛文尼亚食品和软饮价格同比上涨 18.6%，当月的通货膨胀率达到 10.3%。房租、水电及燃气价格也涨幅明显，6 月到 8 月，同比上涨幅度超过 20%。②

新政府上台后，推出了多项政策以缓解高通胀。政府在电力和天然气价格监管、石油产品价格监管以及降低某些能源产品增值税方面采取的措施对于缓解高通胀效果最明显。例如，斯政府对高速公路和城市快速路的燃油零售价格进行监管，将每升 95 号汽油的价格降低 0.122 欧元，将每升柴油的价格降低 0.13 欧元；政府还通过限制价格、降低增值税等方法帮助所有家庭和小型企业减少电力和天然气支出，每户可节省费用 110～334 欧元，部分供应商最多可节约供暖费 1000 欧元。斯洛文尼亚宏观经济分析与发展办公室指出，如果没有政府采取的措施，2022 年的通货膨胀率将超过 12%。③

① 斯洛文尼亚国家统计局，https://www.stat.si/StatWeb/Field/Index/3/116，检索日期：2023 年 3 月 23 日。

② 斯洛文尼亚广播电视台，12 月 30 日，https://www.rtvslo.si/gospodarstvo/inflacija-je-decembra-na-letni-ravni-dosegla-10-3-odstotka/652686，检索日期：2023 年 2 月 27 日。

③ 斯洛文尼亚政府官方网站 2022 年 10 月 5 日发布的政府为缓解高通胀采取的措施，https://www.gov.si/novice/2022-10-05-vlada-s-pravocasnimi-ukrepi-preprecila-rast-inflacije/，检索日期：2023 年 2 月 27 日。

三 外交与安全

（一）在俄乌冲突中力挺乌克兰，谴责和制裁俄罗斯

2022 年 2 月爆发的俄乌冲突给欧洲地缘政治带来深远的影响，作为欧盟和北约的成员国，斯洛文尼亚积极响应欧盟和北约，谴责和制裁俄罗斯，并向乌克兰提供人道主义支持与军事援助。

当地时间 2022 年 3 月 1 日，斯洛文尼亚大使馆发布推文称，斯洛文尼亚驻哈尔科夫领事馆遭俄军火箭摧毁，斯方对俄军的行为表示谴责。随后，时任总理扬沙和外交部长洛加尔相继发布推文，表达对乌克兰民众的支持。[①] 3 月 15 日，扬沙总理同波兰总理莫拉维茨基（Mateusz Morawiecki）、副总理卡钦斯基（Jarosław Kaczyński），捷克总理菲亚拉（Petr Fiala）一道，以欧洲理事会代表的名义前往乌克兰首都基辅，与乌克兰总统泽连斯基（Volodymyr Zelenskyy）及总理什梅加尔（Denys Shmyhal）举行会谈。三国领导人是自 2 月 24 日俄罗斯宣布对乌克兰发动特别军事行动以来第一批访问乌克兰的国家领导人。扬沙对乌克兰人的勇气和抗争精神表示赞赏，称斯洛文尼亚将尽其所能为乌克兰提供帮助。[②] 随后，斯洛文尼亚向乌克兰提供了大量资金及物资支持，官方及民间人道主义组织也多次举行筹款筹物活动。斯政府官方网站也设置专页，向乌克兰难民提供临时庇护和资金帮助。

2022 年 6 月上台的第 15 届政府延续了上届政府在俄乌冲突中的立场，对乌克兰的支持更多转向军事方面，对俄罗斯从发文谴责转向贸易制裁。

① 斯洛文尼亚广播电视台就俄军袭击哈尔科夫做的详细报道，https：//www. rtvslo. si/svet/evropa/pet-mrtvih – v – napadu – na – tv – stolp – v – kijevu – v – harkovu – unicen – tudi – slovenski – konzulat/614067，检索日期：2023 年 1 月 30 日。

② 斯洛文尼亚政府官方网站 2022 年 3 月 16 日就扬沙到访乌克兰做的报道，https：//www. gov. si/novice/2022-03-16 – predsednik – vlade – janez – jansa – v – kijevu – ukrajina – je – del – evropske-druzine/，检索日期：2023 年 1 月 30 日。

11月28日，斯洛文尼亚国防部长沙雷茨与国务秘书达米尔·彻伦彻慈（Damir Črnčec）、陆军总参谋长罗伯特·格拉瓦施（Robert Glavaš）一同前往乌克兰，就斯方如何向乌克兰提供军事援助与乌方进行磋商。[①] 11月30日，新任总理戈洛布在国家安全委员会会议上称，只要乌克兰人民仍有进行军事防卫的意愿，斯洛文尼亚就有道德和义务支持他们。斯洛文尼亚同样加入了欧盟提出的帮助乌克兰军人进行训练的计划。该计划将帮助乌克兰新兵在欧盟军事援助团框架下进行基本训练，有一定作战经验的乌克兰军人则将能接受特别训练。[②] 此外，斯洛文尼亚政府对俄罗斯采取了贸易制裁措施，如限制向俄罗斯出口斯洛文尼亚军民两用商品，禁止进口俄罗斯钢铁原料，禁止向俄罗斯出售、供应、转让或出口用于炼油的某些货物和技术，禁止向俄罗斯出口航空燃料、燃料添加剂和其他有助于增强俄罗斯工业能力的货物等。[③]

（二）持续助力欧洲一体化进程

随着俄乌冲突的爆发，欧洲地缘政治和经济发展的不稳定因素增加，欧盟在2022年加大了对西巴尔干国家的支持力度，重申对其加入欧盟的承诺。因西巴尔干国家特殊的地理位置，斯洛文尼亚始终将其视作重要的战略合作伙伴，支持西巴尔干国家发展并致力于推进欧洲一体化进程。[④]

2022年11月3日，西巴尔干柏林进程峰会在德国首都柏林举行。峰会上，欧盟委员会主席冯德莱恩（Ursula von der Leyen）宣布了价值10亿欧元的一揽子援助计划，用于帮助西巴尔干国家应对能源危机，并表示在当今

---

① 斯洛文尼亚《劳动报》就国防部长前往乌克兰做的详细报道，https://www.delo.si/novice/slovenija/minister-sarec-je-na-obisku-v-kijevu/，检索日期：2023年1月31日。

② 斯洛文尼亚广播电视台，https://www.rtvslo.si/slovenija/golob-dokler-imajo-ukrajinci-voljo-do-vojaske-obrambe-jih-moramo-pri-tem-podpirati/649264，检索日期：2023年1月31日。

③ 斯洛文尼亚政府官方网站显示的针对俄罗斯采取的贸易制裁，https://www.gov.si/teme/ukrepi-za-omejevanje-trgovine-zaradi-razmer-v-ukrajini/，检索日期：2023年3月23日。

④ 斯洛文尼亚政府官方网站中有对西巴尔干国家对斯洛文尼亚的意义及双边合作事宜的详细解读，https://www.gov.si/teme/sosescina/，检索日期：2023年1月31日。

背景下，加快西巴尔干国家的入盟进程十分重要。斯洛文尼亚时任总统帕霍尔认为，西巴尔干国家入盟是一项十分重要的地缘政治问题。他在发言中指出，柏林进程和“开放巴尔干”倡议同等重要。但随着欧洲一体化进程的推进，“开放巴尔干”倡议将不复存在，取而代之的是真正的大融合和合作。他还指出，斯洛文尼亚十分欢迎欧盟委员会提出的在年底给予波黑欧盟候选国地位的建议。①

2022 年 12 月 6 日，欧盟-西巴尔干国家峰会在阿尔巴尼亚首都地拉那举行，会议就欧盟扩大、非法移民、俄乌冲突、能源危机等重点议题进行了讨论。会上，包括斯洛文尼亚总理戈洛布在内的欧盟各国领导人签署了一份联合声明，谴责俄罗斯是当前能源危机和经济危机的唯一责任人。戈洛布认为，目前有多重因素表明，推动西巴尔干国家加入欧盟的进程是值得的：首先，西巴尔干国家入盟已经取得了进展；其次，欧盟也发出了明确的信号，多次重申对西巴尔干国家入盟的承诺。他还强调，自俄乌冲突开始欧盟就已经重新认识到，决不能让西巴尔干国家成为欧盟的“软肋”。

此次峰会还对克罗地亚加入申根区和非法移民问题进行了重点讨论。2022 年 11 月，欧洲议会批准克罗地亚于 2023 年 1 月 1 日正式成为申根区成员国。这意味着斯洛文尼亚将不再是申根区的西南大门，而斯洛文尼亚境内的西巴尔干难民数量将会上升。同时，克罗地亚的海陆边界争端也并未得到解决。但值得注意的是，戈洛布对于克罗地亚加入申根区的态度非常乐观。他表示，克罗地亚加入申根区不仅不会使当前的情况恶化，反而会改善非法移民问题，因为斯洛文尼亚将和克罗地亚一道巩固外部边境。②

---

① 斯洛文尼亚广播电视台对西巴尔干柏林进程峰会的详细报道，https://www.rtvslo.si/svet/evropa/eu-bo-zahodnemu-balkanu-v-boju-proti-energetski-krizi-pomagal-z-milijardo-evrov/645955，检索日期：2023 年 2 月 7 日。

② 斯洛文尼亚广播电视台对欧盟-西巴尔干国家峰会的详细报道，https://www.rtvslo.si/evropska-unija/golob-vstop-hrvaske-v-schengen-bo-sloveniji-pomagal-tudi-pri-spopadanju-z-migrantsko-krizo/650022，检索日期：2023 年 2 月 7 日。

四 社会与文化

（一）卫生、社会福利及教育部门大罢工

尽管斯洛文尼亚政府于 2022 年 2 月放松了对于新冠疫情的管控，但疫情带来的影响并未消散，卫生、社会福利及教育部门先后发起了大罢工，要求提高工资和福利待遇。

2022 年 2 月初，斯洛文尼亚教育机构率先掀起了罢工潮。2 月 14 日，在全国范围内的罢工持续两天后，超过两万名教育界的罢工者前往位于首都市中心的议会广场，四万多名教育工作者暂停工作。此次罢工的主要目的是要求政府提高教育工作者的薪资，制定明确的考核机制，并对部分工作人员提供补贴。参与者强调，这样做也是为了提升政府对于教育工作者和教育事业的重视程度，使从业者获得价值感。3 月 9 日，四万多名教育工作者再次发起大罢工，他们在所在机构前集体转身，背对镜头，以表示对当前制度的不满。虽然政府随后和工会代表进行了会面，但由于选举将至，时任政府并未采取行动。

2022 年 2 月 16 日早上 7 点，一场由医院、医疗中心、药房社会服务中心和福利机构工作人员联合发起的罢工活动在斯洛文尼亚全境展开。除保障居民生命健康安全的最低限度工作流程外，其他非必要的卫生医疗及社会福利工作均停摆，直到晚间 10 点罢工结束。斯洛文尼亚社会福利及卫生工会主席楚约维奇（Irena Ilešič Čujovič）表示，政府在前期和工会的谈判中，始终没有做出明确的指示，甚至没有表达明确的意愿来改善公共医疗和社会福利，所以工会不得不采取罢工的极端手段。她认为，工会自预告罢工后同卫生部进行的所有谈判都是无用功，因为政府从未计划过和工会达成任何协议。此次罢工的目的就是希望政府能够纠正卫生部门中存在的工资差异，改善薪资结构，并制定合理的用工标准。[①]

① 此次罢工的参与者主要是护士、护工、社工等卫生及社会福利部门的工作者，医生和牙医及其所属工会并未参加。斯洛文尼亚广播电视台，https://www.rtvslo.si/zdravje/vlada-nima-zelje-skleniti-dogovora-ki-bi-vodil-v-boljse-javno-zdravstvo/612606，检索日期：2023 年 2 月 8 日。

新政府上台后，罢工浪潮仍在继续。教育、科学和文化工会多次预告罢工并与政府部门进行会谈，但均未取得成效。工会表示，当前形势下，教育从业者已经出现不足，这意味着薪资问题将导致整个教育行业的危机，强调政府需要立即增加一线教职人员、技术人员、职业指导人等基层人员的工资，否则罢工和抗议活动仍将继续。①

2022 年 9 月，斯洛文尼亚医生及牙医工会表示将于 10 月 19 日举行罢工。19 日当天，工会与政府达成协议，暂时取消了罢工活动。协议称，政府将在 2023 年 4 月 1 日前建立独立的医疗卫生薪酬体系，保证同工同酬的分配原则，并为青年医生提供更多的培训机会。② 截至 2022 年底，此份协议并无任何进展，医生的不满也没有平息。2022 年底，医生及牙医工会再次预告将于 2023 年初举行罢工，以表示对政府工作的不满。他们要求政府明确表明，医生不该为当前医疗系统中的不平衡状况负责，同时谴责针对医护人员的任何形式的暴力；并要求政府在 2023 年 4 月 1 日前尽快解决医疗团队中的薪资差异问题。③

（二）两项法律修正案通过公投

2022 年是斯洛文尼亚公民的“超级公投年”。11 月 27 日，除上述的《政府法（修正案）》，针对《长期护理法（修正案）》和《斯洛文尼亚广播电视法（修正案）》的公投也同步举行。对包括《政府法（修正案）》在内的三项法案的公投均由反对派推动，旨在阻止这些修正案的通过。最终民众选择支持当前政府的立法建议，通过投票表达对当局的支持。

---

① 斯洛文尼亚广播电视台，2022 年 12 月 14 日，https：//www. rtvslo. si/slovenija/v－svizu－nezadovoljni－z－odnosom－vlade－januarja－protestni－shod－pomocnic－vzgojiteljic/650987，检索日期：2023 年 2 月 8 日。

② 斯洛文尼亚广播电视台对政府和医生及牙医工会签署协议的报道，https：//www. rtvslo. si/zdravje/vlada－in－zdravniki－podpisali－sporazum－gre－za－velik－korak－za－desetletni－cilj－fidesa/644262，检索日期：2023 年 2 月 8 日。

③ 斯洛文尼亚媒体“24 小时”对医生及牙医工会预告罢工的报道，https：//www. 24ur. com/novice/slovenija/fides－bi－lahko－predstavil－podrobnosti－napovedane－stavke. html，检索日期：2023 年 2 月 8 日。

《长期护理法》由上届政府于2021年底推出，意在为老年人、残疾人以及因疾病而需要长期照护的斯洛文尼亚公民提供保障和资金支持，计划于2023年初正式生效。但在新政府上台后，斯洛文尼亚国民议会通过了《长期护理法（修正案）》，使得该项法律延后一年生效。反对派以修正案将使老弱病残等最需要帮助的公民延后获得本该获得的福利，直接损害他们的权益为由发起全民公投。在11月27日的公投中，41.84%的选民参与投票，其中62.27%的选民投了赞成票，《长期护理法（修正案）》通过。劳动、家庭、社会事务和平等机会部长梅塞茨表示，修正案给了政府更多时间来进一步完善长期护理体系，同时其规定会给予养老机构3000万欧元的额外补贴，这意味着将有更多人从中获益。①

针对《斯洛文尼亚广播电视法（修正案）》的公投也在同一天举行。自扬沙政府于2020年上台以来，当时以斯洛文尼亚民主党为主导的执政联盟与斯洛文尼亚广播电视台的关系日益密切，并影响了斯洛文尼亚广播电视台高层领导变更以及节目播出安排。扬沙政府还试图修改媒体法，将公共媒体的拨款转向亲扬沙的私人媒体。种种举动引发了斯洛文尼亚广播电视台员工和民众的严重不满，为此，斯洛文尼亚广播电视台也多次举行罢工和抗议活动。新政府上台后，以茉夏·舍汀慈·帕舍克（Mojca Šetinc Pašek，自由运动党党员）为主的议员向议会提交了修正案。戈洛布表示，此项修正案将解决斯洛文尼亚广播电视台内部存在的矛盾，并消除斯广电高层内部的政治因素。② 最终，41.85%的选民以62.83%的赞成票通过该项修正案，即允许媒体保持政治中立，不允许对媒体施加政治压力，并要求增加广播机构播报内容的可信度。新的修正案于2022年12月27日生效。

---

① 斯洛文尼亚广播电视台对《长期护理法（修正案）》的报道，https://www.rtvslo.si/slovenija/referendumi-2022/referendum-o-dolgotrajni-oskrbi/spremembe-zakona-o-dolgotrajni-oskrbi-na-referendumu-potrjene-za-zakon-62-odstotkov-volivcev/648911，检索日期：2023年2月9日。

② 斯洛文尼亚广播电视台，https://www.rtvslo.si/slovenija/golob-ob-stavki-na-rtv-slo-upa-na-umiritev-situacije-do-konca-leta/631558，检索日期：2023年2月10日。

五　与中国的关系

（一）中斯建交30周年

2022 年是中国与斯洛文尼亚建交 30 周年。5 月 12 日，国家主席习近平同斯洛文尼亚共和国总统帕霍尔互致贺电，庆祝两国建交 30 周年。[①] 习近平指出，中斯建交 30 年来，双方相互尊重，平等相待，互利合作取得积极成果，人文交流日益活跃，为两国人民带来了实实在在的利益。面对新冠疫情，两国人民守望相助，彰显中斯深厚情谊。时任总统帕霍尔表示，中斯关系源远流长，建交 30 年来，双边关系快速发展，经贸合作富有成效，领域不断拓展，冰雪运动成为合作新亮点。作为欧盟成员国，斯洛文尼亚积极支持加强中欧关系，致力于将合作成果惠及双方和国际社会。[②]

2022 年也是成都市和卢布尔雅那市建立友好城市关系 40 周年。5 月 10 日，成都市政府同卢布尔雅那市政府举行视频会议，庆祝两市结好 40 周年，并在线签署两市 2022~2026 年友城合作计划书。成都副市长林楠、卢布尔雅那副市长茨尔涅克、斯驻华大使苏岚等与会，中国驻斯洛文尼亚大使王顺卿应邀出席并致辞。[③] 当晚 8 点，“庆祝中国和斯洛文尼亚建交 30 周年亮灯仪式”在成都金融城天府双塔举行。以中斯两国国旗色为底色，用中、斯、英三种语言表达“庆祝中国与斯洛文尼亚建交 30 周年”的画面点亮双塔。斯洛文尼亚首都卢布尔雅那市当日也整晚以红色调点亮其地标建筑三桥，与友城成都市共贺中斯建交 30 周年、共庆两市友好关系走过 40 载。[④]

---

① 1992 年 5 月 12 日中国和斯洛文尼亚共和国签署建交公报，正式建立外交关系。

② 《习近平同斯洛文尼亚总统帕霍尔就中斯建交 30 周年互致贺电》，求是网，2022 年 5 月 12 日，http：//www. qstheory. cn/yaowen/2022-05/12/c_1128645077. htm，检索日期：2023 年 2 月 10 日。

③ 《成都与卢布尔雅那举办缔结友好城市 40 周年视频会议》，中华人民共和国驻斯洛文尼亚共和国大使馆，2022 年 5 月 10 日，http：//si. china-embassy. gov. cn/xwdt/202205/t20220510_10684110. htm，检索日期：2023 年 2 月 10 日。

④ 《成都为庆祝中斯建交 30 周年举行亮灯仪式》，成都市人民政府网，2022 年 5 月 11 日，https：//cdfao. chengdu. gov. cn/cdwqb/c146828/202205/13/content_ 245b7dc83c774782adfd84201787942f. shtml，检索日期：2023 年 2 月 10 日。

（二）经济合作与人文交流

2022年，中国与斯洛文尼亚的双边经贸合作不断增加，两国进出口贸易额保持增长态势。中斯双边贸易总额为53.32亿欧元，同比增长24.4%，其中斯自华进口50.27亿欧元，斯对华出口3.05亿欧元。斯洛文尼亚从中国进口的商品主要有核反应堆、锅炉、机器、机械器具及其零件（占20%），电机、电气设备及其零件（占16%）；斯洛文尼亚对中国出口的商品主要为有机农产品（占61%）。①

以冬奥会为契机，中斯两国在2022年加强了冰雪运动领域的合作。2月2日，一块来自斯洛文尼亚特里格拉夫山巅的冰川样本在“游历”了13000多公里后，抵达2022年北京冬奥会现场，“融冰”仪式随后在张家口举行。② 2月4日，由斯洛文尼亚奥委会主办的“北京冬奥节”活动在斯滑雪胜地克拉尼斯卡戈拉开幕，于北京冬奥会期间在斯各地举办，包括赛事直播、奥运和中国知识问答、中国文化展示等丰富多彩的活动。③ 9月1日，2022国际冬季运动（北京）博览会在北京开幕。斯洛文尼亚驻华大使馆与斯洛文尼亚滑雪设备制造商及中国最大的经销商北京雪伊兰体育有限公司合作，联合设立展台参与此届博览会，将展出包括Slatnar、Elan和Alpina在内的斯洛文尼亚知名品牌产品，宣传斯洛文尼亚制造的优质滑雪板和其他冬季运动装备，同时传播斯洛文尼亚冬季体育运动文化。④

---

① 斯洛文尼亚经济、旅游和体育部官方网站，https：//www.izvoznookno.si/drzave/kitajska/poslovno-sodelovanje-s-slovenijo/，检索日期：2023年4月27日。

② 2021年12月3日，斯洛文尼亚奥委会与拉什科啤酒厂（Pivovarna Laško）联合发起“使命：特里格拉夫冰川到北京”主题活动，致力于提高公众对于全球气候变暖的重视程度。科研人员从斯洛文尼亚最高峰特里格拉夫山上采集冰川样本，跨越9个国家和地区，走过13000多公里，最终于2022年2月2日将之运送到北京。

③ 《斯洛文尼亚“北京冬奥节”活动开幕》，中华人民共和国驻斯洛文尼亚共和国大使馆，2022年2月5日，http：//si.china-embassy.gov.cn/chn/xwdt/202202/t20220205_10639257.htm，检索日期：2023年2月13日。

④ 《斯洛文尼亚展台亮相2022年国际冬季运动博览会》，斯洛文尼亚与中国（斯洛文尼亚共和国驻中华人民共和国官方微信公众号），2022年9月2日，https：//mp.weixin.qq.com/s/iIcK_V5YiefZ63mcIxdkUA，检索日期：2023年2月13日。

B.22
匈牙利

郭晓晶　王秋萍*

摘　要： 2022年为匈牙利大选年，匈牙利先后举行总统选举和国会选举，执政联盟青民盟—基民党联盟以绝对优势胜选，继续执政，国内政治局势稳定。经济方面，匈牙利上半年经济向好，发展势头强劲；下半年受俄乌冲突的影响，经济陷入技术性衰退。外交与安全方面，与欧盟在法治问题上摩擦不断，欧盟以改革不充分为由冻结匈牙利应当从欧盟获得的220亿欧元拨款；与俄罗斯的关系上，匈牙利在能源上依赖俄罗斯，反对制裁俄罗斯，希望通过谈判结束俄乌冲突；与美国的关系因俄乌冲突爆发后匈方对俄立场而出现裂痕。社会与文化方面，全年教师罢工不断，旨在争取自己的合法权益，提高工资。中匈关系方面，2022年是中匈全面战略伙伴关系确立5周年，双边关系不断实现高水平发展。

关键词： 匈牙利　大选　法治问题　中匈关系

一　国内政治形势

（一）总统选举与国会选举

2022年为匈牙利大选年，匈牙利先后举行总统选举和国会选举，执政

* 郭晓晶，北京外国语大学匈牙利研究中心主任、副教授，主要研究方向为匈牙利语语言文学、中匈文化交流史、匈牙利教育；王秋萍，国际关系学博士，北京外国语大学匈牙利语讲师，主要研究方向为匈牙利国别研究和中匈关系研究。

联盟青民盟—基民党联盟（以下简称“青民盟”）以绝对优势胜选，继续执政，国内政治局势稳定。

2022 年 3 月 10 日，匈国会举行总统选举，执政联盟青民盟提名的候选人诺瓦克·卡塔琳（Novák Katalin）获得国会 188 张有效选票中的 137 张，超过所需票数的 2/3，当选新任匈牙利总统。5 月 14 日，诺瓦克正式就职，成为匈历史上首位女性总统。

2022 年 4 月 3 日，匈牙利举行第九届国会选举。此届选举的投票率达 69.59%，略低于 2018 年上届选举的投票率（69.73%）。执政联盟青民盟赢得国会 199 个席位中的 135 席，再次以三分之二绝对多数的优势获胜，这是该联盟第四次以三分之二绝对多数的优势胜选，欧尔班（Orbán Viktor）四度连任总理。连同 1998 年的首个总理任期在内，欧尔班也将超越默克尔，成为欧洲在位时间最长的总理。

此届国会选举前的一大焦点是在野的左翼、极右翼等各派 6 个政党联合组成反对派联盟，在选举前半年举行历史上首次“预选举”，推选出反对派共同支持的总理候选人马尔基-扎伊·彼得（Márki-Zay Péter）。反对派希望以此凝聚各自分散的选民和选票，对抗 2010 年以来的执政联盟青民盟。国会选举的最终结果基本符合选前各民调机构的预测，但执政联盟再次以如此大的优势获胜仍在意料之外：反对派仅在首都布达佩斯和两个外地城市赢得胜利。

反对派竞选失败后，反对派联盟各党立即开始互相批评、指责，暴露了反对派各政党之间表面上联合、事实上缺乏团结的现状。这也意味着，匈政坛在未来相当长一段时间内仍将继续保持执政联盟独大、反对派散弱的状态。

（二）新一届政府组阁成功

2022 年 5 月 24 日，匈牙利政府新一届内阁成员正式亮相。此届政府也被称为第五届欧尔班政府，由 11 个政府部门和 14 名部长构成，其中 3 名为不管部长。

原人力资源部被撤销，新设建设与投资部、文化与创新部。青民盟内部重量级人物、曾任欧洲议会议员的瑙夫劳齐赤·帝博尔（Navracsics Tibor）和拉扎尔·亚诺什（Lázár János）回归，分别担任区域发展和欧盟资金使用部长、建设与投资部长。

2022 年 11 月 14 日，匈政府决定增设能源部，其负责能源政策的统一管理，并将接管能源署的主要职能，此举旨在通过机构改革，应对俄乌冲突和对俄制裁带来的能源价格上涨问题和能源安全挑战。新任部长朗多什·乔鲍（Lantos Csaba）于 12 月 1 日正式上任。同时，政府接受了技术与工业部长帕尔科维奇·拉兹洛（Palkovics László）的辞呈，并决定撤销技术与工业部，将相关工作并入经济发展部、建设与投资部以及文化与创新部。

（三）“恋童癖法案”全民公投

2022 年 4 月 3 日，与此届国会选举同时举行的还有关于“恋童癖法案”的全民公投。公投由执政联盟发起。2021 年，欧尔班政府以保护儿童为由，推出《儿童保护法》，因法案有涉及限制和反对同性恋、同性婚姻、性别改变等内容，遭到匈国内反对派、欧洲左翼政客和媒体的批评和攻击。作为回应，匈政府提议就此问题举行全民公投。2022 年 1 月 6 日，匈宪法法院批准了政府的公投提议，并同意将公投和国会选举合并举行。这是匈历史上第 8 次全民公投，也是首次将公投和国会选举合并举行。最终，公投结果因投票率过低而被宣布无效。

（四）执政党官员严重贪腐丑闻

2022 年 10 月 22 日，匈牙利中央调查局检察机关向布达佩斯法院对 23 名涉嫌贿赂、洗钱的犯罪嫌疑人提起公诉，被告包括司法部前国会事务国务秘书沃内尔·帕尔（Völner Pál）和匈法院系统执行机构主席沙多·久尔吉（Schadl György）。调查文件显示，二人在 2018 年前建立贿赂和利益关系，后者收受他人贿赂 9.24 亿福林，并向前者贿赂超过 8000 万福林的现金；前者则利用其职务便利为行贿者提供政策便利和保护。该案是近十年来匈政府官员涉嫌参与的最严重的贪腐案件，受到国内外广泛关注，案件仍在进一步审理之中。

二　经济发展状况

（一）宏观经济数据[①]

匈牙利国家统计局数据显示，2022 年匈全年国内生产总值（GDP）同比增长 4.6%。其中上半年经济发展势头强劲，第一、第二季度 GDP 同比增幅分别为 7.9%、6.1%；受能源危机和高通胀率的影响，下半年陷入技术性衰退，第三、第四季度 GDP 同比增幅分别降至 3.7%和 0.8%，但并未出现危机。工业和服务业是主要经济增长点，增幅分别为 5.4%和 7.2%。其中，工业领域的汽车工业和电气设备生产，服务业中的房地产交易、运输和物流均较 2021 年有明显增长。受能源价格飞涨、福林贬值等因素的影响，2022 年，居民消费价格指数同比增长 14.5%。受旱灾的影响，农业领域出现 31.2%的负增长。

消费领域，个人及公共消费同比增长 4.7%。上半年，GDP 的高速增长不断推高消费水平；下半年，屡创新高的通胀率导致居民消费水平有所下降。耐用品、半耐用品[②]，以及服务业支出的增长区间为 8%～13%，非耐用品[③]消费增长 2.8%。受政府公共支出削减的影响，社会公共消费远低于家庭消费，同比下降 1.3%。

外贸领域，全年货物出口总额 55.6 万亿福林（约合人民币 1.1 万亿元），同比增长 30.1%；全年货物进口总额 58.9 万亿福林（约合人民币 1.2 万亿元），同比增长 39.9%。全年货物贸易逆差 3.3 万亿福林（约合人民币

---

① 宏观经济数据来源：匈牙利国家统计局网站，https：//www.ksh.hu/nemzeti-szamlak-gdp，检索日期：2023 年 4 月 6 日。

② 耐用品指能多次使用、寿命较长的商品，如电视机、电冰箱、音响、电脑等；消费者购买这类商品时，决策较为慎重。半耐用品指能使用一段时间的消费品，如大部分纺织品、服装、鞋帽、家具等；消费者不需要经常购买，但是在购买时要认真挑选。

③ 非耐用品指使用次数较少、消费者需经常购买的商品，如食品、文化娱乐品等。

695 亿元）。货物贸易逆差出现的主要原因是国际能源进口价格的大幅上涨。服务贸易出口总额 11.6 万亿福林（约合人民币 2371 亿元），同比增长 40.5%；进口总额 8.1 万亿福林（约合人民币 1656 亿元），同比增长 31%。全年服务贸易顺差 3.5 万亿福林（约合人民币 715 亿元）。

财政收支方面，政府财政收入增长迅速，达到 277150 亿福林（约合人民币 5634 亿元），同比增长 21.8%；财政支出为 318740 亿福林（约合人民币 6480 亿元），同比增长 19.3%。政府财政赤字为 41590 亿福林（约合人民币 845.5 亿元），赤字率为 6.2%，比 2021 年降低了 0.9 个百分点，但仍高于此前政府设定的 4.9%的目标。国债占 GDP 的比例从 2021 年的 76.6%降至 73.3%。政府财政收入中，个人所得税收入同比增长 47.8%，社会保障性收入同比增长 11.8%，其他收入同比增长 15.5%，增值税收入同比增长 22.5%。增值税的增长主要是由消费扩张以及高通胀率造成的。

就业方面，年失业率降至 3.7%，低于欧盟平均失业率 6%。年平均就业率为 74.4%，就业总人数超过 470 万人，创历史新高。

（二）通胀率屡创新高

2022 年，匈牙利通胀率屡创新高。9 月的通胀率为 20.7%，12 月，这一数值增至 24.5%；全年平均通胀率为 15.3%。①

持续的高通胀率是匈牙利经济面临的主要障碍。2022 年，在国际和国内形势的共同作用下，匈牙利持续多年的低通胀时代终结。匈央行大力实行货币紧缩政策，但仍难以在短时间内将通胀率从欧洲最高水平降下来。有分析认为，短期内将通胀率控制在 10%以下是难以实现的，匈社会可能要为长期通胀做准备，匈央行此前设定的 3%的目标在现阶段更是无法实现。②

---

① 欧盟委员会，https：//economy-finance. ec. europa. eu/economic-surveillance-eu-econo mies/hungary/economic-forecast-hungary_en，检索日期：2023 年 4 月 6 日。

② 匈牙利门户网站 index，https：//index. hu/gazdasag/2023/03/13/inflacio-aremelkedes-elelmiszeraremelkedes-elelmiszerarak-energiaarak-munkaeropiac-gazdasagpolitika-mkt/，检索日期：2023 年 3 月 30 日。

通胀率居高不下有多方面原因。一方面是，受新冠疫情的持续影响，近年来，商品供应链发展受到极大制约，供给侧不足，难以满足疫情后快速复苏的消费需求。供需不平衡导致通胀率从 2021 年开始上升。另一方面，受 2022 年俄乌冲突的影响，商品原材料、能源和农产品的价格大幅上涨，运输成本飙升。从国内层面看，食品行业，特别是农产品行业逐年凸显的结构性矛盾、竞争力和生产力较低等原因，进一步推动通胀形势恶化。① 此外，对匈牙利缺乏信心也是导致该国通胀率居高不下的重要原因。人们不知道在匈牙利邻国乌克兰发生的危机何时结束、匈牙利总理与欧盟进行的博弈是否会影响欧盟正常向匈牙利拨付基金——这些都让金融市场充满了不确定性。

2022 年底，外部环境已显现出乐观前景：一方面，国际天然气价格已降至俄乌冲突前的水平，天然气消费总量降低，能源多样化持续推进；另一方面，欧盟经济在 2022 年第四季度超出预期，没有陷入衰退。欧盟和匈牙利国内的劳动力市场都显示出活力。此外，欧元区的通货膨胀已经开始放缓，这也将在短期内缓解匈国内通胀压力。

（三）出台相关政策应对物价与能源价格上涨

1. 继续维持基础食品限价措施

为防止物价上涨给居民带来过重负担，匈政府于 2021 年对糖、肉、奶、油、面等六类基础食品实施限价措施，规定其售价不得高于 2021 年 10 月 15 日的价格。2022 年 11 月，匈政府决定继续维持食品限价措施至 2023 年 4 月，此外还进一步扩大限价食品清单，加入了鸡蛋、土豆等。

2. 继续实施能源价格上限措施

能源价格上限措施于 2021 年 11 月 15 日起实施，行政限价首轮期限为三个月，政府规定汽油、柴油的零售价格最高不超过 480 福林（约合人民

---

① 近年来，从波兰和罗马尼亚等国进口的食品和农产品的最终售价低于在匈国内生产的食品售价，这在十年前，对于匈牙利人来说，是不可想象的。

币 9.8 元）/升。匈政府设置能源价格上限，避免能源价格大幅涨价，目的是保护降低公共事业收费这一重点惠民政策。然而，随着国际能源价格持续上涨、福林兑美元汇率不断走低，匈政府继续维持能源价格上限的压力不断增加，其最终决定取消能源价格上限。受此影响，匈汽油零售价格大幅飙升至高于 700 福林（约合人民币 14.3 元）/升。

为抑制能源价格继续上涨，2022 年 5 月，匈政府决定继续实施能源价格上限措施，并将能源价格上限措施拓展至能源供应商层面，同时政府财政针对零售汽油按 20 福林（约合人民币 0.4 元）/升提供补贴，将能源价格上涨压力分摊，由零售、批发和政府预算三方共同承担。12 月 6 日，匈政府宣布，取消石油价格上限，原因是欧盟对俄罗斯的制裁导致欧盟能源价格大幅上涨。

3. 批准核电站扩建许可

2022 年 8 月，匈牙利国家原子能机构（OAH）授予匈牙利保克什核电站二期项目（PAKS Ⅱ）建设许可证。保克什核电站位于匈牙利中部，是匈牙利唯一的核电站，1987 年建成，4 座核反应堆的发电量超过匈电力消耗的 53%。根据匈牙利与俄罗斯 2014 年签署的扩建保克什核电站协议，俄罗斯国家原子能公司将为该核电站建造两座新的核反应堆（VVER - 1200）。新建的核反应堆预计将在 2030 年投入运营。匈政府认为，该项目的成功落实将确保匈能源供应安全，降低国际能源市场价格极端波动对匈牙利的影响。

三 外交与安全

（一）与欧盟的关系

匈牙利是欧盟成员国，在经济和资金上长期依赖欧盟，却又是欧盟中的“另类”，在法治问题上与欧盟摩擦不断。

2022 年 2 月 16 日，欧洲法院做出裁决：驳回匈牙利政府的上诉，维护法治程序的合法性。欧盟委员会通知匈牙利政府将启动法治条件机制，这一机制允许欧盟暂停向匈拨付资金。该条件机制是为了在成员国政府在违反法治原则的情况下使用欧盟资金时保护欧盟资金。该条例于2021年1月1日生效，但在法院做出裁决之前，欧盟委员会尚未在实践中应用。①

2022年12月12日，在针对匈牙利的法治条件机制框架内，欧盟决定，将拨予匈牙利的欧盟“凝聚力基金”的冻结比例由65%减至55%，冻结资金金额由75亿欧元降至63亿欧元。虽然匈牙利已经采取了一些整改措施，但这并不能完全令人满意，在17项公共采购和反腐败措施完全实施之前，匈牙利将不能获得全部的欧盟凝聚力资金。② 10天之后，欧盟以改革不充分为由冻结给匈牙利的220亿欧元拨款，这是匈牙利应当从欧盟2021～2027年多年预算“凝聚力基金”项目中获得的数额。该项基金旨在帮助欧洲相对贫穷的国家发展经济并拉动就业。③

（二）与俄罗斯的关系

匈牙利在能源上依赖俄罗斯，接近85%的天然气和64%的石油来自俄罗斯，匈俄能源合作关系是欧尔班获得国内选票的重要因素之一。俄乌冲突爆发以来，匈牙利反对制裁俄罗斯，反对与俄罗斯脱钩，同时呼吁整个西方世界和俄罗斯保持经济联系。匈方认为，欧盟对俄罗斯的制裁进一步扩大到能源、石油和天然气领域，将给匈牙利经济和家庭带来过重的负担。匈方希望通过谈判结束俄乌冲突，表示匈牙利不会派兵或运送武器，也不会允许武器通过其领土输入乌克兰，但会为难民提供人道主义援助。

---

① 欧洲议会，https：//www. europarl. europa. eu/hungary/hu/aktualis/2022 - hirek/febru - r/jogallamisag-az-europai-birosag-eltavolitotta-az-utolso-akadalyt-a-feltetelessegi-mechanizmus-alkalmazasanak-utjabol. html，检索日期：2022年11月5日。

② 欧盟理事会，https：//www. consilium. europa. eu/hu/press/press - releases/2022/12/12/rule-of-law-conditionality-mechanism/，检索日期：2022年12月30日。

③ 欧盟理事会，https：//www. consilium. europa. eu/hu/press/press - releases/2022/12/12/nextgenerationeu-member-states-approve-national-plan-of-hungary/，检索日期：2022年12月30日。

2022 年 2 月 1 日，欧尔班出访俄罗斯，在莫斯科与普京举行了五个多小时的会谈。在会谈后的联合新闻发布会上，欧尔班说，他的访问也是一项和平使命，匈牙利和整个中欧都希望能缓解东西方之间的紧张关系，因为冷战时代表明，中欧是东西方冲突中的受害者。需要通过进一步的谈判和对话来拉近双方立场。

普京表示，他正在仔细研究美国和北约对俄罗斯安全需求的回应，但他很清楚，俄罗斯的关切被各方忽视了。他认为，安全的不可分割性意味着任何一方都不能以牺牲其他国家的安全为代价来加强自己的安全。普京说，北约先前承诺不进一步向东扩张，却欺骗了俄罗斯。此外，美国违背俄罗斯的意愿终止了反导条约。普京认为，北约没有义务接纳新成员，本可以在乌克兰加入北约问题上考虑到俄罗斯的利益。①

关于能源供应安全问题，欧尔班表示，西欧家庭的天然气和电力价格最近增长了一倍或两倍，但俄罗斯与匈牙利签订的到 2036 年的天然气供应合同保证了匈牙利能源长期的稳定性，这也是匈牙利方面主动将俄罗斯每年 45 亿立方米的天然气供应量增加 10 亿立方米的原因。普京强调，能源在俄匈经济关系中发挥着重要作用。俄罗斯多年来一直向匈牙利供应能源。俄方正在研究增加每年天然气供应量的可能性。匈牙利与俄罗斯合作的扩建保克什核电站项目的准备工作也在进行中。②

（三）与美国关系

2022 年，匈美之间嫌隙不断，逐渐出现裂痕。

美国是匈牙利重要的投资来源国，为匈牙利创造了很多就业机会，2022 年俄乌冲突爆发后，美国批评匈牙利在俄乌冲突等问题上的立场，匈牙利则指责美国试图干涉匈牙利内政和扶植该国的政治反对派，两国关系

① 匈牙利总理官网，https：//2015 - 2022. miniszterelnok. hu/bekemisszio - is - a - moszkvai - latogatas/，检索日期：2022 年 5 月 1 日。

② 匈牙利总理官网，https：//2015-2022. miniszterelnok. hu/ha-van-orosz-gaz-van-rezsicsokkentes-ha-nincs-orosz-gaz-nincs-rezsicsokkentes/，检索日期：2022 年 5 月 1 日。

日趋紧张。

匈牙利在美国力推的对跨国公司和大型企业征收15%最低公司税的问题上出尔反尔也影响了匈美关系。2022年初，匈牙利曾同意这一政策。但到6月，匈牙利在欧盟讨论这一方案时表示不同意接受这一政策，而坚决捍卫9%的公司税税率。匈牙利给出的理由是，考虑到目前的经济下滑，全球统一的最低公司税将对欧洲经济构成致命打击，并且将使匈牙利面临“非同寻常的挑战”。作为对匈牙利立场的回应，美国财政部宣布将终止与匈牙利1979年签订的避免双重征税协定。迫于多方压力，匈牙利再次转变态度，于12月同意接受欧盟方案。种种迹象表明，美匈之间虽然存在着深厚的贸易合作关系，但美匈之间的裂痕已经出现。①

2022年8月，匈牙利总理欧尔班前往达拉斯出席美国保守派联盟（ACU）的夏季会议，这是世界上最大和最有影响力的保守派活动。欧尔班在开幕致辞中声称，民主党领导的美国政府对欧盟和欧盟成员国匈牙利施加了意识形态压力，希望美国和欧洲的保守基督教政治力量能在移民、性别和文明冲突等问题上大胆发声。②

2022年8月8日，大卫·普雷斯曼（David Pressman）出任美国驻匈大使，普雷斯曼出任大使之前是一名人权律师，在奥巴马总统任期内曾担任美国驻联合国特别政治事务大使。③ 他在外交事务委员会的听证会上声称，匈牙利的民主存在着真正的威胁，他希望让匈牙利人民更接近跨大西洋的民主价值观，也希望匈牙利能够加入反普京的国际合作联盟。④

① “自由欧洲电台”，https：//www. szabadeuropa. hu/a/a-minimumados-magyar-veto-miatt-az-usa-felmondta-az-1979-ben-kotott-adoegyezmenyt-/31935820. html，检索日期：2022年11月5日。

② 匈牙利总理官网，https：//2015-2022. miniszterelnok. hu/ossze-kell-fogni/，检索日期：2022年12月20日。

③ 匈牙利《新闻报》网站，https：//www. magyarhirlap. hu/belfold/20220902-ferihegyen-landolt-az-amerikai-nagykovet，检索日期：2022年12月30日。

④ 匈牙利《新闻报》网站，https：//www. magyarhirlap. hu/kulfold/20220624-demokraciat-hozna-az-amerikai-nagykovet，检索日期：2022年12月1日。

四　社会与文化

（一）全国性的教师罢工与非暴力反抗活动

2022 年被匈牙利媒体称为“罢工年”，全年教师罢工不断，旨在争取自己的合法权益，提高工资。来自数百家机构的数千名教师通过非暴力反抗或罢工参加了抗议活动。匈牙利的教师工会称，这是自 1989 年东欧剧变以来持续时间最长的抗议行动。然而，与西欧的抗议活动相比，匈牙利的罢工参与率很低，低于 20%。①

多年来，匈牙利教师一直努力与政府谈判，甚至进行抗议、示威，但未取得显著的成效。匈牙利教师短缺问题日益严重，造成匈牙利教师的教学时数非常多，而他们的工资在欧盟中处于较低水平。

2022 年 1 月 31 日，两个主要的教师工会举行了两小时的示威性罢工，至少有 2 万人参加。由于没有满足“在罢工期间仍保证足够服务”的规定，政府宣布罢工非法，并于 2 月 11 日颁布了限制教师罢工权的法令，以保护儿童为由规定了罢工期间教师的最低工作时长。② 随后在 3 月 16 日，布达佩斯和佩斯州几所著名高中的教师开始了非暴力反抗行动，拒绝上课，这在之后被全国各地的几十所学校效仿。

在第五届欧尔班政府上台之后，公共教育（小学和中学）划归内政部。自 2022 年 9 月 1 日以来，至少有 300 个城市的 1000 家教育机构组织了示威、罢工和非暴力反抗活动。此外，越来越多的家长和学生参加了示威活动，要求恢复罢工权、进行课程改革和大幅提高教师的工资。③

2022 年 11 月 2 日，在反对派的倡议下，匈牙利国会举行了关于公共教

① 匈牙利 24 小时官网，https：//24. hu/belfold/2022/12/30/oktatas-tuntetes-tiltakozas-megmozdulasok-evertekelo-pdsz-psz-tanitanek/，检索日期：2023 年 1 月 10 日。

② 匈牙利公民公共教育平台网，https：//ckpinfo. hu/2022/11/03/osszeomlott-az-oktatas/，检索日期：2022 年 12 月 30 日。

③ 匈牙利《世界经济周刊》网站，https：//hvg. hu/360/hetilap360/2022/51/20225111kronika_01_magyar，检索日期：2022 年 12 月 30 日。

育状况的辩论。议员们几乎没有就实质内容进行辩论，未达成任何立场趋同或共识。[①] 12 月 7 日，宪法法院最终驳回了反对党议员关于对教师罢工权限制进行宪法审查的提议。宪法法院裁定，在公共教育机构发生罢工的情况下，规定最低工作时长并不违宪。[②]

（二）“语言考试豁免”使高等教育机构拥有更多的自由

2022 年，第五届欧尔班政府成立后，高等教育由文化与创新部监管。2022 年夏天，文化与创新部长查克·亚诺什（Csák János）宣布，高等教育机构在学术事务上将获得比以前更多的自由，例如，其可以决定是否提高对中学毕业考成绩的要求、在招生时是否给予额外加分、本科生是否必须参加语言考试等。这个被称为“语言考试豁免”的决定。但有教育专家表示，应加强公共教育和高等教育中的语言教学，而不是放宽语言教学要求。[③]

（三）“年度最佳图书奖”和2022年畅销书单评选结果揭晓

2022 年 5 月 19 日，五人评审团将利布里（Libri）文学奖授予克劳斯纳霍尔卡伊·拉斯洛（Krasznahorkai László）的叙事小说《赫尔施特 07769》（*Herscht 07769*）；根据 21000 余名读者的投票结果，授予波德奇·蒂博尔（Bödöcs Tibor）的政治讽刺小说《马戏团狂欢》（*Mulat a Manézs*）利布里大众奖。利布里文学奖由匈牙利最大的图书公司之一利布里公司（Libri）于 2016 年创立，旨在评选出上一年的最佳文学类和非文学类书籍，让匈牙利当代的杰出文学作品进入大众视野。[④]

---

① 匈牙利 24 小时官网，https：//24. hu/belfold/2022/11/02/parlament-oktatas-vitanap-pedagogusberek-kormany-ellenzek/，检索日期：2022 年 12 月 30 日。

② 匈牙利 portfolio 新闻网站，https：//www. portfolio. hu/gazdasag/20221207/pedagogussztrajk-az-alkotmanybirosag-lesoporte-az-asztalrol-az-inditvanyt-583968，检索日期：2022 年 12 月 31 日。

③ 匈牙利《世界经济周刊》网站，https：//hvg. hu/360/hetilap360/2022/51/20225111kronika_01_magyar，检索日期：2022 年 12 月 30 日。

④ 匈牙利图书销售商利布里公司官网，https：//www. libri. hu/irodalmi_dij/2022/，检索日期：2022 年 12 月 30 日。

2022年12月5日，莫尔纳尔·维尔莫什（Molnár Vilmos）的合集《克罗什·乔玛·山多尔的惊人之举》（*Kőrösi Csoma Sándor csodálatos cselekedetei*）斩获匈牙利艺术研究院（Magyar Művészeti Akadémia）文学部的“年度最佳图书奖”。亚诺西·佐尔丹（Jánosi Zoltán）的论文集《安提戈涅之戒》（*Antigoné gyűrűi*）、麦德维基·安德烈（Medvigy Endre）的论文集《人口、埃尔德伊、特里亚农》（*Népiség*，*Erdély*，*Trianon*）、萨科尼·卡洛伊（Szakonyi Károly）的中篇小说《寂静之日》（*A csend napjai*）以及维士奇·安德拉什（Visky András）的长篇小说《放逐》（*Kitelepítés*）获得“年度卓越图书奖”。[①]

根据匈牙利最大的两家图书公司（Libri，Bookline）的2022年畅销榜单，在匈牙利语作品中，欧尔沃什·托特·诺艾米的《自由意愿》（*Orvos-Tóth Noémi：Szabad akarat*）、纳洛伊·托马斯的《我母亲说》（*Náray Tamás：Anyám szerint*）、马特·加博尔博士的《身体的反叛》（*Dr. Máté Gábor：A test lázadása*）、苏尤·佐尔丹的《系好安全带!》（*Szujó Zoltán：Öveket becsatolni！*）、森特西·爱娃的《水星逆行》（*Szentesi Éva：Merkúr a retrográdban*）、波德奇·蒂博尔的《马戏团狂欢》（*Bödőcs Tibor：Mulat a Manézs*）、奥尔玛西·基蒂《你的决定》（*Almási Kitti：Te döntésed*）和格莱秋·克里斯蒂安的《尘世间》（*Grecsó Krisztián：Valami népi*）为时下最畅销书籍。[②]

五　与中国的关系

2022年是中匈全面战略伙伴关系确立5周年。中匈关系不断实现高水

---

① 匈牙利艺术研究院官网，https：//www. mma. hu/rendezvenyek/-/content/10180/1/2022-december-5-%7C-17-00-%E2%80%93-elofolyoirat-%7C-az-mma-irodalmi-tagozata-2022-evi-az-ev-legjobb-konyve-dijanak-es-konyv-nivodijainak-atadoja，检索日期：2022年12月30日。

② 匈牙利图书销售商利布里公司官网，https：//www. libri. hu/legjobbjaink-2022-sikerkonyvei?gclid=EAIaIQobChMI2ce6y5ab_gIVleN3Ch0HIgHBEAAYASAAEgIwSfD_BwE，检索日期：2022年12月30日。

平发展，两国加深了战略互信，且通过务实合作带来了“一带一路”的高质量共建和与匈牙利“向东开放”政策的成功对接，成果丰硕，如中国企业在匈牙利电动汽车领域的大规模投资、第二次匈牙利绿色主权熊猫债的成功发行、匈塞铁路塞尔维亚段和匈牙利段的建设顺利进行等。受俄乌冲突的影响，该货运线路的价值日益凸显。人文交流领域，亮点纷呈。布达佩斯与中国数个城市之间的客运航班逐步恢复。

（一）政治方面，战略互信不断加深

2022 年 3 月 7 日，时任中国外交部长王毅与匈牙利外交与对外经济部长西雅尔多·彼得（Szijjártó Péter）通电话，谈论 2 月底爆发的俄乌冲突对地区安全造成的影响。西雅尔多认为，作为联合国安理会常任理事国，中国可以在防止乌克兰危机升级方面发挥重要作用。作为乌克兰邻国，匈牙利正在努力避免被拖入战争，并希望能够尽快恢复和平，因此匈方支持所有国际上推动两国恢复和平，回到谈判桌前的倡议。[①] 王毅表示：“中方对当前乌克兰局势感到遗憾。希望欧方秉持战略自主精神，在解决目前的乌克兰危机以及下一步构建欧洲安全机制问题上发挥更积极主动作用。……中国政府当前一项最重要任务就是全力保障在乌中国公民的安全。感谢匈方近日为中国公民顺利撤离提供的便利和协助。这体现了中匈两国相互支持、相互帮助的好传统。中方高度赞赏匈政府长期奉行对华友好政策，将一如既往支持深化两国互利合作，争取更多成果。”[②] 9 月 21 日，王毅在纽约联合国大会期间与西雅尔多进行双边会谈。西雅尔多表示：匈方坚持一个中国原则，与中国在相互尊重和互利互惠的基础上展开合作；在欧洲经济衰退的环境下，来自中国的大规模投资能帮助匈牙利经济保持增长。王毅向匈外长承诺，中国高度赞赏匈牙利稳定的政治经济环境和有竞争力的投资环境，因此将会继续鼓

① 匈牙利政府官网，https：//kormany. hu/hirek/szijjarto-peter-kinanak-fontos-szerepe-lehet-a-haboru-eszkalaciojanak-megakadalyozasaban，检索日期：2022 年 12 月 30 日。

② 《王毅同匈牙利外长西雅尔多通电话》，中国政府网，2022 年 3 月 7 日，https：//www. gov. cn/xinwen/2022-03/07/content_5677797. htm，检索日期：2022 年 12 月 30 日。

励中国企业将匈牙利作为欧洲经济的桥头堡。双方一致认为，中国和欧盟之间的良好合作会使双方受益。匈牙利政府将推动欧盟在相互尊重和互惠互利的基础上与中国保持合作。①

2022 年 12 月 13 日，在视频会晤中，王毅与西雅尔多签署了两国建立政府间“一带一路”合作委员会的协定。匈牙利是欧洲第一个与中国签署共建“一带一路”倡议的国家，政府间“一带一路”合作委员会的建立将为两国“一带一路”合作注入新的动力，并进一步深化双方合作关系。中匈共建“一带一路”是在相互尊重、互惠互利、共同发展基础上的务实合作，既有助于深化中欧合作，也能促进中欧关系的稳定发展。匈牙利是中欧国家中拥有对华农产品出口许可证数量最多的国家之一。匈牙利多年来一直是中国企业在中东欧的第一大投资对象国，对中国企业来说，匈牙利是欧盟共同市场的一个重要入口。

2022 年 12 月 21 日，匈牙利总理欧尔班在年度国际记者招待会上回答中国中央广播电视总台记者的提问时说：近年来，中国已逐渐成为匈牙利最大的投资国之一；一些欧洲人正试图孤立中国，但这是一个巨大的错误，因为中国不仅是最新科技的消费者，也是创造者，而匈牙利恰恰需要新的技术。欧尔班强调，如果欧洲不与中国合作，将失去全球竞争力。欧尔班还赞扬了中国公司在匈牙利创造的就业机会和社会价值，并表示希望中国继续扩大在匈牙利的投资。②

（二）经贸方面，务实合作，成果丰硕

2022 年，中匈继续扩大经贸领域务实合作，涉及科技创新、体育、新能源汽车、金融等领域。2022 年 1~12 月，中匈双边贸易额为 155.12 亿美元，③

① 匈牙利政府官网，https：//kormany.hu/hirek/a-kinai-beruhazasok-biztosithatjak-a-gazdasagi-novekedest-a-recesszio-kozepette，检索日期：2022 年 12 月 30 日。

② 中国国际广播电台，https：//hungarian.cri.cn/2022/12/22/ARTITN6FkjsWPA9klWrPM9ly221222.shtml，检索日期：2023 年 1 月 3 日。

③ 中华人民共和国海关总署海关统计数据在线查询平台，http：//stats.customs.gov.cn/，检索日期：2023 年 6 月 1 日。

到 2022 年底，中国在匈直接投资存量为 4. 26 亿美元。[①] 1 月 25 日，中国科技部火炬中心和匈牙利创新与技术部“投入计划”（INPUT Program）指导委员会创新创业合作谅解备忘录签约仪式以视频会议方式举行。根据该备忘录，双方将在医学、信息技术和人工智能等领域开展专业知识交流，并建立一个联合创新和商业发展平台，探索和促进双边投资机会。匈方成立了一个匈中工作组，“投入计划”指导委员会负责协助初创企业进入国际市场，火炬中心负责监督中国近 170 个科技园和 1000 个企业孵化器的运作。[②]

2022 年 1 月 29 日，成立于 1885 年的历史悠久的新佩斯足球俱乐部（Újpest FC）被中国和匈牙利投资者从其比利时所有者手中收购。复星体育的子公司 FSG（匈牙利）控股公司成为匈牙利第二古老的体育俱乐部的中国股东。复星是中国最大的民营企业之一，在世界多个国家多个行业进行过投资，在过去五六年中已经收购了数家欧洲足球俱乐部（英国伍尔弗汉普顿流浪者足球俱乐部、瑞士草蜢足球俱乐部等）。[③]

2022 年 2 月 17 日，上海保隆汽车科技股份有限公司（简称“保隆科技”）董事长张祖秋宣布，PEX 汽车公司（PEX Automotive Systems）将通过 1500 万欧元的绿地投资，扩大其在布达佩斯附近锡盖特圣米克洛什（Szigetszentmiklós）工厂的产能。PEX 汽车公司是中国最大的汽车供应商之一保隆科技的子公司，其还计划在锡盖特圣米克洛什工厂生产电动和智能汽车产品（传感器、传感装置），将工厂打造成为保隆科技汽车传感器业务部的欧洲中心。[④]

2022 年 3 月 19 日，匈牙利总理欧尔班和塞尔维亚总统武契奇

---

① 《中国同匈牙利的关系》，中华人民共和国外交部，http：//www. fmprc. gov. cn/gjhdq_676201/gj_676203/oz_678770/1206_ 679858/sbgx_ 679862/，检索日期：2023 年 1 月 3 日。

② 匈牙利政府官网，https：//kormany. hu/hirek/tovabb-erosodnek-a-magyar-kinai-innovacios-kapcsolatok，检索日期：2022 年 12 月 30 日。

③ 匈牙利每日新闻官网，https：//www. napi. hu/magyar-vallalatok/fsg-fosun-ujpest-fc-sgf-silu-foci-eladas-vasarlas-duchatelet-2022. 744936. html，检索日期：2022 年 12 月 30 日。

④ 匈牙利国家投资局官网，https：//hipa. hu/hir/autoipari-erzekeloinek-europai-kozpontjava-fejleszti-szigetszentmiklosi-gyarat-a-pex-automotive/，检索日期：2022 年 12 月 30 日。

（Aleksandar Vučić）出席了贝尔格莱德—诺维萨德（Novi Sad）段通车仪式。该路段是中国参与的匈塞铁路项目的一部分。

2022 年 7 月 29 日，蔚来宣布在匈牙利的比奥托尔巴吉（Biatorbágy）投资建设旗下首个海外工厂。这个名为蔚来能源欧洲工厂的项目将创造数百个新的就业岗位，总价值约为 1500 万欧元，主要用于生产为电动汽车提供电池更换服务的换电站。蔚来主打设计和开发高性能智能电动汽车，其战略是扩大其高端电动汽车在欧洲的销售，并建立与汽车相关的产品的产能，如换电站和充电站。匈牙利将在其中发挥关键性作用，蔚来将在匈牙利生产换电站并将之销往欧洲各国。[①] 9 月 16 日，首座换电站在比奥托尔巴吉蔚来能源欧洲工厂正式下线。[②]

2022 年 8 月 12 日，宁德时代新能源科技股份有限公司宣布，将在匈牙利德布勒森投资 73.4 亿欧元建设拥有 100GWh 产能的电池厂。该项目将为匈牙利创造 9000 多个新的就业岗位，是匈牙利有史以来最大的绿地投资，将进一步加强匈牙利在世界电池制造业中的地位。中国的宁德时代是锂离子电池研发和生产的全球领导者，匈牙利将成为继德国之后的其第二个欧洲工厂所在地。宁德时代在德布勒森的电池厂临近其客户（如梅赛德斯-奔驰、宝马、斯泰兰蒂斯、大众）的欧洲汽车工厂，能够更有效地满足客户的需求，并为加速欧洲的电动汽车和能源转型做出贡献。[③]

2022 年 9 月 6 日，中国浙江华硕科技有限公司计划在德布勒森投资 4300 万欧元建设电动汽车零部件（如引擎盖、变速箱和变频器壳体）生产厂。该公司生产和研发用于电动汽车控制系统的铝制配件和车身部件。浙江华硕科技是全球电动汽车引擎盖生产的领导者，在中国轻金属铸造行业也处于领先地位。除中国外，该公司还在韩国和欧洲开展业务，客户遍及全球汽

① 匈牙利国家投资局官网，https：//hipa.hu/hir/kinai-elektromos-jarmugyarto-vallalattal-erosodik-magyarorszag/，检索日期：2022 年 12 月 30 日。

② 匈牙利国家投资局官网，https：//hipa.hu/hir/gyartasi-fazisba-lep-a-nio-csucstechnologias-akkumulatorcsomag-csereallomas-uzeme/，检索日期：2022 年 12 月 30 日。

③ 匈牙利国家投资局官网，https：//hipa.hu/hir/a-catl-uj-akkumulatorgyaraval-magyarorszag-legnagyobb-zoldmezos-beruhazasa-valosulhat-meg/，检索日期：2022 年 12 月 30 日。

车行业。其匈牙利子公司 Halms Hungary Kft. 德布勒森工厂能更近、更快地服务欧洲客户。[①]

2022 年 11 月 16 日，匈牙利在中国成功发行 20 亿元人民币的绿色主权熊猫债。中国银行、中国建设银行和中国进出口银行是这次三年期债券的主要承销商，债券的固定年利率为 3.75%。发行债券所筹集的资金将用于加强匈牙利的能源安全和应对气候变化。匈牙利财政部长瓦尔加·米哈伊（Varga Mihály）称，第二次绿色主权熊猫债的发行可以保持匈牙利在世界最大的资本市场之一中的位置，并进一步加强与中国的金融合作。[②]

① 匈牙利国家投资局官网，https：//hipa.hu/hir/e-auto-alkatreszgyarto-beruhazassal-elenkul-tovabb-a-hazai-elektromos-jarmuipari-okoszisztema/，检索日期：2022 年 12 月 30 日。

② 匈牙利政府官网，https：//kormany.hu/hirek/2-milliard-juan-ertekben-zold-pandakotvenyt-bocsatott-ki-magyarorszag-a-kinai-piacon，检索日期：2022 年 12 月 30 日。

附　录　2022年中东欧国家大事记

1月

1日　阿尔巴尼亚开始担任联合国安理会非常任理事国，任期两年。

1日　“波兰新政”中关于税收的内容正式生效。

13日　彼得·菲亚拉政府赢得捷克议会众议院多数议员的信任。

16日　北马其顿重组政府成立。

16日　塞尔维亚对宪法修正案举行全民公投。

17日　时任中国国务委员兼外交部长王毅应约同时任爱沙尼亚外长的利梅茨举行视频会晤。

19日　时任黑山副总理德里坦·阿巴佐维奇带头提交对“专家政府”的不信任案。

20日　罗马尼亚最大电商平台 eMAG 与罗中工商会举行“携手合作开发中国市场”招商合作项目启动仪式，正式进驻中国市场。

24日　立陶宛宣布向乌克兰提供“毒刺”防空导弹。

29日　成立于 1885 年、历史悠久的新佩斯足球俱乐部被中国和匈牙利投资者从其比利时所有者手中收购。

31日　匈牙利两个主要的教师工会举行示威性罢工。此后，全年教师罢工不断，是自 1989 年东欧剧变以来在匈牙利持续时间最长的抗议行动。

2月

1日　匈牙利总理欧尔班出访俄罗斯，在莫斯科与普京举行会谈。

3日　捷克总理彼得·菲亚拉与波兰总理马特乌什·莫拉维茨基签署了一项协议，以应对图卢夫煤矿开采活动的影响。

4日　黑山“专家政府”下台。

4日　塞尔维亚宪法修正案通过。

4日　塞尔维亚总统武契奇出席北京冬奥会开幕式。

5日　塞尔维亚总统武契奇与习近平主席在北京会晤。

6日　来华出席北京2022年冬奥会开幕式的波兰总统杜达与中国国家主席习近平会面。

7日　时任黑山议长阿莱克萨·贝契奇被罢免。

8日　捷克选手埃丝特·莱德茨卡在北京冬奥会单板滑雪女子平行大回转项目中夺冠。

9日　斯洛伐克议会通过斯美《防务协定》。

9日　斯洛伐克高山滑雪运动员彼得拉·弗尔霍娃为斯洛伐克赢得2022年北京冬奥会首金。

11日　匈牙利政府颁布限制教师罢工权的法令，以保护儿童为由规定了罢工期间教师的最低工作时长。

15日　在北京冬奥会自由式滑雪女子坡面障碍技巧决赛中，爱沙尼亚选手凯莉·西尔达鲁以82.06分的成绩夺得铜牌。

16日　克罗地亚政府宣布价值48亿库纳（约合6.4亿欧元）的一揽子计划以应对能源价格上涨。

17日　中国上海保隆汽车科技股份有限公司宣布，PEX汽车公司将通过1500万欧元的绿地投资，扩大其在匈牙利布达佩斯附近锡盖特圣米克洛什工厂的产能。

22日　爱沙尼亚总统阿拉尔·卡里斯访问基辅，并会见乌克兰总统泽连斯基及乌克兰总理杰尼斯·什梅加尔，卡里斯总统表示，爱沙尼亚将尽一切可能的方式支持乌克兰。

23日 波兰总统杜达出访基辅，与乌克兰总统泽连斯基会面。

24日 克罗地亚政府批准对乌克兰提供价值910万库纳（约合120.77万欧元）的紧急援助。

24~25日 时任爱沙尼亚外长利梅茨同拉脱维亚、立陶宛外长一起访问基辅，就波罗的海国家对乌克兰的支持与乌克兰外长展开讨论。

25日 阿尔巴尼亚和美国在联合国安理会共同执笔，提交谴责俄罗斯对乌克兰采取军事行动的决议草案。

25日 罗马尼亚和波兰总统联合主持“布加勒斯特9国”视频峰会，商议地区安全措施，包括增设黑海地区的防御哨所等。

26日 爱沙尼亚方面宣布将对俄罗斯航空公司关闭领空。

3月

1日 北约秘书长斯托尔滕贝格访问爱沙尼亚。

2日 克罗地亚国资控股银行克罗地亚邮政银行（HPB）收购俄罗斯联邦储蓄银行欧洲集团子公司克罗地亚Sberbank银行。

7日 时任中国国务委员兼外交部长王毅与匈牙利外交与对外经济部长西雅尔多·彼得通电话，讨论2月底爆发的俄乌冲突对地区安全造成的影响。

8日 美国国务卿布林肯访问爱沙尼亚。

10日 匈牙利国会举行总统选举，执政联盟青民盟提名的候选人诺瓦克·卡塔琳当选新任匈牙利总统。

14日 罗马尼亚众议院通过关于煽动公众暴力、仇恨或歧视的法律草案。

15日 波兰总理莫拉维茨基和波兰法律与公正党主席卡钦斯基秘密到访基辅，与乌克兰总统泽连斯基会面。

17 日　斯洛伐克总理黑格尔会见美国国防部长劳埃德·奥斯汀。

17 日　黑山政府通过了 2022~2025 年国家旅游发展战略和行动计划。

18 日　爱沙尼亚外交部宣布驱逐 3 名俄罗斯外交官，并指控这些人参与破坏爱沙尼亚的安全，并进行为俄罗斯军事活动辩护的宣传。

18 日　波兰总统杜达签署通过《保卫祖国法》。

18 日　波兰政府宣布实施“反普京之盾”，带动波兰经济“去俄罗斯化”。

19 日　匈牙利总理欧尔班和塞尔维亚总统武契奇出席了贝尔格莱德—诺维萨德段通车仪式。该路段是中国参与的匈塞铁路项目的一部分。

22 日　中国全国人大常委会委员长栗战书在北京人民大会堂以视频方式同克罗地亚议长戈尔丹·扬德罗科维奇举行会谈。

25 日　克罗地亚议会通过《增值税法》修正案，降低部分产品增值税以缓解通胀压力。

26 日　波兰出台《波兰共和国境内外国人保护法》。

29 日　俄罗斯宣布驱逐 3 名爱沙尼亚大使馆及其驻圣彼得堡总领事馆的外交人员。

4月

1 日　立陶宛推出“减轻通货膨胀与增强能源独立”一揽子行动计划。

3 日　爱沙尼亚不再强制要求在公共场合戴口罩。

3 日　塞尔维亚总统选举、议会选举与地方选举同时举行。

3 日　匈牙利举行第九届国会选举。执政联盟青民盟第四次以三分之二多数的绝对优势胜选，欧尔班四度连任总理。

3 日　匈牙利举行“恋童癖法案”的全民公投。公投由执政联盟发起，是匈牙利历史上第 8 次全民公投。

4 日　立陶宛宣布与俄罗斯外交关系降级，并驱逐俄罗斯驻立大使。

5 日　爱沙尼亚向俄罗斯驻爱沙尼亚大使弗拉基米尔·利帕耶夫递交外

交照会，表示爱沙尼亚将关闭俄罗斯驻纳尔瓦总领事馆和俄罗斯驻塔尔图大使馆领事办公室，并驱逐14名领事人员。

5日 中国国家主席习近平致电武契奇，祝贺他连任塞尔维亚共和国总统。

8日 黑山政府对俄制裁措施正式生效。

8日 斯洛伐克证实向乌克兰捐赠S-300防空导弹系统。

8日 时任中国国务委员兼外交部长王毅与塞尔维亚时任外交部长塞拉科维奇通电话。

9日 克罗地亚取消几乎所有防疫措施。

10日 罗马尼亚总理丘克当选国家自由党主席。

11日 克罗地亚宣布驱逐18名俄罗斯外交官以及6名俄罗斯驻克罗地亚使馆行政技术人员。

14日 保加利亚国民议会通过对《司法机构法》修订案二读，永久关闭为打击有组织犯罪特设的“特别法庭”。

15日 北马其顿外交部宣布6名俄罗斯外交官为“不受欢迎的人”。

16日 保加利亚总理访问北马其顿比托拉市并参加“米哈伊洛夫”文化中心开幕式。

17日 爱沙尼亚当局即日起开始禁止俄罗斯船只进入其港口，2月24日之后更改船只注册国的原俄罗斯籍船只也在禁令范围内。

23日 波兰《保卫祖国法》正式生效。

24日 斯洛文尼亚国民议会选举成功举行，自由运动党拔得头筹。

27日 俄罗斯天然气工业股份公司宣布，因未收到保加利亚用卢布结算的货款，自当日起暂停向保加利亚供应天然气。

28日 黑山联合改革运动党主席阿巴佐维奇组建少数派政府。

5月

3日 罗马尼亚天然气公司与美国埃克森美孚公司签订协议，以10.6

亿美元收购后者在罗子公司及其在黑海的深海海王星天然气项目中持有的所有股份。

9 日 马其顿东正教会独立。

10 日 捷克替代俄罗斯成为联合国人权理事会成员。

11 日 捷克总统米洛什·泽曼任命阿列什·米歇尔为捷克国家银行新任行长。

13 日 克罗地亚议会通过《引入欧元作为克罗地亚官方货币法》。

13 日 中国国家主席习近平同克罗地亚总统米拉诺维奇、国务院总理李克强同克罗地亚总理普连科维奇、国务委员兼外长王毅同克外长拉德曼互致贺电，庆祝两国建交 30 周年。

13 日 中匈全面战略伙伴关系确立 5 周年。

14 日 诺瓦克·卡塔琳总统正式就职，成为匈牙利历史上首位女性总统。

16 日 塞尔维亚东正教会宣布在辖区内将完全的自治权归还给马其顿东正教会，意味着两国教会达成和解。

17 日 北马其顿政府撤回同意任命俄罗斯驻比托拉荣誉领事的决定。

18 日 黑海天然气开采法律草案在罗马尼亚议会获得通过。

22 日 波兰总统杜达出访基辅，与乌克兰总统泽连斯基会面。

24 日 欧盟委员会发布《2022 年申根区状况报告》，称克罗地亚、保加利亚和罗马尼亚已满足资格标准，呼吁欧盟理事会批准三国加入申根区。

24 日 匈牙利新一届政府组阁成功，内阁成员正式亮相。

25 日 斯洛文尼亚国民议会以 54 票赞成、30 票反对确认自由运动党党魁罗伯特·戈洛布成为新一任总理。

26 日 波黑政府宣布解除此前颁布的所有有关防止新冠病毒传播的出入境防疫措施。

6月

1 日 在最新的国际女子网球协会（WTA）公布的排名中，爱沙尼亚网球运动员阿奈特·康塔维特（Anett Kontaveit）成为新的世界排名第二的选手，创造个人历史最高排名，这是爱沙尼亚选手有史以来的最高排名。

1日 欧盟委员会主席冯德莱恩访问波兰。

1日 斯洛文尼亚国民议会以53票赞成、28票反对通过了新总理戈洛布提交的组阁申请，第15届斯洛文尼亚政府正式成立。

2日 北马其顿外交部长布亚尔·奥斯马尼与美国国务卿布林肯在华盛顿召开会议。

4日 巴伊拉姆·贝加伊当选阿尔巴尼亚第九任总统。

5日 黑山加入北约5周年。

6~7日 北马其顿关闭领空以抵制俄外长访塞。

8日 “开放巴尔干”峰会开幕式在北马其顿奥赫里德召开。黑山总理阿巴佐维奇出席“开放巴尔干”峰会开幕式。

9日 经济合作与发展组织正式批准罗马尼亚制订的加入路线图。

10日 时任中国国务委员兼外交部长王毅同波兰外长兹比格涅夫·拉乌以视频连线方式举行中波政府间合作委员会第三次全体会议。

15日 罗马尼亚的黑海石油和天然气公司宣布，从黑海离岸油气田开采的首批天然气进入了国家输气系统。

16日 拉脱维亚议会立法禁止在拉脱维亚境内展示歌颂苏联和纳粹政权的物品，并决定拆除境内的苏联纪念碑。

18日 立陶宛宣布对俄罗斯加里宁格勒州实施铁路“禁运令”。

19日 卡钦斯基卸任负责波兰国家安全的副总理一职。

20~21日 “三海倡议”峰会暨商务论坛在拉脱维亚首都里加举行。

22日 执政仅6个月的保加利亚佩特科夫政府因不信任案而下台。

28日 佩特科夫政府在正式移交执政权之前决定驱逐70名俄罗斯驻保加利亚的外交官，理由是其从事的活动对保加利亚国家安全构成威胁。

29日 克楚辞去罗马尼亚参议院议长职务。

29日 拉脱维亚和加拿大国防部长根据北约马德里峰会做出的决定，签署了关于加强和进一步发展北约在拉脱维亚的战斗群的宣言，将北约成员国在拉脱维亚常驻士兵人数提高到一个旅（约2500人）。

29~30日　黑山新任总理德里坦·阿巴佐维奇访问贝尔格莱德，与塞尔维亚总统武契奇、总理布尔纳比奇、塞尔维亚东正教牧首波尔菲里耶展开会晤。

7月

1日　“波兰新政”的修正案正式生效。

1日　捷克接任欧盟轮值主席国，任期至2022年12月31日。

2~16日　北马其顿首都斯科普里发生反对“法国提案”的抗议。

6日　克罗地亚副总理兼财政部长马里奇宣布辞职。

6日　斯洛伐克自由与团结党宣布退出执政联盟。

12日　欧盟理事会批准克罗地亚于2023年1月1日加入欧元区。

13日　黑山南北高速公路优先段顺利通车。

13日　国际信用评级机构惠誉将克罗地亚的投资信用评级上调至“BBB+”，展望“稳定”。

14日　拉脱维亚议会通过《能源法》修正案，决定从2023年1月1日起禁止从俄罗斯进口天然气。

16日　北马其顿议会通过“法国提案”。

16日　中国驻克罗地亚大使馆举办第三次中克警务联巡启动仪式。

16日　德鲁勒当选拯救罗马尼亚联盟主席。

16日　海南航空开通的“北京—贝尔格莱德”航线的首个航班抵达贝尔格莱德尼古拉·特斯拉机场。

18日　以卡娅·卡拉斯为总理的爱沙尼亚新政府成立并举行就职仪式，新政府由改革党、祖国联盟党和社会民主党组成，设15名部长职务，由改革党、祖国联盟党和社会民主党三个政党平均分配。

19日　欧盟正式启动同阿尔巴尼亚和北马其顿的入盟谈判。

26日　中企承建的克罗地亚佩列沙茨大桥正式通车，时任国务院总理李克强以视频方式出席通车仪式并发表致辞。

29 日 波兰总统杜达与中国国家主席习近平通电话。

29 日 蔚来宣布在匈牙利的比奥托尔巴吉投资建设旗下首个海外工厂，这个名为蔚来能源欧洲工厂的项目将创造数百个新的就业岗位，总价值约为 1500 万欧元。

8月

1 日 匈牙利总理欧尔班前往达拉斯出席美国保守派联盟（ACU）的夏季会议。

3 日 黑山总统久卡诺维奇带头提交对少数派政府的不信任案。

5 日 俄罗斯对于保加利亚 6 月 28 日驱逐俄外交官的决定进行反制，宣布保加利亚驻莫斯科、圣彼得堡和叶卡捷琳堡使领馆以及保加利亚驻莫斯科工业中心的 4 名保加利亚外交人员及 10 名行政技术人员为“不受欢迎的人”，命其在 120 小时内离境。

11 日 爱沙尼亚宣布退出中国－中东欧国家合作机制。

11 日 爱沙尼亚宣布对持有该国签发的申根签证的俄罗斯公民关闭边境。

11 日 波兰最重要的河流之一奥德河发生重大污染事件。

11 日 拉脱维亚外交部发表声明，宣布退出中国－中东欧国家合作机制。

12 日 中国宁德时代新能源科技股份有限公司宣布将在匈牙利德布勒森投资 73.4 亿欧元建设拥有 100GWh 产能的电池厂。该项目是匈牙利有史以来最大的绿地投资。

13～15 日 2022 年欧洲游泳锦标赛男子 100 米、200 米自由泳比赛中，罗马尼亚选手波波维奇均夺冠并刷新世界纪录。

15 日 北马其顿外交部公布与保加利亚共同纪念的历史人物。

19 日 黑山少数派政府下台。

23 日　波兰总统杜达出访基辅，与乌克兰总统泽连斯基会面。

25 日　匈牙利国家原子能机构（OAH）授予匈牙利保克什核电站二期项目（PAKS Ⅱ）建设许可证。

27 日　5 名嫌疑人因涉嫌使克罗地亚国家石油公司蒙受超 10 亿库纳损失被克罗地亚打击腐败和有组织犯罪办公室逮捕。

27 日　塞尔维亚和科索沃双方同意废除出入境文件。

9月

1 日　波兰法律与公正党主席卡钦斯基宣称要对德国提出 6.2 万亿兹罗提的二战赔偿。

2 日　黑山总理阿巴佐维奇参加“开放巴尔干”峰会。

4 日　卡钦斯基宣布将波兰地方政府的选举日期从 2023 年秋季推后至 2024 年 4 月 30 日。

5 日　克罗地亚开始实行库纳、欧元双币种标价。

5 日　斯洛伐克外交和欧盟事务部长，司法部长，教育、科研和体育部长辞职，斯洛伐克组建少数派政府。

6 日　中国浙江华硕科技有限公司宣布将在匈牙利第二大城市德布勒森投资 4300 万欧元建设电动汽车零部件生产厂。

7 日　阿尔巴尼亚因遭到境外网络攻击而与伊朗断绝外交关系。

10 日　克罗地亚国家队在欧洲水球锦标赛中获得冠军。

13 日　罗马尼亚和摩尔多瓦两国总理举行会晤。

21 日　塞尔维亚总统武契奇于第 77 届联大期间同时任国务委员兼外交部长王毅会见，双方就中国-中东欧国家合作交换了看法。

22 日　克罗地亚国家统计局公布 2021 年人口普查最终结果。

23~24 日　捷克举行地方选举和参议院第一轮选举。

29 日　中国外交部礼宾司司长洪磊接受爱沙尼亚新任驻华大使韩朔递交的国书副本。

29 日 黑山外交部驱逐俄罗斯 6 名外交官。

30 日 捷克举行参议院第二轮选举。

10月

1 日 经过超 10 年的谈判，保加利亚与希腊的天然气管道终于启用，保加利亚与阿塞拜疆签订长期购气合同，从阿塞拜疆经希腊管道进口的天然气将满足保加利亚能源需求的 1/3。

1 日 拉脱维亚举行第 14 届议会选举。

2 日 保加利亚举行第 48 届国民议会选举，这是保加利亚自 2021 年以来的第四次大选。

2 日 北马其顿总统彭达罗夫斯基签署《中东欧北约成员国总统关于俄罗斯企图非法吞并乌克兰领土的联合声明》。

2 日 波黑举行大选，选举产生新一届波黑主席团、波黑塞族共和国总统和副总统、波黑和波黑联邦议会代表院、塞族共和国人民议会以及波黑联邦 10 个州的议会。

2 日 国际社会驻波黑高级代表决定将波黑联邦议会民族院代表人数从 58 人增加到 80 人。

19 日 罗马尼亚总理丘克宣布，罗马尼亚与阿塞拜疆能源公司 SOCAR 签署关于联合投资黑海液化天然气设施的备忘录。

22 日 匈牙利中央调查局检察机关对涉嫌严重贪腐的执政党多名官员提起公诉。

23 日 第一轮斯洛文尼亚总统选举正式举行。

26 日 北马其顿政府与欧盟以马其顿语签署边防协议。

27 日 时任中华人民共和国总理李克强致电塞尔维亚总理阿娜·布尔纳比奇，祝贺她连任塞尔维亚总理。

29 日 斯洛伐克市政与地区选举举行。

11月

1日 塞尔维亚和科索沃车牌换发工作正式开始。

2日 联合国安理会通过决议，将欧盟驻波黑多国稳定部队“木槿花”行动续设12个月。

3日 保加利亚国民议会通过了对乌克兰直接提供军事援助的提案。

3日 北马其顿总理与塞尔维亚、阿尔巴尼亚、波黑、黑山、科索沃的政府首脑在西巴尔干政府首脑峰会上共同签署三项流动性协议。

3日 北马其顿议会通过《协会和基金会法》修正案。

5~10日 阿尔巴尼亚、波兰参加第五届中国国际进口博览会。

7日 立陶宛宣布在中国台湾的“贸易代表办事处”正式投入运作。

10日 克罗地亚竞争力与凝聚力计划获欧盟批准，价值52亿欧元。

13日 第二轮斯洛文尼亚总统选举举行，娜塔莎·皮尔茨·穆萨尔击败安热·洛加尔，成为斯洛文尼亚共和国的首位女性总统。

14日 匈牙利政府增设能源部，其负责能源政策的统一管理，以应对俄乌冲突和对俄制裁带来的能源价格上涨问题和能源安全挑战。

16日 匈牙利在中国成功发行20亿元人民币的绿色主权熊猫债。

16~17日 罗马尼亚新任国防部长特尔沃尔出席东南欧防长会议。

20日 斯洛文尼亚第一轮地方选举举行。

25日 中国土木工程集团有限公司中标罗马尼亚布加勒斯特北部环城高速公路3号路段建设项目。

27日 知名阿尔巴尼亚裔英国女歌手杜阿·利帕（Dua Lipa）获得阿尔巴尼亚国籍。

27日 斯洛文尼亚公民对《政府法（修正案）》、《长期护理法（修正案）》和《斯洛文尼亚广播电视法（修正案）》进行公投，三项法案均被通过。

28日 阿尔巴尼亚庆祝国家独立110周年。

29 日　时任爱沙尼亚外长乌尔马斯·雷因萨鲁同拉脱维亚、立陶宛、芬兰、冰岛、挪威和瑞典六国的外长抵达乌克兰首都基辅，与乌克兰总统泽连斯基讨论进一步支持乌克兰的问题。

29~30 日　黑山总理阿巴佐维奇出席北约外长会议。

12月

2 日　立陶宛政府公布新的财产税计划。

4 日　斯洛文尼亚第二轮地方选举举行。

6 日　欧盟-西巴尔干国家峰会在阿尔巴尼亚首都地拉那召开。黑山总统久卡诺维奇应邀参加了欧盟-西巴尔干国家峰会。

6 日　因欧盟能源价格大幅上涨，匈牙利政府宣布取消石油价格上限。

7 日　由中国电建与通用技术联合投资的波黑伊沃维克风电项目获波黑外国投资促进署“2022 年最佳外国投资者”奖项，中国企业首获此荣誉。

8 日　欧盟理事会同意克罗地亚于 2023 年 1 月 1 日成为申根区第 27 个成员国。

8 日　罗马尼亚和保加利亚加入申根区的请求遭到欧盟理事会拒绝。

9 日　保加利亚国民议会通过了援乌武器清单，具体内容加密。

9 日　塞尔维亚航空开通了往返于贝尔格莱德与天津之间的直飞航班。

12 日　黑山总统久卡诺维奇签署《总统法》修正案。

12 日　欧洲理事会决定将拨给匈牙利的欧盟“凝聚力基金”的冻结比例由 65%减至 55%，冻结资金金额由 75 亿欧元降至 63 亿欧元。

13 日　匈牙利外交与对外经济部长西雅尔多与时任国务委员兼外交部部长王毅在视频会晤上签署了两国建立政府间“一带一路”合作委员会的协定。

14 日　中克建交 30 周年系列庆祝活动、首届克罗地亚中国电影节在克首都萨格勒布开幕。

14 日　拉脱维亚新任内阁组建成功，总理卡林什（新团结党）得以连任。

14 日　科索沃当局代表维约萨·奥斯马尼等人在普里什蒂纳签署加入欧盟的申请。

15 日　欧洲理事会正式决定给予波黑欧盟候选国地位。

15 日　斯洛伐克议会通过对政府的不信任案。

16 日　波兰发展与技术部宣布出台名为“首套房政策”的新住房政策。

16 日　立陶宛宣布同美国达成一项价值 4.95 亿美元的军火协议。

16 日　斯洛伐克总统苏珊娜·恰普托娃宣布解散爱德华·黑格尔领导的少数派政府。

17 日　克罗地亚国家足球队在卡塔尔世界杯中获得季军。

19 日　罗马尼亚外交部长奥雷斯库与摩尔多瓦共和国总统桑杜等人进行会谈，表示将全力支持摩尔多瓦度过困难期。

20 日　波黑法院终审宣判三名波黑“拉夫纳戈拉”组织成员因仇恨罪入狱 5 个月，波黑首次有这类组织成员因仇恨罪获刑。

21 日　罗马尼亚总理丘克会见韩国国务总理韩德洙，商讨核能源领域合作等议题。

22 日　乌克兰总统泽连斯基访问波兰。

23 日　立陶宛宣布从美国购买弹簧刀 600 型无人机。

26 日　由于科索沃当局不断单方面激化紧张局势，塞尔维亚总统武契奇下令塞尔维亚军队、警察进入最高级别战备状态，该状态持续至 12 月 29 日。

27 日　阿尔巴尼亚部长会议批准阿、中两国实行无条件互免签证的决议。

Abstract

The *Annual Report on the Development of Central and Eastern European Countries* (*2023*) is the sixth volume of the Blue Book on Central and Eastern Europe. It was compiled by the Center for Central and Eastern European Studies and the School of European Languages and Cultures at Beijing Foreign Studies University, with the participation of teachers from the School of European Languages and Cultures at BFSU and experts and scholars from relevant fields in the Ministry of Foreign Affairs and the Chinese Academy of Social Sciences. The author team made efforts to collect first-hand information and present the most accurate analysis from an objective and fair standpoint, utilizing the unique advantage of the author team's knowledge of the languages spoken in Central and Eastern European countries. The report aims to provide a comprehensive overview of the political, economic, diplomacy, social and cultural fields, and relations between Central and Eastern European countries and China in 2022.

In 2022, Central and Eastern European countries experienced both continuity and new changes in domestic affairs, economy, diplomacy, society and culture. The outbreak of the Russia-Ukraine Conflict at the beginning of the year had a significant impact on the world economy and international order, and Central and Eastern European countries were also deeply affected.

In terms of domestic affairs, many countries in Central and Eastern Europe held general elections. Ruling parties or coalitions in Hungary, Serbia, Latvia, and Bosnia and Herzegovina continued to govern, but the Serbian Progressive Party was no longer dominant and had to form a coalition government with other parties. The governments of Montenegro, Estonia, Bulgaria, and Slovakia resigned due to votes of no confidence, and Estonia was the only one that successfully formed a new government. Additionally, protests and demonstrations of varying scales occurred in many Central and Eastern European countries.

In terms of the economy, Central and Eastern European countries experienced a comprehensive recovery as the COVID - 19 pandemic ended. However, the Russia-Ukraine Conflict and EU sanctions against Russia disrupted supply chains, leading to higher energy and food prices and exacerbating energy crises and inflation. In response, governments implemented targeted policy measures that showed initial results. Although economic growth slowed down, almost all countries maintained positive growth. Budget balances and public debt levels improved, unemployment rates decreased slightly, and total import and export volumes increased.

In terms of diplomacy, disagreements between Hungary, Poland, and the EU over the allocation of EU funds reemerged. Croatia was approved to join the Schengen Area and the Eurozone, expanding the Eurozone after Lithuania's accession in 2015. The Czech Republic assumed the rotating presidency of the EU and identified five priority areas of work, including responding to the refugee crisis and post-war reconstruction in Ukraine, energy security, strengthening European defense capabilities and cybersecurity, the strategic resilience of the European economy, and the resilience of democratic systems. Albania and North Macedonia began EU accession negotiations, and Bosnia and Herzegovina obtained candidate country status.

Central and Eastern European countries generally took a pro-Ukraine and anti-Russia stance in the Russia-Ukraine Conflict, particularly Poland and the Baltic countries. In addition to diplomatic support, economic and military assistance, they further enhanced military cooperation with the United States and NATO. Hungary, Serbia, and Bosnia and Herzegovina had different positions on the Russia-Ukraine Conflict, with maintaining contact with Russia, or insisting on neutrality and refusing to impose sanctions on Russia, or unable to reach a unified position domestically.

In terms of society and culture, Central and Eastern European countries implemented various policies to receive and resettle Ukrainian refugees and provide them with humanitarian assistance. The refugee issue brought about challenging social problems, impacting the countries' finances, welfare, labor markets, education resources, infrastructure construction, and social security. The relaxation and cancellation of COVID-19 control measures were also noteworthy events in Central and Eastern European countries in 2022. Most countries in the region experienced negative population growth, except for Lithuania, which saw positive growth in 2021 and continued to grow in 2022.

In summary, Central and Eastern European countries were more or less affected by the Russia-Ukraine Conflict in 2022. The economy was the most affected, but the impact on political life, diplomacy, society and culture should not be ignored. Poland's enactment of the Homeland Defense Act and Hungary's declaration of a state of emergency were directly related to the Russia-Ukraine Conflict. The victories of Hungary's FIDESZ and Serbian Progressive Party, the European Commission's approval of Poland's recovery plan and assistance to Poland, and the triggering of the Conditionality Mechanism against Hungary were all to some extent related to the positions of the parties or countries on the Russia-Ukraine Conflict. The energy crisis and high inflation caused by the Russia-Ukraine Conflict and sanctions against Russia also increased internal political parties' divisions and intensified political struggles. Some protests even received support from organizations and parties with different political orientations, such as in the Czech Republic. The new progress in the European integration process of Central and Eastern European countries was also related to the EU's efforts to strengthen unity, enhance attractiveness, and reduce Russia's influence. The social problems caused by accepting and resettling Ukrainian refugees presented even greater challenges for CEE countries to address and resolve.

Keywords: Central and Eastern Europe; EU; Russia; Russia-Ukraine Conflict; European Integration

Contents

Ⅰ General Report

Abstract: In 2022, several Central and Eastern European countries witnessed significant political developments, including parliamentary and presidential elections in multiple countries, governments stepping down in Montenegro, Estonia, Bulgaria, and Slovakia, and protests in Albania, North Macedonia, and the Czech Republic. Economically, the growth rate in these countries noticeably slowed down, although unemployment rates slightly decreased. Budget balances and public debt levels generally improved, while the total volume of imports and exports increased across the region. In terms of foreign relations, the European integration process in Central and Eastern European countries continued to move forward with ups and downs. Most countries took a supportive stance towards Ukraine and opposed Russia during the Russia-Ukraine Conflict, leading to further cooperation with the United States and NATO. Socially and culturally, measures were taken to receive and accommodate Ukrainian refugees, and some countries relaxed or lifted COVID – 19 control measures. Negative population growth became a common trend, but progress was made in education reform and cultural and sports activities. Overall, the development in Central and Eastern European countries in 2022 followed previous trends, but with some new changes, influenced to some extent by the Russia-Ukraine Conflict.

Keywords: Central and Eastern Europe; Parliamentary and Presidential Elections; Economic Growth; European Integration; Russia-Ukraine Conflict

Ⅱ Special Reports

B.2 Acceleration or Change of Direction: New Developments in the Accession of the Western Balkans

Xu Gang / 032

Abstract: In 2022, significant progress was made in the EU accession process of Western Balkan states. Accession negotiations were initiated with North Macedonia and Albania, fulfilling their dreams after waiting for 17 and 8 years, respectively. Bosnia and Herzegovina officially obtained the candidacy status, taking a major step forward just 6 years after submitting its membership application. However, the accession progress of Montenegro and Serbia has been minimal, and the decision on Kosovo visa liberalization is still pending. The notable progress in the accession of Western Balkans is strongly linked to the changing geopolitical landscape of Europe triggered by the Russia-Ukraine Conflict. This raises the question of whether it signifies an acceleration of the accession of Western Balkans or a shift in the EU enlargement process, a question that deserves further exploration.

Keywords: Western Balkans; European Integration; EU Enlargement; Accession Negotiations; Russia-Ukraine Conflict

B.3 CEE Countries in the Green Transition: Difficulties and Challenges

Wang Xiaoyun / 045

Abstract: Currently, Central and Eastern European (CEE) countries are in the process of catching up with the developed members of the European Union (EU), but the gap between them remains significant. In terms of economic and energy structures, CEE countries have a high proportion of industry and a significant reliance on traditional fossil fuels compared to other EU members. As a result, CEE countries rank among the highest in greenhouse gas emissions intensity within the EU and are considered as a core region for implementing the EU's carbon neutrality and reduction goals. However, under the EU's climate policy framework, CEE countries face disproportional difficulties and challenges compared to other EU members in implementing coal phase-out plans, increasing the share of renewable energy, improving energy efficiency, and implementing emission standards for vehicles. While CEE countries can receive some financial and technological assistance through the EU's Just Transition Mechanism (JTM), it is challenging to balance the cost and benefit in the green transition in the short term.

Keywords: Central and Eastern Europe; EU; Green Transition; Carbon Neutrality; Energy Transformation

Abstract: The year 2022 marks the 10th anniversary of China-CEEC Cooperation, signifying a significant milestone in the partnership between the two regions. It is an important year for both sides to implement the consensus reached at the China-CEEC Summit held in Beijing. Despite the challenges posed by the COVID-19 pandemic, China and Central and Eastern European countries have made remarkable strides in deepening and strengthening their cooperation. The agreed-upon projects have been steadily progressing, and a series of successful activities have been conducted. The level and quality of cooperation have continued to improve, with a particular focus on enhancing economic exchanges, trade relations, as well as fostering people-to-people and cultural exchanges. The events of 2022 serve as a testament to the commitment of both sides to overcome obstacles and further enhance cooperation in various fields.

Keywords: China-CEEC; 17th China-CEEC National Coordinator Meeting; Development of Green Industries

B.5 Coping with the Ukrainian Refugee Crisis in Central and Eastern European Countries in 2022: Policies, Attitudes, and Challenges

Sun Weifeng / 076

Abstract: The Russia-Ukraine Conflict in February 2022 sparked a refugee crisis in Europe, which has now become the most severe one since World War II. Many Central and Eastern European (CEE) countries have experienced a sudden influx of Ukrainian refugees. This report focuses on several CEE countries that have received a significant number of Ukrainian refugees. It examines the characteristics of these refugees, the policies and attitudes of the CEE countries towards them, and the impact of the crisis on these countries. As the Russia-Ukraine Conflict continues, CEE countries face various challenges in handling the refugee crisis. It is crucial for each country to adjust their responses promptly, considering their own circumstances, in order to prevent the situation from worsening.

Keywords: Ukrainian Refugees; Central and Eastern Europe; Russia-Ukraine Conflict; Refugee Policy

B.6 Impact of the Russia-Ukraine Conflict on the Energy Security of Central and Eastern European Countries

Wang Hongyi, *Tang Shiwen* / 094

Abstract: Energy security is of utmost importance for the economic development of Central and Eastern European (CEE) countries. The Russia-

Ukraine Conflict that erupted in early 2022 has caused significant disruptions in the energy import and consumption markets of CEE countries, leading to irreversible and systemic impacts on their energy security. To enhance energy security, CEE countries have expedited their strategies for diversifying energy imports, which include expanding import channels, accelerating the construction of nuclear power plants, and developing renewable energy sources. Additionally, some countries have been compelled to restart and expand coal production and usage. In the short term, the Russia-Ukraine Conflict has had a noticeable adverse impact on the energy security of CEE countries. Looking ahead in the medium and long term, the de-Russianization of energy sources and the diversification of import channels will become top priorities for economic development in CEE countries.

Keywords: Russia-Ukraine Conflict; Energy Security of CEE Countries; European Energy Crisis

Ⅲ Country Reports

Abstract: In 2022, Albania experienced heightened internal divisions within the Democratic Party, the largest opposition party. Berisha regained power and formed an alliance with the restructured Liberal Party led by Meta in preparation for the upcoming general election. Concurrently, the presidential candidate nominated by the ruling Socialist Party was elected and inaugurated. The power dynamics between the Democratic Party and the Socialist Party remained in flux. Regarding the economy, the government implemented measures like the Social Resilience Package to address internal and external pressures and stimulate economic recovery. The import and export, tourism, and real estate sectors ensured a gradual and steady growth. On the diplomatic and security front, Albania officially initiated accession negotiations with the European Union, bolstered regional cooperation through the Berlin Process and the Open Balkan initiative, and demonstrated a proactive stance towards European integration. Additionally, Albania expanded its multidimensional cooperation with the United States and swiftly severed diplomatic ties with Iran following a cyber-attack. In the social and cultural sphere, protests led by the teachers' union failed to achieve their desired outcomes, underscoring long-standing social conflicts and the escalating brain drain. Nevertheless, events such as the European Youth Capital 2022 held in Tirana showcased the country's vibrant cultural scene. In terms of relations with China, both nations pragmatically collaborated in agriculture, trade, tourism, and education, yielding fruitful results in sports, culture, and publishing.

Keywords: Albania; Democratic Party; Economic Growth; EU Accession Negotiations; China And Albania Cooperation

B.8 Estonia

Abstract: In 2022, Estonia witnessed political fluctuations due to disagreements over welfare policies, resulting in the formation of a new cabinet led by Prime Minister Kallas. Despite signs of overall economic recovery, Estonia faced high inflation rates. The country experienced significant growth in import and export activities, driven by increased prices of commodities and energy. In terms of diplomacy and national security, Estonia strengthened its ties with the United States and NATO as the Ukraine Crisis escalated, while its relationship with Russia continued to deteriorate. Additionally, Estonia withdrew from the cooperation mechanism between China and Central and Eastern European countries, indicating a setback in bilateral relations between Estonia and China.

Keywords: Estonia; Ukraine; Estonia-US Relations; Estonia-Russia Relations; China-Estonia Relations

B.9 Bulgaria

Zhan Yanyi, Lu Ziyuan / 146

Abstract: In 2022, Bulgaria continued to experience political instability. The coalition government, "We Continue the Change (PP)," which came to power at the end of 2021, was impeached within six months. Throughout the year, there were six failed attempts to form a cabinet. The Russia-Ukraine Conflict, which began in late February, had a significant impact on Bulgaria's economy and diplomacy. Despite some improvements in the macroeconomy, inflation remained high. Russia's decision to cut off gas supply led to increased prices of natural gas, fuel, and electricity, affecting industry and daily life. The Bulgarian government maintained a firm anti-Russian stance, expelling 70 Russian diplomats and providing direct military assistance to Ukraine at the end of the year. The influx of Ukrainian refugees into Bulgaria led to humanitarian aid and financial support from the government, but also caused discontent among the population. Furthermore, Bulgaria's request to join the Schengen Area was rejected by the European Commission due to opposition from the Netherlands and Austria. Despite the volatile international situation and complex international relations in 2022, the relationship between China and Bulgaria remained healthy and stable. Bilateral trade increased against the global trend, and there was further development in cultural and educational exchanges and cooperation.

Keywords: 2022 Bulgarian Elections; Schengen; Natural Gas; Inflation; Ukrainian Refugees

B.10 North Macedonia

Dan Tianyi / 162

Abstract: In 2022, North Macedonia experienced relative political stability. The restructured government successfully focused on EU accession, addressing the energy crisis, and maintaining price stability. However, political conflicts between the ruling party and the opposition intensified in the latter half of the year, and divisions arose within the second-largest ruling party. The country faced a significant increase in the consumer price index (CPI) due to rising global energy and food prices. To mitigate the impact of inflation and safeguard citizens' living standards, the government implemented a series of economic policies. North Macedonia also embarked on diversified energy projects to tackle the energy crisis and achieve energy transformation. In terms of diplomacy and security, North Macedonia aligned itself with the EU and NATO during the Russia-Ukraine Conflict. EU Accession negotiations commenced, but the process remained challenging, requiring constitutional amendments to protect the rights of ethnic Bulgarians. Socially and culturally, North Macedonia witnessed frequent protests in 2022. To regulate association registration and prevent misuse of historical names, the North Macedonian government amended the Law on Citizen Associations and Foundations. Throughout the year, North Macedonia maintained political trust and deepened practical cooperation with China within the framework of China-Central and Eastern European Countries Cooperation.

Keywords: North Macedonia; Energy Crisis; EU Accession Negotiations; North Macedonia-Bulgaria Relations

B.11 Bosnia and Herzegovina

Chen Huizhi / 178

Abstract: In 2022, there were significant political changes in Bosnia and Herzegovina. The ruling Party of Democratic Action (SDA) lost its position on the state level and was replaced by a coalition of eight Bosniak political parties called Osmorka. Controversies arose when the High Representative enacted amendments to the Election Law and the Constitution of the Federation of Bosnia and Herzegovina on the evening of the election day. Meanwhile, the Serbs in Bosnia and Herzegovina continued to push for greater powers based on the Dayton

Accords. Despite positive economic indicators, consumer prices soared due to conflicts in Ukraine. Additionally, Bosnia and Herzegovina became a candidate for the European Union membership. In a notable development, several members of the Organization of Serbian Chetniks "Ravna Gora" were sentenced to prison for hate crimes, marking the first case of its kind in the country. Moreover, the relationship between China and Bosnia and Herzegovina steadily progressed in 2022, resulting in new achievements in various areas of cooperation between the two nations.

Keywords: Bosnia and Herzegovina Politics; Bosnia and Herzegovina Economy; European Integration; China-Bosnia and Herzegovina Relations

Abstract: In 2022, Poland witnessed significant developments in politics, economy, diplomacy, and society. The implementation of the Homeland Defence Act significantly enhanced the military's combat capabilities, while the Russia-Ukraine Conflict emerged as the most pressing political issue. Political parties had already begun campaigning for the upcoming parliamentary elections in 2023. Despite facing a technical recession and grappling with significant inflation, Poland maintained a relatively low unemployment rate compared to other EU countries. The focus shifted towards "de-Russification" of the economy and the implementation of the Polish Deal. In terms of diplomacy and security, Poland actively aligned itself with the United States in countering Russia and provided support to Ukraine. However, tensions arose with the European Union and Germany regarding recovery funds and World War II reparations. Socially and culturally, the influx of refugees from Ukraine, the Odra River pollution incident, and the introduction of new social policies became prominent topics of debates. Poland maintained positive political engagement and economic cooperation with China.

Keywords: Poland; Russia-Ukraine Conflict; de-Russification; Refugees

B.13 Montenegro

Ding Yuhan, *Peng Yuehan* / 214

Abstract: In 2022, Montenegro experienced political turmoil with the ousting of two governments within a year. The president, government, and parliament were embroiled in intense conflicts, and the formation of a new government remained elusive. Widespread protests erupted due to prolonged political instability and the signing of amendments to the law on the president's powers. On the economic front, Montenegro made efforts to recover economy, witnessing positive growth in key indicators and a promising tourism industry. However, challenges persisted, largely influenced by the Russia-Ukraine Conflict. In terms of diplomacy and security, Montenegro made limited progress in its EU accession, hindered by domestic political instability. The country celebrated the fifth anniversary of its NATO membership in 2022, further strengthening its relationship with the alliance. Montenegro aligned with the EU and NATO in its policies towards Russia, although the implementation of sanctions was delayed due to differing opinions among political parties. Active participation in regional affairs and the development of relations with Serbia became key priorities for Montenegro. In society and culture, Montenegro ranked first in Europe for the percentage of wind power generated in a single day, showcasing its commitment to energy transformation and sustainable development. In China-Montenegro relations, bilateral trade volume significantly increased. The successful opening of the priority section of the North-South Expressway, constructed by China Road and Bridge Corporation (CRBC), further strengthened the friendship between the two countries. Cultural and educational cooperation deepened, with more Montenegrin people experiencing the allure of Chinese culture.

Keywords: Montenegro; EU; NATO; Russia-Ukraine Conflict; China-Montenegro Relations

B. 14 The Czech Republic

Qin Fangxing / 231

Abstract: In 2022, the ruling coalition in the Czech Republic emerged victorious in the local elections, with the Civic Democratic Party being the biggest winner. The registration of candidates for the upcoming presidential election was completed, with Petr Pavel emerging as the frontrunner. The Czech economy experienced a year-on-year growth of 2.4%, but inflation surged to 15.1%, the second-highest rate since 1993. The trade deficit observed throughout the year was influenced by energy prices and demand. The soaring energy prices and inflation also contributed to a significant increase in the fiscal deficit. In terms of diplomacy and security, the Czech Republic assumed the rotating presidency of the European Union in the latter half of the year, leading to deepened cooperation with the EU and NATO, while reducing its dependence on Russia. Following the outbreak of the Russia-Ukraine Conflict, the Czech Republic intensified its support for Ukraine and imposed sanctions on Russia. Socially and culturally, the sharp increase in energy prices and the influx of Ukrainian refugees triggered several large-scale protests. The results of the latest Czech census conducted in 2021 were announced, and eight new national cultural monuments were added to the country. In terms of relations with China, bilateral trade witnessed growth, but the new government implemented a shift in its foreign policy towards China. Some politicians continued to challenge China's stance on the Taiwan question, which had a negative impact on bilateral relations.

Keywords: Czech Republic; Czech Elections; Czech Economy; Czech Diplomacy; Sino-Czech Relations

B. 15 Croatia

Ouyang Ziyi, *Liu Yuqiao* / 247

Abstract: In 2022, Croatia experienced a stable political situation, with the notable event being the replacement of five government ministers. The country's macroeconomic indicators showed positive performance overall, although the Russia-Ukraine Conflict had a significant impact. This resulted in a sharp increase in prices and inflation reaching new highs, leading to a slowdown in economic growth in the second half of the year. The completion of final negotiations to join the eurozone is expected to bring favorable outcomes for Croatia's future development. In terms of diplomacy and security, Croatia collaborated with the European Union in imposing sanctions on Russia and providing assistance to Ukraine following the outbreak of the Russia-Ukraine Conflict. The crash of a military drone in the capital city of Zagreb raised concerns about Croatia's security and garnered widespread attention. Additionally, Croatia received approval to join the Schengen Area on January 1, 2023, marking a significant diplomatic achievement since its accession to the European Union and representing a crucial step in the process of European integration. In society and culture, the Croatian government gradually lifted COVID－19 control measures, allowing residents' lives to return to normal. The release of the results of the population census, conducted every ten years, sparked social debates due to the negative population growth. Furthermore, Croatia continued its successful streak in the FIFA World Cup by securing a third-place finish in the Qatar World Cup, and achieved commendable results in sports where the country traditionally excels. Regarding China-Croatia relations, 2022 marked the 30th anniversary of diplomatic relations between the two countries. This occasion provided an opportunity for high-level exchanges and a series of diplomatic activities. Meanwhile, China and Croatia enjoyed fruitful cooperation in the fields of economy, trade, and culture, presenting a remarkable anniversary gift for bilateral relations.

Keywords: Croatia; Eurozone; Schengen Area; Russia-Ukraine Conflict; 30th Anniversary of Diplomatic Relations between China and Croatia

B.16 Latvia

Huang Shan, Wang Yiran and Yang Ruofei / 260

Abstract: In 2022, Latvia held parliamentary elections, and the New Unity party successfully led the formation of a coalition government. It formed a center-right governing alliance with the United List and the National Alliance, allowing Prime Minister Kariņš (New Unity) to be re-elected. Against the backdrop of the Russia-Ukraine Conflict and the energy crisis in Europe, Latvia's economy experienced modest overall growth throughout the year. However, inflation remained high, and the trade deficit continued to widen. To combat soaring prices, Latvia raised the minimum wage and explored avenues for energy independence. Latvia actively supported Ukraine during the Russia-Ukraine Conflict, maintaining sanctions against Russia, and emphasizing the importance and presence of NATO in regional security and defense. The dismantling of several Soviet-era monuments within Latvia sparked discontent among the country's ethnic Russian population. Additionally, the policy of "de-Russification" in elementary education continued, with a full transition to Latvian-language instruction. In 2022, there was a significant turning point in China-Latvia relations as the Latvian government withdrew from the China-Central and Eastern European Countries Cooperation mechanism. Instead, the Latvian government sought to develop relations with China within the framework of bilateral and China-European cooperation.

Keywords: Latvia; Parliamentary Elections; Inflation; Energy Independence; Russia-Ukraine Conflict

B.17 Lithuania

Ma Songruowen, Wang Weijin / 276

Abstract: In 2022, the Lithuanian government faced significant pressures, resulting in slow progress in domestic reforms and widespread public dissatisfaction. The country's economy experienced initial growth, but later declined due to international and geopolitical factors. In terms of foreign affairs, Lithuania strengthened its security cooperation with the United States, leading to an escalation of conflicts with Russia. Additionally, Lithuania maintained pragmatic cooperation with other European Union member states. Addressing the refugee crisis and promoting gender equality were key focuses of the government in terms of social welfare. However, in 2022, Lithuania continued to intensify contradictions with China on issues related to Taiwan and trade, which strained relations between the two countries.

Keywords: Lithuania; Political Situation; Economic Development; Foreign Strategy; China-Lithuania Relations

B.18 Romania *Xu Taijie* / 286

Abstract: In 2022, Romania experienced overall political stability despite some internal disputes. The economy maintained steady growth, although inflation remained high. In response to the energy crisis, the Romanian government implemented various measures to seek energy independence. In the realm of diplomacy and security, Romania actively engaged in diplomatic activities to safeguard regional security amidst the Russia-Ukraine Conflict. The country also provided assistance to Moldova in managing the crisis and pursuing European Union membership. However, Romania faced obstacles on its path to joining the Schengen Area. Key events in the social and cultural sphere included the release of preliminary results from a new census, the postponement of a new education law, notable achievements in international sporting events, and the provision of social assistance to Ukrainian refugees. In terms of bilateral relations between China and Romania, there were stable exchanges at the senior government level, resulting in new cooperation in the fields of economy, culture, and healthcare. Additionally, Romania facilitated the evacuation of Chinese nationals from Ukraine.

Keywords: Romania; Energy Crisis; Russia-Ukraine Conflict; China-Romania Relations

B. 19 Serbia

Peng Yuchao, Li Zhuofan / 304

Abstract: In 2022, Serbia maintained overall political stability. Although the Serbian Progressive Party, led by President Vučić, did not secure overwhelming victories in the presidential, parliamentary, and local elections, it still maintained control over the political landscape. The country's economy continued to recover, albeit at a slower pace due to changing international circumstances and unfavorable natural conditions. The outbreak of the Russia-Ukraine Conflict presented diplomatic challenges for Serbia, causing the process of joining the European Union to stagnate. However, China-Serbia relations flourished, characterized by close political exchanges, fruitful economic cooperation, the establishment of direct flights, and the advancement of a comprehensive strategic partnership.

Keywords: Serbia; Constitutional Amendment; Kosovo; China-Serbia Relations

B. 20 Slovakia

Zhang Chuanwei / 317

Abstract: In 2022, Slovakia faced intensified internal strife within the ruling coalition, resulting in the withdrawal of the Freedom and Solidarity Party and the subsequent resignation of a newly formed minority government due to a vote of no confidence. Despite these political challenges, Slovakia managed to achieve steady growth in its gross domestic product, a slight decrease in unemployment, and a significant increase in foreign trade, but also recorded a new high of inflation. Meanwhile, the escalation of the Russia-Ukraine Conflict in 2022 further complicated Slovakia's geopolitical environment. In response, Slovakia did not only show strong support for Ukraine but also strengthened its military cooperation with the United States, emphasizing its anti-Russian stance. In terms of Sino-

Slovak cooperation, both countries deepened their collaboration in various areas including sports, trade and economy, and local partnerships.

Keywords: Slovakia; Minority Government; Inflation; Russia-Ukraine Conflict; Sino-Slovak Cooperation

B.21 Slovenia

Abstract: In 2022, Slovenia held parliamentary elections, presidential elections, and local elections, which led to the formation of a new government and the historic inauguration of the country's first female president. Following the end of the COVID-19 pandemic, Slovenia's economy rebounded strongly, with a revitalization of import and export trade. However, the country continued to grapple with high levels of inflation. In terms of diplomacy and security, Slovenia actively stood in support of Ukraine and condemned Russia in response to the escalating Ukraine Crisis. Additionally, the country remained steadfast in its commitment to the process of European integration. In the social and cultural sphere, various industries organized large-scale strikes, and two legal amendments were successfully passed through a referendum. In the realm of China-Slovenia relations, 2022 marked significant milestones, including the opening of the Beijing Winter Olympics, the 30th anniversary of diplomatic relations between the two countries, and the 40th anniversary of the sister city relationship between Chengdu and Ljubljana. These milestones provided a valuable opportunity for China and Slovenia to further enhance cooperation across multiple domains.

Keywords: Slovenia; Elections; Inflation; European Integration; China-Slovenia Relations

Abstract: In 2022, Hungary held both presidential and parliamentary elections, with the ruling party Fidesz (the Federation of Young Democrats-Hungarian Civic Alliance) winning with an overwhelming majority, ensuring political stability within the country. In terms of economy, Hungary experienced strong growth in the first half of the year. However, the country faced a technical recession in the second half of the year due to the impact of the Russia-Ukraine Conflict. In terms of diplomacy and security, Hungary faced ongoing friction with the European Union regarding the rule of law, resulting in the freezing of 22 billion euros in EU funding due to insufficient reforms. In its relationship with Russia, Hungary heavily relied on Russian energy and opposed imposing sanctions, instead seeking to resolve conflicts through negotiations. The Russia-Ukraine Conflict caused strains in Hungary's relationship with the United States due to its stance towards Russia. Socially and culturally, teacher strikes persisted throughout the year as educators aimed to secure their legal rights and improve wages. In terms of Sino-Hungarian relations, the comprehensive strategic partnership between China and Hungary celebrated its fifth anniversary, continuing to achieve high-level development.

Keywords: Hungary; Elections; Rule of Law; Sino-Hungarian Relations

皮书

智库成果出版与传播平台

❖ 皮书定义 ❖

皮书是对中国与世界发展状况和热点问题进行年度监测，以专业的角度、专家的视野和实证研究方法，针对某一领域或区域现状与发展态势展开分析和预测，具备前沿性、原创性、实证性、连续性、时效性等特点的公开出版物，由一系列权威研究报告组成。

❖ 皮书作者 ❖

皮书系列报告作者以国内外一流研究机构、知名高校等重点智库的研究人员为主，多为相关领域一流专家学者，他们的观点代表了当下学界对中国与世界的现实和未来最高水平的解读与分析。

❖ 皮书荣誉 ❖

皮书作为中国社会科学院基础理论研究与应用对策研究融合发展的代表性成果，不仅是哲学社会科学工作者服务中国特色社会主义现代化建设的重要成果，更是助力中国特色新型智库建设、构建中国特色哲学社会科学“三大体系”的重要平台。皮书系列先后被列入“十二五”“十三五”“十四五”时期国家重点出版物出版专项规划项目；自 2013 年起，重点皮书被列入中国社会科学院国家哲学社会科学创新工程项目。

权威报告·连续出版·独家资源

皮书数据库

ANNUAL REPORT(YEARBOOK) DATABASE

分析解读当下中国发展变迁的高端智库平台

所获荣誉

- 2022年，入选技术赋能“新闻+”推荐案例
- 2020年，入选全国新闻出版深度融合发展创新案例
- 2019年，入选国家新闻出版署数字出版精品遴选推荐计划
- 2016年，入选“十三五”国家重点电子出版物出版规划骨干工程
- 2013年，荣获“中国出版政府奖·网络出版物奖”提名奖

皮书数据库

“社科数托邦”微信公众号

成为用户

登录网址www.pishu.com.cn访问皮书数据库网站或下载皮书数据库APP，通过手机号码验证或邮箱验证即可成为皮书数据库用户。

用户福利

- 已注册用户购书后可免费获赠100元皮书数据库充值卡。刮开充值卡涂层获取充值密码，登录并进入“会员中心”—“在线充值”—“充值卡充值”，充值成功即可购买和查看数据库内容。
- 用户福利最终解释权归社会科学文献出版社所有。

数据库服务热线：010-59367265
数据库服务QQ：2475522410
数据库服务邮箱：database@ssap.cn
图书销售热线：010-59367070/7028
图书服务QQ：1265056568
图书服务邮箱：duzhe@ssap.cn

社会科学文献出版社 SOCIAL SCIENCES ACADEMIC PRESS (CHINA) 皮书系列
卡号：174112739981
密码：

S 基本子库
SUB DATABASE

中国社会发展数据库（下设 12 个专题子库）

紧扣人口、政治、外交、法律、教育、医疗卫生、资源环境等 12 个社会发展领域的前沿和热点，全面整合专业著作、智库报告、学术资讯、调研数据等类型资源，帮助用户追踪中国社会发展动态、研究社会发展战略与政策、了解社会热点问题、分析社会发展趋势。

中国经济发展数据库（下设 12 专题子库）

内容涵盖宏观经济、产业经济、工业经济、农业经济、财政金融、房地产经济、城市经济、商业贸易等12个重点经济领域，为把握经济运行态势、洞察经济发展规律、研判经济发展趋势、进行经济调控决策提供参考和依据。

中国行业发展数据库（下设 17 个专题子库）

以中国国民经济行业分类为依据，覆盖金融业、旅游业、交通运输业、能源矿产业、制造业等 100 多个行业，跟踪分析国民经济相关行业市场运行状况和政策导向，汇集行业发展前沿资讯，为投资、从业及各种经济决策提供理论支撑和实践指导。

中国区域发展数据库（下设 4 个专题子库）

对中国特定区域内的经济、社会、文化等领域现状与发展情况进行深度分析和预测，涉及省级行政区、城市群、城市、农村等不同维度，研究层级至县及县以下行政区，为学者研究地方经济社会宏观态势、经验模式、发展案例提供支撑，为地方政府决策提供参考。

中国文化传媒数据库（下设 18 个专题子库）

内容覆盖文化产业、新闻传播、电影娱乐、文学艺术、群众文化、图书情报等 18 个重点研究领域，聚焦文化传媒领域发展前沿、热点话题、行业实践，服务用户的教学科研、文化投资、企业规划等需要。

世界经济与国际关系数据库（下设 6 个专题子库）

整合世界经济、国际政治、世界文化与科技、全球性问题、国际组织与国际法、区域研究 6 大领域研究成果，对世界经济形势、国际形势进行连续性深度分析，对年度热点问题进行专题解读，为研判全球发展趋势提供事实和数据支持。

法律声明